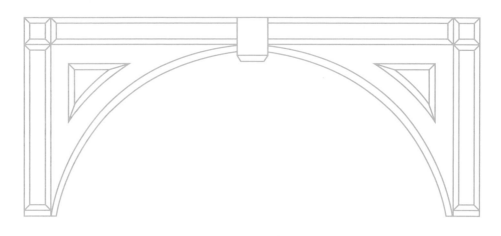

キリスト教教父著作集

4/I

アレクサンドリアのクレメンス1

ストロマテイス（綴織）I

秋山　学訳

教文館

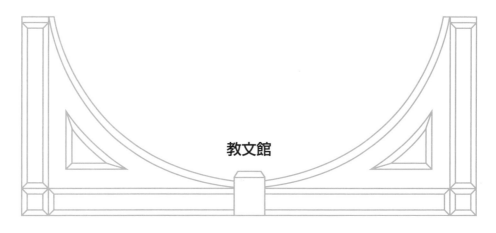

目次

装幀 熊谷博人

凡　例

聖書からの引用は〈　〉、その他の古典作品からの引用は「　」で表記した。ただしクレメンスの時代にはまだ聖書の正典に関する理解が現代とは異なっていたため、正典と同様に引用される使徒教父文書の類、例えば『ヘルマスの牧者』やローマのクレメンスによる『第一コリント書簡』、『バルナバの書簡』などからの引用に関しては、〈　〉で引用することにした。なお旧約聖書『詩編』からの引用に際しては、ギリシア語七十人訳聖書では詩編第一〇編以降、番号が一つずつずれる。本訳では七十人訳の番号に従っている。

なお、次の古典断片の原典資料集に関しては、編者の名をもって資料集を示すにとどめた。

CAF：*Comicorum Atticorum Fragmenta.* 3vols. Th. Kock（コック編「アッティカ喜劇作家断片集」）
CGF：*Comicorum Graecorum Fragmenta.* Kaibel（カイベル編「ギリシア喜劇作家断片集」）
DK：*Fragmente der Vorsokratiker.* H. Diels-W. Kranz（ディールス・クランツ編「ソクラテス以前哲学者断片集」）
FGH：*Fragmente der griechischen Historiker.* F. Jacoby（ヤコビ編「ギリシア史家断片集」）
FHG：*Fragmenta Historicorum Graecorum.* K. Müller（ミュラー編「ギリシア歴史家断片集」）
FPG：*Fragmenta Philosophorum Graecorum.* F. W. A. Mullach（ムラッハ編「ギリシア哲学者断片集」）
SVF：*Stoicorum Veterum Fragmenta.* H. von Arnim（アルニム編「ストア哲学者断片集」）
TGF：*Tragicorum Graecorum Fragmenta.* E. Nauck（ナウク編「ギリシア悲劇作家断片集」）

アレクサンドリアのクレメンス

『ストロマテイス』（『綴織』）第一巻

第一章

著者は本書の目的と、諸著作家が読者にどれほどの有益さをもたらすかを示す

一 1 〈……あなたが手許でそれを読み、それを守ることができるように〉（『ヘルマスの牧者』幻五・五）[1]。論文というものは、まったく遺されるべきではないのか、それとも誰かのために遺されるべきなのか。もし前者であるなら、書き物の効用とは、いったい何であるのか。もし後者であるなら、遺されるべきなのは、真摯な者のためにか、そうでない者のためにか。真摯なる者の書き物を批判する人が、真摯ならざる者による書き物を受け容れるというのはいぶかしい話である。2 しかるに神話や瀆神の言葉を記すテオポンポスやティマイオス、また無神論を興したエピクロス、さらにはヒッポナクスやアルキロコスに対して、各々恥ずべき仕方で執筆することを認める一方で、真理を告げ知らせる者に対し、後世の人々に対して益することを遺すのを阻むべきであろうか。わたしが思うに、後の世の人々には善き子供たちを遺すことこそ麗しき業だと考える。しかるに、子供たちとは肉体的な子孫であるが、霊魂の産む子とは論述（logos）である。3 われわれは、教えを授けた人々を、他ならぬ「師父」と呼ぶが、智慧とは共有されるものであり、また人間愛に満ちたものである。実に、ソロモンはこう語っている。〈子よ、わたしの掟の言葉を受け入れ、あなたのうちに収めるなら、あなたの耳は智慧に従うだろう〉（箴二・一以下）。つまりここで彼は、蒔かれた御言葉を、あたかも大地に収めるかのように、学ぶ者の霊魂に収めるように、そしてそれこそ霊的に植えることに他ならない、と告げているのである。二 1 それゆえ彼は、こう付言する。〈あなたは自らの心を知解へと向け、さらにあなたの子にとっての戒めへと向かわしめよ〉。というのも思うに、魂は魂に、また霊は霊に繋ぎ留められるとき、御言葉が蒔かれ

るのに従って、蒔かれたものを育て、増やすからである。しかるに教育を受ける者はすべて、教育を授ける者に随うとき子となる。ソロモンは語る。〈子よ、わたしの法を忘れることなかれ〉（箴三・一）。2 しかし、覚知（gnōsis）が万人に備わっているわけではなく、論叢というものは、格言記者が述べているように、多くの者にとっては「ロバに竪琴」なのである。実際、ブタは浄らかな水よりも、むしろ泥水を喜ぶ。3〈それゆえ〉、主は言われる。〈わたしは彼らに、譬えを用いて語る。彼らは見ても見ず、聞いても聞かず、知解しないからだ〉（マタ一三・一三）。ここで主は、彼らに無知をもたらしているわけではなく〈そのように考えるのは決して許されることではない〉、むしろ人々の無知のさまを預言者的に難詰し、語られる事柄を人々が理解しないであろうということを告げているのである。

三 1 さて、すでに貯蓄について救い主自らが明らかにしている（マタ二五・一四以下）。主は受け取り手の力量に応じてしもべに財産を分かち与えるが、その力量とは鍛錬によって増大させるべきものであり、主は戻って来ると彼らから説明を受ける。まず、自らの銀を増し高めた者たちに対しては、〈少額に対して忠実であった者たち〉であるとして、主は彼らを受けいれ、〈多くの額を任せよう〉と約束し、〈主の喜びに入るよう〉命じている。2 それとは逆に、貸すべく委ねられた銀を隠しておき、受け取ったのと同じ額を無為に差し出すしもべに対して、主は〈悪しき怠惰なしもべよ〉と語り、〈おまえはわたしの銀を銀行に預けておくべきであった。そうすればわたしは戻ってきて自分の財産を利息付きで返してもらえただろうに〉と述べている。さらに加えてこの役立たずなしもべは、〈外の闇に〉打ち棄てられるであろう。3 パウロもこう述べている（Ⅱテモ二・一以下）。〈あなたはイエス・キリストにおける恵みのうちに力を得なさい。そして多くの証人を通してわたしから聞いたことを、信篤き人々に、つまり他の人々にも教えを授けるに適う人々に提示しなさい〉。4 また続けてこう述べる（Ⅱテモ二・一五）。〈あなたは自らを、神の前に立つに適う者、恥じるところのない働き手、真理の言葉を正しく伝える者となすように努めよ〉。

四 1 ではもし、書き物によるものおよび声によるものの双方が御言葉を告げ知らせるのだとすれば、どうしてその双方を受け容れないでよいということがあろうか。その両方が、愛を通して信を力動的なものとするのだから。しかるに、最善のものを選び取らない者に関して、神はその責任を負わない。ある者に関しては、御言葉を、利息をつけて貸すこと、またある者に関してはそれを選び取るか否かを判断することがその業となり、その裁きが彼らのうちで行われる。2 だが、手を用いるか舌を用いるか、そのどちらで働きかけるのが有益であるかに関して、告知の知識はすでにある意味で使者のそれである。〈霊に蒔く者は、霊から永遠の生命を刈り取る。われわれは善を行って、失意に陥ることのないようにしよう〉（ガラ六・八）。3 実に、神的な先見に出会ったものには、最大の恵みが賦与される。それは、信仰の端緒であり、生きる上での熱心さであり、真理に向かう衝動であり、探求の運動であり、覚知の痕跡であり、要するに、救いの発端が与えられるのである。しかるに正真正銘の真理の言葉によって育まれた者たちは、永遠の生命の路銀を獲得して、天に向かって飛翔する。4 使徒は実に驚嘆すべきことを述べている。〈神に仕える者として自らを律し、貧しき者となり、多くの人々を富ませ、何も持たない者にしてすべてを有している者として、われわれの口は、あなたがたに向かって開かれている〉（Ⅱコリ六・四、一〇以下）。また彼は、テモテに向かってこう書き記している。〈わたしは、神、イエス・キリスト、そして選ばれた天使たちの前で命じる。あなたが偏見なくこれらを守るように、そして、偏愛の思いから何かを実行することのないように〉（Ⅰテモ五・二一）。

五 1 さて、彼らの双方が、彼ら自身について吟味してみる必要がある。まず一方は、語り、かつその記念を残すことが相応しいかどうか。もう一方は、それを聞き読むことが正しいことかどうか。これはちょうど聖餐式に関しても同様である。習慣として、ある人々がパンを分かち与え、民の各々が、自身で、相応しくその部分に与りうるかを見定める。2 選択か回避かを正確に判断する際、最善なのは良心に照らすことである。良心の礎石となるのは、相応しき学びを伴った確かで廉直な生であり、すでに吟味され正しいとされた人々に従うことが、真理の思惟と掟の遂行にとって最善である。〈相応しくないままに主のパンを食し主の杯を飲む者は、主の体と血に対して罪を犯す者となる。人は自らをよく吟味した上でパンに与かり、杯から飲むべきである〉（Iコリ一一・二七―二八）。六 1 そこで次に、隣人の益を奪い去るということについて目を向けてみることにしよう。もし傲然とまた誰かに対抗心を燃やして教えに逆らうというのではない場合はどうなのか、御言葉の分かち合いが名誉心に駆られたものでない場合はどうか、聴き手の救い、それだけを報酬として受け取る場合はどうか、また賄賂を受け取るためでなく説教し、覚書によって語る者が悪霊を避けている場合はどうか、などである。2 というのも、使徒はこう言っている。〈あなたがたも知っているとおり、われわれはへつらいの言葉を使ったり、口実を設けて掠め取ったりしなかった。神が証人である。また人からの名誉に関しても、あなたがたからも、他の人々からも受けることはなかった。キリストの弟子として重きをなすことができたにも関わらず、あなたがたの間では幼子のようになった。ちょうど母親が自分の子供たちを慈しむように〉（Iテサ二・五―七）。3 この使徒と同じようにすることを、神的な言葉に与かる者たちは墨守する必要がある。すなわち、街中の建物の訪問者のように、詮索の度が行き過ぎていないか、あるいはキリストのために身を捧げた者たちが、日常の必需品を共有にすると知っていながら、世の事どもに執着してはいないか、などである。だが偽善者がいる場合、好きにさせておくが良い。ただ〈もしある人が、正しく見えることをではなく、正しくあることを望んでいるなら〉（プラトン『国家』三六二A）、その人が自らにとって最も良い事柄を知ることが適切である。

七 1 けれども実に、〈収穫は多いが、働き手は少ない〉（マタ九・三七以下）のだとすれば、本当に働き手を必要として、われわれにとって、できるだけ多くの働き手による実りが生じるようにするのが相応しい。農術には二通りがある。一方は書面によらず、もう一方は書面による。主の働き手はいずれかの方法を用いて、良き筋の小麦を蒔き、穂を育てて刈り取るのであり、農夫は本当に神的であるように思われる。2 主は語る。〈滅び行く食物のためにではなく、永遠の生命に向けて留まる食物のために働くがよい〉（ヨハ六・二七）。食料は、穀物かあるいは言葉のいずれかを通じて摂取される。そして真に〈平和をもたらす人は幸いである〉（マタ五・九）が、その人々とは、この世で生命を賭し、無知をめぐる放浪を通じて格闘している者たちを教え、御言葉と神に従った生活の内なる平和へと導き、正義を渇望している者たちを、パンの配給によって育む人々である。3 というのも、霊魂は固有の食糧を有しており、それは認識と知識によって増大するが、ギリシア哲学によって分かち与えられる。ただその際、ちょうど木の実の殻のように、そのすべてが食用であるわけではない。4 〈植えかつ水をやる者は〉（Ⅰコリ三・八以下）、成長するものの仕え手であるが、その仕えの業という点で、〈彼らは一つ〉であり、〈各々の者が個々の報酬を、個々の労苦に応じて手にするであろう。われわれは神の協働者なのであるから。あなたがたは神の畑、神の建物なのである〉。これは使徒の弁である。八 1 だが、比較をして判断することを聴衆の人々に委ねるべきではない。また完全な吟味のために、あらゆる種類の言葉の術智と膨れ上がった企ての力によって鍛えられ、すでに霊魂において囚われて、決して無化することのないような人々に御言葉を委ねる、というのもすべきことではない。2 むしろ誰かが信仰のゆえに饗応することを選ぶのであれば、この人は神の言葉を受ける上で堅固であり、理性的な判断基準として信仰を獲得しているのである。そこから、彼には余剰ゆえの説得が伴うことになる。そしてそれは次の預言者の言葉に合致する。〈あなたがたは、もし信じなければ理解しないであろう〉（イザ七・九）。〈したがって、われわれに時間がある間に、すべての人々、特に信仰の家族となった人々に対して善を為そうではないか〉（ガラ六・一〇）。

3これらの人々の各々には、至福なるダビデに従って感謝の詩編を歌わせよう。〈ヒソプの枝でわたしの罪を
払いたまえ。わたしが清くなるように。わたしを洗いたまえ、雪よりも白くなるように。わたしに悦び祝う声
を聞かせたまえ、そうすればわが骨は悦び踊るだろう。あなたの御顔をわたしの罪から遠ざけ、わたしの不法
を拭い去りたまえ。4おお神よ、わたしのうちに浄い心を作り、わたしのはらわたのうちに直き霊を新たにし
たまえ。わたしをあなたの御顔から退けず、あなたの聖なる霊をわたしから取り去りたもうな。わたしにあな
たの救いの喜びを返し、導きの霊でもってわたしを支えたまえ〉（詩五〇・九―一四）。

九 1さて、臨席する人々に語る者は、時に照らして吟味し、判断をもって裁定し、聞く耳を持つ者たちを他
の者たちから峻別し、御言葉、生き方、習性、生活、運動、状態、眼差し、声、三叉路、岩、開けた道、実り
をもたらす土地、茂り、よく実り、美しく種を増やしうる耕地に注目する。2しかるに覚書を通じて語る者
は、次のようなことを、叫びつつ記しながら、神に奉献する。利得のためではなく、虚栄のためでもなく、執
着に屈することなく、恐れに隷属せず、快楽に駆り立てられることなく、出会う人々の救いだけを願う。その
救いの返礼にこの世では与かることがなくても、それは報酬を働き手に相応しく与えようと約する方から十全
に与えられるであろう。それを、希望をもって受け取るのだ、と。3しかしながら、成人たるキリスト者に報
酬を求めることは許されない。というのも善行を豪語する者は、その誉れをもってすでに報酬を得てはいない
だろうか。また当然の義務に対する報酬のために何かを行い、うまくやれた場合には獲得に尽力し、下手なで
きばえの時には科料を逃れようとする者は、世の習いに囚われてはいないだろうか。むしろできる限り主を模
倣すべきであろう。4この人こそ、神の意向に可能な限り仕え、賜物を受け取り賜物を与え、その生き方その
ものを相応しき報酬として受け取る人である。〈姦婦の契約料は至聖所に入れてはならない〉（申二三・一八）。

一〇 1したがって〈犬の代価〉を至聖所に奉納することは禁じられている。悪しき食糧と教えにより、〈霊魂の

眼〉（プラトン『国家』五三三D）が本来の光に対して鈍化した者にとっては、記されていない事柄を記された形で明らかにする真理に向けて、歩むべきである。〈渇ける者たちよ、水のところに来るがよい〉（イザ五五・一）とイザヤは言っている。またソロモンは、〈あなたの器から水を飲め〉（箴五・一五）と勧告している。[2]実にヘブライ人から借用した哲学者プラトンは『法律』篇において、農夫たちに対し、まず自分の土地で「白亜層」と呼ばれるところまで掘ってみてその土地は水が引けないということを確認しない限り、他者から水を灌漑したり取ったりしてはならないと命じている（プラトン『法律』八四四AB）。[3]困窮にある者を手助けしないのは正義に悖るし、不毛を促進するのは美しくない。それゆえ、荷を掛け合わせるのは合理的であるが、併せ取り除くのは適切ではないとピュタゴラスは述べている（ピュタゴラス『信条』一八、ムラッハ編）。[4]一方、聖書は霊魂の閃光を掛け合わせ、自らの眼を観想に向けて引き伸ばす。したがっておそらくその何かは引き伸ばされて、たとえば鞭を加える農夫のようになるが、あるものは内にあるものを動かすことになる。[5]神的な使徒によれば、〈われわれのうち多くの者は病弱で力がないが、十分なだけの者たちは眠っている。もし自らを吟味するなら、われわれは裁かれることはない〉（Ｉコリ一一・三〇）。

二 [1]だがすでに、この論考は、実証を意図して記された書き物ではなく、わたしにとっての覚書として、老齢に備えて書き溜められたものである。これは忘却の予防薬、眼に見える生命体の幻影とおよその影絵、わたしが耳を傾けるに値すると考えた、言葉と幸いなる人々、真に語るに値する事どもの覚書なのである。[2]そのあるものはギリシアの地に生を享けた者、イオニア人であり、また他の者どもは大ギリシアの人々であり（その一部はコイレー・シリア(2)の人、他にエジプトの人もいる）、また東方の人々もいる。そのある者はアッシリア人、ある者は生まれがユダヤ人で、パレスティナの人である。最後に出会った人にわたしは休らいを得たが（力において彼が筆頭である）、エジプトで隠遁していた彼を追った。彼は真にシケリアのミツバチ、預言者のまた使徒の緑地で花を摘み、混じりけのない覚知の宝を、耳傾ける霊魂に植えつけたのである。
3 だが、幸いなる教えの真なる伝承を保つ者たちは、聖なる使徒たち、すなわちペトロとヤコブ、ヨハネと
パウロから直ちに、父から受け取られた子として（父祖たちに似た者たちは数少ない）、神と共に来たり、わ
れわれの許に、かの古代に遡る、使徒的な種子を置くことになるであろう。二 1 わたしは、そのような記述を
ではなく、ただ注記に従った観察を喜びとするような人々が大いに喜ぶということをよく知っている。という
のも、霊魂が喜ぶなら、そのようなスケッチは、その幸いなる伝承を不可避なものとして守るとわたしは考え
る。〈智慧を愛する人を、父は喜びとする〉（箴二九・三）。2 常に汲まれる井戸は、透明な水を提供し、誰も
与かることのない井戸の水が腐敗へと向かう。そして剣を用いることは、その剣を研ぎ澄まされた状態に保つ
が、用いないで置くことは、それに錆が付着するもとになる。要するに、常なる鍛錬は、霊的にも肉体的にも
健全な状態を形成する。3〈ともし火を灯す者は、そのともし火を升の下に置いたりはしない〉（マタ五・一
五）。むしろ、そのともし火を灯して催される饗宴に相応しいとされた者たちに、そのともし火がよく見える
ように、灯り台の上に置くだろう。であるから、知恵は、それを理解できる者を知恵ある者とするのでなけれ
ば、何の益があるだろうか。さらに、救い主は常に救い、常に働いておられるが（ヨハ五・一七、一九）、そ
れはその人が父を見ることができるようにするためである。人は教えることでより多くを学び、語りながらし
ばしば、彼に耳を傾けている人々とともに聞いているのである。なぜなら〈あなたがたの師は一人である〉
（マタ二三・八）、つまり、語る者にとっても、聞く者にとってもであり、理性にも言葉にも泉を逆らせるので
ある。三 1 それゆえに主も、安息日を守ることによって善きことから遠ざけようとはせず、神的な諸々の神秘
に与からせ、あの聖なる光を〈受け容れることができる人々〉（マタ一九・一一以下）には認めたのである。
2 そして多くの人々のものではないものを、少数の人々には開示し、相応しいと判った少数の人々には、それ

を受け入れ、それに向けて徴づけられうるよう計らったのである。しかるに神のような、語られえない事どもについては、これを文字にではなく、言葉に託した。[3]だがもし、誰かが〈隠されている事柄で明らかにされないものはなく、覆われているもので覆いを外されないものはない〉（マタ一〇・二六）と記されているではないか、と言うとすれば、われわれの許で語られている次の言葉を聞くがよい。すなわち、「隠れた仕方で理解する者に、隠れたものは明らかにされるであろうが、その際主は、その言葉の集積を通して預言している。そしてひそかな仕方で伝承を受け容れられる者には、その秘せられた事柄が、あたかも真理のように明かされる。それは多くの者には隠されているが、少数の者には明らかなものとなる」と。[4]だが、もし正義が万人のものであるならば、何ゆえに正義が愛されないのであろうか。神秘は神秘的な仕方で伝えられるが、それは神秘が口で語る者のものとなり。それを通して語られるものとなるためである。その際むしろ、声のうちにではなく、むしろ思惟活動のうちに語られる。[5]〈神は〉教会に、〈与えた。使徒たち、預言者たち、福音記者たち、僕と牧人たちを、聖なる者たちの刷新のために、正義の業のために、キリストの体の建設のためにである〉（エフェ四・一一以下）。

四 [1]さて、わたしによるこれらの覚書の弱き面に関して、わたしはこれが、かの恵みに満ちた聖霊、わたしがそれに聞き従うに適う者とされた聖霊と較べあわされるならば、非常に弱いということをよく知っている。その一方で、テュルソスの杖で打つ者には、原型である方を想起させる像となるであろうと考えている。聖書に言う。〈知者に語れ。そうすれば彼はより知者となるだろう〉（箴九・九）。また〈持てる者には増し加えられるだろう〉（マタ一三・一二）とも語られる。[2]告げ知らされるのは、語られざる事柄を十全に解釈するためではなく、むしろそれには程遠く、ただ注意を喚起するためだけである。それには、忘れていたときに書き留める場合も、あるいは忘れないように書き留める場合もありうる。わたしにはよく分かっているのだが、多くの事柄が、長大な時間にわたって書かれざるまま、われわれの許に届いた。それゆえ、わたしの記憶の弱さを軽減するため、主要点の組織的な記述を、記憶に対する救いの覚書として自らに課し、わたしは必然的にこのスケッチの様式に拠ることにした。3 われわれには思い起こせない事柄もあるし（というのも至福なる人々には多くの力が備わっていた）、示されないままに時間を過ごして現在に至る事柄もある。しかるに思惟のうちに枯れて散った限りの事柄は、是認されていない事柄に仕えていたのでは容易には思い起こせず、それらを覚書によって焚きつけ、ある事柄については自ら選び出して意識的に発信してみよう。その際に、言うことすら憚ってきた事柄を書き記すのは恐ろしい。だが何にも妬みを抱かず（それは神法に反する）、しかしながら読者の人々をどこか他の場所へと躓かせたり、箴言作者たちが言っているように、彼らに短剣を子供じみて怒りつつ発見させたりするのではないか、と恐れを抱いている。4 〈記されたもので不足しないものはあり得ない〉（プラトン『第二書簡』三一四C）、たとえ公刊されておらずともわたしによって言及されたものであれば。ただ巻物は常に、書き記された同じ声を用い、質問を呈する者に対して、記されている事柄以上には何も返答しない。というのも必然的に、助け手ないし共著者、あるいは同じ道のりに足を踏み入れてくれる人などが必要だからである。［五］1 一方、聖書がわたしに暗示する事柄もある。それらは、ある人々には提示されるであろうが、ある事柄は単に述べられるのみで、知られざる事柄を語ろうと努め、また隠した状態で述べ明かし、沈黙のまま示そうと試みられるであろう。2 また著名な異端の許で教説化された事柄は提示されるであろうし、観照的観想による覚知よりも前に置くのが相応しい事柄については、彼らに対して反駁を行う。この覚知は〈伝承の栄えある荘厳な規準〉（ローマのクレメンス『第一コリント書簡』[3]七・二）に照らして、宇宙の生成の時点からわれわれに前もって告げられている事柄である。自然的観想に先立ち必然的に把握されねばならない事柄は先に取り扱い、連関に対して障害となるものは前もって解消し、覚知的な伝承の受容に際して聴覚を準備された状態にするのがその目的である。つまり大地から、とげやあらゆる雑草を、農事上ブドウを植えるために、前もって清めておくわけである。[3]なぜなら前競技はすでに競技であり、前秘儀はすでに秘儀なのであるから、われらのこの覚書は、愛智やその他の準備的教養からも、その最も美しい部分を用いることを躊躇しないであろう。[4]というのも使徒によれば、われらは万人をかち取るために、ユダヤ人や律法の下にある人々のためにはユダヤ人となるばかりでなく、ギリシア人のためにはギリシア人となることが理に適ったことだからである（Ｉコリ九・二〇以下）。[5]また『コロサイの教会への書簡』において使徒は〈わたしたちはすべての人に訓告し、あらゆる知恵を用いて教えています。それはすべての人をキリストにおいて完全なものとするためです〉（コロ一・二八）と記している。一六[1]しかるになかんずく、覚書というあり方には、洗練された観想が似つかわしい。さながら陸上競技者の食物に混ぜられた甘味のように、撰文集をふんだんに準備しておきたい。これは彼が熱望するためのものではなく、むしろ栄誉にむけての良き刺激を得るためのものである。われわれは竪琴を弾くに際して、荘厳さに満ちた高音を、適度に爪弾くことにしよう。[2]ちょうど、民に向かって演説を行おうと望む者たちが、語る内容がより聴き取りやすくなるように、伝令を通じてしばしばこれを行うのと同じように、この場合にあっても（多くの者にとって、われわれの論述は伝承以前に語られることになるため）、慣れ親しんだ思いなしや大声での雑音は、取り除いておくべきである。それらは、各々の場合に関して、聴衆の気を逸らす恐れがあるからである。[3]要約して述べるならば（多くの小さな宝石のなかで、本物は唯一、また多くの魚の群れのうち、美魚は唯一である）、善き協力者を得て、時間と労力を費やした際に、真実は輝き出でるということである。というのも人間を通じ、神の許から、ほとんどの善行は豊かに与えられるものだからである。一七[1]実に、われわれはすべて、視覚を用いる限り、視覚に入ってくるものを眼で見る。他の感覚に関しても同様である。しかしながら、屠殺者と牧者では群れに対する見方が異なる。前者は肥えているかどうかを詮索するが、後者は多産になるよう配慮する。家畜は、もし乳を飲料として用いるのであれば、乳搾りをすればよいが、もし衣服が必要なのであれば、羊毛を刈ればよい。[2]それと同様に、わたしとしては、ギリシアの有益な学問から、その実りを引き出せばよいわけである。というのもわたしは、誰も反駁しないような書物は、それほど幸甚だと考えられるべきだとは思わないが、むしろ誰も巧みに反駁できないような書物は、優れていると考えられるべきだと思う。したがって行為や選択についても、非難されないということではなく、誰も巧みに反論できないということが示されるべきなのである。[3]前もってよく考えて実行するのでなければ、状況次第でそれを行ってもすぐにできるわけではなく、むしろ経綸にしたがい神の智慧を得て、用意周到であってこそ、意味ある仕事ができるというものであろう。徳を有している者は、なお徳へと導くような道を必要とはしないし、強壮な人間は、健康の回復を必要とはしないのである。[4]ちょうど農夫たちが、前もって地面に水を引いておくのと同様に、われわれもまた、ギリシア人の許でのロゴスのうち飲むに適したものでもって、言葉の土質を前もって潤しておこう。それは、蒔かれた霊的な種を受け容れ、それを容易に育てることができるようにするためである。

一八 [1]さて本著作『ストロマテイス』は、哲学教説を混ぜた、否ちょうど、胡桃のうち食べられる部分が殻に覆われているように、哲学教説に隠され覆われた真理を、包含することになろう。というのも思うに、真理の種子は、信仰ある農夫だけに守られるのが相応しいからである。[2]わたしは、小心な者たちによって、お喋りの類が無学な形で用いられているのを知らないわけではない。彼らは、信仰が成立する上での不可欠かつ該当する事柄を話題にする。しかしながら外的な事柄・余計な事柄は、目的のためにはまったく役に立つことがなく、疲弊させ窒息させるばかりで、われわれはこれを乗り越えようとしても虚しい結果に陥ることになるだろう。[3]しかるに、哲学は悪に属し人生を沈めてしまうものだと考えている者どもは、ある種の悪の発見者のように、人間に対して暴行を加える者である。4 わたしとしては、悪は悪しき本性を有し、決して何か美しきものの農夫とはなりえないということを、この『ストロマテイス』全編にわたって示すことにしよう。その際、哲学もまた、神的な先見の業であるということをあわせ暗示するつもりである。

第二章

知識への導入としてのギリシア哲学の価値——『ストロマテイス』は意図的に曖昧であること

一九 1 ところで企画した覚書に関しては、必要な時機を得て、ギリシア人の栄誉に関して必要な限りにおいて、あら捜し好きの者どもに対して述べるつもりである。まずもって、もし哲学が無用なものであるとしても、その無用性の確証が有用なものであるとすれば、哲学は有用なものである。次にギリシア人に対し、彼らが教説として唱えている事柄をめぐって、単に言辞のみによってそれを論破するということは、微細な点に関する認識にまで踏み込まない限り、不可能である。3 なぜなら経験をともなった論駁は、大いに信用性を持つが、それは、反駁する事柄に対する知識が、最も完全な論証でもあるからである。4 実に、多様にして必ずしも一貫していない事柄も、最後には技術者を飾る。とりわけ博学は、提示される事柄に対して序説的な役割を果たし、教説のうち最も主要な部分に関して、聴き取る者を説得することに貢献し、また手ほどきを受ける者のうちに驚嘆の念を生み、真理に向けて共闘する。二〇 1 しかるに好学の者が、隠されていた真理を受け入れることのできるような説得は信ずるに足るものである。その際、ある人々が中傷しているように「哲学は偽りの事物と悪しき業の創造者であって生活を害するものだ」と彼らが考えるようなことがあってはならない。哲学は真理の活ける像なのである。2 哲学とはギリシア人に与えられた神からの賜物であり、言わば何か狡猾なテクニックによって呪いをかけられた者どもみたいにして、われわれを信から遠ざけるものではない。むしろ言わば、より大きな防具を用いるかの如くに、シャベルのようなもので、信仰を指し示す鍛錬の術を獲得させるものなのである。[3]実に、教説の取掛かりは、異説の対置によって真理を約束し、その真理を通して覚知が随伴する。これは、導入される哲学を予め告げるロゴスによるのではなく、むしろ覚知から発する実りによって、われわれが真なる把握の確固たる手綱を、推測される事柄の知識を通じて摑むためである。[4]ここで、この『ストロマテイス』が博識をもって巨大化し、覚知の種をたくみに隠したいと望んでいるという批判に対しては沈黙する。二[1]ちょうど、獲物を貪欲に追う者は、後を追い、追跡し、犬を遣って獣を捕まえる。それと同じように、真理も追究してみると甘美に映り、労苦して追い求めるに値するように思える。[2]いったい、このように配されるのが好ましいものに関して、どうして覚書にしないでいられようか。真に哲学に相応しい、語られえない言葉が、彼らのために欺かれることは大変大きな危険である。だが、恐れを知らずにすべてに対して抗弁しようと望む者は、正義のうちになく、むしろすべての名と言葉を、まったく格好を省みずに打ち捨て、自らを欺き、それに囚われている者たちにまじないをかけるのである。〈ユダヤ人たちは徴を求め、ギリシア人たちは知恵を探す〉（Ⅰコリ一・二二）と使徒が述べているとおりである。

第三章

詭弁の些細さの危険

三[1]このような愚衆は多い。彼らのうちのある者は、快楽に隷従し、不信心を望み、あらゆる讃仰に適う真理を嘲笑し、非ギリシア性を嘲弄する。[2]またある者は自らを奢り高ぶらせ、御言葉のうちに誹謗のねたを見

出すように仕向け、論争的な探索を試み、言葉じりを捉え技芸を漁り、かのアブデラの人（デモクリトス）が
3 言うように「イライラと指輪を廻す」（デモクリトス、断片一五〇、プルタルコス『モラリア』六一四E）。

「その舌はペラペラと
よく喋る輩。作り話がほとんどだが
すべての言辞のそちこちに多くの掟」。

さらには

「あなたがどのような言葉を口にしようとも、
それを聴く必要がある」。

（ホメロス『イリアス』二〇・二四八―二五〇）

4 実に、悪しき霊に取り付かれたソフィストたちは、このような術知に有頂天となり、彼ら自身の衒学趣味によりおしゃべりに耽り、名詞の選別と、ある種の言辞の配置と織り成しをめぐって全生涯を消尽し、小鳩よりも饒舌であるように見える。5 彼らは、わたしが見るに、引っ掻かれようと望む者どもの聴覚を、男らしくないやり方で掻き、くすぐるだけで、それは乱雑な言葉の川、知性は滴りに過ぎない。つまり古の履物のようであって、あるものは彼らには弱く、外れてしまって、ただ舌だけが残される、というわけである。**三** 1 これ

をいとも美しく、アテナイの人ソロンが攻撃しつつ、こう述べている。

「甘言でだます男の舌と言葉をよく注視せよ。
あなたがたの各々一人一人が、狐の足跡を辿っている。
あなたがたのすべてに、虚しき理性が備わっている」。

（ソロン、断片一一・七、五、六）

2 次の救いの言葉は、まさしくこのことを暗示しているのであろう。〈狐には穴があるが、人の子には頭を横にする場所もない〉（マタ八・二〇）。というのも思うに、聖書に語られている他の獣とは完全に異なった意味で、信じる者のみに、諸事物の頭である、われらの有益なる御言葉が休らわれるのであるから。3 この方は〈知恵のある者たちを、その悪賢さにおいて捕らえる〉方である（Ⅰコリ三・一九）。なぜならただ主のみが、〈知者たちの立論が虚しきものであることを知悉しておられる〉からである。実に、聖書は字句や技巧に関わる余計な詭弁家たちを「知者」と呼んでいる。**二四** 1 ここからギリシア人たちは、何であれ問題化して問う人々のことを知者またソフィストと言い、両者をほとんど同義語として呼び習わしてきた。2 実際クラティノスは、『アルキロコイ』という著作の中で、詩人たちを批評してこう述べている。

「あなたがたは、さながらソフィストの群れのように、手探りで進んだ」。

（クラティノス、断片二）

3 喜劇詩人のイォフォンも同様に、サテュロス劇『笛吹きたち』の中で、吟遊詩人やその他の人々に関してこう述べている。

「大勢のソフィストの群れのように、身支度を整えて入ってきた」。

（イォフォン、断片一）

神的な書物〔聖書〕は、このような人々や、虚しき言葉にあくせくする同様の人々について、いとも適確にこう述べている。〈わたしは知者たちの知恵を亡きものとし、理解ある者たちの理解を無効なものとしよう〉（Ⅰコリ一・一九）。

第四章

実践的技巧における知恵と哲学は、キリスト教の教えから霊的な意味を獲得すること

二五 1 一方ホメロスは知者のことを「物作り」とも呼び（『イリアス』一五・四一一参照）、『マルギテス』について（もしこの作品が彼のものであれば）、次のように述べている。

「彼のために、神々は杓も鋤も備えず、
ただ知者としたのみで、彼はあらゆる技芸に誤った」。

（『マルギテス』断片二、キンケル）

2またヘシオドスは、キタラ弾きのリノスを「あらゆる知恵を学び終えた」（ヘシオドス、断片一九三、ジャッハ編）と語り、船乗りのことを知者と呼ぶのをためらわず、「（彼は）航海術に関して何も知らない」（『農と暦日』六四九）と記している。3一方預言者のダニエルは〈神秘、それは王が熱愛するもの。知者も、マゴイ（占術者）も、魔術師も、ガザレノス人も、王にそれを告げる力を持ち合わせていない。それを告げ知らせるのは、ただ天の神のみ〉（ダニ二・二七以下）という。実に彼は、バビロン人のことを〈知者〉と名づけているのである。4一方聖書は、この世のものであれば、知識であろうと技芸であろうと、すべて一様に「知恵」と呼んでいる。ただ連想によって人間の理性に想念されるものは多く、技芸に関わる知恵に満ちた着想が神から来たるということは、次のような言辞を呈する神には明らかである。5〈主はモーセに仰せになった。見よ、わたしはウリの子ベツァルエルを、ユダ族のオルと呼び、彼を、あらゆる業における知恵と理解と知識との神的な霊で満たした。これは彼が、金、銀、銅、ヒュアキントス、紫貝、コッキノス、あるいは石の術、木材による創造に関して創案し、作り為し、すべての業を行うことができるためである〉（出三一・一―五）。

三六 1続いて彼は、一般的な表現を付け加えている。〈わたしは、すべての理解ある心に理解を授ける〉（出三一・六）。すなわち、どのような苦労と鍛錬をすれば受け容れられるかを示した、の意である。さらに彼は、主の名から明瞭にこう記す。〈あなたは、思惟において知恵あるすべての人々に語れ。彼らをわたしは、感覚の霊で満たした〉（出二八・三）。2「思惟において知恵ある人々」は、固有の本性的特質を備えているが、彼らは「感覚の霊」を抱き、これは最も主たる知恵から二重に授かるもので、それらを自らに適した存在として、傍らに置くとの意である。3というのも職人の技芸を追い求める者たちは、感覚に関して特殊なものを享受する。まず、ふつう音楽家と呼ばれる人は聴覚に関して、また彫塑家は接触感覚に関して、歌い手は声に関して、香道家は臭覚に関して、印章の刻印に携わる金工家は視覚に関してである。しかるに教養をめぐって尽力している人々は、共通感覚を豊かに与える。この感覚にしたがって詩人は韻律を、ソフィストは言辞を、弁証家は三段論法を、哲学者たちは自体的な観想を把捉するのである。5 なぜなら、この共通感覚は、発見のためのまた発明のための才を用いることを蓋然性を持って説得するからであり、知識へ向けての鍛錬は、その用法をあわせて増し高めるからである。二七 1 したがって使徒が神の智慧を〈大いに多彩な〉（エフェ三・一〇）と呼んでいるのは大変似つかわしいことであり、それは〈多様かつ多種に〉（ヘブ一・一）、すなわち技術、知識、信仰、預言により、そのうちに示される力を、われわれの善行のために役立てる。それは、イエスの子の智慧が語っているとおり、〈主から来て主とともにあるすべての智慧が永遠であるようにするため〉（シラ一・一）である。2 〈というのももし、あなたが賢慮と感覚に大声で呼びかけ、それが銀の宝庫であるかのように願い求め、切にその跡を追うならば、あなたは敬神の念を抱き、神的な感覚を見出すことであろう〉（箴二・三－七）。これは哲学に基づく感覚と対置するために預言者がこう呼んだものであるが、彼はこれを高貴にかつ荘厳に究め、敬神の域に達することができるよう、教えている。3 こういうわけで、彼はこの感覚に対しては敬神の念における感覚を、覚知を暗示しつつ置く。その際にこう述べている。〈神は自らの口から智慧と、感覚と、あわせて賢慮を与える。そして正しき者たちのために助けを豊かに増やす〉。なぜなら哲学によって正しき者とされた人々には、助力と敬神の念への共通感覚が宝のように蓄えられるからである。

第五章

哲学はキリスト教への準備的科学であること

二八 1 主の到来以前には、ギリシア人にとって哲学は、正義に導くものとして必須であった。しかるに今や敬神の念にとって有益なものとなった。言わば、実証を通して信仰を享受しようとする人々にとっての予備教育となったのである。たとえそれがギリシアのものであれ、キリスト教的なものであれ、麗しきものを神慮に結び付けるなら〈あなたの足はつまずかない〉（箴三・二三）。2 というのも、すべて麗しきものの原因は神であり、それは旧約および新約のような第一義的なものに関してばかりでなく、哲学のような第二義的なものについても当てはまるからである。3 愛智はおそらく、主がギリシア人をも招く以前は、第一義的なものとしてギリシア人に与えられていた。というのも、律法がヘブライ人をキリストに向けて導いたと同様に、愛智はギリシアを教育したからである。つまり、愛智はキリストによって完成されるべき者を、前もって導き、前もって準備したのである。4 またソロモンはこう言っている。「智恵をふところに抱け。智恵はあなたを高めてくれる。喜びの冠でもって、あなたを栄冠でおおってくれる」（箴四・八―九）。これは、あなたがかさ石でもって、哲学と正しき出費を擁して、ソフィストたちには近づき難い知恵を堅固なものにし、かつ専念すれば、の話である。二九 1 さて、真理の道はただ一つであるが、その道は真理の中へと、さながら永劫に流れる川の中に、様々な流れがあちこちから流れ込むように流れ込んでゆく。2 したがって神がかり的に次のように語られる。〈わが子よ、聞け。そしてわが言葉を受け容れよ〉。彼は言う、〈それはお前にとって、生命の道が多くあるようにするためだ。わたしはお前に知恵の道を教えよう。それはお前にとって幾多の泉が枯れないようにするためだ〉（箴四・一〇ａｃ、一一ａ、二一ａ）。この泉とは、同じ大地から噴き出すものである。3 彼はある唯一の正しき人の複数の救いの道を数えるだけでなく、多くの正しき人々の別の多くの道をも付加し、次のように告げて言う。〈正しき人々の道は、光によって同じように輝く〉。これは、掟と準備的教養の道、そして生命の端緒であろう。4〈エルサレム、エルサレム、わたしは幾たび、さながら鳥が雛を集めるように、お前の子供たちを集めようと望んだことか〉（マタ二三・三七）。エルサレムとは〈平和の光景〉と解釈される。したがって、これは預言者的に、平和のうちに観照する人々が様々な仕方で召命に向けて教育されるということを明らかにしたものである。5 というのも実に、主はそう望んだのであるが、それは叶わなかったのである。5「幾たび」あるいはどこでであろうか？　二度、つまり預言者たちを通して、また主の来臨を通じてである。「幾たび」という表現は、知恵が多重であるということを表す。そして、どのようにあるいはどれほどにという、その各々の仕方で、時間のうちにある人また永遠のうちにある人をすべて救い取る。それは〈主の霊が世界を満たすため〉（知一・七）である。6 もしある人が強いてこう言わされたとしよう。〈悪しき婦人には心を向けるな。姦婦の唇からは蜜が滴り落ちる〉（以下、箴五・三、五、八、九、一一、二〇）。この蜜とはギリシア的な教養のことであるが、彼には次のような言葉に耳を傾けてもらいたい。〈彼女は時に適ってあなたの喉を肥やす〉。こう言われるのであるが、哲学は諂うことをしない。7 では誰のことを比喩的に「姦婦」と呼んでいるのであろうか。明確にこう付言される。〈愚かさの両足は、愚かさと付き合う者どもを死とともに冥土へ運ぶ。愚かさの足跡は支えられない。思慮に欠けた快楽からあなたの道を遠ざけよ。彼女の家の扉の傍らに立ってはならない、彼女があなたの生命を他の者どもに引き渡すことがないように〉。8 さらにこう証言される。〈あなたの体の肉があなたを疲弊させるとき、あなたは老齢を悔やむだろう〉。すなわちこれこそ思慮に欠けた快楽の結末なのである。9 したがってこれらはこのような次第なのである。9 しかる後、次のように語られるだろう。〈他国にしょっちゅう行くことなかれ〉。これはすなわち、世の教養は用いるべきなのであって、それに時間を消費しそこに留まることがあってはならないとの勧告なのである。というのも主の言葉に先立って、相応しき時機に各々の世代に有益な形で与えられた事柄が、前もって教育するからである。10「というのも女奴隷たちの媚薬の罠にかかった者たちが、女主人である哲学を軽蔑し、老いてしまった」（アリストン、断片三五〇、アルニム編）。すなわちこれは、彼らのうち音楽に、あるいは幾何学に、また別の者は文法学に、だがほとんどの者は修辞学に疲弊したとの意である。

二〇 1だが、円環的普遍教養がその女主人たる哲学に貢献するように、哲学そのものもまた、知恵の獲得のために協働する。というのも哲学とは知恵の陶冶であり、知恵とは神的・人的な事どもまたそれらの諸原因に関する知識なのであるから。したがって知恵は哲学を統べるが、それはちょうど哲学が前教養を統括するのと同様の関係においてである。2なぜなら、もし哲学が舌・腹そして下腹部の統御を告げ知らせ、哲学それ自体を通じて哲学が選択されるべきであるならば、哲学はより崇高にしてより主たる位置にあるであろう、もし敬意と覚知とのゆえに、神に配慮が行われるべきであるならば。

3ここまで述べた事柄の証言は、聖書が次のような表現でもって提供してくれる。サラは、以前は子供を産まない女であったが、アブラハムの妻であった。サラは自分が子を産まなかったので、ハガルという、エジプト人で自分の下女を、子供を産ませるためにアブラハムに委ねた。4したがって、信仰深い男性と共棲している知恵は（アブラハムは、信仰深く正しき人間と考えられる）、まだ子を産まず、その世代には子がなかった。つまりまだ徳に満ちたかたちでアブラハムのために懐胎することがなかった。だが相応しくも、世俗の教養によって進展に相応しい好機が到来したと判断し（エジプトは世のことを比喩的に表現したものである）、まずは共に寝ることになり、しかる後知恵そのものに近づき、神的な先見によってイサクを産んだのである。

三一 1ところでフィロンはハガルのことを「傍らに住むこと」（というのも、ここでは〈他国を頻繁に訪れるな〉と言われているので）、一方サラのことを「わたしの首長」と解釈している。[4] かくして前教養を積んだ者は、もっとも卓越的な智慧の許に赴くことができる。この智慧とは、それを通じてイスラエルの民族が成長したものである。2ここから智慧とは教えられうるものであることが示されている。アブラハムはこの智慧を追究し、天体の観察から、神をめぐる信仰と義に至りついたのである。3一方イサクとは、「自学するもの」と解釈される。それゆえ彼のうちに、キリストの予型も見出されるのである。彼は、一人の女性リベカの夫であった。このリベカは「堪忍」と言い換えられる。4一方ヤコブは複数の女性と交わったと言われている。このヤコブは「修道者」と解釈される（修練は複数の異なった教説を通して行われるからである）。そこからこの男は、「イスラエル」と名を変じたが、このイスラエルという名は、あたかも経験豊富で修道者的であるほどに真に物を見通す、という意味である。5これら三代の太祖たちを通じて明らかにされることは他にもある。それはまず、覚知の印章は棟梁的であり、本性的に、また学びと修練によって成立するものである。6他にも、語られた事柄の像が見出せる。それは三つ辻に佇み、姦婦との噂を流したタマルである。彼女を博学のユダ（力ある者と解釈される）が、考慮されるべきこと、吟味されるべきことを何も遺しはすまいと思って、〈彼女と床を共にした〉（創三八・一四―一六）。こうして彼は彼女を、神に対する合意として救い取ったのである。

三二 1かのアブラハムも、妻サラに先んじて身ごもったハガルをサラが妬んだとき、いわば自然哲学の中から有益なものだけを抽出するかのように、〈見よ、かの女奴隷はあなたの手のうちにある。あなたの気の済むように彼女を扱うがよい〉（創一六・六）と言った。これは〈自分はこの世の教養を、より若年でありあなたに仕える奴隷女として受け容れるが、あなたの知識を、まったき女主人として敬愛する〉との意味である。2〈そこでサラはハガルにつらく当たった〉とは、この世の教養に対して〈これを正し、警告した〉ことに等しい。

実に、次の言葉は正鵠を射ている。〈子よ、神の教育を軽んじるな。神によって糾されることを倦むな。主は自らが愛する者を教育し、自らが受け容れる子をすべて鞭打つ〉（箴三・一一以下）。[3]実に、上に引いた聖書の一節は、別の諸箇所でも検証に付され、さらに〈神秘〉を告げるものとして提示されている。

[4]かくしてわれわれはここで、哲学とは純然たる言論による、真理と事物の本性をめぐる探究を事とするものであり（真理とは、主が〈わたしは真理である〉（ヨハ一四・六）と述べたところのものである）、キリストにおける休らいに先立つ教養として理性を鍛錬し、真なる愛智による探求的鋭さを産む理解を覚醒させることだ、と言いたい。これを見出した者、否むしろ真理においてこれを獲得した者は、「秘儀熟達者」として哲学を有することになるのである。

第六章

哲学は優れた鍛練であること

三[1]しかるに、事前の鍛錬によって、見なければならない事物に対して備えができていることは、大いに裨益する。しかるに思惟される事物は、知性（nous）にとって鍛錬となるであろう。そのような事物の本性は、三つのあり方を取る。すなわち量、大きさ、言辞において観想される。[2]ここで実証（apodeixis）に発する言論は、それを理解しようとする者の霊魂に正確なる信仰を賦与し、示される事柄を異なったあり方で思惟することのないようにし、かつ迷妄のために迷走しようとするわれわれがつまずくことを許さない。[3]かくしてこのような学びにおいて霊魂は感覚から浄められて炎を受け、真理を洞察することができるようになる。[4]〈というのも有用な教育と教養とが維持されるならば、それらは善き本性を作り出し、さらに有用な本性は、

同様の教養に与かって、以前の人々よりも、さまざまな面、特に生まれに関して、さらに優れたものとなるだ
ろう。これは他の動物においてと同様である〉（プラトン『国家』四・四二四Ａ）。5 それゆえ聖書にはこうも
述べられている。〈怠け者よ、蟻のところに行って見よ。蟻よりも知恵ある者となれ〉（箴六・六）。蟻は刈り
入れの時期に、冬の厳しさに備えて多くかつありとあらゆる種類の食糧を蓄えるからである。「あるいは蜜蜂
のところに行き、なんと働き者であるかを学ぶがよい」（ホラティウス『諷刺詩』一・一・三三参照）。なぜな
ら蜜蜂は、あらゆる野の花をめぐり、ただ蜜を産み出すからである。

三四 1 だがもし、主が教えているように〈奥まった小部屋〉（マタ六・六）で祈り、霊において跪くならば
（ヨハ四・二三）、もはや経綸（oikonomia）は家（oikos）だけに関するものではなく、霊魂に関して、何を
どのように、どの程度霊魂に賦与すべきであるか、何を排除しまた霊魂に蓄えるべきか、またいつ、あるいは
誰のためにそれらをもたらすべきか、に関わるものともなるだろう。なぜなら医師や船乗りたちと同様、「美
しく善き人」というものは、本性的にではなく、学びによってそうなるものだからである。2 実にわれわれは
みな、ふつうにブドウや馬を目にしている。だが農夫であれば、そのブドウが実をつけるに良いか悪いかを見
るであろう。また騎士であれば、その馬は覇気がないか俊足であるかをたやすく見分けるであろう。3 対象が
異なっても、それが本性的に卓越しているかどうか、ということは、他のものに比して本性的にそう生まれつ
いているものへの熟練が明らかにしてくれよう。4 しかるに卓越性に関して、何であれ優れた本性のものがそ
の完全性を明らかにするとは限らない。すなわち、悪しく生まれついても、卓越性に向けて相応しき教育を得
るならば、必ずや美しく善きあり方を完遂するであろう。またその逆に、相応しき生まれを有していても、配
慮が足りなければ悪く変質してしまうだろう。また神はわれわれを、本性的に共同体に向けまた正義に向かう
よう創造されたのである。
三五 1 ここから、正しき事柄というものは、単なる状況だけから述べるべきものでは

ないように思われる一方、掟を通じて、創造の善性が燃え立たせられるということをも考えあわせねばならない。霊魂は学びによって、最美のものを選択しようと望むように教育されるからである。2しかしながらちょうど、たとえ書き記されたものがなくても信憑性がありうるとわれわれが言うのと同じように、信仰のうちに語られた事柄を理解することは、学んでいない者には不可能であるということにわれわれは同意する。というのも、良く語られた事柄を理解し、そうでない事柄を理解し得ないということは、単に信仰の問題ばかりではなく、学びに関わった信仰が引き起こすことだからである。3だがもし無知が無教養と無学に他ならないのであれば、教えとは、神的な事柄また人間的な事柄に関する知識を産み出すものである。4しかしながら、たとえ生活の貧困のうちにあっても、正しく生きることが可能なのと同じように、富裕のうちにあっても正しく生きることは可能である。また前教養を伴うなら、ある人にとって徳を守り抜くことはより速やかにかつより素早くなるであろうし、徳というものは、それらなくして守り抜くことはできないということにわれわれは同意する。ただしそれは、学びを終えた人々、あるいは〈感覚器官を鍛え上げられた人々〉（ヘブ五・一四）である場合を除いてである。5ソロモンは言っている。〈憎しみは争いを呼び覚ますが、教養は生命の道を守る〉（箴一〇・一二a）。それは欺瞞に欺かれないためであり、悪意をもって聴講し、悪しき技量を磨いている者どもによって盗まれないようにするためなのである。6〈教養は、吟味を加えられないとき、さまよう〉（箴一〇・一七）と聖書には語られている。ソフィストたちの狡猾な名誉を阻止するために、吟味の方法を用いるべきなのである。

三六 1幸福論者のアナクサルシスは、『王国について』という著書の中で、巧みにもこう記している。〈博学は大いに有益である。持てる者を大いに攻撃しうる。巧みである者には益し、すべての言葉をどんな民の間でも安易に発する者を害する。時宜の規準を知る必要がある。というのもこの境界は、知恵の領域に属するからである。門の傍で歌う人々は、たとえどんなに賢明に歌ったとしても、知恵ある者とは見なされず、愚かな考えを抱いているものである〉。2 ヘシオドスもこう語っている。

「ムーサイたちは、雄弁な男を神のような存在、
よい声で語る者にする方」。

（ヘシオドス、断片一九七）

というのもヘシオドスは、「雄弁な男」という表現で、言葉の才ある者を言い表しており、「よい声で語る者」とは「練達の人」、「神のような存在」とは、「経験に富み、哲学的で、真理を知悉せる者」との意味で述べられているからである。

第七章

各哲学諸派は真理のいくつかの要因を所持していること

三七 1 さてギリシア的前教育は、哲学そのものとともに、神から人間の許へ、予め計画されていたようにではなく、あたかも雨が肥沃な土地に降り注ぎ、堆肥を育み家を潤すのと同様にやってきたように思われる。草や小麦も等しく発芽し、墓地にはイチジクが生える。だがもっと羞恥心のない木々は、計画に沿って植えられ、真理を垣間見るにしても、同じ雨の力を享受しながら、豊かな場所に植えられたものと同じ恵みを受けることはなく、枯れたり引き抜かれたりする。2 実に、主が解釈して見せている種まきの譬えは、この点でも有益な

ものである。つまり、人間たちのうちにある大地を耕す農夫とは、世の創造以来、育ちうる種を天上より蒔いている方である。この方は、機会ある度ごとに、主の言葉を降らせる。しかるにその時期と、受け入れられる場所が違いを生む。[3]とりわけこの農夫は、小麦のみならず（これには違いが多々あるため）、他の種、たとえば大麦やソラ豆、エンドウ豆、ヒヨコ豆、庭に植える豆、あるいは花を咲かせる種をも蒔く。[4]ガーデニングもまた、同種の農術に属し、苗床、庭園、総じてすべての種類の樹木の本性と滋養にとって最も良きものを考えてやらねばならない。[5]これと同様なのは、羊を飼う術のみならず、牛や馬、犬、ミツバチを育てる術もすべてそうである。かいつまんで言えば、家畜を飼い、動物を育てる術は、互いに大いにあるいは少しずつ異なるが、すべて生命に益する。[6]一方哲学は、ストア派、プラトン派、エピクロス派、アリストテレス派等に関わらず、これら諸派の各々において美しく語られる事どもである限り、敬虔な知識に基づく正義を教える。すなわちこれが折衷した哲学ということになる。しかるに人間の理性から離反して人々が刻印した限りの事どもは、決して「神的」とは言い得ないものである。

三八 [1]さて、いまや次のことをも検討することにしよう。すなわち、善行を行うことを知らない人々が、いったい美しく生き抜くことができるのかどうかという問題である。というのも、善行において躓く者がある一方で、何人かの人々は、真理をめぐる言論への理解を通じて成功を収めている。〈アブラハムはその行いからではなく、その信仰によって義とされた〉（ロマ四・二、一六）。[2]したがって、彼らにとっては、たとえ現在その行いが良くあろうとも、もし信仰を有していないならば、彼らにとって死後、何ら益はないということになるというのである。[3]そのためにこそ、ギリシア人たちの言葉に聖書が翻訳されたのであって、それは、彼らが、無知ということを決して口実に持ち出すことができないようにするためであり、彼らがもし望みさえすれば、われわれの許に何があるかについて、聞くことができたはずだというのである。[4]ある人は、真理につい

て述べることと、真理そのものが自身を解釈して見せるのとは異なる、という。真理に関する推測と、真理そ
のものとは別であり、類似と存在そのものとは別であり、学びと鍛錬で成立したものと、力と信仰とで作り上
げたのとは別である、というのである。5 敬神の念の教えは賜物であるが、信仰は恩寵である。神の意向を実
行するとき、われわれはその意向を知っている。聖書はこう述べている。〈あなたがたは、正義の門を開くだ
ろう、わたしがその中に入り、主に告白するために〉（詩一一七・一九以下）。6 だが正義に至る道は、神が
様々な仕方で救うとき（神は善き方であるから）、数多く多彩で、主の道と門へと導くものとなる。だがもし
あなたが、王的なまた正真正銘の入り口を探しているのであれば、次の言葉を聞くが良い。〈これは主の門で
ある。正しき者たちがその中に入ってゆくであろう〉。7 多くの門が開かれるが、正義のうちにある門はキリ
ストのうちにある門であり、〈そこに入る者はすべて幸福であり、自らの歩みを敬虔のうちに正す〉。これはす
なわち、覚知的な敬虔という意味である。8 ローマのクレメンス[5]は『コリントの人々に宛てた書簡』の中で、
教会の判断により正当であるとされた教えの相違点について詳細に述べている。〈信仰深い人、あるいは正し
き人、また言葉の判断において知恵のある人、あるいは業において練達の人が覚知を語り出す〉（『第一コリン
ト書簡』四八・五）。

第八章

詭弁の諸技巧は偽りであること

三九 1 しかるに詭弁の技巧は、ギリシア人たちが追い求めてきたものであるが、幻想上の力であり、憶見の言辞によって、虚偽を真実のように作りなすものである。なぜならこの技巧は、弁論術を説得に向け、論争術を

競技に向けて提供するからである。かくして、もしこの技巧が哲学を伴うのでなければ、すべてに対して一層害多きものとなるであろう。2 実際プラトンは、詭弁術（sophistikē）をためらうことなく「悪しき技」と呼んでいるし（セクストゥス・エンピリコス『学者たちへの反駁』二・一二参照）、アリストテレスもこれに追随して、この技を「盗みの術」と表明している（アリストテレス『トピカ』一二六ａ三〇参照）。それはこの術が、知恵の業すべてをもっともらしく盗み取り、本来取り組んでいない知恵を標榜しているためである。3 端的に言うならば、ちょうど弁論術に関して、その端緒は「もっともらしき事柄」、その業は弁証法的証明、その目的は説得であるのと同様に、論争術の端緒は思いなし、その業は論争、そしてその目的は勝利である。4 同様に、詭弁術の端緒は外観、その業は二重であり、弁論術から来るのは推論、弁証法から来るのは問いかけの術、そしてその目的は驚愕である。5 さらにまた、対話を用いてのおしゃべり的弁証法は、反駁する力を養うための、蓋然的な事柄をめぐる哲学者の鍛錬である。だがこれらのうちには、どこにも真理はない。

四〇 1 したがって正真正銘の使徒は、相応しくも次のように述べ、その際に、それら言辞をめぐる術智を貶めている。〈もし誰か、健全な言葉に身を委ねることをせず、何も知らないのに何らかの教えに惑わされ、探索と言葉遊びに病んでしまう者がいれば、そこから生じるものは、理性において腐敗し、真理からそれてしまった者どもの争い、妬み、誹謗、邪推、口論だけである〉（Ｉテモ六・三―五）。2 使徒が彼らに対していかに憤っているか、お分かりであろう。使徒は彼らの言葉の術智を「病」と呼ぶ。その術智のゆえに、彼らは高慢になっているのである。彼らには戯言が親しいが、それは悪しき術智である。たとえそのソフィストたちが、ギリシア人であれ、あるいは異邦人であれ、変わりはない。3 悲劇詩人のエウリピデスも『フェニキアの女たち』の中で、いとも美しくこう述べている。

「不正なる言葉は病んでおり、
自らのうちに知恵ある薬を必要とする」。

（エウリピデス『フェニキアの女たち』四七一以下）

4 というのも「健全な」と言われるのは救いの言葉であり、それ自体が真理であって、健全なるものは永遠に不死性のうちに留まる。しかるに健全さと神性からの離反は、非神性および死をもたらす情動である。
5 これらの狼は、羊毛に身を隠して羊の略奪者となり、誘拐犯そして言葉巧みな口寄せとして、人知れず盗みを働き、類まれな強奪者として、初心なわれわれを策略と暴力で奪取すべく格闘する。いわばわれわれを劣等で無能力者と言わんばかりに。

四一 1

「人はしばしば雄弁の欠如に捕らえられ、
正しきことを言いながら、言葉巧みな者よりも力を出せない。
今や彼らは、流暢な口で最も真実なるものを盗み出し、
そう見えるべきものがそう見えないようにしてしまう」

（エウリピデス『アレクサンドロス』断片五六）

と悲劇は語っている。
2 このような論争的な連中は、諸異端の後を追うにせよ弁証法の技術を鍛錬するにせよ、帆を引き降ろして何も織り成すことをせず、虚しい労苦を追い求める、と使徒は言っている。その労苦の

ことを使徒は「人間どものサイコロ遊び」また「詐欺」と呼び、これらは欺瞞のずるがしこさには必須である。3〈というのも〉、使徒は言う。〈実は、不従順な者、無益な話をする者、人を惑わす者が多い〉（テトー・一〇）。決してこれは、すべての人々に向けて述べられているわけではない。〈あなたがたは地の塩である〉（マタ五・一三）。4なぜなら御言葉に耳を傾ける者であっても、海の魚になぞらえられる者があり、彼らは誕生のときから塩水の中で養われ、塩を準備してやる必要がある。5わたしには、次のように語る悲劇がよく理解できる。

「おお子よ、良く語られた言葉が偽りであれば良いが。
言葉の美しさ故に、それらは真理に対し勝利を収めるだろう。
だがそれがもっとも正確なものではなく、
本性であり正しきものなのだ。言葉の巧みさで
勝利を収める者は、知者ではあるが、
事柄のほうが常に、言葉よりも上位にあるのだ」。

（エウリピデス『アンティオペ』断片二〇六）

したがって、多くの人々の気に入られるようにということは、決して追求すべきことではないのだ。なぜなら彼らを喜ばせる事柄は、われわれが追求することではないのだから。またわれわれが知っている事柄は、彼らの状況とは大きくかけ離れているのだ。使徒は言う。〈われわれは、虚しい誉れに盲目となって互いに挑みあったり、互いにねたみあったりすることはやめよう〉（ガラ五・二六）。**四三** 1同じことは、いわば神に取り付

かれたように真理を愛するプラトンが述べている。「わたしは、よく観察して最善だと思われる言葉以外のものには決して従わないような、そんな類の人間なのだ」（プラトン『クリトン』四六B）。[2]つまりプラトンは、理性と知識なく憶見を信用する人々を責めているのであり、正しく健全な言葉を離れて虚偽に与かる者を信用することは適切でないと主張するのである。真理を偽るのは悪であるが、真理を述べ諸存在を栄光化するのは善である。[3]しかるに人間たちは、諸々の善から心にもなく引き離され、引き離されつつ盗まれ、魔術をかけられ、強いられ、真実ならざる言葉を信用しているのである。[4]虚偽を信用する者は、すでに進んで虚偽に囚われている。変節を説きつけられた者、ないし忘却の極まった者は盗みを働かれたのであり、あるものを時間が、あるものを言葉が取り去られて忘却させているのである。しばしば、悲嘆、悲しみ、対抗心、そして憤りが意見を変えるように強いる。そして快楽に魅了され、あるいは恐怖のゆえに恐れに陥る者どもは、総じて魔術を懸けられているのである。すべては非随意的なあり方であって、これらのうちの何物も、決して知識を駆逐することはない。

第九章

理性に根ざした信仰は単なる信仰よりも望ましいこと

四三 [1]しかるに何人かの人々は、素質はあると思われるのに、哲学にも弁証術にも取り組もうとしない。また自然に関する観想を学ぼうともしない。ただ信仰だけを追い求めて、そのさまはあたかも、ブドウの木に対していかなる世話も良しとせず、最初から直ちに房を取ろうとする者のようである。[2]しかるに主は比喩的に〈ブドウの樹〉（ヨハ一五・一）と言われる。これは主にあっては、配慮と、ロゴスに適った農学的な技術をもって、その実りを刈り入れるべきだからである。そのためには剪定・掘削・縛りその他の手入れが必要である。思うに、大鎌、つるはし、その他の農具は、われわれのため、ブドウが食用に足る実りを付けるように世話をする上で欠かせまい。3 農術と同様、医術においてもそうだが、極めて多彩な学びの内容を扱った「教則本」は、より良く耕すこと、より健康であることができるように作られている。ちょうど同じように、この哲学にあっても、わたしはすべて真理へと向かわしめる事柄は「教則」的であると言いたい。かくして、幾何学、音楽、文法学、そしてまさしく哲学そのものから有益なものを摘み取り、信仰を攻撃されぬよう守り抜くことが肝要なのである。陸上競技者の例は看過して、既に述べたように（『パイダゴーゴス』二・一・二・一）、競技に向けて準備すべきなのである。**四** 1 またわれわれは、〈多くの人々の町々を〉（ホメロス『オデュッセイア』一・三参照）知っている経験を積んだ舵取り役や、多くの人々の症例に出会った医師を賞賛するが、その人のことを経験豊富な者とする人々もある。2 一方、ギリシア人や異邦人たちから真っ直ぐな生き方を引証し、各々の範例を持ち出す人は、経験豊富な真理の探究者にして真に「策多き」（ホメロス『イリアス』一・三一一ほか）人であり、まるで試金石のごとくに（リュディア産の石は、正真正銘の金からまがい物を判別することができると信じられている）、われわれのうちで「知恵に満ち」（ホメロス『オデュッセイア』一五・四五九）、覚知者として、哲学とソフィストの術を、肉体鍛錬術と粉飾の術を、医術と料理の術を、弁証法と修辞の術を、魔術やその他の異邦人の愛智に反する異端と真理そのものを見分けるに十分な力を有する。3 思惟されるものに関して哲学する者が、神の力を望み、それに習熟した者となるに至ることが、どうして必須でないことがあろうか。はたまた、律法に関して二義的な言葉と、同様の意味を帯びた言葉を峻別することが、どうして有益でないことがあろうか。4 二義性に関して主は、試練の時に、悪魔に対して策で打ち勝った（マタ四・四）。したがってこの件に関してわたしはもはや、哲学と弁証法の発見者であれば、ある人々が憶測しているように、二義性のやり方に欺かれて迷う、ということは決してないと考えている。

四五 1 だがもし、預言者たちや使徒たちが哲学にとっての鍛錬と思われるような技術を知らず、端的に預言者的な、また弟子としての霊を備えた理性が、万人にその声を理解できるのではないような仕方で神秘的に語ったのだとすれば、その理性は、教えを明瞭にするため、術知を要求していることになる。2 預言者と霊の弟子たちは、この理性を躓くことなく知悉していた。というのも信仰からでなければ、霊が語ることは容易ではないからである。3 それにしても、学んだ者でなければ、これを受け容れることは不可能である。聖書は言う。〈意向と知識の二面から、掟を書き記すことにしよう。あなたに反駁する者どもに対して、真理の言葉を回答することができるように〉（箴二二・二〇―二一）。4 では「回答のための覚知」とは何であろうか。それは尋ねるための覚知でもあろう。そうすると、これは弁証術的なものだということになるだろう。5 ではどうなのか。語るということは、ロゴスから為すという業ともなるのではないか。というのももし、われわれがロゴスから何かを行うというのでなければ、そのやり方はロゴスに則っていないものとなるだろう。しかるに理性的な業とは、神によって完成を見るものである。〈ロゴスなくしては、何事も成らなかった〉（ヨハ一・三）。つまり、神の言葉なくしては、という意味である。あるいは主もまた、すべてをロゴスに基づいて行ったのではなかったか。主は恐れに強いられて駆られる家畜の奇跡を起こしたのであった（ルカ八・三三）。また「正統派」と呼ばれる人々にしても、自分たちが何をしているのか知らずに、美しき業に身を委ねることはできないのではないか。

第一〇章

弁舌における饒舌は避けるべきこと

四六 1 それゆえ救い主はまずパンを取り、言葉でもって感謝した。しかる後パンを割いて献げた。これはわれわれがロゴスに沿って（logikōs）食し、聖書を認識して（epignōn）、従順（hypakoē）のうちに生活することができるためである。2 ちょうど悪しき論理を用いる者が、悪しき業を用いる者どもとなんら違いがないのと同じように（悪魔とは剣のしもべであり、誹謗は苦痛を生み出し、そこから人生の破滅が生じる。悪しき論理の業とはこのようなものであろう）、善き論理を用いる者たちは、業の美しさを完成させる人々に近づく。3 かくして論理もまた、霊魂を獲得し、善美に向かう。この双方に長けた者は幸いである。善く語ることができる者に対して、善く為すことのできる者を誹謗してはならない。また、善く為すことに長けた者に対して、善く語ることのできる者をあしざまに言ってはならない。4 それぞれの本性が向くままに、働きをさせればよいのである。しかるに業が示す事柄に関して、人が異なれば語りようも異なる。たとえば善行に向けて道を備える者が、耳を傾ける者たちを善き業にも導くような場合である。なぜなら救いの言葉は、その業も救いをもたらす。実に、言葉を伴わない正義など、成立しないのである。四七 1 もしわれわれが、よく為すことを取り去るのであれば、よく被ることも奪い取られる。同じく、もし掟と、掟を明確に説明してくれる者が併せて受け容れられるのでなければ、従順も信仰も取り去られる。だがいま、われわれはその双方のために、言葉にも行いにも事欠かない。2 しかるに論争術も詭弁術も完全に避けるべきである。なぜなら詭弁家たちのかの言辞は、多くの人々を魔術に懸け盗み出すだけではなく、強いられればカドモスの勝利をも取り去ってしまうものである。3というのも、すべてにまさってかの詩編が真実を伝えている。〈正しき者は最後まで生き、知者たちが死ぬのを見ることがあっても、破滅を見ることはない〉（詩四八・一〇以下）。では誰のことが「知者」と言われているのであろうか。『イエスの知恵』に聞いてみよう。〈悪事の知識は知恵ではない〉（シラ一九・二二）。これはすなわち、言辞の術知、弁償術の術知が考案したようなものを言っているのである。4〈悪人どもの許に知恵を探してみよ。見出すことはできないだろう〉（箴一四・六）。もしかすると再び気づけるかも知れない。それはどのようなものであろうか。〈正しき者の口は知恵を滴らせる〉。ちなみに知恵は真理と同意語であるということは、詭弁術でも言われていることである。四八1しかるにわたしとしては、思うに、重要なのはロゴスに従って生きること、意味された事柄を思惟することであって、言辞の良さを決して求めない者は、思惟された事柄を仄めかすことだけに十分であろう。わたしが提示しようと望んでいる事柄が、どのような名前でもって明らかにされるのか、そのことにわたしはまったく関心がない。というのもわたしは、救われること、そして挙げられることというのは、救われることを希求する人々にとって最善であり、こまごました表現を、あたかも秩序立てる大切なものでもあるかのように並べ立てるのは意味がないということをよく知っている。2プラトンの『政治家』篇におけるピュタゴラス派の人物は、「もしあなたが名辞に熱を挙げるということに固執しないならば、賢慮の賜物に関してより富める者であることが明らかにされるだろう」と言っている（プラトン『政治家』二六一E）。3あるいは『テアイテトス』篇においても、次のような発言が見出される。「語と句について気にかけないこと、精確さに関わって調べ上げはしないということは、多くの点では卑しからぬことであるが、むしろその逆のことが卑しからざる場合があり、否ときにはそれが必須である場合もあるのだ」（プラトン『テアイテトス』一八四BC）。4これらの事どもを、聖書は可能な限り簡潔に〈語句に関して冗長になるな〉（ヨブ一一・三）と表明している。なぜなら、言辞はいわば身体の上にはおる衣服のような

ものであり、事柄が肉であり神経である。したがって肉体の健康の前に衣服のことを気遣うべきではない。 5
真実の生に入ろうとする者にとっては、もしわれわれが放縦を、偽りに満ち希望のないものだとして拒否する
のであれば、簡素な生活ばかりでなく、単純でこだわりのない言葉に向けても鍛錬せねばならない。さながら
いにしえのスパルタ人が、香油と紫衣を控えたようにである。つまり外套は偽りに満ち、塗油も偽りに満ちた
ものというふうに正しく考え、そう名づけたのであった。というのも育てるのに必要な分よりも多くの調味料
を有していることは、決して良き食糧の蓄えとはならず、言葉の用い方も洗練されず、それは聞く者たちにと
って、役立つよりもむしろ喜ばせるようなものとなりうるからである。6セイレーンよりもムーサイのほうを
より甘美であると考えるように、とピュタゴラスは勧めている。知恵を陶冶することを、快楽とともに学ぶの
ではなく、他の霊魂の導きをよく吟味してセイレーンを虚偽に満ちたものとすべきだからである。セイレーン
の傍らを通過するのは一人で十分であり、スフィンクスに応答するにも別の一人で十分であり、それはもしあ
なたがたが一人でないことを望んだとしてもそうである。四九 1虚しい名誉を求める者たちが〈聖句の入った箱
を大きく見せる〉（マタ二三・五）必要はまったくない。覚知者には、もし一人だけ聴衆が見出されれば、そ
れで十分なのである。2実に、ボイオティアの人ピンダロスがこう記しているのを聞くことができる。

「古の言葉を、すべての人々に向かって撒き散らすのはやめよ。
黙っているときにこそ、道はもっとも信用され、もっとも抜きん出た言葉が
戦いのための突き棒となることがあるのだから」。

（ピンダロス、断片一八〇）

3 至福なる使徒が、われわれに対して次のように勧告し、これを実に上手く敷衍してくれている。〈まったく役に立たないことをして、聴き手たちの気を削ぐようなことに言葉をあげつらったり、神聖でなく虚しいお喋りに立ち混じったりしないようにせよ。それらは大概の場合、不敬を増大させ、彼らの言葉は悪性の腫れ物のように拡大する〉（Ⅱテモ二・一四、一六以下）。

第一一章

神的な書物のよりよき理解という唯一の意図とともに勉学はなされるべきこと

五〇 1 実にこのような〈世の知恵は、神の前の愚かさである〉（Ⅰコリ三・一九―二一）。そしてこれらの〈知恵者たちの主は、議論が虚しいということを知っている〉。だから何ぴとも、人間的な思惟において秀でているなどと言って誇ることがあってはならない。2 このことは、『エレミヤ書』の中でたくみに記されている。〈知者は、おのれの知恵において誇ることがあってはならない。力強き者は、おのれの力において誇ることがあってはならない。富める者は、おのれの富において誇ることがあってはならない。むしろ誇る者は、次のことにおいて誇るがよい。すなわちわたしこそ、地の表に憐れみと裁き、それに正義をおこなう主である、ということを理解し、知っているということにおいて、と主は言われる〉（エレ九・二三以下）。3 また使徒は言っている。〈われわれがおのれに信頼することがないように、むしろ死者を復活させた神により頼むように。神は、これほど大きな死の危険からわれわれを救ってくださった。それはわれわれの信仰が人間の知恵のうちにではなく、神の力のうちにあるためである。というのも霊的な人間はすべてを裁くが、自らは何者にも裁かれないからである〉（Ⅱコリ一・九、Ⅰコリ二・五）。

4 しかるに、わたしは彼の次のような言葉をも耳にする。〈わたしがこのように言うのは、あなたがたが巧みな議論にだまされないようにするためである〉（コロ二・四）。また〈あざむく者〉（コロ二・八）が忍び寄ることのないようにするためである。5 さらにはまた、〈人間の言い伝えによる哲学や虚しい迷妄を通じてあなたがたを捕虜にする者が現れることのないように。それは世を支配する霊によるものであり、キリストによるものではない〉（コロ二・八）。6 ここで哲学というのは、すべての哲学を指すものではなく、エピクロス派の哲学を指す。この派の哲学について、パウロは『使徒言行録』の中でも言及し、摂理を廃し、快楽を神聖化するものだとしてこれを排斥し、また他の要素に対し、それらに対する創造的な原因を立てることがなく、また創造者を想起することがないものだとしている（使一七・一八）。**五一** 1 そればかりではなくストア派も（彼はこの派についても言及している）、神とは物体であり、それは最も卑しい質料にも浸透していると語っているが、これは良くない。2 ストア派は、形式的衒学主義のことを「人間的伝承」と呼んでいる（クリュシッポス、断片一〇四〇）。それゆえ次のようなことを命ずるのである。〈新規な探求を避けよ〉。そのような競争心は若気の至りだからである。哲学者のプラトンはこう言っている。〈徳とは少年の好むところではない〉（典拠不詳）。3 またレオンティノイの人ゴルギアスによれば、〈われわれの闘いは二重の徳を必要とし、それは勇気と知恵である。危険に耐え抜くことは勇気に属し、謎を知るのは知恵の業である〉。というのも〈言葉は〉、オリュンピア競技会での〈布告のごとく、望む者を招くが、能力のある者に栄冠を与えるからである〉。

4 かくして御言葉は、信じる者が、真理に対して不動であったり、まったく怠惰であったりすることを望まない。御言葉はこう語る。〈探せ、そうすれば見出すであろう〉（マタ七・七）。だが主は、探求を発見にまで至らしめ、虚しきナンセンスを駆逐し、われわれのために信仰を装備する観想を是認するのである。使徒は言う。〈このことをわたしが言うのは、誰もあなたがたをもっともらしい議論で欺くことがないようにするためである〉（コロ二・四、六、八）。すなわち彼はここで、そういった人々によって語られた事柄を学んだ者どもを峻別して、教わる人々を提起された諸命題から惑わせることに警鐘を鳴らしているのである。五二 1〈だから、あなたがたはイエス・キリストを主として受け容れたのであるから、そのうちに歩むがよい。キリストのうちに根を下ろし、そのうちに作り上げられ、信仰のうちに確かなものとされよ〉。しかるに信仰の確証とは説得である。〈あなたがたを奪い取るような者が現れないように注意せよ〉。これはキリストに対する信仰から奪い取る、の意であり、それは〈哲学と虚しき虚妄による〉。それは先見を奪い去ることであり、〈人の伝承に基づく〉。2 というのも神的な伝承に基づく哲学は先見を立て確立するものであるが、それが奪い取られると救い主に関わる経綸はおとぎ話に映り、〈世の諸物によるのであってキリストに拠ることなく〉われわれが影響される。3 というのもキリストに聴従する教えは、創造者をも神とし、微細な部分に及ぶまで摂理を透徹させ、諸要素の本性が変化し生成することを見抜き、力の限り神に似た者として生活することを教え、経綸をこそすべての教養を統括するものと認めるべきことを教えるのである。4 要素としては、ディオゲネスは大気を崇敬し、タレスは水を崇め、ヒッパソスは火を尊び、原子を始まりとして立てる者たちもある。彼らは哲学の名を被ってはいるが、いわば無神論的な人間論者で快楽主義者である。五三 1 使徒は言う。〈それゆえにわたしは祈る、あなたがたの愛が、覚知とまったき感覚のうちに、さらにもっと豊かになるように、そしてあなたがたが、諸相違点に関して吟味することができるように〉（フィリ一・九以下）。というのも、この同じ使徒は語る。〈われわれがまだ子供であったころ、われわれは世のさまざまな要因に隷属していた。しかるに子供というものは、たとえ世継ぎであっても、父親によって定められる時期までは、奴隷と何ら異なることがない〉（ガラ四・三、一、二）。2 したがって哲学者さえも、キリストによって成熟した男性とされるまでは、子供なのである。というのももし〈妾腹の子は、自由人女性の子とともに相続に与かることはない〉としても、実際にアブラハムの裔なのであれば、約束に拠ることなく自身の賜物を受け取っているのである。〈硬い食物は、完全な人々のためのものである。その人々とは、習性によって鍛えられた諸感覚を有し、美と悪との識別ができるようになっている人のことである。というのもすべて、乳に与かっている人は、正義の言葉に対しては無経験だからであり〉（ヘブ五・一四、一三）、すなわち子供であって、まだ、そこにおいて彼が信じるに至りまた内的に活動している御言葉を知らず、そのうちに原因を帰すことができない人である。4 使徒は言っている。〈あなたがたはすべてを吟味し、美を保持しなさい〉（Ⅰテサ五・二一）。これは使徒が、真理に従って語られたすべてを判断し、真に真理に属すことであるかあるいはそう思われるだけか、といった問題について、弁別しうる霊的な人々に対して述べていることである。**五四** 1〈教養は吟味されぬとき彷徨い、打撃と反駁は知恵の教養を与える〉（箴一〇・一七）、すなわち明らかに、愛を伴った反駁である。〈真っ直ぐな心は覚知を追究する〉、それは〈神を求める者は正義を伴った覚知を発見し、それを真っ直ぐに求める者は、平和を見出す〉。2 聖書は言う。〈わたしは傲慢な者たちの言葉ではなく、その力を知る〉。ここに記されているのは、知者だと思い込んでいる人々であり、真の知者ではないのだということを、著者は非難しながら述べている。3〈というのも神の国は言葉のうちにあるのではなく〉（Ⅰコリ四・一九以下）、すなわち、真実ならざる言葉のうちにあるのではなく、むしろ、蓋然性のある仮説のうちにある。使徒は言う、〈力のうちに〉。というのも、ただ真理だけに力があるからである。4 さらに使徒は述べる。〈もし誰かが、あることを知っていると思っても、決して、知るべきあり方で知っているのではない〉。というのも、真理は思いなしでは決してなく、覚知の仮説が〈充溢し〉、虚無を満たすのである。〈愛は建てる〉が、それは思いなしのためではなく、真理に向かって巡るためである。そこから〈もし誰かが愛するなら、その人は知られる〉（Ⅰコリ八・三）と彼は述べる。

第一二章
『ストロマテイス』は卓越した思慮をもって至高の真理に入ることを許すこと

五五 1 さて伝承は、ロゴスの偉大さに気づく者にとって必ずしも共通のものでも、一般的なものでもない。したがって〈神秘のうちに語られた智慧〉（Iコリ二・七）は隠されねばならない。この智慧は神の子が教えたものである。2 実に、すでに預言者イザヤが、その舌を火で浄められている（イザ六・六）。それは言わば、幻影を見ることができるようになるためであった。そして舌のみならず、われわれにとっては聴覚も浄められることが相応しい。もし真理の分有者であることを試みるのであればである。3 わたしにとって、このことを書き記すことには障害が伴う。またいま、それを畏れ多くも感じている。なぜなら聖書には〈豚の前に真珠を投げてやるべきではない。それを足で踏みにじり、向き直ってあなたがたに噛みついてくるといけないから〉（マタ七・六）と記されているからである。4 というのも、真理の光に関するまさしく浄らかで眩いばかりの言葉を受け容れることは、下劣で教養のない聴衆には困難なことだからである。実際、多くの者たちにとって、これらの事どもよりも笑止千万な話はほとんど存在しないし、一方、本性的に優れた人々にとっては、これらよりも驚嘆すべき、また熱狂すべき事柄は存在しないからである。**五六** 1 〈自然の人は神の霊に関する事柄を受け容れない。彼にとってそれは愚かしいことであるから〉（Iコリ二・一四）。〈知恵者は、評議会で協議されたことを口から流したりしない〉（箴二四・七）。2 むしろ、主はこう述べる。〈あなたがたが耳で聞いたことを屋根の上で言い広めよ〉（マタ一〇・二七）。これは、真なる覚知の隠された伝承を、崇高かつ卓越したかたちで解釈し、それを受け容れるように命じるものであり、われわれが耳で聞いたとおりに、必要とする人々に伝えるべきであり、譬えで語られた事柄をすべての人々に見境なく告げて広めるべきではないことを言うものである。[3]むしろ、覚書の輪郭は真に、散らかったかたちで脈絡なく蒔かれた真理を有するものであり、噂好きの連中に知られることなく、コクルマガラスのように叫ぶのが目的である。したがって善き農夫にまみえたなら、その各々が発芽し、小麦を実らせるであろう。

第一三章

ギリシアおよび非ギリシアの哲学は真理の胚芽を内包していること

五七 [1]かくして、真理とはただ一つである（虚偽は多数の異種を有する）。ちょうどペンテウスの手足をバッコスの信女たちが八つ裂きにしたように、異邦にしてもギリシアにしても、哲学の異端諸派は、その各々が、自らの得たものを真理のすべてであると喧伝している。しかるに、思うに、万物は光が東から昇ることによって照らされる。[2]したがってギリシア人も異邦人も総じて、真理を希求する者であれば、真理のロゴスに関して、ある者は少なからぬ部分を、またある者はその一部を、もし可能であれば、それを示され、所持したのである。[3]実に、時間の一世代というものは、未来・現在・さらにはもちろん過去がつかの間ずつ成立させているのであるが、真理は、この一世代よりもはるかに強力に、自らに固有の種子を集める。たとえそれが別種の土地に落ちたものであったとしてもである。[4]というのも異端諸派において教説化されたものが、実に多種多様であることをわれわれは知る（ちょうどハーレムに住む後宮たちが、ロゴスを男性として、それとの交わりを完全に断ってしまうのと同様に、完全に耳が聞こえなくなってしまった者、あるいは本性的な経綸から切り離された者でなければ）。もし相互に似ているようには思えなくても、その類また真理全体には協和するものである。というのも、四肢としてまた部分として、あるいはエイドスとしてまた類として、一者には触れ合うものであるから。5 しかるにすでに、最下弦に対して最上弦は正反対であるが、その双方があいまって一なる調和を奏でるのと同じように、また数字に関しては、偶数は奇数と異なるけれども、両者は代数学において協和するのと同様に、はたまた、円と三角形、四角形、また形状というものすべてが、形に関しては相互に異なるのと同様である。ちょうどそれと同じように、全宇宙においても、あらゆる部分は、たとえ相互に異なっているにせよ、全体に対する親縁性を維持しているのである。6 であるから、異邦人の愛智もギリシア人の哲学も、もちろんディオニュソスの神話ではなく、永遠に実在するロゴスの神学をめぐって、永遠の真理に対するいわば引き裂きを行ってきたのである。しかるに分かたれたものを再び集め、完全な形での一つのロゴスを難なく編み出すことができ、真理を実観することができることがよく解る。**五八** 1 実に『コヘレトの言葉』にはこう記されている。〈わたしは、自分の前にエルサレムにいたすべての人々にまさって知恵を増した。わたしの心は多くの事柄を知り、わたしは知恵と覚知、比喩と知識を身につけた。これこそ霊の選択であり、知恵の充溢における覚知の充溢である〉（コヘ一・一六―一八）。2 その者こそ、あらゆる種類の知恵を経験した者、まったく覚知者と言える存在であろう。こう記されている。〈知恵の覚知の余剰は、その傍らにいる者を活性化する〉（コヘ七・一二）。3 また、次の言葉は、語られた事柄をより明確に確立する。〈すべては、思惟する者の前にある〉（箴八・九―一一）（ここで「すべて」とはギリシア的なものと異邦人のものであって、それ以外はまだ「すべて」には含まれない）。〈感覚を取り払おうと望む者たちには、（すべてが）真っ直ぐになる。代わりに選ぶべきは教養であり、金銭ではない。吟味された金にまさるのは覚知であり、これを選び、浄らかな金に代えて感覚を摂れ。高額な石にも智慧は勝り、すべての宝石もこの智慧には値しない〉。

第一四章

ギリシア哲学の学統

五九 1 さてギリシア人たちは、オルフェウスやリノス、それに彼らにとっての最古の詩人たちに続き、知恵において秀でた人々が「七人の賢者たち」と呼ばれて崇敬されていると伝えている。そのうちアジア出身の者は四人、つまりミレトスの人タレス、プリエネの人ビアス、ミテュレネの人ピッタコス、そしてリンドスの人クレオブロスである。またヨーロッパ出身の者は二人であり、それはアテナイの人ソロン、ラケダイモンの人キロンである。しかるに七人目に関して、ある人はコリントの人ペリアンドロス、またある人はスキュタイの人アナカルシス、またある人はクレタ人のエピメニデスであるとしている。2 このエピメニデスに関しては、使徒パウロが『テトスへの手紙』の中で言及し、こう述べている。〈彼らのうちで、傑出したある預言者は次のように語っている。

「クレタ人はいつも嘘つき、悪しき獣、怠惰な大食漢」。

しかもこの証言は真実である〉(テトー・一二以下)。3 こうして使徒が、いかにしてギリシア人の預言者のうちにもなにがしか真理を付与し、(信の)確立と批判のために議論をなし、ギリシア人の詩行を活用することをも恥じないかが理解できるだろう。4 実際彼はこれに限らず、コリント人に対し、死者の復活をめぐって議論を挑み、悲劇の短長格韻律を用いてこう述べている。〈もし死者が復活しないとすれば、わたしに何の益があろうか。「大いに食べ、飲もう。どうせ明日は死ぬ身なのだ」ということになる。思い違いをしてはならない。

「悪しき交わりは善き習慣を毀つ」

（メナンドロス『タイス』断片二一八）

のだから〉（Ｉコリ一五・三三）。5 一方、ある人はアルゴス人のアクシラオスを、また別の人々はシュリアの人フェレキュデスを七賢人のうちに数え上げている。しかるにプラトンは、ペリアンドロスを、僭主になったことを理由に智慧にふさわしくないとし、彼の代わりにケナイの人ミュソンを挙げている（プラトン『プロタゴラス』三四三Ａ）。六〇 1 ギリシア人たちのうちの賢者たちが、モーセの年齢よりも若いということは、少しく後で示されるであろう（『ストロマテイス』一・二〇・一〇七）。しかるに彼らの哲学の方法というものは、ヘブライ人のそれが謎に満ちたものであるのと同様に、すでに懐疑的である。勧告的な簡約語法を、最も有益であるとして歓迎する。ほかならぬプラトンが、以前は熱心に、この方法が全ギリシアに一般的であったが、特によく統制されたスパルタ人やクレタ人にはやったと述べている（プラトン『プロタゴラス』三四三Ｂ）。

3 さて、かの有名な〈汝自身を知れ〉について、ある人々はキロンの言だと推測しているが、カマイレオンは神々について述べたタレスの作品中にあるとし、一方アリストテレスは、ピュティアの巫女の言葉だとしている（アリストテレス、断片三）。この格言は、覚知を追求するように勧告する内容だと解することができる。4 というのも万物の実体なくしては、部分を知ることは不可能だからである。そこで宇宙の誕生について論じなければならない。その誕生の次第を通して、人間の本性をも学ぶことができるからである。六一 1 さらにまた、〈度を過ごすな〉という箴言は、スパルタ人のキロンに帰されている。一方ストラトンは、『発見について』という著書の中で、この金言をテゲアの人ソダモスのものとしており、またディデュモスはこれをソロンの言葉としている。それはちょうど、「最高の尺度」という言葉がクレオブロスのものとされるのと同様である。2 しかるに「誓願に際しては、迷妄からは離れよ」という言葉を、クレオメネスは『ヘシオドスについて』という著書のなかで、ホメロスによって語られたものだとしている。その典拠は、

「不甲斐ない奴らの誓言は、誓言にとっても不甲斐ない」

（ホメロス『オデュッセイア』八・三五一）

である。しかるにアリストテレス派の人々は、これをキロンのものと考えており、ディデュモスはこの勧告をタレスのものであるとしている。3 しかる後、これに続いて〈すべての人間は悪人である〉ないし〈人間の大半は悪人である〉（同じ金言が二通りに語られる）については、ビュザンティオンのソタデス派の人々は、ビアスのものであると言っているが、「配慮はすべてを清める」をペリアンドロスの作であると考え、同様に「汝自身を知れ」をピッタコスの勧告であると理解している。4 ソロンはアテナイ人のために、またピッタコスはミテュレネの人のために法を制定したのである。遅れてフェレキュデスの子のピュタゴラスが間違いなく、自ら初めて「哲学者」と名乗ったのであった。

六二 1 さて哲学は、前述の人々の後、三つの流派が、それぞれディアトリベ（談論）を行った場所を冠して成立した。すなわち、ピュタゴラスに発するイタリア派、タレスに発するイオニア派、そしてクセノファネスに発するエレア派である。2 まずピュタゴラスは、ヒッポバトスの言によれば、サモスの人でムネサルコスの子

である。一方アリストクセノスが『ピュタゴラスの生涯』で述べ、かつアリスタルコスとテオポンポスが同調していることによれば、テュレニアの人である。一方ネアンテスによればシリアの人だとされる。したがってピュタゴラスは、大方の人々によればその生まれは異邦人であるということになる。3 しかしながら、タレスもまた、レアンドロスとヘロドトスが語っているところによれば（ヘロドトス『歴史』一・一七〇）、フェニキアの人であるが、また他の人々が推定するところではミレトスの人である。4 エジプト人の預言者たちが推定するように、彼は一人であったと思われる。しかるに彼の師たる人物としては誰の名も挙げられていない。たとえばシリア人のフェレキュデスの弟子でもない。ピュタゴラスはその許で学んだのであるが。六三 1 イタリア派と呼ばれるピュタゴラス派の哲学は、イタリアのメタポンティオスで発展したのである。

2 一方プラクシアデスの子アナクシマンドロスはミレトスの人であるが、タレスを継承した。このアナクシマンドロスを、ミレトスの人でエウリュストラテスの子アナクシメネスが継承し、その後、クラゾメナイの人でヘゲシブロスの子アナクサゴラスが継承した。このアナクサゴラスは、イオニアからアテナイに談論を移した。3 このアナクサゴラスをアルケラオスが継承し、ソクラテスはこのアルケラオスの講苑に連なったのである。

「彼らのうちから、彫刻家、立法家、
ギリシア人の歌人らが現れ出た」
（ティモン、断片二五）

と、ティモンが『シッロの人々』という作品の中で述べているが、これは自然学者から倫理学者に転ずる動きについてである。[4]しかるにソクラテスの弟子であったアンティステネスは犬儒学派を形成し、プラトンはアカデメイアに移った。プラトンの許でアリストテレスが哲学し、リュケイオンに赴いてペリパトス学派を創設したのである。このアリストテレスをテオフラストスが継承し、テオフラストスをストラトンが、ストラトンをリュコンが、次いでクリトラオスが、そしてディオドロスが継承した。[6]一方スペウシッポスがプラトンを継承し、スペウシッポスをクセノクラテスが、クセノクラテスをポレモンが継承した。クラテスとクラントルはポレモンの弟子であり、彼らの代でプラトンに発する古アカデメイア学派は終焉を迎える。アルケシラオスがクラントルを継ぎ、そこからヘゲシノスまで、中期アカデメイア派が隆盛を迎える。**六四**[1]続いてカルネアデスがヘゲシネスを継承し、その後の人々がこれに続く。キティオンの人ゼノンはストア派の創始者であるが、クラテスの弟子となった。この人物をクレアンテスが継承し、その彼をクリュシッポスが継ぎ、その後に至る。

[2]さてエレア学派を興したのはコロフォンの人クセノファネス（五八〇―四七五）であり、彼に関してティマイオスは、シケリアを治めたヒエロン、および詩人のエピカルモスの頃の人であったとしている。一方アポロドロスは、彼が、オリュンピア紀第四〇期の人で、ダレイオスとキュロスの頃まで生きたと言っている。[3]次いでパルメニデス（五一五―四五〇）はクセノファネスの弟子となり、ゼノン（四九九―四三〇）はパルメニデスに師事して、その後レウキッポス（五世紀後半）、デモクリトス（四六〇／五〇―三七〇／五〇）と続いた。[4]デモクリトスの弟子となったのは、アブデラの人プロタゴラス（四九〇―四一四）とキオスの人メトロドロスであり、スミュルナの人ディオゲネス（四〇〇―三二三）はこのメトロドロスに師事し、以下アナクサルコス、ピュッロン（三六〇―二七〇）、ナウシファネスと続いた。エピクロス（三四二―二七〇）はこのナウシファネスの弟子であったと言われている。

5 さてギリシア哲学の学統は、およそかい摘んで述べると以上のようであるが、彼らの中で哲学を創始した人々の時代を次に述べねばならない。それは、ギリシア・ヘブライ双方の比較において、ヘブライ人の許での哲学の方が、何世代分も古代に遡るのだということを実証するためである。**六五** 1 まず、クセノファネスについては、エレア派哲学の祖であると言われている。一方タレスに関しては、エウデモスが『天文学史』の中で、日食が起こったときに、これを予言したと言われている[6]。それはメディア人とリュディア人が互いに戦争を始めた頃のことで、当時メディア人は、父にアステュアゲスを持つキュアクサレスが王のとき、一方リュディア人はクロイソスの子アリュアッテスが王のときだという。エウデモスに対してはヘロドトスも（『歴史』）第一巻で同意している。これはオリュンピア紀第五〇年期の頃のことである。2 一方ピュタゴラスは、ポリュクラテスが僭主であった頃、オリュンピア紀第六二期に見出される。3 またソロンについては、ムネシフィロスがそのライバルであったと記されており、このムネシフィロスとは、テミストクレスが交わっている。したがって、ソロンの最盛期はオリュンピア紀第四六期に置かれる。4 なぜならブリュソンの子ヘラクレイトスは、僭主メランコマスに対して権力の座を手放すように説得したからである。この男は、ダレイオス王がペルシアに来てくれるよう招いたのを断っている。

第一五章

非ギリシア人の思想はギリシア人の思想よりも古いこと

六六 1 これらの年代記は、ギリシア人のなかで最も古代の知者そして哲学者たちによるものである。しかるに彼らの大半が、その生まれに関しては異邦人であり、異邦人の許で教育を受けたということに関して、何を語る必要があろうか。たとえばピュタゴラスはテュッレーニアもしくはテュロスの人だということが明らかであるし、アンティステネスはフリュギアの人、オルフェウスはオドリュソスの人もしくはトラキアの人である。また大方の人々は、ホメロスはエジプト人であったとしている。2 タレスは、生まれはフェニキア人であり、エジプトの預言者たちに立ち混じったと言われていて、それはピュタゴラスも同様である。彼らによってピュタゴラスは割礼をも受けたが、それは彼が、神殿の至聖所にまで歩み入って、エジプト人たちから神秘の哲学を学び取るためであった。彼はさらにカルデア人やマギの最も優れた人々と交流し、今日「教会」と呼ばれているものに、ピュタゴラス派の「学校」（ホマコエイオン）をなぞらえた。3 一方プラトンは、最も優れた教えが異邦人の許から哲学の中に流入したということを否定せず、自らエジプトに赴いたことを告白し、『ファイドン』の中では、哲学者はあらゆるところから益を得ることができると記している（プラトン『ファイドン』七八Ａ）。〈ギリシアは広いのだ、ケベス。その中にはおそらく優れた人々がいるし、異邦人の人々もまた数多くいる〉。六七 1 かくしてプラトンは、異邦人たちの中にも哲学者たちがいると考えているのであるが、これに対してエピクロスは逆に、ギリシア人たちだけに哲学することができると想定している。2 『饗宴』篇の中でも、プラトンは異邦人たちについて、どれほどまれに見るほどに彼らが卓越した修練をおこなっていることかと賞賛している（プラトン『饗宴』二〇九ＤＥ）。プラトンによれば、〈いろいろな人々が、いろいろなところで様々に、ギリシアでも異邦人の間でも修練している。異邦人には多くの神殿さえも立ち、その子供たちに受け継がれている〉という。3 異邦人たちが、とりわけ自分たちの立法者や師たちを神々と呼んで尊敬しているのは明白である。4 プラトンによれば彼らは、善き霊魂が天上の場所を去り、甘んじてタルタロスに赴き、身体を帯びて、生成のうちにあるすべての悪に参与する、と想定しているという。その霊魂とは人類の守り手であり、法を敷き哲学を布告するという。〈これよりも優れた善は人類の間にはかつて、神々の許からすらも来たことがなかった〉という。**六八** 1 わたしには、彼ら異邦人が、知者たちを通じてその人々を尊敬することと、そして広く哲学するということの大いなる善さに気づいていたように思われる。ブラフマンたちもみな、オドリュサイ人もゲタイ人も、エジプト民族も、これらの事柄を正確に神学していた。またカルデア人やアラブ人は幸福なる人々と呼ばれ、パレスティナに住んでいる人々、ペルシア民族に属す人々も、決してその類の最小の部分を成すわけではない。彼らに加え、他にも幾多の民族がある。2 しかるにプラトンは、明らかに異邦の人々を常に崇敬していたことが見て取れる。彼は、ピュタゴラスその人が、異邦人たちの教説のほとんど、またその最も真正なる部分について学び知っていたことを思い起こしている。3 それゆえプラトンは「異邦の民族」と言いつつ、異邦人の哲学的な人々の一群を知っていて、『ファイドロス』篇の中でわれわれに、エジプトの王はトートよりも知恵があることを明らかにしている。このトートとはヘルメスであることを彼は知っていた。そればかりでなく『カルミデス』篇の中でも彼は、霊魂を神的な存在とすると言われるあるトラキア人たちのことを知っていたように思われる（プラトン『カルミデス』一五六Ｄ）。

六九 1 さてピュタゴラスは、エジプト人の大預言者ソンキスの許で、プラトンはヘリオポリスの人セクヌフィスの許で、エウドクソスは同じくエジプト人のコヌフィスの許で学んだと言われている。2 「霊魂論」の中では、プラトンはやはり預言について知っているように思われる。なぜなら彼は、ラケシスの言葉を伝える預言者を登場させ、籤で選ばれた霊魂に向かって預言する役割を帯びさせているからである（プラトン『国家』六一七Ｄ）。3 また『ティマイオス』篇にも、異邦人の許で学ぶいとも知恵あるソロンを登場させている。この対話編には次のような言葉が見える。〈おおソロン、ソロン、あなたがたギリシア人は常に子供である。ギリシア人に老人は一人もいない。あなたがたは時代とともに古びるような教えを持っていないからだ〉（プラトン『ティマイオス』二二Ｂ）。4 というのもデモクリトスは、バビロニア人の言葉を倫理的であるとしている。なぜなら彼は、アヒカルの碑文を解釈し、自身の論文にまとめたと言われ、しかも彼においてこれが解釈されたことがうかがわれて、「これはデモクリトスの言葉だ」とされているからである。5 実際、彼は自らの博学ぶりを誇ってこう述べている。〈わたしはわが時代の大地のほとんどの部分を歩き廻り、その長さを測り、その空気と地質の大半を見て、非常に多くの学問ある人々の話を聞いた。しかし誰一人としてわたしに対し、実証をもって記した論文の訂正を迫る者はなかった。それはハルペドナプテス人たちと呼ばれるエジプト人にしても同様で、わたしは彼らの許に、ほぼ八〇年間客人として過ごした〉。6 実際彼は、バビュロニア、ペルシア、そしてエジプトに赴き、マゴイや神官たちの許で学んだのである。一方ピュタゴラスは、ペルシア人のマゴスであるゾロアストレスの許に赴き、この人物の経外書で、プロディコスの一派の者たちが異端だと叫んだものを獲得したとされる。七〇 1 一方アレクサンドロスは『ピュタゴラスの象徴について』という著書の中で、アッシリア人のザラトスという人物の許でピュタゴラスが学んだと記しており（ある人々はこの人物をエゼキエルだと解している。しかし後に明らかにされるように、そうではない）、彼らに加えてピュタゴラスがガラタ人やブラフマンたちからも教えを受けたものと理解している。2 一方ペリパトス派のクレアルコスは、あるユダヤ人を知っていたと言われており、この人物はアリストテレスとも親交があったとされる。3 というのもヘラクレイトスは、シビュッラには、未来が、人間の仕方ではなく、神とともに現れると言っている（ヘラクレイトス、断片九二、ディールス・クランツ編）。実際デルフォイでは、神託所の傍らにある岩が示されていると言う。この岩の上には、ヘリコン山でムーサイに育てられ、そこからやって来た初代のシビュッラが座していたと言われている。何人かの人々は、彼女はマレアからやって来たラミアの娘でポセイドンの娘だとしている。4 一方サラピオンは、自作の叙事詩の中で、シビュッラは死んでも託宣を止めることはなかったとし、死後彼女の託宣は空中に赴いたと言う。これはすなわち、うわさや知らせの中で託宣が行われるという意味であろう。一方大地に転じた彼女の体からは、ありうることだが植物が生育し、ちょうどそこに当たる場所でその植物を食んだ動物は、そのはらわたを通じ、人間のために、未来の像を正確に予知すると記している。(7) 一方シビュッラの霊魂は、月の表面に映し出されると彼は考えている。

七一 1 以上はシビュッラについてである。一方、ローマ人のヌマ王はピュタゴラスの徒であったが、モーセから教えを受けて、ローマ人たちが神の像を、人間あるいは動物の姿で創ることを制止した。実際、王としての最初の数年に一七〇の神殿が建てられたが、そこには神像が創られることも、描かれることもなかった。2 というのもヌマ王は彼らに対して隠された仕方で、最高の存在に対し、思惟以外の仕方で触れることができないように指示したのであった。

3 さて哲学は、大いに恩恵を施すものとして、昔から異邦人の許で盛んとなり、それは諸民族において輝きを放ったが、後にはギリシア人たちの許にも到来した。4 哲学を主導したのは、エジプト人の預言者たち、アッシリアのカルデア人たち、ガラタのドルイド族、そしてバクトリアやケルト人のサマナである。哲学した人々としては、ペルシアのマゴイ（彼らは魔術によって、救い主の誕生をも予知し、彼らに星が導くままに、自らユダヤの地にたどり着いたのであった（マタ二・一―六））、インドの裸形行者たちも含まれ、ほかにも異邦の哲学者たちは存在する。5 彼らには二種類が挙げられよう。一つはサルマナ人、もう一方はバラモンと呼ばれる人々である。サルマナ人の中でも、「森林居住者」と呼ばれる人々は、町に住むことも家を持つこともせず、木々の皮をまとい、果実を食し、水を手で飲んで、結婚も子作りもしない。ちょうど現在「克己派」と呼ばれている人々の如くである。6 インド人のなかには、ブッタの教えを信奉する人々がいる。彼らはこの人物を、その卓越した威厳のゆえに神として崇めてきた。(8) 七二 1 一方スキュティアの人としてはアナカルシスがあり、ギリシアの多くの哲学者たちとは異なると言われている。2 一方ヘッラニコスはヒュペルボレオイ人がリパイア山の上に住んでいると伝えており、彼らは肉を食さず、果実を享受することで正義を学んでいるという。彼らは六〇歳を過ぎた者たちを門から外に追い出して消すとされる。3 一方ゲルマン人たちの間には、聖なる女性たちと呼ばれる者どもがいて、彼女たちは川の渦、流れの動きや音から判断して未来を予知するという。実に彼女たちは、ゲルマン人たちに対して、新月が照るまでは、皇帝と戦いを交えることを許さないという。4 これらの民族すべての中で、はるかに飛びぬけて年長なのはユダヤ民族であり、彼らの哲学が記されるようになって、ギリシア人の哲学を先導したのだということを、かのピュタゴラス派の人フィロンが多くの典拠を通じて実証している。だが彼に留まらず、ペリパトス派のアリストブロスやその他多くの人々もこれを行っている。ここで一々についてその名を挙げることは差し控えよう。5 一方著作家のメガステネスは、セレウコス朝のニカトルの許で生活した人物であり[9]、『インド誌』の第三巻において極めて明瞭にこう記している。〈自然についての事柄はすべて、古代の人々、しかもギリシア以外の哲学者たちによって語られたと言われている。そのあるものはインド人の許、バラモンの人々によって、またあるものはシリアにおいて、いわゆるユダヤ人たちによって述べられたものである〉。七三 1 だがある人々は、より神話的な言い方で、「奇術師たち」と呼ばれる人々の中の何人かの賢者たちが最初であると述べており、彼らの作のうちに、エフェソスの書き物と呼ばれるものや音楽を伴ったリズムの発見が帰せられるとしている。これを典拠として、音楽家たちの間で用いられる「ダクテュロス」[10]という言い方は、ここからその名を得ている。しかし彼らはフリュギア人であり、「イダイオイ・ダクテュロイ」というのも外国語である。2 しかるにヘロドロスは、ヘラクレスが預言者また自然学者として、異邦人でフリュギア人のアトラスから宇宙の運動を継承したと伝えている（ヘロドロス、断片三一F一三、ヤコビ編）。この神話は、天空に関する知識を学びによって受け継いだということを象徴的に表現するものである。3 一方ベリュトスのヘルミッポスはケンタウロスのケイロンを賢者と呼び、『ティタン

族の戦い』を記した人物も彼について、この人物が最初に

「死すべき種族を正義へと導き、
誓いと悦ばしい供物とオリュンポスの形を示した」

としている。4 そしてこのケイロンの許で、トロイアに出兵したアキレウスも教育を受け（ホメロス『イリアス』一一・八三二）、ケンタウロスの娘のヒッポはアイオロスと共棲して彼に自然学的観想、すなわち父より伝えられた知識を教えたという。5 ヒッポについてはエウリピデスも証言して次のように述べている。

「彼女が初めて神々の事柄について預言した。
知恵ある託宣をもって、東の星々について」。
（『メラニッペ』断片四八二）

6 このアイオロスの許で、トロイア陥落の後、オデュッセウスが歓待を受けている（ホメロス『オデュッセイア』一〇・一以下）。彼がわたしのために、モーセの年代と、彼に続く哲学の古代性に関しての比較のために、時代を明示してくれんことを。

第一六章

文明の諸技芸の大半は非ギリシア人が発明したこと

七四 [1] さて哲学ばかりでなく、ほとんどすべての技芸に関して、その発明者は非ギリシア人（異邦人）である。[2] まず、天文学を最初に人類にもたらしたのはエジプト人であり、同様にカルデア人もそうである。エジプト人はまた、灯りをともすことを最初に発明し、一年を一二か月に分割し、神殿において女性と交わることを禁じ、女性から身を浄めていない者が聖域に入ってはならないという掟を定め、さらには幾何学の発明者ともなった。[3] もっとも、カリア人が星の運行を通して占いを行う術を考え出したのだと言う人々もある。[4] 一方、鳥の飛び方の観察を最初に始めたのはフリュギア人であり、犠牲の術を正確に規定したのは、イタリアの隣人トゥスコス人である。[5] またイサウリア人とアラビア人は鳥占の術を究めた。もちろんテルミシス人も鳥を用いる占いを行った。[6] 一方テュレニア人は角笛を、フリュギア人は横笛を発明した。オリュンポスとマルシュアスはフリュギア人だったからである。七五 [1] 一方ギリシア人にとっての文字の発明者であるカドモスはフェニキア人であった。これはエフォロスが言っていることであり、そこから文字が「フェニキア文字」と呼ばれるということは、ヘロドトスも記している（ヘロドトス『歴史』五・五八）。しかるに、フェニキア人とシリア人が最初に文字を発案したと言われている。[2] 一方医術の発明者は、エジプト土着のアピスであり、それはイオがエジプトに至るより以前のことだと言われ、その後にアスクレピオスがその術を発展させたのだとされる。[3] 一方リビュア人のアトラスは、初めて船を造り、海を航海した。[4] 一方「イダイオイ・ダクテュロイ」（前述）のケルミスとダムナメネウスは、キュプロスで初めて鉄を発見し、また別のイダ民であるデラスは銅の調合を初めて開発したが、ヘシオドスによれば、彼はスキュタイ人だとされる（ヘシオドス、断片一七六）。 5 実に、トラキア人が初めていわゆる「鎌」を発明し（これは曲がった剣である）、初めて馬上で小楯を用いた。 6 同様にいわゆる「パルマ楯」を発明したのはイッリュリア人である。 7 さらにエトルリア人が彫塑術を考案し、イタノス（彼はサウニタイ人であった）が最初に「扉楯」を作ったといわれる。 8 フェニキア人のカドモスは石を彫る術を見出し、パンガイオン山の金鉱を発案したという。 9 すでに、また別の民族であるカッパドキア人が、初めていわゆる「十二弦琴」を発明したとされ、同じ様式のものはアッシリア人が「十弦琴」としているものである。 10 一方カルケドン人は、初めて四段櫂船を準備し、それを操ってボスポロス海峡で実戦に用いたという。**七六** 1 アイエテスの娘でコルキスの女性メデイアも、初めて染髪の術を考案した。 2 そればかりでなくノロペス族（パイオニア人の一族で、現在ではノリアと呼ばれている）は初めて青銅を精製し、鉄を精錬したという。 3 ベブリュコイ人の王であるアミュコスは、初めて拳闘衣を発明したという。 4 音楽の術に関しては、ミュシアの人オリュンポスがリュデイア風の調和音を考案した。またトログロデュテスと呼ばれる人々は、楽器である四弦トライアングルを発明した。 5 またフリュギア人のサテュロスは、横笛を発明したといわれている（同様に三弦のものと全音階の調和音はアグニスが発明したとされ、彼も同じくフリュギアの人である）。 6 打楽器も、同様にフリュギアの人オリュンポスが見出したとされ、マルシュアスはフリュギア流および混フリュギア風・混リュディア風の調和音を発明した。彼は前述の人々と同じ地域の出身である。またドリア人女性のタミュリスは、トラキア風を発明した。 7 またわれわれが聞くところによれば、戦車と寝台と足台とは、ペルシア人が最初に製作し、またシドンの人が三段櫂船を初めて製造したという。 8 イタリアに近いシケリアの人が初めて竪琴を発明し、キタラからそれほど遅れることなく拍子木を発明したという。 9 さらにはセミラミスがエジプト人の王であったとき、亜麻布の衣を発明したと言われている。 10 またヘッラニコスは、ペルシア人の女王であるアトッサが初めて手紙をしたためたと言っている。七七[1]ミュティレネの人スカモンとエレソスの人テオフラストス、それにマンティネイアの人キュディッポス、さらにはアンティファネスとアリストデモスとアリストテレス、彼らに加えてフィロステファノス、そればかりかペリパトス派のストラトンも『発見について』という著作の中で、以上のようなことを述べている。[2]わたしが提示したのは、それらのうちのほんのわずかであり、それは、異邦人における発見と生活活用の特性を立証するためである。彼らからギリシア人たちは、調度類の恩恵を蒙っているのである。

[3]だがもしある人が、異邦風に染まった言葉を攻撃し、アナカルシスが言うように〈ああ、すべてのギリシア人たちがスキュティア人化した〉と言うとしよう。[4]この人物は、ギリシア人の許で次のように言って驚嘆された男である。〈わたしの服は外套、食事は牛乳とチーズ〉。異邦の哲学が、言葉ではなく、業を称揚するものであることが見て取れるだろう。七六[1]一方使徒は、〈あなたがたも、もし異言により、明瞭な言葉を語らなければ、どうして語られたことが知られうるだろうか。まるで宙に向かって喋っているようなものであろう。世には実に多くの種類の言葉があり、どれも意味を持たないものはない。だから、もしその言葉の意味がわからないとなれば、わたしは話し手にとって異邦人であり、話し手はわたしにとって異邦人だということになるだろう〉（Ｉコリ一四・九―一一）。また〈異言を語る者は、それを解釈できるように祈るがよい〉（Ｉコリ一四・一三）とも述べる。

[2]実に、遅れてではあるが、ギリシア人たちの許に、言葉の教えと書き物が到来したのである。

[3]まず、ペリトスの子でクロトンの人アルクマイオンが、初めて自然論をしたためた。[4]一方、ヘゲシブロスの子でクラゾメナイの人アナクサゴラスが、最初に書物の形で著作を公にしたと述べている人もある。[5]一方、最初に曲を詩にまとわせ、スパルタ人たちの法を作曲したのは、アンティッサの人テルパンドロスであ

る。一方、ディテュランボスで作詞したのは、ヘルミオネの人ラソスである。同じく讃歌は、ヒメラの人ステシコロスが作り、コロスによる歌はスパルタの人アルクマンであり、恋愛詩はテイオンの人アナクレオン、合唱隊歌はテバイの人ピンダロス、法をコロスに載せキタラを用いて初めて歌ったのは、ミレトスの人ティモテオスであった。七九 1 実に、イアンボスを考案したのはパロスの人アルキロコス、コリアンボスはエフェソスの人ヒッポナクス、悲劇はアテナイの人テスピス、喜劇はイカリアの人スサリオンの発明である。2 これらの人々による韻律を、文法家の末裔たちが伝承しているが、それらについて正確を期して提示するのは冗長になろう。ただディオニュソスがそれを明らかにしており、彼を通じてディオニュソス風の女神たちが出来しているが、彼はモーセよりも甚だ後代の人である。3 さて、談論を通じての弁論や、修辞学的な定型句を発見し、謝礼を受け取ったのは、初めて裁判演説を披露すべく記したアンティフォンで、彼はソフィロスの子でラムヌシアの人であり、これはディドロスが述べていることである。一方キュメの人アポッロドロスは初めて「批評家」という代わりに「文法家」という名前を持ち出し、文法家と名乗った人物であった。だがこれも何人かの人々によれば、最初はキュレネの人エラトステネスであるという。なぜならこの人は、二巻より成る『文法論』という書物を記して公刊したからであるという。現在われわれが呼び習わしているような意味での「文法家」を初めて名乗ったのは、ミテュレネの人でディオニュソファネスの子プラクシファネスであった。4 一方ロクリスの人ザレウコスは、初めて法を制定したと伝えられている。だがある人々によれば、最初はゼウスの子ミノスで、それはリュンケウスの時代だという。5 この人物はダナオスの後、イナコスとモーセの世代から一一代目に当たる。この点については少し後に示そう（『ストロマテイス』一・二〇・一〇六参照）。6 一方トロイアの陥落から多くの年を経て、オリュンピア紀第一〇〇期を前にリュクルゴスが現れ、スパルタ人のために法を制定した。ソロンの年代については先述した（一・一四・六五・三）。八〇 1 一方ドラコンも、自身立法家であった人物で、オリュンピア紀第三九期のころに生きたことが知られる。2 ピュタゴラスの時代からエピクロスの死までの歴史家たちのことを探究しているアンティロコスは、エピクロスの死がガメリオンの月の第一〇日であり（欠文あり）、年数は全部で三一二年であると算定した。3 また人々は、イカリオスの妻のファノテアはヘクサメトロスの英雄詩人であったと言うが、またある人々は、ティターン族のなかでテティスだけが女神として見出されると言う。4 一方ディデュモスは『ピュタゴラス派の哲学について』という著作のなかで、クロトンの女性であるテアノが最初に女性として哲学し、詩も書き記したと述べている。

5 したがってギリシア人の哲学は、ある人々によれば、たまたま真理の何がしかを、しかしながらあいまいにかつその全体をではなく、捉えたものである。けれども他の人々が望むように、その動きは悪魔から捉えたものである。また何人かの人々は、ある種の突出した力が全哲学に息を吹き込んだと仮定している。6 しかしながらもしギリシア哲学が真理の大きさを捉えていなかったならば、主の掟を実行するには力がなさ過ぎたであろう。だが少なくとも彼らは、最も王的な教えのために道をあらかじめ備え、何がしか賢慮を示し、また倫理性を予型的に象り、そして真理の受容のために備え、摂理の存在を推察したということになろう。

第一七章

哲学とは窃盗の一つの形であるが、それにも関わらず恩恵をもたらすこと

八一 1 実に、聖書にはこう記されていると彼らは主張する。〈主の来臨以前の者どもはすべて、盗人であり盗賊である〉（ヨハ一〇・八参照）。だがここで意味されている人を、御言葉の肉化以前の人々すべてと受け取るのは、あまりに広すぎる解釈であろう。2 預言者たち、主によって派遣され息吹を受けた人々は、盗人ではな

く僕である。3 聖書はこう記している。〈智慧は自らの僕を、ブドウ酒の杯に向け、いと高き告げ知らせでもって召集しつつ遣わした〉（箴九・三）。4 ところが愛智は主によって遣わされたのではなく、〈盗まれた〉あるいは〈盗人によって与えられて〉やって来た、とされている。[11] これは、ある力もしくは天使が真理の一部を学びつつもそのうちに留まることなく、それに息吹を加え盗み教えたためである。これを主が知らなかったはずはない。なぜなら主は、世とその各々のものの成立以前から、将来起こるであろう事柄の結末を知悉しているからである（ヨハ一七・五）。ただそれを、主は阻まなかったのである。5 というのも人間世界に到来した窃盗には、およそ何らかの益というものがあり、それは窃盗を行う者が益を獲得するからではなく、その蛮行の行き過ぎを、先見の益へと正すことによるものである。

八三 1 わたしは、多くの人々が間断なくわれわれを攻撃し、妨げないことこそ原因であると言っているのを知っている。つまり彼らの言い分としては、窃盗の原因は、守らない者、阻止しない者であって、たとえば火事に際して猛威が始まったのに消し止めない者、あるいは難破のときに帆をたたまない船主がそうである。2 法に照らした場合には、違法の原因である者どもはただちに懲罰される。というのも阻止する力が備わっている者には、その結果の原因も賦与されているものだからである。3 そこでわれわれとしては、彼らに向かって、原因は為すこと、働きをなすこと、そして行うことの内にあると考えられること、しかしながら阻止しないということは、それに関して働きをなさないということだと言いたい。4 さらに働きに関して原因であるものというのは、ちょうど船体ができあがるに際しての造船所や、家が建つに際しての家大工がまさしくそれに当たる。しかし阻止しないものというのは、できあがるものからは切り離される。5 したがって、阻止する能力のあるものが働きを為さなかったり阻止しなかったりするものは完成を見る。6 というのも、彼が阻止しないならば、何の働きが及ぶだろうか。だが、もし負傷に対して、その原因を矢にではなく、矢が貫通するのを阻止しなかった楯に求めるとするならば、すでに彼らの論理は破綻している。というのも彼らは、盗人をではなく、窃盗を阻止しなかった者を難詰することになるだろうからである。八三 1 ギリシア人たちは、自軍の船団が焼き払われたのはヘクトルのせいだと言わず、アキレウスのせいだと言う。なぜならアキレウスはヘクトルを阻止することができたのにそうしなかったからである（『イリアス』一五・一七六以下、一六・一二二以下）。アキレウスは怒りの故に（怒ること、および怒りを抑えることは彼の能力のうちにあった）、火を制止しなかった。それゆえこの場合、火と怒りとはあいまって〔船火事の〕原因をなすものであろう。2 しかるに悪魔とは自由意志を持つものであり、悔い改めることも盗むこともできるのであって、彼こそがこの盗みの原因であり、主が阻まなかったのではない。ただ贈与も、神からの阻止が到来するのだから、害のみとは言えない。3 だがもし彼らに対して正確を期す必要があるのであれば、阻止的でないということ、それはこの窃盗の際に起こったとわれわれは主張するものであるが、それが完全に原因であったというのではなく、原因であったのは、原因の告訴の際に阻止的であることが内在していなかったということなのである。4 というのも楯を向ける人は、楯を向ける者自身にとって、彼自身が傷つくのを阻止するという点で、傷つかないことの原因である。またソクラテスにとってダイモンの声は、阻止するのではなく、促すのではないけれども回避させるような原因であった（プラトン『ソクラテスの弁明』三一D）。5 また賞賛も非難も、名誉も懲罰も、霊魂が衝動と斥力の能力を有しておらず、悪が強いられたものである場合には、正しいものとは言えない。八四 1 ここから、悪の原因ではない神ができる限りわれわれのうちに留まり得るためには、阻む者が原因であって、霊魂の選択を阻止しない者は正しく判断することになる。2 しかるに選択と衝動は過ちをも開始させるので、時に誤った判断が支配する際には、その判断は無知と無学なのであるから、その判断が懲罰を受けて当然であり、われわれはそれが離反してゆくのを気に留めまい。3（例を引こう。熱を出すのは不本意なことである。だが、もしある人が自ら不節制のために熱を出したならば、われわれはその人間を責めるであろう。）その災いは不本意なのであるから。[4]というのも、悪を悪であるという理由の許に選択する者はいない。それに伴う快楽に引きずられ、それを善と錯覚し、受け取るべきだと考えてしまうのである。[5]状況がそのようである際に、無知と、悪しく快楽に満ちた選択から解放されること、そしてそれらを前にして欺きに満ちた幻影に同意しないことは、われわれにできる範囲内のことである。[6]しかるに悪魔は強盗また盗人と呼ばれ、偽りの予言者たちを預言者たちとない交ぜにする。そのさまはさながら、小麦を毒麦と混ぜるようなものである。[7]したがって、〈主の前に来た者はすべて盗人また強盗である〉（ヨハ一〇・八）というのは、単純にすべての人々というのではなく、すべての偽預言者たちと、真に主から遣わされたのではないすべての者どものことである。

八五 [1]さて偽預言者たちも窃盗品を所持している。それは「預言」という名であり、彼らは確かに預言者ではあるが、偽りの預言を語る者なのである。[2]主はこう語っている。〈お前たちは、お前たちの父親である悪魔から発したものであり、父の欲情を果たしたいと望んでいるのだ。悪魔は最初から人殺しであって、真理に立脚してはいない。彼らのうちには真理がないからだ。悪魔が偽りを語るときには、その本性から語っている。悪魔の父親も偽り者であるからだ〉（ヨハ八・四四）。[3]だが偽預言者でさえ、偽りのうちに何がしかの真理も語る。実際彼らは、恍惚状態にあっては、あたかも離反者の従僕であるかのごとくに預言するものである。[4]かの〈牧者、回心の使者〉（『ヘルマスの牧者』幻五・七）も、偽預言者に関してヘルマスにこう語っている。〈彼は何らか真理の言葉を語る。なぜなら悪魔が、正しき事柄のうち幾分かでも述べられるのではないか、と彼をおのが霊で満たすからだ〉（『ヘルマスの牧者』戒一一・三）。[5]実に、すべては天上より美のために取り計らわれている。これは〈実に多彩な神の智慧が、教会を通して知られるためであるが、それはキリストのうちに神が実現した永遠の先見によるものである〉（エフェ三・一〇以下）。[6]神に対しては、何事も対峙することはないし、神に対抗しうるものは何も存在しない。神は主であり、万能者だからである。八六 1 だがそれに留まらず、神から離反した者たちの意図や働きは、部分的なものに過ぎず、ちょうど身体的な疾病がそうであるのと同様に、悪しき状況に由来するものである。しかるに普遍的な神慮（pronoia）によって導かれるとき、それらは健全な目的へと向けられる。それは、たとえその原因が疾病をもたらすものであったとしても然りである。2 実に、神慮のうちの最大のものは、自発的な離反から生まれた悪を癒さず、無益で非生産的なもののままに留め、すべてにおいて害毒をもたらすものとするという点であろう。3 というのも神的な智慧・徳・力に属す業としては、善を為すばかりでなく（暖めることが火の本性であり、照らすことが光の本性であるのと同様、善行はいわば、神の本性そのものである）、何らかの点で認識されている悪を通して、何か善にして有益な結末を完遂し、外見上の邪悪さを、いわば試みによる証しのように有益に用いるということが挙げられる。八七 1 したがって愛智にあっても、言わばプロメテウスによって窃盗が行われて、光を起こすに必要なだけのわずかな火がうまく焚きつけられ、智慧の痕跡と神をめぐっての胎動を残した。2 おそらくこのような意味で、ギリシアの愛智者たちが〈盗人であり強盗〉なのであろう。そして、主の来臨以前に、ヘブライ人の預言者たちから真理の部分を、認識（epignōsis）によって捉えたのではなく、ただあたかも自らが見出した教説であるかのように己がものとし、ある事柄についてはその真意を貶め、またある事柄に関しては余計にも無学なままに改竄したが、ある事柄に関しては彼ら自身発見しもした。おそらくは〈感覚の霊〉（pneuma aisthēsōs、出二八・三）を有していたのであろう。3 アリストテレスも聖書と同じような表現で、ソフィストの技巧のことを〈智慧の盗術〉と呼んでおり、これに関しては既に説明を終えた（『ストロマテイス』一・八・三九・二）。4 しかるに使徒は〈わたしたちがこれについて語るのも、人の知恵に教えられた言葉によるのではなく、「霊」に教えられた言葉による〉（Ｉコリ二・一三）と述べている。5 というのも使徒（ヨハネ）

は預言者たちに関して、〈われわれのすべてが、その〉、すなわちキリストの、〈充溢から得た〉（ヨハ一・一六）と述べている。だから預言者たちは盗人ではない。6 そして〈わたしの教えはわたしのものではなく、わたしを遣わした父のものである〉（ヨハ七・一六、一八）と主は述べる。その一方で主は、盗みを行う者たちに関して、〈彼はわたしについて語りながら、自分自身の栄光を求めているのだ〉と語っている。7 ギリシア人たちはそのような意味で〈自己愛に満ち、ほら吹きである〉（IIテモ三・二）。聖書が彼らを賢者と呼んでいるのは、真の意味での知恵者ではなく、単に見せかけの上での賢者に過ぎず、それを非難しているのである。

第一八章
万人が知恵に呼ばれていること

八八 1 彼らに関して、使徒はこう言っている。〈わたしは知恵ある者の知恵を滅ぼし、賢い者の賢さを意味のないものにする〉（Iコリ一・一九）。さらに使徒はこう付言する。〈知者はどこにいるのか。学者はどこにいるのか。この世の論客はどこにいるのか〉（Iコリ一・二〇）。つまり使徒は、学者と対置するために、この世の論客、異邦人の哲学者を配しているのである。2〈神は世の知恵を愚かなものとされたではないか〉（Iコリ一・二〇）。これは、神が「愚かさを明らかにした」というのと同義であり、彼らの考えていることが真実ではないという意味である。3 使徒は、彼らが言う「知恵」の欺瞞の理由に気づいていたものの、〈彼らの心の頑なさのために〉（以下エフェ四・一八）述べているのである。〈神の智慧のうちに〉、すなわち預言者たちによって告げられた智慧のうちに、〈世は智慧を通して〉、つまり預言者を通じて語る智慧を通じて〈彼を〉、すなわち神を〈知ることがなかった〉ために、神は愚かさを告げ知らせることをもって〉、つまりギリシア人たちには愚かと思われることを通じて、〈信じる者たちを救うことを決意した〉。なぜなら、使徒が言うには、〈ユダヤ人たちは〉、信仰のための〈しるしを求める〉が、〈ギリシア人たちは知恵を探求する〉。これはすなわち「強制的論法」ないし別様には「省略三段論法」と呼ばれているものに属す。だが〈われわれは十字架に付けられたイエス・キリストを述べ伝える。彼は、ユダヤ人にとっては躓きであるが〉。4なぜなら預言を知っているものたちは、このような結末を信じないからである、〈一方、ギリシア人にとっては愚かさである〉。5なぜなら見せかけだけの知者は、人間を通して神の子が語ったり、神が子を有したり、ひいてはこの神の子が受難するなどということはおとぎ話に他ならないと考えるからである。そこから、思い込みの先入観が彼らをして信じないように説きつける。6というのも、救い主の到来は、人々を愚かな者・心頑なな者・不信仰な者とするのではなく、むしろ理解があり、従順で、さらに加えては信仰深い者とするからである。7聞き従う者たちが自ずから付き随ったがために、従うことを望まぬ者たちが、理解なく、信なく、愚かな者としてここから離反していったことが明らかにされている。8〈呼ばれたユダヤ人、ギリシア人たちにとって、キリストは神の力であり神の智慧である〉。八九1では――このほうがむしろ望ましいと思われるが――、〈神は世の知恵を愚かなものとされたではないか〉という句は、〈愚かなものとされなかった〉と等しく、否定的な意味に取るべきではないだろうか。つまりそれは、彼らにとって、心の頑なさの原因が、知恵を愚かなものにした神に由来するものであると思われないようにするためなのである。たとえ彼らが知者であるにしても、福音の告知を信じないとすれば、それはより大きな非難の対象となってしまう。というのも真理を選び取るかそこから逃れるかは、自由意志によるべきものだからである。2だがそればかりでなく、〈わたしは知者たちの知恵を滅ぼそう〉（Ⅰコリ一・一九）という表現を通じて、使徒は「軽蔑されるべき、また軽んじられるべき知恵を、異邦の哲学との対置によって明瞭にする」と言っているのである。それはちょうど、ランプが太陽によって照らされた場合、等しいエネルギーを発揮することができないために、滅ぼされてしまうと言われるのと同様である。3 したがって、すべての人々が招かれているのではあるが、その中で聴従することを望む者たちだけが〈呼ばれた者〉と名づけられている。というのも〈不正は神から来るものではない〉。（ギリシア人・異邦人）各々の種族から出て信じる者たちは〈受け容れられる民〉（テト二・一四）である。4『使徒言行録』においても、次のような表現を見出せよう。〈使徒の言葉を受け容れた人々は、洗礼を受けた〉（使二・四一）。すなわち明瞭なことだが、自らが説得されることを望まなかった者たちは離反したのである。九〇 1 この者たちに向けて、預言の書はこう語っている。〈もしあなたがたが望み、わたしに聞き従うならば、地の善きものを享受するだろう〉（イザ一・一九）。彼はわれわれのために置かれたものを吟味し、選択か回避かを迫る。〈神の智慧〉と使徒が呼んでいるものは、主による教えであり、それは主が、子を通じて伝えられた真なる哲学を示すためである。2 というのも見せかけの知者であっても、一種の勧告を有しており、それは使徒にあって、次のように命じるものである。〈神にかたどり、正義と真理の敬虔さのうちに創られた新しい人を身につけねばならない。それゆえ偽りを棄て、真理を語れ。悪魔に付け入る隙を与えてはならない。盗人はもう盗まず、善を実行することで富むがよい〉（エフェ四・二四以下）。3 ここで「実行する」とは真理を探究して尽力することである。というのも理性的な善行を伴って、〈必要としている人に〉、宇宙論的充溢と神的な智慧とを〈分かち与えることができるため〉である。4 なぜなら使徒は、御言葉を教え、利息をつけて貸せるように正確に吟味された貨幣を、食卓に投ずることを望んでいるからである。5 したがって彼はこう付け加える。〈腐敗した言葉があなたの口から発せられないようにせよ〉。ここで「腐敗した言葉」とは虚栄心に発する言葉である。〈むしろ可能ならば、必要性を満たすべく打ち立てるに善いような言葉を発するがよい。聞き従う人々に恵みを与えられるように〉。言葉が善くあるためには、善性に満ちた神の言葉が不可欠である。救い主が、どうして善くないことがありえようか。

第一九章

ギリシアの哲学者たちは部分的真理に到達していたこと

九一 1かくして、ギリシア人もまた、証しのうちに真理の何がしかを教説化しているということについては、ここに看取することができる。パウロは『使徒言行録』の中で、アレオパゴス評議会の人々に対して次のように語ったと記されている。〈わたしはあなたがたが信仰厚き人々であることを認める。2道を歩きながら、あなたがたが拝むいろいろなものを見ていると、「知られざる神に」と刻まれている祭壇さえ見つけたからである。それで、あなたがたが知らずに拝んでいるもの、この方をわたしはあなたがたに告げよう。3世界とその中の万物とを創った神が、その方である。この神は天地の主であるから、手で作った神殿などには住まない。また、何か足りないことでもあるかのように、人の手によって仕えてもらう必要もない。すべての人に生命と息と、その他すべてのものを与えてくださるのは、この神だからである。4神は、一人の人からすべての民族を作り出し、地上の至るところに住まわせ、季節を決め、彼らの居住地の境界を決められた。これは、人に神を求めさせるためであり、また、彼らが捜し求めさえすれば、神を見出すことができるようにという目的による。実際、神はわれわれ一人一人から遠く離れてはいない。あなたがたのうちのある詩人たちもこう述べている。

「われわれもその子孫である」(アラトス『星辰譜』五)〉。

（使一七・二二―二八）

5 ここから明らかなことは、パウロがアラトスの『星辰譜』から詩行を引用しつつ、ギリシア人によって美しく語られたということを認めるとともに、〈知られざる神〉という表現を通して、ギリシア人の間では創造者たる神が、周回的言説を通じて崇敬されていることを仄めかしている。しかしその一方で、子を通じた認識によって神を把握し学び取らねばならないということをも主張しているのである。九二 1 〈わたしはあなたを異邦人の中に遣わす。それは、彼らの眼を開き、闇から光へ、サタンの権能から神へと立ち返らせ、彼らがわたしへの信仰によって、罪の赦しと聖なる人々のうちなる嗣業（klēros）とを手にすることができるようになるためである〉（使二六・一七以下）。2 ここで〈盲目であったのに開かれた眼〉とは、子を通しての父をめぐる認識（epignōsis）のことであり、ギリシア人が周回的言説（periphrasis）によっていたものの把握（katalēpsis）である。そして〈サタンの権能からの立ち返り〉とは、そのために隷属が生じていた罪からの転向である。3 われわれは、単にすべての哲学をではなく、ソクラテスがプラトンを通じ、それについて次のように述べている哲学を受け容れるのである。〈秘儀についてある人々が述べているように、ウイキョウ持ちは多いが、バッコスの信徒はわずかだ〉（プラトン『ファイドン』六九ＣＤ）。これは、招かれる者は多いが、選ばれる者は少ないということを暗示したものである（マタ二二・一四）。4 彼はさらに明瞭にこう付言している。〈これらの人々は、わたしの考えでは、まさしく前哲学をしている人々に他ならないのだ。わたしとしては、可能な限りの事柄を、生涯の間何も疎かにしなかっただけでなく、あらゆる方法でもってそうなろうと熱望したのだ。もしわたしの望みが正しく、われわれが何かを成し遂げえたのであれば、われわれはかの地に赴いて明らかに見るだろう、もし神が欲するなら、もう少し後に〉。九三 1 それにしても貴方には、ヘブライ人の諸書において、正しき者における死後の希望が明らかにされているとは思わないであろうか。また『デモドコス』においても ── もしこれがプラトンの著作であるならだが ── 、〈まさか、技芸を求めて放浪しながら、多く学びもせずに生活したりすることは、まさか哲学することではあるまい。まったく別物だ。むしろわたしとしては、これを非難に当たるものだと考えているのだ〉（プラトン『愛人たち』一三七B）。2 というのも思うに、プラトンは、ヘラクレイトスに倣って、博学の理性を持つことを教えることはないということを知っていたのであろう。3 さらに彼は、『国家』の第五巻において、〈そうなるとわれわれは、そういった人々や他の人々を、妙な事柄を学ぶのが好きな哲学者、また技芸を好む哲学者とでもいうものを立てることになろう。いや、彼らはむしろ、似非哲学者だ。彼は言った。ではあなたは、誰を真の哲学者と言うのか。わたしは言った。真理を観照するのが好きな者たちをだ〉（プラトン『国家』四七五DE）。4 というのも疑問や仮説を含んだ幾何学のうちに哲学は存在しない。音楽にしても、推論的ではあっても、そのうちに哲学はない。天文学にしても、自然のこと、流体のこと、推察される事柄などに満ち満ちてはいるが、そのうちに哲学はない。むしろ哲学とは、善そのものと真理に関する知識である。いま述べた諸学は、善に関わる他のものであり、いわば善に向かう道なのである。5 したがってそれは、善に向けての包括的教養（enkyklion paideia）を完成させることを可能にはせず、むしろ霊魂を、思惟される諸物に向けて覚醒させ、鍛え上げるものである。

九四 1 だがもし、経験によって、ギリシア人たちが真の哲学の某かを述べたとすれば、その経験は神的な経綸に属している（というのも誰かがわれわれに対する競争心から、偶発的な事柄を神聖視するということはないであろうから）。あるいはたまたまの幸運によるのかもしれない。幸運は事前には測りがたい。2 あるいはまた、ギリシア人たちが本性的に内的想念（ennoia）を描いたと言う人がいるかもしれない。自然の創造者として、われわれは一者を知っているだけである。それはわれわれが自然的な正義について語る場合と同様である。あるいはまた、共通の理性を有しているためかもしれない。その父、そして理性の分配に関する正義の父が誰であるのか、後ほど検証することにしよう。3 というのももし誰かが「先陳述」を述べながら、「共陳述」を批判するとすれば、その人は預言の種類を述べているわけである。実に、真理を強調すると言いながら、別の人々がある事柄を哲学者たちに述べようと望む場合もある。4 実に、神的な霊感を受けた使徒は、われわれに関してこう記している。〈われわれはいま、鏡を通して見ているが〉（Ｉコリ一三・一二）、これは主に対する呼びかけを通じて、自らを知りながら、われわれの内にある神的なものから、創造的な原因をできる限りともに見ようとするわけである。5 使徒は言う。〈というのもあなたの兄弟を見ることは、あなたの神を見ることなのだから〉。6 思うに、いまの一節は、われわれに対し、救い主である神のことが語られているのであろう。しかるに肉体が剝ぎ取られるとき〈顔と顔をあわせて〉、すなわち心が浄らかになるときには、すでに決定的にかつ把握可能な仕方で、という意味である。7 そしてギリシア人たちの中で正確に哲学した人々は、強調をもってかつ透徹した仕方で、神を見ている。そのようなものとしては、不可能性を通じての真なる幻影がそれである。すなわち、水の面にわれわれが幻影を見出すとき、われわれはそれを、映った明晰な物体を通じて見るわけである。**九五** 1 かのソロモンは、実に美しくこう述べている。〈正義を蒔く者は信仰を作り出す。自分自身のものを蒔きながら、より多くを為す人々がある〉（箴一一・二一、一一・二四）。あるいはまた〈畑にある青草を世話せよ。あなたは草を刈るだろう。時期に適った牧草を集めるがよい、衣服にしうる羊を手に入れられるように〉（箴二七・二五以下）。2 外側の覆いや守りに対して、どのように配慮すべきかがお分かりであろう。〈あなたの群れの霊魂をよくよく認識せよ〉（箴二七・二三）。3〈というのも法を持たない異邦の民が、本性的に法に叶うことを為すのであれば、これらの人々は、法を持たないながら、自分たち自身が法なのである〉（ロマ二・一四）。〈割礼がなくても法の正義は守る〉（ロマ二・一六）と使徒は述べる。これは律法や

主の到来以前にも看取されたことである。4哲学の側から、異端と呼ばれる人々に向けての内容の論証が、い
わば判釈を行ったように、〈遠くに住む兄弟よりも、近隣の友人のほうが強力である〉（箴二七・一〇）。〈虚偽
に依拠する者は、不法者を牧し、空飛ぶ鳥を追いかける〉（箴九・一二ａｂｃ、一六、一七、一八ａ）。5わた
しは、多くの場合、現在の哲学が、蓋然的な事柄を手がけ、蓋然的な論拠を用いているにしても、それが御言
葉を愛智と呼んでいるとは思わない。異端諸派に嚙み付いているとは思うけれども。6さらに聖書は続ける。
〈というのも彼は、自らのブドウ畑の道を放棄し、特殊な畑のあぜ道を彷徨っている〉。そのあぜ道とは、当初
から存在する教会を離れてしまった者たちのことである。7直ちに異端に陥ってしまった者は〈水のない荒れ
野を彷徨する〉。それは、真に存在する神を放棄し、神なくして、水のない水を追い求め、〈住むことのできな
い乾き果てた土地を徘徊し、その両の手で不毛を集める〉。九六 1さらに、智慧は語っている。〈わたしは思慮に
おいて欠けたる者たちに勧告する〉、すなわち、諸異端の間で揺れ動く者たちに対して、〈隠れたパンを甘美に
食し、盗んだ甘美な水を味わうがよい〉。ここで聖書は、パンと水に関して、他でもなく、奉献（prosphora）
のために、教会の規定に則らずにパンと水を用いている異端のことを明瞭に示しているのである。というのも
生の水だけをエウカリスティアに捧げている者どもがあるからである。2〈だがその場所で無駄な時間を費や
さぬよう、立ち去るがよい〉。この場所とは、シナゴーグ（集会所）のことであって、教会と同義語として述
べているわけではない。3しかる後、智慧はこう呼ばわっている。〈こうして他の水へと赴くがよい〉。ここで
異端の洗礼は、固有にして正真正銘の水だとは考えられていない。4〈そして他の川へと移るがよい〉。これ
は海へと通じ、流れ出す川のことであり、真理による磐石性から逸れたものは、海へと流れ出し、異邦の、生
命とは無縁の波へと混ざり合ってしまうのである。

第二〇章 真理に到達するためには哲学が貢献すること

九七 1 たとえば船を曳く多くの人々は、多数の原因があるとは言わず、むしろ多くがあいまって一つの原因を成していると言うであろう（なぜなら船を曳くその各々の者が原因なのではなく、他の人々と力をあわせるから曳けるわけであるから）。ちょうどそれと同じように哲学は、真理の探究であるわけだが、真理の把捉のために適用される。したがって把捉の原因なのではなく、他とあいまって、その原因また協働者なのである。2 その際の共なる原因もまた、原因なのである。しかるに、幸福であるということは一つであるにしても、そのための原因としては、偶々複数の徳がある。ちょうど温まる理由として、太陽や火、浴槽や衣服などがありうるのと同様、真理はただ一つであっても、真理の探究に参画するのは数多くあるのに対して、発見は子による。かくして、もしわれわれが正しく観察するなら、力において徳は一つであるが、ある物事のうちに内在する場合、その力は思慮と呼ばれることになるし、ある場合には賢慮、またある場合には勇気であったり正義であったりする。4 これと同じ論理により、真理は一つであるのに、幾何学には幾何学の真理があり、音楽には音楽の、そして正統なる哲学にはギリシアの真理が存するのであろう。しかるに、われわれが神の子において教えられる真理こそ、唯一の完全なる勝義的真理なのである。九八 1 このようにしてわれわれは、同一の一ドラクマであっても、船乗りに与えられる場合には路銀、徴税人に支払われる場合には税金、家の管理人に支払われる際には家賃、教師に支払われる場合には報酬、売り子に支払われる場合には内金と呼ばれると理解する。これに対し、徳であれ真理であれ、同じ名で呼ばれるものの各々が、それ自体として同じ結果をもたらすものの原因なのである。2 これらの同意語としての使用により、正しき生を幸福と呼び、霊魂が徳に満ちた飾りを受けている人を幸福者と呼ぶ際には、それが「幸福に生きること」であると呼ぶのである〈名前の上だけで「われわれは幸福である」とは言わない〉。3だがもしさらに、哲学が真理の発見のために登用される場合には、哲学がさまざまな適用によって、真理に関わってわれわれが継続的に行う知識にまで拡げられる。ただこれは、ロゴスに基づいて手がける者に、覚知が前もって触れられるとも受け取られる。4しかるにギリシアの真理は、われわれによる真理とは、たとえ同じ名詞を用いているにしても、別個のものとされている。それは覚知の大きさ、勝義的な実証、神的な力、など類似の諸点に鑑みてである。なぜならわれわれは、〈神から教えを受けた者〉（Iテサ四・九）であり、真に聖なる文字を、神の御子にあって教わったからである。この点で彼らは、同じようにではなく、異なった教えによって霊魂を運動させているのである。九九1だがもし、あら探し好きの人々のためにわれわれが申し開きをすべきだというのであれば、真理の把握のために、哲学は軌を一にした協働者であると言おう。なぜならわれわれは、哲学が真理の探究そのものであり、覚知者にとっての前教育であることに同意するからであり、それなくしては哲学すらもあり得ないのであるから、軌を一にするものを原因とせず、協働者を維持者としない。なぜならわれわれはほとんどすべて、ギリシアの普遍的教養と哲学なく、それればかりでなく文法すらもなく、神的にして異邦の愛智によって突き動かされ、〈力によって〉（Iテサ一・五）神に関する事柄を信仰によって捉え、智慧そのものの働きを通して教育されたからである。2しかるに他者とともに為す事柄に関しては、それ自体として働きを為すことは不完全であり、協働者また軌を一にするものとわれわれは言う。これは、原因とともに原因であること、ないし他者とともに来たりて原因となることのためにこう名づけられているのであるが、それ自体としては真理に基づいた結実をもたらすことができないもののことである。3哲学が、それ自体としてギリシア人たちを正しきものとしたにしても、哲学は、そのための協働者として見出される正義に向かわしめることはなかった〈ちょうど、屋上へ登ろうとする者にとっての一階や二階、あるいは哲学しようと考えている者にとっての文法教師の役割に等しい〉。すなわち、哲学を取り除くことで、総じて御言葉を放棄したり、真理が取り除かれるといったことにはならない。なぜなら、視覚も聴覚も声も、皆相まって真理のために貢献するが、理性は真理を本性的に知らしめるからである。4 だが協働者に関して、ある場合には多くが、ある場合には少量が、力をもたらす。実に、明瞭さは真理の伝承のために協働するし、弁証法は、行き掛かりの異端に陥らないようにするために協働する。100 1 かくして、救い主に関する教えは自己完結し自己充足しており、〈力〉でありまた〈神の智慧〉である。したがってギリシアの哲学がこれに加わったところで真理をより強力なものにするわけではなく、ただ哲学に対する詭弁的な攻撃を無力なものにし、かつ真理に対する企てに満ちた攻撃を打倒するのである。ここから相応しくも、哲学はブドウ畑の垣根また柵と言われるのである。2 したがって哲学は、信仰に基づく真理として、ちょうどパンのように、生きるために不可欠であり、付け合せまたデザートにも似て、前教養だと思われる。

「宴が終われば、ナッツの類は甘美なもの」。

（ピンダロス、断片一二四ｃ）

これはテバイの人ピンダロスの言葉である。3 これに対し、聖書にあっても直截に〈浅はかな者が理解すればより悪巧みする者となり、知者が理解すれば覚知を受け容れる〉（箴二一・一一）と語られている。また〈自分勝手に喋る者は、自分自身の栄光を求める〉（ヨハ七・一八）と主は述べる。〈しかし自らを遣わした方の栄光を求める者は真実であり、その人のうちに不正はない〉。4 したがって、異邦の知恵を己がものとし、自分のものだと豪語して、己の栄光を増さんとする者は真理を偽っているがゆえに不正を犯している。彼は聖書にあって「盗人」と呼ばれている。実に、次のように述べられる。〈子よ、偽善者になるな。偽りは盗みへと道案内する〉（『一二使徒の教え』三・五）。[12] 5 しかるに盗人が略奪して有しているものは、本当に有しているものであり、たとえそれが金であれ銀であれ、あるいは御言葉であれ教義であれ、これは変わらない。彼らが盗み取ったものの一部には真理があり、推測的にであっても、論理の必然から彼らはそれを知るのである。ここから教えを受け、彼らは把捉的に認識を得ることになるのである。

第二一章
古代世界をめぐる年代誌

101 1 さて、哲学者たちの教説がヘブライ人たちから捏造されたものであるという点に関しては、少しく後で取り上げることにしよう（五・一四・八九以下参照）。それよりも前に、叙述の順序に適ったこととして、まずモーセによる年代記について述べておかねばならない。それを通して疑う余地なく、ヘブライ人たちによる愛智があらゆる叡智のうちで最も古くに遡るということが示されるであろう。2 これらの事柄に関しては、タティアノス[13]により『ギリシア人に宛てて』の中で正確に語られているが、カッシアノス[14]によっても『釈義論』第一巻において述べられている。しかしながらこの覚書は、われわれに対しても、この論点に関して語られている問題を概観するように要請する。[15] 3 まず文法家のアピオン[16]は、プレイストニケスと呼ばれている人物であり、『エジプト史』の第四巻において、生まれがエジプト人であるためにヘブライ人に対して論争的な態度により、ユダヤ人に反駁する書物を著す目的をもって、エジプト人たちの王であるアモシスと、この王による事績に言及し、メンデシのプトレマイオスを証人として引いている。4 彼の記述は以下のような次第である。「アモシスは、アルゴスの人イナコスの同時代人であるが、アウァリアを破壊した。これはメンデシのプトレマイオスが『年代記』の中で記している事柄である」。5 しかるにこのプトレマイオスとは神官であって、エジプトの王たちの事績を三巻の書物に提示しつつ、エジプトの王がアモシスであった頃に、モーセの導きの下、ユダヤ人たちによるエジプトからの脱出が行われたとしている。ここからモーセは、イナコスの頃に盛りを迎えたのだということが判るのである。一〇二 1 しかるにギリシア人に関する事柄の中で最も古いのはアルゴス地方の話、すなわちイナコスの裔に関する話であり、これはハリカルナッソスのディオニュシオスが『年代誌』のなかで教えている事柄である（ディオニュシオス・ハリカルナッセンシス『ローマ古代誌』一・七四・二）。2 アッティカ地方の話は、（蛇との）二性を具有し大地から生まれたとされるケクロプスに発するが、このアルゴスの話に比べて四世代新しい。これはタティアノスが正確に述べている説であるが、ペラスゴスに始まるアルカディア地方の話は九世代新しい。このペラスゴスもまた、大地から生まれたとされる。3 これら二地方よりも新しいのが、デウカリオンの裔たるフティオティスの話である。イナコスの時点からトロイア戦争までは、二〇世代もしくはそれ以上を数える。そして年数としては、いわば、四〇〇年以上ということになる。4 もしクテシアスの言うように、アッシリアの事柄がギリシアの事柄よりも古いとすれば、アッシリアの支配の第四〇二年目、第八王朝ベルコスの王位(17)の第三二年目に、アモシスの治世におけるモーセのエジプトからの脱出が行われたことになる。それはアルゴス王イナコスの治下のこととなる。5 しかるにギリシアでは、イナコスの次のフォロネウスの治世下に、オギュギエの洪水があり、シキュオンにおける王国があって、まずはアイギアレス、次いでエウロプス、次いでテルキノス、それからクレタ島でのクレトスの治世となった。6 なぜならアクシラオスは、フォロネウスは最初人間であったと言っている。そこからフォロニスの詩人は、彼は「死すべき人間たちの父であった」と言っている。一〇三 1 ここからプラトンもまた『ティマイオス』

の中で、アクシラオスにしたがってこう記している。「そしてまたあるとき、彼らに古い時代のことを話してもらうように仕向けるつもりで、ギリシア側の最古の話を試みたというのだ。つまり、最初の人間と言われたフォロネウスとニオベのこと、さらにはあの大洪水の後のことを話したのだ」（プラトン『ティマイオス』二二ＡＢ）。2〈しかるにフォルバスの頃アクタイオスが出て、彼からアッティカの女性・アクタイアが生まれた。一方トリオパスの頃プロメテウス、アトラス、エピメテウス、二様のケクロプス、イオが出た。クロトポスの頃、ファエトンを襲った炎上とデウカリオンを襲った洪水があった。3一方ステネロスの頃、アンフィクトュオンの王制とペロポネソスへのダナオスの到来、ダルダノスによるダルダニアの創建があった〉（タティアノス、三九）。このダルダノスを、ホメロスは「叢雲を寄せるゼウスは最初の子として儲けた」（ホメロス『イリアス』二〇・二一五）と言う。〈またエウロペによる、フェニキアからクレテへの移住があった。4リュンケウスの頃、コレの略奪、エレウシスの聖域の定礎、トリプトレモスによる農耕、カドモスによるテバイへの到来、ミノスによる王制があった。5プロイトスの頃、エウモルポスによるアテナイ人たちへの宣戦があった。アクリシオスの頃、ペロプスによるフリュギアからの移住と、イオンによるアテナイへの到着があり、二人目のケクロプスが出て、ペルセウスやディオニュソスによる偉業が行われ、オルフェウスやムサイオスが登場した〉。**一〇四** 1しかるにアガメムノンが王位に就いて一八年目に、彼がトロイアを陥落させた。これは、テセウスの子デモフォンがアテナイで王座に就いて最初の年、タルゲリオンの月の一二日目であり、それはアルゴスの人ディオニュシオスが述べている通りである。2またアギアスとデルキュロスは、著作の第三巻において、パネモス[18]の月の二三日目だと言っている。一方ヘッラニコスによれば、タルゲリオンの月の第一二日目だという。あるいはアッティカの年代記作家のある者たちは、その月の二三日目だとし、それはメネステウス王の最後の年であり、満月だったという。『小イリアス』の詩人は、こう歌っている。

「それは夜であった。中天に、輝ける月が昇っていた」。

（『小イリアス』断片一一）

また他の人々は、その日スキロフォリオンの祭りが行われていたという。3 一方ヘラクレスの追随者であるテセウスは、トロイア戦争よりも一世代年長である。かくしてヘラクレスの子であるトレポレモスに関して、ホメロスは『イリアス』の中で、彼が従軍していることに触れているのである（ホメロス『イリアス』二・六五七）。

一〇五 1 かくして、モーセがディオニュソスの神格化よりも、六〇四年先立つことが示された。それは、ディオニュソスが、ペルセウスが王位にある三二年目に神とされたとしての話である。これはアポロドロスが『年代記』の中で述べていることである。2 一方ディオニュソスからヘラクレスまで、すなわちイアソンの周囲に集い、アルゴ号に乗って航行したつわものたちまでの年数を総計すると六三年になる。これはロドス島のアポロニオスが『アルゴナウティカ』の中で述べていることである（アポロニオス・ロディオス『アルゴナウティカ』一・一四六以下）。3 しかるにヘラクレスのアルゴスにおける王位から、同じくヘラクレスとアスクレピオスの神格化までの年数を総計すると、三八年になる。これは年代記作家のアポロドロスが述べていることである。4 ここからカストルとポリュデウケスの神格化まで、五三年間である。この頃にトロイアの陥落も生じた。5 しかるに、もし詩人ヘシオドスの言葉に従わねばならないのであれば、彼の言葉に聴こう。

「さてゼウスに、アトラスの娘マイアが、栄えあるヘルメス、不死の神々の使者を産んだ。聖い臥床に入って。
カドモスの娘セメレは、ゼウスと情愛の契りをして、
彼に、輝かしい息子、賑やかなディオニュソスを産んだ」。

（ヘシオドス『神統記』九三八―九四一）

一〇六 1 セメレの父親であるカドモスは、リュンケウスの時代にテバイにやって来て、ギリシア文字の発明者となった。しかるにトリオパスはイシスと同時代人であり、イナコスから七世代の後である（イシスについては、イオとも呼ばれている。彼女はあらゆる土地を経巡り歩いた〈ienai〉からである）。一方イストロスは、『エジプト人たちの植民について』という著作の中で、彼女のことをプロメテウスの娘だと言っている。2 しかるにプロメテウスはトリオパスの時代の人で、モーセから七世代後である。したがってモーセは、ギリシア人たちの理解による人間の誕生よりも以前に人生の最盛期を迎えたように思われる。3 一方、エジプトにおける神々の問題を取り扱ったレオンは、イシスが、ギリシア人によってデメテルと呼ばれていると述べている。4 またアルゴスの王アピスは、メンフィスの町を建てたが、これはアリスティッポスが『アルカディア誌』の第一巻で述べている。5 しかるにこのアピスについて、アルゴスの人アリステアスは、サラピスという名を持ち、彼こそエジプト人たちが崇敬する人物だと言っている。6 ところでアンフィポリスの人ニュンフォドロスは、『アジアの諸制度について』という著作の第三巻において、アピスは雄牛として生涯を終え、ミイラ化されて棺に納められ、神殿において神霊として崇敬を受けており、そこからソロアピスと呼ばれ、後には土地の者の習慣でサラピスと呼ばれていると記している。一〇七 1 しかるにアピスはイナコスから数えて三代目であり、レトはティテュオスと同時代人

である。

「なぜなら（ティテュオスは）、ゼウスの高貴な妃レトを、
力ずくでものにしようとした」

（ホメロス『オデュッセイア』一一・五八〇）

からであり、一方ティテュオスはタンタロスと時を同じくしている。ボイオティアの人ピンダロスがこう記しているのも、至極もっともである。

「この頃、アポロンが誕生した」。

（ピンダロス、断片一四七、シュレーダー編）

これはまったく驚くに値しない。そこでは実に、アポロンがアドメトスとヘラクレスに「まるまる一年間」仕えた、と記されているのが見られる。3 一方、音楽の創始者として知られるゼトスとアンフィオンは、カドモスの頃の人であった。4 もし誰かがわれわれに、フェモノエはアクリシオスに初めて預言したと言ったとすれば、フェモノエから二七年後に、オルフェウス、ムサイオス、それにヘラクレスの師であるリノスらが出たということを知っておくがよい。5 またホメロスとヘシオドスは、イリオスで戦った人々よりもはるかに後代の人たちである。さらにこの二人からずっと下った頃に、ギリシアの立法家たち、すなわちリュクルゴスとソロンが出、さらに七賢人たち、あるいはシリアの人フェレキュデス、偉大なるピュタゴラスが出たが、彼らは

オリュンピア紀で言えばずっと後代の人たちであり、これに関してはすでに提示を終えた（『ストロマテイス』一・一四・五九－六五）。6 したがって、ギリシア人たちの間で知者とか詩人と呼ばれる人々だけではなく、そのほとんどの神々よりも、モーセのほうが古くに遡るということが示された。

一〇八 1 だがモーセに留まらず、かのシビュッラの巫女も、オルフェウスよりも古くに遡るのである。というのも彼女の名と彼女によって語られた預言に関しては、さらに多くの言い伝えがあるとされ、彼女はフリュギア人でアルテミスとも呼ばれ、彼女がデルフォイの神殿を訪れてこう歌ったとされる。

2

「おおデルフォイよ、遠矢を射掛けるアポッロンに仕える者たちよ、
わたしは、アイギスを保つゼウスの御心を説くためにやって来た。
はらからなるアポロンに怒りを抱いて」。

3 ヘロフィレと呼ばれるもう一人の女性、エリュトライアもいる。彼女たちについては、ポントスの人ヘラクレイデスが『預言について』のなかで言及している。わたしはエジプトの女性や、ローマではカルマロスに住まい、その息子が、ローマにルペルキオンと呼ばれるパンの神殿[20]を建てたかのエウアンドロスであるとされるイタリアの女性については省略することにする。

一〇九 1 では、モーセ以降の他のヘブライ人たちの預言者たちの年代についても、ここで検討する価値があるだろう。

2 モーセの生涯の終わりの後、民を導く職を引き継いだのはヨシュアである。彼は五八年間にわたって戦士

であった。その後、約束の土地に入ってからさらに二五年間を平穏に過ごした。[3] しかるに『ヨシュア記』に載っているとおり、この上述の人物がモーセを継承したのは二七歳のときであった（ヨシュ二四・二九）。[4] その後ヘブライ人たちは過ちを犯し、メソポタミアの王クシャン・リシュアタイムに八年間にわたって委ねられた（士二・八）。これは『士師記』が記しているとおりである。[5] その後彼らは神に嘆願し、指導者として、カレブの兄弟であり、ユダの部族から出た最も若い男オトニエルを得た。この男はメソポタミアの王を殺し、次の五〇年間にわたって民を治めた。[6] しかし再び過ちを犯したために、民はモアブ人の王であるエグロンに、一八年間にわたり渡された。だが彼らは立ち返ったため、直ちにエフドが彼らを八〇年間にわたって導いた。彼はエフライムの部族出身で、非常に有能な人物であった。この男がエグロンを亡きものとしたのである（士三・二一）。**二〇** [1] エフドが亡くなった後、民は、再び過ちを犯したので、カナン人の王ヤビンの手に二〇年間にわたって渡された。この期間に、ラピドトの妻でエフライム部族の出身であるデボラが預言者活動をおこなった。そして大祭司は、リエソスの子オジアであった。[2] この女性の戦術によって、アビノアムの子でナフタリ族出身のバラクが指揮を執り、ヤビンの将軍であったシセラに抗して戦列を敷き、これに対して勝利を収めた。こうしてデボラは裁きつつ、四〇年間にわたって民を治めた（士五・三一）。[3] 彼女が亡くなると再び民は過ちを犯し、ミディアン人の手に七年間にわたって渡された。[4] この時代にマナセ族出身でヨアシュの子ギデオンが、三〇〇人の精鋭兵を募り（士七・六）、一二万人のミディアン人たちを滅ぼし、四〇年間にわたって治めた（士八・一〇、八・二八）。彼の後、その子アビメレクが三年間治めた（士九・二二）。[5] この男をエフライム族出身でカッラスの子ベダスの息子、ボレアスが継ぎ、二三年間にわたって治めた（士一〇・二）。彼の後、民は、再び過ちを犯したため、一八年間にわたってアンモン人の手に渡された。**二一** [1] だが民が悔い改めたため、マナセ族出身でギレアドの人エフタが彼らを導き、六年間にわたって治めた（士一二・七）。

彼の後、ユダ族出身でベトレヘムの人、イブツァンが七年間、それからゼブルンの人エロンが八年間、その後
エフライムの人アブドンが八年間治めた（士一二・一四）。イブツァンの七年間にエロンの八年間をつなぐ人
たちも若干いる。2 この人物の後、民は再び過ちを犯したので、四〇年間にわたって異民族ペリシテ人の下に
置かれた。しかし彼らは悔い改めたため、ダン族出身のサムソンが出て彼らを導き、異民族に対し、戦闘で勝
利を収めた。この人物は二〇年間にわたって民を治めた（士一六・三一）。3 その後無政府状態が生じたた
め、祭司のエリが四〇年間にわたって民を裁いた。4 このエリを預言者サムエルが継ぎ、彼らとともにサウル
が王政を敷き、二七年間支配した。このサムエルはダビデにも油を注いだ（サム上一六・一三）。**二二** 1 サムエ
ルはサウルよりも二年早く没したが（サム上二五・一、三一・六）、このとき大祭司はアヒメレクであった
（サム上二一・二）。このサムエルがサウルを王とすべく油を注いだのであり、このサウルが、士師たちの後、
初めてイスラエルの王となったのである。この士師たちの年数は、サムエルまで全部で四六三年と七か月であ
った。2 しかる後『サムエル記』の上巻[21]を通して、サウルが新たにされてから王として治めた治世は二〇年間
である。3 サウルの死後、第二代の王、ユダ族の出身でエッサイの子ダビデがヘブロンで王政を敷き、四〇年
間治めた。これは『サムエル記』の下巻に収められている年代である。このとき大祭司だったのは、エリの親
戚筋でアヒメレクの子アビアタルであった。この時代に、ガドとナタンという人物が預言者として活動した。
4 かくして、ヌンの子ヨシュアからダビデが王位を受け継ぐまでの年数は、まずある人によれば、四五〇年間
となり、また上掲した年代記が示しているように、それらを総計すれば、ダビデの死に至るまで、五四三年と
七か月ということになる。**二三** 1 その後王となったのは、ダビデの子ソロモンであり、四〇年間王位にあっ
た。この期間、ナタンが預言者職に留まり、ナタンはソロモンに対して、神殿の造営を勧告した。同じように
シロ出身のアヒヤも預言者活動を行った（王上一一・二九）。また二人の王、ダビデとソロモンも預言者であ

った。[2]神殿における最初の大祭司はツァドクであり（王上四・四）、この神殿はソロモンが建てたものである。ツァドクは聖務を執り行ったが、彼は最初の大祭司であるアロンから数えて八代目であった。[3]かくしてモーセからソロモンの時代までは、ある人々の言うように、五九五年間である。しかるに他の人々の見解では、五七六年だという。[4]もしヨシュアからダビデまでの四五〇年に、モーセが将軍を務めていた四〇年間、およびヘブライ人によるエジプトからの脱出の前にモーセが経た八〇年間を数え併せ、さらにダビデの王位期間である四〇年間を加えるならば、全体で年数は六一〇年になる。**一二四** [1]だが、ダビデの死に至るまでの五二三年と七か月に、モーセの一二〇年間、およびソロモンの四〇年間を加えるならば、われわれによる年代誌はさらに正確に進むことになる。すなわちソロモンの死まで、年数の総体は六八三年と七か月となる。[2]イラモスは自分の娘をソロモンに与えたが、これはトロイアの陥落の後、メネラオスによるフェニキア到着の頃のことであった。これはペルガモンのメナンドロス、およびライトスが『フェニキア記』の中で述べていることである。[3]ソロモンの後、その子レハブアムが王位に就き、一七年間治めた。そのときの大祭司はツァドクの子アビメレクであった。[4]この時代に王国は分裂し、サマリアではエフライム族出身でソロモンの奴隷であったヤロブアムが王となった。セロンの人アヒヤ、およびアイラムの子サマヤ、そしてユダを去ってヤロブアムの許へ走った者がなお預言者活動を行い、祭壇において預言をした。**一二五** [1]その後、レハブアムの子アビヤムが王となり、三年間治めた。その後同様にして、アビヤムの子アサが四一年間王位にあった。彼は老いて痛風を病んだ。彼の時代に、ハナニの子イエフが預言者活動をおこなった（王上一六・一以下）。その後、アサの子ヨシャファトが王となり、二五年間治めた。彼の時代に、ティシュベ人のエリヤ（王上一七以下）、イムラの子ミカヤ（王上二二）、アナニヤの子オバドヤ（王上一八・三以下）が預言者として活動した。[2]ミカヤの時代には偽預言者でケナアナの子ツィドキヤもいた。[3]彼らに続き、ヨシャファトの子ヨラムの王政があり、これが八年間に及んだ（王下八・一七）。この時代にエリヤが預言者活動をおこない、エリヤの後、シャファトの子エリシャが預言者となった。[4]この時代に、サマリヤの人々は鳩の糞、さらには自分たちの子供を食べた。ヨシャファトの時代は、『列王記』第三巻（＝現行『列王記』第一巻）の末尾から第四巻（＝『列王記』第二巻）に及んでいる。[5]ヨラムの時代にエリヤが天に挙げられ、シャファトの子エリシャが六年間に及ぶ預言者活動を始めたが、このとき彼は四〇歳であった。その後アハズヤが一年間王位にあり、この時期にもなおエリシャが預言者活動をおこない、彼にアブダドナイオスも帯同した。**二六**[1]その後アハズヤの母アタルヤが王位に就き、八年間治めた。彼女は自分の兄弟の子を殺した。というのも彼女は、アハブの家系の出身だったからである。しかるにアハズヤの姉妹であるヨシェバがアハズヤの子ヨアシュを盗み出し、後に彼に王権を委ねた（王下一一・二以下）。[2]このアタルヤの時期にもなおエリシャが預言者の活動をおこなった。彼女の後、上述のように、大祭司ヨデヤ[22]の妻であったヨシェバによって救い出されたヨアシュが王となった。総計で在位は四〇年間になる。[3]かくしてソロモンから預言者エリシャの死の年まで、ある人々が言っているように、一〇五年となる。だが別の人々は、一〇二年だと言っている。しかるに上掲の年代誌が明らかにしているように、ソロモンの王政からの年は一八一年になる。

二七[1]さて、トロイア戦争からホメロスの誕生まで、フィロコロスによれば一八〇年間であり、これはイオニア植民の後ということになる。[2]しかるにアリスタイオスは『アルキロコス風の覚書』の中で、自分はイオニア植民によって移住したとし、その植民はトロイア戦争の一四〇年後に起こったと述べている。[3]一方アポロドロスは、イオニア植民の一〇〇年後に、ドリュッサイオスの子であるアゲシラオスがスパルタ人を王として治めていたとき、まだ若かったリュクルゴスを立法家として登用するよう、彼に進言したのだという。[4]一方エウテュメネスは『年代記』の中で、自分はヘシオドスと盛期が同じであり、アカストスの頃、トロイアの陥落の二〇〇年後にキオス島にいたと言う。5しかるにアルケマコスも『エウボイア記』の第三巻で、この見解を採っている。そうなると、彼とヘシオドスは、預言者のエリシャよりも年少だということになる。6もし誰かある人が、文法家のクラテスに従って、ホメロスは、ヘラクレスの後裔たちによる帰還と同時期であり、それはトロイアの陥落から八〇年後であると主張しようとするならば、やはりソロモンよりも後代の話であるということが判明し、メネラオスによるフェニキアへの到来がちょうどソロモンの頃であって、このことについては先述したところである。7一方エラトステネスは、ホメロスの年代をトロイアの陥落から一〇〇年後に置いている。8実に、テオポンポスは『フィリッポス事蹟録』の第四三巻において、ホメロスはトロイア遠征の五〇年後であると語っている。9一方エウフォリオンは『アレウアデス論』の中で、ホメロスをギュゲスと同時代人であるとし、ギュゲスがオリュンピア紀の第一八期から王政を始め、彼が初めて「僭主」と呼ばれた人物であると述べている。10しかるにラコニア人のソシビオスは、その著者『年代記』の中で、ポリュデクテスの子であるカリッロスによる王政の第八年目ごろにホメロスを置いている。つまりカリッロスは六四年間王位にあり、彼の後、子のニカンドロスが三九年間王位にあった。この彼の三四年目に第一オリュンピア紀が置かれたと彼は言っている。結局ホメロスは、オリュンピア紀が定められるよりも九〇年ほど前だということになる。

一二八1ヨアシュの後、その息子であるアマツヤが王国を三九年間にわたり継承し（王下一四・二）、アマツヤをその息子アザルヤが同じように継承して五二年間に及んだ（王下一五・二）。アザルヤは重い皮膚病のために没した（王下一五・五）。彼の時代に、アモスとその子イザヤ、ベエリの子ホセア、それにホベルのゲト出身のアミタイの子で、大魚の腹から生還しニネベの人々に告げ知らせたヨナが、預言者として活動した。2その後、アザルヤの子ヨタムが一六年間にわたり王であった（王下一五・三三）。この時代にもなお、イザヤおよびホセアが預言者として活動し、他にモレシェトの人ミカ、ペトエルの子ヨエルも預言した。**二九** 1 このヨタムを継いだのが息子のアハズであり、王政は一六年に及んだ（王下一六・二）。この王による治世の第一五年目に、イスラエルがバビロンに捕囚され、アッシリア人の王シャルマナサルが、サマリアにいた人々をメディアとバビロンに強制移住させた（王下一七・五―六）。2 次いでこのアハズをホシェアが継承して、[23] 八年間に及び、しかる後ヒゼキヤが継いで二九年間に及んだ（王下一八・二）。この人物に対しては、その生涯の晩年に見せた敬虔さのゆえに、神はイザヤを通じ、太陽を後戻りさせて、さらに一五年間を生きる賜物を贈った（王下二〇・五）。3 イザヤとホセア、それにミカの預言者としての活動は、この人物の時期にまで及んでいる。これらの人物は、スパルタ人の立法家であるリュクルゴスの時代に当たると言われている。4 というのもディエウキダスは『メガラ誌』の第四巻において、リュクルゴスの盛期を、トロイア陥落の二九〇年後ごろに置いているからである。5 一方イザヤは、ソロモンが王位にあった頃から（その頃メネラオスがフェニキアに至ったことが記されているが）、二〇〇年後ごろに預言していることになり、さらにイザヤとともに、ミカ、ホセア、ペトエルの子ヨエルが現れている。**三〇** 1 ヒゼキヤの後、彼の息子のマナセが王となり、五五年間治めた（王下二一・一）。その後、マナセの子であるアモンが二年間王として治め（王下二一・一九）、彼の後、その子で律法に最も忠実なヨシヤが三一年間にわたって王であった（王下二二・一）。このヨシヤは、『レビ記』に記されているとおり、人間の死体を偶像の死体の上に置いた（レビ二六・三〇）。2 この王による治世の第一八年目に過越祭が執り行われたが（王下二三・二三）、これはサムエル以降、それまでの間一度も行われたことがなかった。このとき、祭司であり預言者エレミヤの父親であった祭司のヒルキヤが、神殿の中に律法の書が安置されているのを発見し、[24] これを読んで没した。この時代にフルダとゼファニヤ、そしてエレミヤが預言者活動を行った。3 エレミヤの時期には、偽預言者ハナンヤがいた（エレ二八）。このヨシヤは、預言者エレミヤの言葉に逆らい、ユーフラテス川の河畔でエジプトの王ネコによって殺された。ヨシヤはアッシリア人に対して攻め寄せて来たネコを阻もうとしたのである。**一二一** 1 このヨシヤを継いだのがエコニヤで、ヨアハズとも呼ぶ。ヨシヤの子であり、三か月と一〇日間統治した（王下二三・三一）。この人物をエジプトの王ネコは拘束してエジプトに連行し、彼の代わりにその兄弟であるヨヤキムを王として立て、この地に税金を課し、一一年間に及んだ（王下二三・三五―三六）。2 彼の後、彼と同名のヨヤキン(25)が三か月間王として統治し、続いてゼデキヤが一一年間統治した。3 この王の時期までエレミヤは預言者活動を継続し、ブジ、シェマヤの子ウリヤ（エレ二六・二〇）、それにハバククも、エレミヤと同時期に預言者として活動した。こうしてユダヤ人の王政は終焉を迎えた。4 かくしてモーセの誕生から捕囚までの年数は、ある人々によれば九七二年、正確な年代計算に従えば一〇八五年と六か月と一〇日である。一方、ダビデの王政からバビロニア人による捕囚までの年数は四五二年と六か月、一方われわれによる正確な年数計算では四八二年と六か月と一〇日ということになる。

一二二 1 さて、ゼデキヤの王政の第一二年目、ネブカドネツァルは、ペルシアによる支配の七〇年前に、フェニキア人とユダヤ人たちに対して出征した。これはベロッソスが『バビロニア誌』の中で述べていることである。2 一方ユバは、アッシリアについて記した著書でこれに同意してベロッソスから歴史記述を借用し、ベロッソスが真理を述べていることを証ししている。3 そしてネブカドネツァルはゼデキヤの目をえぐってバビロンに連行し、民をすべて移住させた（こうして捕囚は七〇年間に及んだ）。この際、エジプトに逃れた少数の者だけは例外であった。4 ゼデキヤの時代にもなお、エレミヤとハバククは預言者活動を行い、ゼデキヤの王政の第五年目に(26)、バビロンにおいてエゼキエルが預言を行った。その後預言者ナホム、そしてダニエル、またその後ハガイとゼカリヤは、ダレイオス一世の治世（前五二二―四八六）に二年間、その後、一二小預言者の一人であるマラキが預言した。**三三** 1 ハガイとゼカリヤの後、アルタクセルクセス王（一世、在位前四六五―四二四）の筆頭献酌官（ネヘ一・一一）であったネヘミヤ、すなわちイスラエル人ハカルヤの子が（ネヘ一・一）、エルサレムの町を建設し、神殿を修復した。2 この捕囚民の中には、エステルとモルデカイも含まれていた（エス・ギA・一―三）。『マカバイ記』はこの人物の書として伝えられている。3 この捕囚の期間中、偶像に仕えることを欲しなかったミシャエル、ハナンヤ、そしてアザルヤは、火の炉のうちに投げ込まれたが、天使の顕現によって救われた（ダニ三・一九―二六）。4 このときダニエルは、竜のために、獅子の洞窟に投げ入れられたが、ハバククを通じて神の先慮により養われ、七日目に救い出された（ダニエル補遺ベルと竜）。5 この頃ヨナもしるしとなり、トビアも天使ラファエルを通じてサラを妻として迎えた（トビ七・一二）。このとき、彼女の最初の七人の求婚者たちは悪魔が滅ぼしてしまっていた（トビ三・八）。だがトビアの結婚の後、トビアの父トビトは眼が見えるようになった。**三四** 1 この頃ゼルバベルは、知恵によって対立者たちに勝利し（エズ三・二、三・八）、ダレイオス王に金を払い、エルサレムの修復を許されて、エズラとともに祖国の地に凱旋した。2 彼を通して民の購いと、神の息吹を受けた書の朗読と、諸書の刷新が行われ、救いの過ぎ越しと異国人との通婚の解禁が成った。キュロスもまた、ヘブライ人たちの状態が旧に復すこと（apokatastasis）を布告し、ダレイオスの治世下には、約束の成就が果たされて、神殿奉献記念祭が、仮庵祭と同様に執り行われた。4 かくしてすべての年数は、捕虜であったときも合わせて、モーセの誕生から民の復旧までの期間が、一一五五年と六か月と一〇日であり、しかるにダビデの王政からの年は、ある人々によれば、三五二年間であるが、より正確を期すならば、五七二年と六か月と一〇日ということになる。

三五 1 かくして、預言者ダニエルによって語られたこと、すなわち次に挙げる事柄は、預言者エレミヤによってバビロンに向けて行われるとされた捕囚によって成就したことになる。2 〈お前の民と聖なる都に対して七〇週が定められている。それが過ぎると逆らいは終わり、罪は封じられ、不義は償われる。とこしえの正義が到来し、幻と預言は封じられ、もっとも聖なる者に油が注がれる。[3]これを知り、目覚めよ。エルサレム復興と再建についての御言葉が出されてから、油注がれた君の到来まで、七週あり、また六二週あって、危機のうちに広場と堀は再建される。[4]その六二週のあと油注がれた者は、不当に断たれ、都と聖所は次に来る指導者の民によって荒らされる。その終わりには洪水があり、終わりまで戦いが続き、荒廃を避けることはできない。[5]彼は一週の間、多くの者と同盟を固め、[6]半週でいけにえと献げものを廃止する。憎むべきものの翼の上に荒廃をもたらす者が座す。そしてついに、定められた破滅が荒廃の上に注がれる〉(ダニ九・二四−二七)。

三六[1]かくして、神殿が七週間の間に建てられたということは明らかである。というのもこのことは『エズラ書』に記されているし(ネヘ六・一五?)、このようにして、エルサレムにおいて七週間が満ちたときに、油注がれた王がユダヤ人の指導者となったのである。そして六二年間にわたって全ユダヤが平穏であり、戦争を経験することがなかったのである。[2]こうしてわれらの主キリスト、〈聖なる者のなかの聖なる者〉(ダニ九・二四−二七)が到来し、〈幻影と預言者〉を成就し、肉において、彼の父の霊によって油注がれた者となった。これは預言者が言うように、〈七二年間〉のことであった。[3]そして〈わずか一年の間に〉、その一年の半分をネロ帝が支配し、聖なる町エルサレムの中に〈嫌悪すべきもの〉を立てたが、それは〈半年の間に〉撤去されて、彼とオト、ガルバ、ウィッテリウス、ウェスパシアヌスが支配し、エルサレムを破壊し、聖なるものを略奪したのである。そしてこれらがこのような次第であるということは、理解する力のある者には、預言者が述べていることに照らして明らかなのである。

三七[1]さて、次の王ヨヤキムの治世第一一年目の年が満ちると(五九七)、ネブカドネツァル王(二世、六〇四−五六二)の下でバビロンへの捕囚が行われた。この王がアッシリア人の王となってから七年目のことであった。一方エジプト人に対してはワフレウス（アプリエス、五八八－五六八）が王となって二年目、フィリッポスがアテナイのアルコンの年、オリュンピア紀第四八期の第一年目のことであった〔七七六－四×（四八－一）＝五八八〕。2 捕囚は七〇年間にわたって継続し、ヒュスタスペスの子ダレイオスがペルシア人、アッシリア人、エジプト人の王となって治世二年目のことであった。この時代には、先述のように、ハガイとゼカリヤ、それに一二預言者の一人であるマラキ（遣わされた者）が預言者活動をおこなった。また大祭司はヨツァダクの子ヨシュアであった（ハガ一・一）。3 ダレイオス王に関しては、ヘロドトスがマゴイたちの支配を破ったとしているが（ヘロドトス『歴史』三・七九）、その治世第二年目には、シェアルティエルの子ゼルバベルが、エルサレムに神殿を興し飾りつけるために派遣された（エズ三・二）。

一三八 1 かくして、ペルシア人の年代は次のように算出される。キュロスが三〇年間、カンビュセスが一九年間、ダレイオスが四六年間、クセルクセスが二六年間、アルタクセルクセスが四一年間、ダレイオスが八年間、アルタクセルクセスが四二年間、オコスが八年間、そしてアルセスが三年間である。（この部分欠落あり）
2 ここまでですなわちペルシア人の年代は計二三五年間と算出される。このダレイオスをマケドニア人のアレクサンドロスが襲い、この年のうちに彼が王として統治し始めたのである。3 同様にして、マケドニア人の王たちに関しては、次のように算定される。アレクサンドロスは一八年間、ラゴスの子プトレマイオスは四〇年間、プトレマイオス・フィラデルフォスが二七年間、しかる後、プトレマイオス・エウエルゲテスが二五年間、その後プトレマイオス・フィロパトルが一七年間、彼の後を継いでプトレマイオス・エピファネスが二四年間である。4 彼を継承したのがプトレマイオス・フィロメトルで三五年間、王の座にあった。その後プトレマイオス・フュスコンが二九年間、その後プトレマイオス・ラトゥロスが三六年間、その後ディオニュソスとの添え名を得るプトレマイオスが二九年間王位にあった。**一三九** 1 最後にクレオパトラが二一年間王位にあり、彼女の後、クレオパトラの子供たちによる王政が一八日間続いた。(27) 2かくしてマケドニアの王たちの年数は、同様の方法で、三一二年と一八日間であった。3したがってヒュスタスペスの子のダレイオスの時期、彼の王政の第二年目に預言していたハガイとゼカリヤ、および一二小預言者の一人のマラキに関しては、彼らは第四八オリュンピア紀の第一年に預言し、第六二オリュンピア紀の頃と伝えられるピュタゴラスよりも年長、またギリシアの賢人たちの中で最年長とされ、第五〇オリュンピア紀の頃の人と伝えられるタレスよりも年長ということになる。4タレスとともに賢人のうちに数え上げられる人々も、タレスと同時代人である。これはアンドロンが『鼎』の中で述べていることである。というのもヘラクレイトスはピュタゴラスよりも後代の人であり、その著作の中で、ピュタゴラスについて言及しているからである。一三〇 1ここから、先述した預言者たちの年代に対し、七賢人と称される人々をそれに併せ、その彼らよりも、第一オリュンピア紀のほうが時期的に遡るということに議論の余地はないであろう。この第一オリュンピア紀は、トロイア戦争の時期よりも四〇七年後代である。2したがって、メネラオスの時期の人であるソロモンが（つまりトロイア戦争の時期ということである）、ギリシアの賢人たちよりも遥かに年長であると結論づけるのは容易であろう。また、このソロモンよりもモーセがどれほどの年数先立つのかということに関しては、われわれにより、すでに上掲の諸節で明らかにされた（『ストロマテイス』一・二一・一二三）。3一方「ポリュイストル」と呼ばれるアレクサンドロスは、『ユダヤ人論』と題する著作の中で、ソロモンによるいくつかの書簡が、エジプト王のワフレス、フェニキアのテュロス人たちに宛てられている一方、彼らの側からソロモンに宛てた書簡もあるということを書き記している。これらの書簡から、ワフレスはエルサレム神殿の建設のために、ソロモンの許に八〇〇〇〇人のエジプト人男性を派遣したということがわかる。もう一方の人物は、同じ数つまり八〇〇〇〇人の人々を、テュロス人の棟梁とともに派遣しているが、この棟梁の母は、ダビデの族出身のユダヤ人を母に持つ人物で、そこに記されている名によれば、ヒュペロンという名を持っていた。

〔三〕[1]実に、アテナイ人オノマクリトスは、オルフェウスに帰せられた詩編の著者とされる人物であるが、ペイシストラトス一族の治世をオリュンピア紀第五〇期に置いている。しかるにオルフェウスは、ヘラクレスとともに航海したとされるが、ムサイオスの弟子であった。[2]というのもアンフィオンはトロイア戦争に二世代先立つ一方、デモドコスとフェミオスはイリオンの攻略後（なぜなら前者はファイアケス人の館で登場し〈『オデュッセイア』〉、後者は求婚者たちのくだりに現れるから）、竪琴の技で名声を博した。[3]そしてムサイオスに帰せられる託宣に関して、人々はこれをオノマクリトスの作であるとする一方、『クラテール』は、ヘラクレオテスの子でゾピュロスの人オルフェウスの作、『冥界への降下』は、サモスの人プロディコスの作であるとしている。[4]しかるにキオス島の人イオンは『トリアグモス』の中で、ピュタゴラスもある作品をオルフェウスに帰している、と言っている。[5]一方エピゲネスは『オルフェウスに宛てた詩編について』の中で、『冥界への降下』と『聖なる言葉』はピュタゴラス派のケクロプスの作であるが、『ペプロス』と『自然学』はブロンティノスの作だとしている。[6]一方、テルパンドロスを古代人のうちに含める人々もある。実際、ヘッラニコスはこの人物をミダス王の同時代人だとしている。一方ファニアスは、レスボス島のレスケスをテルパンドロスより前の人だとし、テルパンドロスをアルキロコスよりも新しいとする一方、レスケスはアルクティノスと競演して勝利を収めたとしている。[7]一方リュデの人クサントスは、オリュンピア紀第一八期（ディオニュシオスによれば第一五期）の頃、タソスを建立したとされる。アルキロコスがすでにオリュンピア紀第二〇期の後に知られていたことは明らかである。実に彼は、マグネシアの破壊が、少し以前に起こったということを記憶しているのである。[8]一方シモニデスはアルキロコスの時代の人だとされている。カッリノスはそれよりやや年長であろう。マグネシア人たちが滅ぼされたということを、アルキロコスが言及しているのに対して、カッリノスはこれを暗に暗示しているだけだからである。コリントスの人エウメロスはやや年長であり、シラクサを建てたアルキアスと会ったことがあるとされている。

〔一三二〕1 さて、この件に関しては、次のことを述べておかねばならない。すなわち彼らは、「叙事詩の圏」の詩人たちを、きわめて古代に遡る人々のうちに置いているのである。すでにギリシア人たちの間には、託宣を行うきわめて多数の人々、たとえば両バキス（その一方はボイオティア人、もう一方はアルカディア人である）のような者がいたと言われている。彼らは多くの事どもを多数の人々に向けて語った。2 一方、アテナイの人アンフィリュトスの助言により、ペイシストラトスは僭主の地位を手に入れた。これはアンフィリュトスが攻撃の時機を示したからである（ヘロドトス『歴史』一・六二）。3 次の人々には黙っておいていただこう。クレタのコメテス、キュプロスのキニュラス、テッサリアのアドメトス、キュレネのアリスタイオス、アテナイのアンフィアラオス、ケルキュラのティモクセノス、フォカイアのデマイネトス、テスピアイのエピゲネス、カリュストスのニキアス、テッサリアのアリストン、カルケドンのディオニュシオス、コリントのクレオフォン、ケイロンのヒッポ、ボイオ、マント、それに多数のシビュッラ、すなわちサモス、コロフォン、キュメ、エリュトライ、フュト、タラクサンドリア、マケティス、テッサリア、テスプロトイの女預言者。さらにはトロイア戦争の時期に生きたカルカスとモプソス。彼らのうちモプソスのほうが年長であり、アルゴ号の遠征隊に同行したという。〔一三三〕1 さて、キュレネのバットスは「モプソスの神託」と呼ばれるものを編集したと言われている。一方ドロテオスも『パンデクタ』の第一巻において、モプソスがカワセミやカラスの声に耳を傾けていたと述べている。2 かの偉大なるピュタゴラスも、常に予見に留意していたし、ヒュペルボレオイ族のアバリス、プロコンネソス人のアリステアス、クレタ人のエピメニデス（彼はスパルタにやって来た）、メディア人のゾロアストレス、アクラガスの人エンペドクレス、ラコニアの人フォルミオン、それればかりでなく、タソスの人ポリュアラトス、スュラクサイのエンペドティモス、さらに加えるにアテナイの人ソクラテスも、とりわけそうであった。3『テアゲス』篇のなかでソクラテスは言っている。〈わたしには、子供の頃から始まって、神的な運命によるダイモンのしるしが起こったのだ。これは一種の声であって、これが起こるときには、わたしが何かをやろうとしているときにそれを制するように働き、促す場合というのはまったくなかったのだ〉(プラトン『テアゲス』一二八D)。4フォキス人の僭主エクセケストスも、まじないを懸けた二つの指輪をかざし、互いに打ち当てたときの音でもって、事を実行すべき好機を聞き当てたという。死ぬときも姦策にかかって果てたのだが、これはその音が予め告げていたことであったとアリストテレスが『フォキス人の国制』の中で記している。一三四 1だがそればかりではなく、かつてエジプトの人々の中には、人間の思いによって神々となった者もある。テバイのヘルメス、メンフィスのアスクレピオス、テバイのテイレシアスとマントもそうで、彼らについてはエウリピデスの語っているとおりである。他には、すでにトロイアにおけるヘレノス、ラオコォン、オイノネ、ケブレノスがそうであった。2ヘラクレスの裔の一人クレノスも、傑出した占い師の一人であったと伝えられ、エリスの人でもう一人のイアモスもそうで、彼は、そこからイアミダイが興る人物である。またアルゴスとメガラにおけるポリュイドスもそうで、彼については悲劇が言及している。3テレモスを数え上げる必要があろうか。彼はキュクロペス人の占い師で、ポリュフェモスに対して、オデュッセウスの放浪に関することを予言した(ホメロス『オデュッセイア』九・五〇九―五一二)。またアテナイにおけるオノマクリトス、あるいはテバイに向けて出征した将の一人に数えられるアンフィアラオス。この彼は、トロイアの陥落よりも一世代遡ると伝えられる。(28) あるいはケファッレニアにおけるテオクリュメノス、カリアにおけるテルメッソス、シケリアにおけるガレオスについては語る必要があるだろうか。4おそらく、彼らに加えてさらに他の人々もあるだろう。アルゴ号の遠征隊に同行したイドモン、デルフォイの女性フェモノエ、アポロンの子モプソス、パンフィリアとキリキアにおけるマントゥス、アンフィアラオスの子でキリキアの人アンフィロコス、アカルナイの人アルクメオン、デロス島の人アニオス、アレクサンドロスに同行したテルメッサの人アリスタンドロス。すでにフィロコロスは、著書『神託について』の中で、オルフェウスのことを占い師であったと述べている。一三五 1 一方テオポンポスとエフォロス、それにティマイオスは、オルタゴラスという人物を占い師であると述べており、これはちょうど、サモスの人ピュトクレスが、『イタリア誌』の第四巻でガイウスとユリウス、それにネポスを占い師としているのと同様である。2 だが彼らは、聖書が述べているように〈すべて、盗人であり盗賊である〉（ヨハ一〇・八参照）。それは彼らが、大半の事柄を観察と推測に基づいて予言しているからであり、ちょうど自然現象から言い当てる医師や占い師と同様である。その一方で、鬼神に衝き動かされたり、水や香り、大気の性質に影響を受けたりする者もある。3 しかるにヘブライ人たちの間では、預言者たちは神の力と息吹に動かされる。律法以前では、アダムが女性および動物の命名の際に予知をおこない（創二・二三）、ノアは回心を述べ伝え（Ⅱペト二・五）、アブラハム、イサク、ヤコブも、言うまでもなく、将来のことおよび現に起こっていることの少なからざる部分を予知した。4 また、律法とともにモーセとアロンが、彼らの後にはヌンの子ヨシュア、サムエル、ガド、ナタン、アヒヤ、サマヤ、イエフ、エリヤ、ミカ、オバデヤ、エリシャ、アブダドナイ、アモス、イザヤ、ホセア、ヨナ、ヨエル、エレミヤ、ゼファニヤ、ブジ、エゼキエル、ウリヤ、ハバクク、ナホム、ダニエル、ミシャエル（彼は理性的に預言した）、ハガイ、ゼカリヤ、そして一二小預言者の一人マラキが預言者であった。一三六 1 すなわち、預言者は全部で三五人ということになる。一方女性としては（彼女たちも預言したからであるが）、サラ、リベカ、ミリヤム、デボラ、オルダがいる。[29] 2 その後、彼女たちと同時期にヨハネが預言し、救いの洗礼まで活動した。キリストの誕生後は、アンナとシメオンがいた。ヨハネの父親であるザカリヤも、息子の誕生の前に預言をしたことが福音書に記されている（ルカ一・六七以下）。

[3] さてわたしとしては、モーセの時代から始めて、ギリシア人たちによる年代誌を収集してみようと思う。モーセの誕生から、ユダヤ人によるエジプトからの脱出までは八〇年であり、モーセの死までの期間はそれからさらに四〇年間である。脱出はイナコスの頃、ソトの革命に遡ること三四五年の頃にモーセのエジプトからの出国により為されたことになる。[4] しかるにモーセによる指揮とイナコスの頃から、デウカリオンの頃の洪水すなわち第二の洪水、あるいはファエトンの炎上（これらはクロトポスの頃に起こった）までは（『ストロマテイス』一・一〇三を参照）、四世代を数えることになる。これは三世代を一〇〇年と換算してのことである。[5] また洪水からイダ山の炎上、鉄の発見、「イダイオイ・ダクテュロイ」までは七三年であり（『ストロマテイス』一・七五・四を参照）、これはトラッシュロスが述べているとおりである。そしてイダ山の炎上からガニュメデスの略奪までは、六五年ということになる。**一三七** [1] ここからペルセウスの遠征、すなわちグラウコスがメリケルテスを悼んでイストミア祭を興した時までは、[30]一五年ということになる。ペルセウスの遠征からトロイアの創建までは三四年である。そこからアルゴ号の遠征までは六四年である。[2] ここからテセウスとミノタウロスの頃までは三二年であり、そこからテバイ攻めの七将までは一〇年、ヘラクレスがペロプスのために興したオリュンピアでの競技までは三年、アマゾン女族によるアテナイへの来襲と、ヘレネのテセウスによる略奪までは九年である。[3] ここからヘラクレスの神化までは一一年、それからヘレネのパリス・アレクサンドロスによる略奪までは四年である。ここからトロイアの陥落までは、二〇年である。[4] トロイアの陥落からアエネアスのローマ移住およびラウィニウムの創建までは一〇年、アスカニウスの統治まで八年、そしてヘラクレスの裔の帰還までは六一年、イフィトスのためのオリュンピア競技祭の創設までは三三八年である。[31]

一三八 [1] さてエラトステネスは、年代を次のように算定している。まずトロイアの陥落からヘラクレスの後裔たちの帰還までが八〇年、そこからイオニアの創建までが六〇年、それ以降のことに関しては、まずリュクルゴス[32]による改革までが一五九年、 2 第一オリュンピア紀の最初の年（前七七六）までが一〇八年、このオリュンピア紀からクセルクセスによる来寇（前四七九）までが二九七年、ここからペロポネソス戦争の開始（前四三一）までは四八年、 3 アテナイの陥落と降伏（前四〇四）までは二七年、さらにレウクトラの戦（前三七一[33]）までは三四年、その後、フィリッポスの死（前三三六）までは三五年である。この後、アレクサンドロスの死没（前三二三）までは一二年である。

4 さて、第一オリュンピア紀からローマの創建（前七五三）までは二四年になると何人かの人々は言っている。そこから王政の廃止と執政官（hypatoi）の創設（前五〇九）まで二四三年[34]、王政の廃止からアレクサンドロスの死（前三二三）まで一八六年である。**一三九** 1 ここからアウグストゥスの勝利、すなわちアントニウスがアレクサンドリアにて自刃したとき（前三〇）まで二九四年であり、このときアウグストゥスは四度目の執政官となる。 2 そのときからドミティアヌス帝がローマに競技祭を創建するまで一一四年であり、この最初の競技祭からコンモドゥス帝の死（後一九二）まで一一一年である。

3 さて、ケクロプスの時代からマケドニア王アレクサンドロスの時代まで、総計すると一二二八年[35]、デモフォンから数えると一二五〇年である。またトロイアの陥落からヘラクレスの後裔たちによる帰還まで、一二〇年もしくは一八〇年である。 4 ここからエウアイネトスがアルコンであった年（この年にアレクサンドロスがアシアに渡ったと言われているが[36]）までは、ファニアスによれば七一五年、エフォロスによれば七三五年、ティマイオスとクレイタルコスによれば八二〇年、エラトステネスによれば七七〇年となる。しかるにドゥリスは、トロイアの陥落からアレクサンドロスによるアシアへの東征まで一〇〇〇年だと言っている。 5 ここからヘゲシアスがアテナイでアルコンであった年（この年にアレクサンドロスは没するのであるが[37]）までは、一一年である。ここからゲルマニクス・クラウディウス・カエサル(38)の支配までは三六五年である。この年号から以降は明らかであり、コンモドゥス帝の死まで算出が可能である。

一四〇 1 さて、ギリシア世界の年代誌の後は、異邦人たちによる年代誌から、きわめて長きにわたる年代について説明を施さねばならない。2 まずアダムから洪水までは二一四八年と四日である。次いでセムからアブラハムまでは、一二五〇年である。またイサクから土地の分割までは、六一六年である。3 次いで士師の時代からサムエルまでは四六三年と七か月である。4 そして士師以降、諸王の年数は五七二年六か月と一〇日である。5 この時代以降、ペルシア王政の時代は二三五年であり、その後マケドニアの王政があり、アントニウスの没年まで三一二年と一八日である。(39) 6 その後ローマの帝政がコンモドゥスの死没まで二二二年間存続する。7 遡ると、捕囚期の七〇年と民の祖国の地への帰還(40)から、ウェスパシアヌス帝による捕囚の開始（後七〇）まで、四一〇年が算定される。最後に、ウェスパシアヌス帝からコンモドゥス帝の死まで、一二一年六か月と二四日が算出される。

一四一 1 ところで、デメトリオスは『ユダヤの王たちについて』と題された著作の中で、ユダ族・ベニヤミン族・レビ族はセンナケリブ（前七〇六―六八一）によっては捕囚を被らず（前七〇一）、かの捕囚（前七二二）から、ネブカドネツァル（前六〇五―五六二）がエルサレムからおこなった最後の捕囚（五八六）まで、一二八年六か月であると述べている。2 したがって、一〇部族がサマリアから捕囚の民となった年から、プトレマイオス四世（前二二二―二〇五）まで五七三年九か月となる。(41) 一方、エルサレムからの捕囚からは三三八年と三か月ということになる。

3 さてフィロンは彼自身、ユダヤ人の王たちについて著作を著しているが、デメトリオスとは見解を異にしている。4 さらにエウポレモスもまた、同様の問題に関して、アダムからデメトリオス王の治世第五年目（すなわちエジプト王プトレマイオスの治世第一二年目）までを算出すると、五一四九年になると述べる。[42] [5]彼によると、モーセがユダヤ人たちをエジプトから脱出させた年から先述の時点までを算出すると、一五八〇年になると言う。この年からローマでグナエウス・ドミティウスとアシニウスが執政官を務めた年までを算定すると、一一二〇年になる。

一四二 [1]一方、エフォロスや他の歴史家たちの多くは、民族と言語は七五個であると述べている。これはモーセの言に従ったものである。〈ヤコブから出た息子たちで、エジプトへ下った者たちは、総勢で七五名であった〉（創四六・二七）。[2]しかるに真実なる論理に従っても、真正なる方言は七二個であると思われ、これはわれわれの聖書が伝えているとおりである。けれどもそれ以外のものも、方言の二個、三個あるいはそれ以上を共有している。[3]ちなみに方言とは、場所に固有の特徴を映し出している言辞であるか、もしくは民族に固有のあるいは共通の特徴を映し出している言辞である。[4]ギリシア人たちは、自分たちの方言は五個であり、それはアッティカ方言、イオニア方言、ドリス方言、アイオリス方言、そして第五番目はコイネー（共通）方言であると言う。一方、異邦人たちの発音も方言も、把握し得ないほどに数多く、むしろ「〜語」と呼ばれている。**一四三** [1]しかるにプラトンは、神々にもある種の方言を配し、とりわけ、夢や神託を解く際の方言があるとし、さらには殊に、鬼神に取りつかれた者の方言があるとしている。彼らは自らの発音ないし方言を発するのではなく、自身のうちに入り込んだ鬼神の方言を発しているのだというのである。[2]彼はさらに、理性を持たない動物にも方言があり、それは同類のものが聞き取れるのだという。[3]つまりある象がぬかるみにはまり、叫びを上げているとき、別の象がその場に居合わせ、一部始終を見ていたとする。するとその象は、少しく後に象の群れを連れて戻ってきて、ぬかるみに落ちていた象を助け出すのだからというのである。[4]さらには、リビュアのサソリは、もし人間を撃つことに成功しなかったならば、一度去ってより多くの仲間を引き連れて戻ってくるという。そしてあるサソリが別のサソリにぶら下がって摑まり、先んじて攻撃を仕掛けてくるというのである。実に、理性を持たない動物には、目に見えない合図を用いたり、体勢で告げたりするのではなくて、むしろ思うに、固有の方言があるのだと考えたい。[5]他のある人々によれば、もしある魚が網に懸かりながら、それを引き裂いて逃走すると、その同じ場所でその同じ日には、同じ種類の魚はもう決して見つからないとされる。しかるに最初の真正なる方言は異邦人のもので、本性的に名詞に関わり、それは、特に祈りに関して、より強力に異邦人の発音で語られるということが同意されている。[7]プラトンもまた『クラテュロス』篇の中で（四一〇A）、火を表現しようとして、この語彙が異邦人のものであると言っている。彼は、フリュギア人たちが「少しばかり格形を変じて」そう語っていると述べている。

一四一 [1]わたしには、これに加え、救い主の誕生の明証のために、ローマ皇帝たちの在位年代を提示することも無益でないと考える。[2]アウグストゥスが四三年間、ティベリウスが二二年間、ガイウス（・カリグラ）が四年間、クラウディウスが一四年間、ネロが一四年間、ガルバが一年間、ウェスパシアヌスが一〇年間、ティトゥスが三年間、ドミティアヌスが一五年間、ネルウァが一年間、トラヤヌスが一九年間、ハドリアヌスが一九年間、アントニヌス（・ピウス）が二一年間、さらに同じように（マルクス・アウレリウス・）アントニヌスとコンモドゥスが三二年間である。[3]かくしてアウグストゥスからコンモドゥスまでが二二二年、アダムからコンモドゥスの死までが五七八四年二か月と一二日である。[4]しかしながら、ある人々はローマ皇帝の年代を次のように算定している。ガイウス・ユリウス・カエサルが三年四か月と五日、彼の後アウグストゥスが四六年四か月と一日。その後ティベリウスが二六年六か月と一九日、彼を継いだのがガイウス・カエサルで三年一〇か月と八日、それを継いだのがクラウディウスで一三年八か月二八日、ネロは一三年八か月と二八日、ガルバは七か月と六日、オトは五か月と一日、ウィテッリウスは七か月と一日、ウェスパシアヌスは一一年一一か月と二二日、ティトゥスは二年二か月、ドミティアヌスは一五年八か月と五日、ネルウァは一年四か月と一〇日、トラヤヌスは一九年七か月と一五日、ハドリアヌスは二〇年一〇か月と二八日、アントニヌスは二二年三か月と七日、マルクス・アウレリウス・アントニヌスは一九年と一一日、コンモドゥスが一二年九か月と一四日である。5かくしてユリウス・カエサルからコンモドゥス（在一八〇－一九二）の死まで二三六年六か月である。(43) したがってローマを建立したロムルスからコンモドゥスの死まで九五三年と六か月である。

一四五 1 一方われらの主が誕生したのは（アウグストゥス帝の）第二八年目であり、これは、アウグストゥス帝の下で、初めて人口調査が行われるよう命令が出た時のことである。2これが真実であることに関しては、『ルカによる福音書』の中に次のように記されているとおりである。〈ローマ皇帝ティベリウスの第一五年、主の言葉がザカリアの子、（洗礼者）ヨハネの上に下った〉（ルカ三・一－二）。また同福音書の中にはこうも記されている。〈イエスが洗礼を受けるためにやって来たのは、三〇歳のときであった〉（ルカ三・二三）。3またイエスが宣教を行うために一年間だけが必要であったということに関しては、〈主は、主の恵みの一年を告げ知らせるためにわたしを遣わされた〉（ルカ四・一九、イザ六一・二）。このことに関しては、預言者も福音書もどちらも記している。4したがって、ティベリウス帝の一五年間とアウグストゥス帝の一五年間、以上でイエスが受難を経験するまでの三〇年間が満ちることになる。5イエスが受難を経た後、エルサレムの破壊が起こるまでの年数は、四二年と三か月である。さらに、エルサレムの破壊からコンモドゥス帝の死までは一二八年一〇か月と三日である。こういうわけで、主が誕生されてからコンモドゥス帝の死まで、年数を総計すると一九四年一か月と一三日となる。6しかるにわれわれの救い主の誕生に関してさらに精確を究める人々は、その年号ばかりでなく、その日付までも算出し、それはアウグストゥス帝の第二八年パコン月(44)の第二五日であるとしている。

一四六 1 しかるにバシレイデス派の者どもは、キリストの受洗の日をも、前晩から朗読のために夜を費やして
祝している。2 ある者によれば、これはティベリウス帝の治世第一五年目、テュビ月一五日のことであったと
言い、また他の者によれば、その同じ月の一一日であったと言う。3 一方主の受難を正確に算定する人々のう
ちある者は、これをティベリウス帝の治世第一六年目、ファメノト月の二五日だとし、また別の者はファルム
ティ月の二五日だとしている。また他の者は、救い主はファルムティ月の一九日に受難に遭ったと言う。さら
に彼らのある者たちは、主がファルムティ月の二四日あるいは二五日に誕生したと言っている。
5 さらに次のこともまた、年代誌に付記されるべきであるが、それはダニエルがエルサレムの荒廃に関して
ほのめかしている日数のことである。ウェスパシアヌスの年が七年七か月、というのもオト、ガルバ、ウィテ
ッリウスの一七か月と八日に、二年が付加されるからである。6 かくして三年六か月になり、これは「七年の
半分」ということで、預言者ダニエルが述べているとおりである（ダニ九・二七）。7 一方彼は、ネロによる
聖なる都への嫌悪があってからその陥落まで、二三〇〇日が経つと述べている（ダニ八・一四）。8 すなわち
彼は、次のような言葉を発しているのである。〈この幻、すなわち、日ごとの供え物が廃され、罪が荒廃をも
たらし、聖所と万軍とが踏みにじられるというこの幻の出来事は、いつまで続くのか。彼は続けた。日が暮
れ、夜が明けること二三〇〇回に及んで、聖所はあるべき状態に戻る〉（ダニ八・一三―一四）。9 つまりこの
「二三〇〇日」とは、六年四か月であり、そのうちの半分をネロが王として占め、七年の半分ということにな
る。一方、残りの半分はオト、ガルバ、ウィテッリウスとウェスパシアヌスが占める。10 それゆえダニエルは
こう述べている。〈待ち望んで一三三五日に至る者は幸いである〉（ダニ一二・一二）。なぜならこの日までは
戦争が続くが、この日をもって戦争が終わるからである。
一四七 1 この数字は、次に続く章でこう記されている
ことにより明らかにされる。〈日ごとの供え物が廃止され、憎むべき荒廃をもたらすものが立てられてから、

一二九〇日が定められている。待ち望んで一三三五日に至る者は幸いである〉（ダニ一二・一一－一二）。
2 一方ユダヤ人のフラウィウス・ヨセフス(45)は『ユダヤ戦記』を執筆しながら、モーセからダビデまでの期間を計算し、これを五八五年としている。一方ダビデからウェスパシアヌスの二年目までを一一七九年とする。
3 かくしてモーセからアントニヌスの一〇年目までは、全体で一九三三年となる。4 一方ほかに、イナコスとモーセからコンモドゥス帝の死までを計算した人々のうち、ある人々はこれが二九四二年だと言い、別の人々は二八二一年だと言っている。5 しかるに『マタイによる福音書』の中で、アブラハムから、主の母マリアまでの系譜が辿られており（マタ一・一七）、〈アブラハムからダビデまで一四代、ダビデからバビロンへの移住まで一四代、バビロンへ移されてからキリストまでが同様に一四代〉とされており、これら三つの期間は、神秘的にも七の六倍を満たすことになる。

第二二章
聖書の七十人訳

一四八 1 さて年代が、多くの人々によりさまざま異なったかたちで記録され、われわれの前に提示されたということに関しては、以上をもって終えるとしよう。ところで、律法と預言者の諸書は、ラゴスの子プトレマイオス王の頃、ヘブライ人の言葉からギリシア語に翻訳されたと言われている。あるいはある人々によれば、それはフィラデルフォス（「兄弟愛に満ちた」）という異名を持つ王の下であったとも言われる。この王は、この件に関して最大限の野心を注ぎ、ファレロンのデメトリオスに、翻訳に関することを正確に取り仕切らせたという。2 というのもなおマケドニア人がアシアを占領していた頃、かの王は、自らの手でアレクサンドリアにでき上がった図書館を、あらゆる書物で飾ることを価値あることと見なし、エルサレムの人々を用いて、彼らの許にあった預言書をギリシア語に翻訳させたのである（ヨセフス『ユダヤ古代誌』一二・二・一以下）。

一四九 1 一方ユダヤ人たちは、マケドニア人たちに従い、自分たちの間で最も徳性の優れた人々の中から、聖書に通じ、ギリシア語の方言にも精通している年長者たちを七〇人選出し、神的な書とともに彼の許に遣わした。2 各々の者が、それぞれ個々に各預言を解釈したところ、提出された解釈がすべて、意味の上でも字句の点でも、同じ趣旨のものとなったという。これは、神の意向がギリシア語の音に移されたためである。3 実に、その解釈を、あたかもギリシアの預言であるかのように機能させることすら、預言を与える神の息吹にとって、無縁ではないからである。なぜならネブカドネツァルによる捕囚の間に聖書は廃れてしまっていたにもかかわらず、ペルシア人の王アルタクセルクセスの時代に、レビ人であり祭司となったエズラが神感を受け、すべてのいにしえの聖書に再度息吹を吹き込んで預言したからである（Ⅳエズ一四・一八―二二、三七―四七）[46]。

一五〇 1 一方アリストブロスは、『フィロメトルに宛てて』と題した著書の第一巻において、次のような表現を用いて述べている。「プラトンは、われわれによる律法制定の次第に従っている。彼が律法のうちに述べられている事柄の各々を改作していることは明白である。2 デメトリオス以前に、他の誰かの手で、律法の解釈がおこなわれ、アレクサンドロスによるペルシア制圧の前に、われわれヘブライ人市民によるエジプトからの脱出に関する事どもや、彼らに生じた事柄すべての解釈、土地の占領、律法全体の解説などが為されていたのである。3 かくして上述の哲学者は多くをここから取り入れたことはいとも明らかである（プラトンは学問好きであった）。それはちょうどピュタゴラスが、われわれの許なる様々な事柄を自らの教説形成のために移し変えているのと同様である」。（エウセビオス『福音の準備』一三・一二・一）4 一方ピュタゴラス派の哲学者であるヌメニオスは、率直にこう記している。〈プラトンとは、アッティカ語で話すモーセ以外の何者であろうか？〉（ヌメニオス、断片九、ムラッハ編）。このモーセとは神学者であり預言者であって、ある人々と同様に、聖なる法の解釈者であったのだ。5 彼モーセの生まれ、行動、その生涯を、信頼するに値するかの聖書が告げ知らせているが、それでもなお、これはわれわれによって、できる限り述べ明かされねばならない。

第二三章
モーセの生涯

〔五一〕1 さてモーセは、遡れば生まれはカルデア人であり、エジプトに生まれ、彼の祖先は長期にわたる飢餓のためにバビロンからエジプトに移住した。彼は第七世代に生まれを受け、王としての養育を受け、そのような環境を享受した。2 エジプトにおけるヘブライ人たちの人口が増えたため、その地域の王は大挙して陰謀を企てられるのではないかと恐れをなし、ヘブライ人たちの中から、女の子は育てるが（女性は戦争に際しては非力である）、男の子については、十分な若さに到達したと見れば、これを廃絶するように命じた。3 子供が高貴な生まれであったため、両親は三か月にわたって隠れて育てた。本性上の善意が、僭主の残忍さをしのいだのである。しかし後に、彼ら自身も子供とともに滅ぼされるのではないかと恐れ、その土地に生えていたパピルスで一種のかごのようなものを作り、子供をその中に隠して、沼のような川の岸辺に放置した。ところが上流に立って、この子の姉妹が事の成り行きを見守っていた。〔五二〕1 ここに王の娘がやってきた。彼女はもう長らく妊娠することがなかったが、子供を熱望していた。彼女はその日、河畔にやって来て、洗い物と身浄めをしていた。そこへ子供の泣き叫ぶ声を聞きつけたので、自分の所へ赤子を運んでくるように命じ、憐れみを覚えて乳母を探した。2 そこへ子供の姉妹が駆けつけ、ヘブライ人の婦人がいること、少しく前に出産を済ませ、もしそのような希望があるのなら、王女のために乳母をさせることができること、を伝えた。王女がこれに同意し、そう願ったので、その女は、あたかも報酬で働く他人の女性であるかのごとくに、子の母親を乳母にすべく連れてきたという。3 しかる後、王女はその子供に名前を付けた。それはその子が水から取り上げられたということで、語源にちなむ名であり（というのも水のことを、エジプト人は「モーユ」と呼ぶからである）、この子は水の中で死を迎えるべく放置されたのだから、というわけである。こうして彼らは、「自ら上がって息をする者」という意味で「モーセ」と呼ぶのである。〔五三〕1 かくしてそれ以前に、子供に割礼を施し、その子に両親が名を付けていたということは明らかであり、その頃彼は「ヨアキム」と呼ばれていた。しかるに彼が天に上げられた後、三番目の名前を得た。それは神秘家たちの言うところでは「メルキ」というものである。[47] 2 ところが彼は、成長して代数学、幾何学、韻律学、和音学、さらには測量学、音楽学などを優れたエジプト人たちの許で教わり、加えて、象徴的事物による哲学も学んだ。この哲学は、ヒエログリフ文字で表されたものであった。しかるにギリシア人たちは、他の「円環的教養」(enkyklios paideia) をエジプトにおいて学ぶ。それは、言わば「王の子供」でもあるかのようなものであり、フィロンが『モーセの生涯』の中でそう述べている（同書一・二三）。だがモーセはさらに加えて、アッシリア文字と、天文学に関する知識を、バビロニア人やエジプト人から学んだ。それゆえ『使徒言行録』の中で、〈モーセはエジプト人のあらゆる知恵を教育によって身に付けた〉（使七・二二）と伝えられている。4 一方エウポレモスは、『ユダヤの王たちについて』という著作の中で、モーセを「最初の知恵者であった」とする。そしてモーセがユダヤ人たちに最初に文字を与え、これをユダヤ人からフェニキア人が受け取り、ギリシア人はさらにこれをフェニキア人から受け取ったとしている。5 しかるに人間の本性について調べながら、彼は思索を羽ばたかせ、生まれを同じくし生

まれを先にする教養を求めて、ヘブライ人に対して不当な強制労働を強いていたエジプト人を撲殺するところ
にまで至ったのである（出二・一二）。**一五四** 1 しかるにこの秘儀伝授者は、エジプト人を言葉一つで亡き者にし
たと言われているが、それはちょうど、後にペトロが『使徒言行録』の中で、土地の価格をごまかして偽った
者ども（アナニアとサフィラ）を言葉で殺したと言われているのと同じである（使五・一―一〇）。2 実にア
ルタパノスは、『ユダヤ人の書き物について』という著作の中で、監視のうちに閉じ込められていたモーセ
が、エジプト人たちの王ケネフレエースによって、民に勧告を与えるためにエジプトから釈放され、夜のうち
に、監獄の扉が開き、神の意向によって脱出し、王宮へと至り、眠っている王の傍らに立ち、彼を起こしたと
いう。この出来事に驚愕した王が、モーセに対し、彼を遣わした神の名を述べ、自分の耳元でささやくように
命じると、王はこれを聞いて無言のまま倒れ、モーセによって力づけられて再び生き返ったという。
一五五 1 さて、モーセの教育に関しては、ユダヤ人の悲劇作家であるエゼキエロスも、われわれと見解を同じ
2 くしている。彼は『脱出』と題する劇作品において、モーセ自身のせりふとして次のように記している。

「われわれの部族が十分に成育したのを目にすると、
王ファラオは、われわれに対して大いに姦策をたくらみ、
ある者たちはレンガ焼きに、ある者たちは重い建設労働に使役し虐待した。
町々には塔をめぐらした。これも不運な人々を酷使したもの。
その後王はわれわれに、ヘブライ人の部族に告げた、
男の子を、流れの深い河に投ずるようにと。

3

直ちに、わたしを産んだ母は、わたしを隠した、
母によれば、三か月もの間。だがもう隠しおおせなくなると、
わたしに産着をまとわせ、川岸の小高いところに置いた、
沼地になった深い繁みに。

4

わたしの姉のマリヤムが、そばでうかがっていた、
すると、王の娘が腰元たちを連れ、
洗い場に降りて来た、新しい衣を浄めるために。
見るや直ちに声を挙げて取り上げた。
ヘブライ人であることはすぐに判った。そこへ
姉のマリヤムが駆け寄り、王女にこう話しかけた。
〈この子のために、乳母をお望みでしょうか。ヘブライ人の中から
すぐに見つけて差し上げましょう〉。王女は少女にうなずいた。

5

姉は走って母の許に行き、すぐに母が
やって来て、わたしを自分の腕に抱いた。
王の娘は言った。〈婦人よ、この子に乳をやりなさい。
わたしもあなたのために報酬を与えましょう〉。

6 わたしはモーセと名づけられた。王女が湿った河の岸辺から取り上げたので。
だが青年期がわたしにやって来ると、
母はわたしを連れて王女の館を訪れ、
すべてをわたしに語って聞かせた、父祖の人種、神の賜物について。
7 わたしが子供だった時期には、
食べ物も教育も、すべて王子のものを約束された。
まるで王の実子であるかのように。
でも日々がめぐり、時が満ちたので
わたしは王の家を後にした」。

一五六 1 その後、ヘブライ人とエジプト人の交戦を記し、エジプトの砂地の中にある墓に触れたあと、例の争いについてエゼキエロスはこう述べている。
2 「〈あなたはなぜ、あなた自身よりも脆弱な者を打つのか〉。
そこで彼は言った。〈われわれのために、誰があなたを裁き手として、あるいは
監督者としてここへ遣わしたというのか。あなたはわたしを、あたかも

敵対する人間でもあるかのように殺してはならないのではないか〉。
そこでわたしは恐れてこう言った。〈この件はどうして知れてしまったのだろう〉」。

3 そこでモーセはそこから逃げ、羊を飼い、牧者としての術によって支配する術を教わった。というのも将
来、人間の中でも最も従順な群れを統べようとする者にとって、牧者としての術は帝王学の前訓練なのであ
る。それはちょうど、狩の術が本性的に戦闘術の先立ちであるのと同様である。神はそこからモーセを導き、
ヘブライ人たちのための将軍術へと向かわしめた。[五七] 1 しかる後、エジプト人たちはたびたび訓告を受けた
が、彼らはしばしば無理解であった。ヘブライ人たちは傍観者となって、他の者たちがどのような災いを被る
のかを、危険にさらされることなく見守り、神の力を学ぶことになった。2 さらにエジプト人たちは、聴覚を
もってしても、神の力の結末を受け入れようとせず、無節制から訳も判らない者のように、信じようとしなか
った。ちょうど、「子供は為された後になって道理を知る」（ホメロス『イリアス』一七・三二）ようなもので
ある。さてヘブライ人たちは脱出する際に、エジプト人から多くの分捕り品を持ち出して運んだ。これは批判
者たちが言っているように金銭愛による行為なのではなく（というのも神が、ヘブライ人たちに対し、異民族
のものを熱望することを許しはしないのだから）、3 むしろ、まずはエジプト人にヘブライ人が仕えていたそ
のすべての期間の必然的な報酬を持ち去るべきだからであり、次いで、金銭愛の奴隷であるエジプト人たちに
対し、分捕り品を持ち去ることで苦痛を返し、ある意味で彼らの欲を制するためであった。それはちょうど、
エジプト人がヘブライ人を隷属させたことの返礼とも言えよう。4 こうして、もしこれが戦争のようなもので
あったと言うのであれば、敵の物を持ち去ってよいのは法の定めである。その際には力において勝る者が勝利
者として敗者のものを略奪するのであるから（戦争の理由も正当なものである。なぜならヘブライ人たちは飢

餓のために、嘆願者としてエジプトに赴いたのであった。しかるにエジプト人たちは、ヘブライ人たちを隷属させ、捕虜のような扱いをし、自分たちに奉仕するよう強いて、その報酬も払わなかったのだ）。あるいはまた、これが平時のことであったというのであれば、長き期間を自ら返すことをせず、むしろ奪い去った者どもから、分捕り品を報酬として受け取ったということになろう。

第二四章

指揮官としてのモーセ

一五八 1 モーセはわれわれにとって、預言者、律法家、戦術家、将軍、政治家、哲学者である。彼がどのようなあり方で預言者であったかに関しては、後ほど預言について扱うおりに述べることになろう。しかるに戦術というのは将軍職の一部であろうし、将軍職は王職の一部であろう。あるいは律法術というのも、ちょうど司法職と同様に王職の一部であろう。2 しかるに神的な部分というものは王職に属す。たとえば神とその聖なる子に関する事柄のように。彼らから地上や、外界の善、あるいは完全な幸福がそこから導き出されるためである。〈まず大いなるものを求めよ。そうすれば小さなものは、それに加えてあなたがたに与えられるであろう〉（マタ六・三三）。3 王職の第二の種類とは、混じりけなく理性的で神的な振る舞いの後に、霊魂の気概的な部分だけが王国に入ることを許されるあり方である。このあり方によるのが、ヘラクレスがアルゴスの、アレクサンドロスがマケドニアを治めたケースである。4 第三のケースは、ただ一人の人に、勝利を収め、征服することが許される場合である（このような形で勝利を収めることが良きことか悪しきことかに関しては問わない）。ペルシア軍がギリシアに進軍してこれを圧した場合がこれに属する。5 気概に属すのは勝利を愛する部分だけであり、まさしく征服するために王朝を作った人間、もしくは霊魂が、美を愛し気概を美のために用いるような場合である。一五九 1 第四は、すべての中で最悪のものであり、欲望に従っておこなわれる王政であって、たとえばサルダナパロスの王政や、可能な限り欲望を悦ばせることを最終目的とする者どもによる王政がこれである。2 しかるに王術というものは、力をもってよりもむしろ、まず徳をもって勝利を収める術である。戦術は道具であり、本性や質料が異なれば、それに柔軟に対応するというのがこれである。3 実に、武具や好戦的な動物にあっては、霊魂ある部分霊魂なき部分を問わず、霊魂と理性とが統御者である。しかるに霊魂の情動的な部分に関しては、この情動をわれわれは徳でもって制御する。理性的判断が統御者であり、これが、克己と節制とを敬虔さでもって、善き覚知を真理でもって封印し、目的として、神に対する敬神の念を奉ずるのである。4 というのも、このようにして徳を用いる人々にとっては、賢慮が統御者であり、神的な部分は智慧、人間的な部分は共同体性であり、全体として王的なのである。5 こうして王は、法に従って治める者であり、彼は進んで治めることへの知識を有する。ちょうど主が、主に向かって、主を通して信じる者たちに近づくのと同様である。6 神はキリスト、われわれの王に、すべてを委ね、すべてを支配させた。〈それはイエスの名の下に、天上のものも地上のものも地下のものも、すべてが膝をかがめ、すべての舌が声を揃え、父なる神の栄光のために、「イエス・キリストは主である」と告白するためである〉（フィリ二・一〇）。

一六〇 1 さて将軍術は、三つの種のうちに収まる。安全さ・奇抜さ・それらの混合である。これらの各々を、三つのやり方のうちから、すなわち言葉によるか、業によるか、あるいはそれらの双方をともに用いるか、を通じて併せ用いるのである。2 これらは、すべて用いてよいのであるが、説得したり、強いたり、防御の際に不正を用いたりすることができる。これらは、正義を実行するか、もしくは虚偽を用いるか、または真実を言うか、あるいはこれらのいくつかを同時に、適宜用いるかのうちに包含される。3 これらのすべてを、またこれらの各々をいかに用いるべきであるかについて、ギリシア人たちはモーセから取り入れて役立てたのである。4 例示のために、一つ二つ具体的な兵法の場合を取り上げてみよう。モーセは民を導き出す際に、エジプト人たちが追跡してくる可能性を案じて、短距離で容易な道を棄て、荒れ野に向かい、夜間、大いに行軍した。5 もう一つは経綸の観点であり、これに関してヘブライ人たちは、どこまでも続く砂漠の間に、長い時間をかけて教育された。すなわち、唯一なる神の存在を信じることに、賢慮ある堪忍を通じて慣れるということである。〔六一〕1 実に、モーセの将軍術は、危険を前にして有益なことを見抜き、それに挺身すべきであることを教える。2 もちろん彼には、疑いさえするような出来事も起こった。2 というのもエジプト人たちが馬と戦車に乗って追跡して来たからである。だが彼らは、海が砕け、馬や戦車もろともに彼らを飲み込んだために、速やかに滅び去り、彼らの残骸すら残らない有り様であった。3 その後、炎の柱が先に立ち（つまり彼らの前で導いたのである）、道なき道を通って夜の間もヘブライ人たちを先導した。それは、労苦と長旅の間に勇気と刻苦に向けて彼らを鍛錬し教え諭し、一見恐るべき事柄が試みとして起ころうとも、その後その場所の有益な事柄が明らかとなるためであった。神は、道なき道からこの試みに向けて、彼らを遣わしたのである。
〔六二〕1 実に彼は、この場所を先に占めていた敵方を敗走させたが、この際に、荒野と道なき道から彼らに対して攻撃を仕掛けたのである（将軍たる者の卓越性・徳はそのようなものである）。敵方の地域を奪取することは、経験と戦術の為せる業だからである。

2 さてアテナイの将軍ミルティアデスは、このことを知悉し模倣して、マラトンでの戦いにおいてペルシア軍に対して勝利を収めた。その方法とは次のようなものである。まず夜間に、道なき道を歩いてアテナイ軍を先導し、ペルシア軍のうち彼を見張っている者を迷わせた。というのもアテナイから離反したヒッピアスなる者が、ペルシア軍を先導してアッティカへと引き入れ、格好の場所をまず占領し守備隊を置いた。彼は土地勘を経験により有していたのである。3 かくしてヒッピアスの目を盗むことは困難となり、それゆえミルティアデスは道なき道と夜を巧みに活用し、ダティス率いるペルシア軍に対して攻撃を仕掛け、配下の軍勢とともに、合戦を成功裏に終えたのであった（ヘロドトス『歴史』六・一〇七―一一五）。

一六三 1 そればかりでなく後に、フュレーから亡命して来た者たちを率い、人目を避けようと望んだトラシュブロス(48)が、道なき道を進んでいたとき、導き手として柱が現れたという（クセノフォン『ギリシア史』二・四・三―七、アリストテレス『アテナイ人の国制』三七・一を参照）。2 トラシュブロスに、月のない夜間、天候も荒れ模様のなかを、先立つ炎が現れ、この炎が彼らを無事に先導し、ムニキア(49)のあたりで消えたという。そこには現在、フォスフォロス（「光をもたらす」）女神の祭壇が建っている。3 かくして、われわれの話はここでもギリシア人にとって信頼できるものとなるだろう。すなわち全能の神には何が可能であるかが明らかとなろう。ヘブライ人たちに対して夜間、炎の柱となって先導することができた方が、ギリシア人に対してもその導き手となったのであるから。4 ある神託のなかでもこう語られている。

「テバイ人にとって、ディオニュソスは喜ばしき柱」。

（『神託』断片第二〇七番、ヘンデス編）

これはヘブライ人たちの許での物語から取られたものである。だがそればかりでなく、エウリピデスも『アンティオペ』の中でこう述べている。

「牛飼いの寝屋の中で、ツタに絡まれて眠るエウィオス神の柱を」。

（エウリピデス『アンティオペ』断片二〇三）

6 こうして柱は、神のなぞらえられなさを表す一方、光を放つ柱は、そのなぞらえられなさを意味することに加えて、神が直立し、唯一であること、そしてその光が変わることなく、形象を有しないことを明らかにするものである。**一六四** 1 実際、彫像の形状を正確に規定する以前、古代の人々は柱を建て、これを神の姿であるとして崇めていた。2 実に、『フォロニス』を作った人物は次のように記している。

「カッリトエは、オリュンピアの王国の番人。
アルゴスのヘレの。彼女は首輪と飾り房で、
最初に、女主人の高い柱を飾りつけた」。

（フォロニス、断片四、キンケル編）

3 だがそればかりでなく、『エウポリア』を作った詩人もまた、デルフォイにあるアポロンの彫像は柱であるということを、次のような詩行でもって述べている。

「神には十分の一として、また初穂として献げよう。
神聖な穂からの、また高い木からの実りを」。

（エウメロス『エウポリア』断片一一、キンケル編）

実にアポロン（a-pollon）とは、「神は一者である」ということが「多くの事物の剝奪」により、神秘的な仕方で思惟されるということを表したものである。[4]だが実に、柱に見えたかの炎（出一三・二一）、芝の中から語りかけた火（出三・二）とは、聖なる光の象徴なのであり、その光とは、大地に降り、十字架を通して再度天に昇るものである。この十字架を通じてわれわれには、思惟的に見るという賜物が与えられたのである。

第二五章

プラトンの『法律』はモーセに負うこと

一六五 [1]一方哲学者のプラトンは、モーセの事例から律法に関わる事柄を借用し、ミノスとリュクルゴスの国家が、ただ勇気だけに目を向けていることを批判しながらも、それらの国家が、一つの事柄を崇高なものとして語り、変わることなく一つの教説に目を向けていることを賞賛している（プラトン『国家』六二六A）。というのもプラトンによれば、われわれが、天的な事柄に関してそのような見解を悔いることなく用い、天の誉れに目を注ぐためにいっそう哲学することは、力や荘厳さや節度に適わしいと言うのである。[2]実際彼は、『法律』に記されている事柄を、唯一なる神に眼を注ぎ、高潔に行動することを命じて説いているのではないだろうか（プラトン『法律』六二六A、六八八A、七〇五D）。[3]しかるに彼が言うには、政治家には二つの種類があり、一方は法律的であり、もう一方は同一語彙を用いて名づけるなら政治的である。そして同名の著作において彼が勝義的に仄めかすところでは、政治家とは創造者であり、創造者に目を向け、観想とともに生命力を持って正しく生きる人々が、政治家と名づけられるのである。4 一方同様に、法律家という名で呼ばれる人は、政治を宇宙的大思惟と個人的な秩序に振り向ける人である。プラトンはこの秩序のことを似つかわしさ・調和・節制と名づけ、それは被支配者に相応しく統治者が統治することだと述べる（プラトン『政治家』三〇七B、『ゴルギアス』五〇八A、『国家』四〇三E）。そうすれば被支配者は統治者たちに対して従順となるが、これこそモーセの取り組んだ事柄が、真摯に実現する場合であろう。一六六 1 しかるに司法術は誕生に関わるが、政治術は友情と協和に関わり、この点でプラトンはモーセに負っている。彼は『法律』篇に、『エピノミス』篇における哲学者を配している。この男は、あらゆる誕生のめぐりを、惑星の周期から知悉している。もう一人の哲学者はティマイオスである。この男は天文学者にして、天体の運行、共感、相互の共同体性などに関する観想者である。プラトンは『国家』篇にこの男を配している。2 したがってわたしとしては、観想とは、政治家および法に則って生きる者にとっての究極目的であるように思われる。実に、真っ直ぐに政治をおこなうことは必須であるが、哲学することこそ最善なのであるから。3 理性を有する者は、すべてを自らの覚知のうちに伸べて生きることができるだろう。生活に関しては、善き業をもってこれを真っ直ぐにし、逆行するものはこれを蔑み、真理に適う事柄は、これを学ぶために追究するのである。4 しかるに法というものは、考えつかれたものではなく（視覚とは視られたものではない）、憶念のすべてでもない（それは悪ではない）。むしろ法とは有用な憶念であり、真なるものは有用であり、存在者を見出しそれを獲得するものは真理である。モーセは〈「ある」という方がわたしを遣わした〉（出三・一四）と言っている。5 他の人々は、有用な憶念に従って、法を「直き言葉」と規定した。つまり法とは、為すべき事柄を規定し、為すべきでない事柄を禁ずるものだからである。

第二六章

モーセの律法と対比してみた場合のギリシア人

一六七 [1] ここから、法律はモーセによって与えられたと語られるのは相応しい。これは正義と不正との尺度だからである。またこの法律についてわれわれが、神からモーセを通じて伝えられた規範であると言うのもまったく理に適っている。実に、法律は神的なるものへの導きを有している。[2] かのパウロも次のように述べている。〈律法は、約束を与えられたあの子孫が来るときまで、違反を明らかにするために定められたものである〉(以下、ガラ三・一九以下)。その後いわばその考えを敷衍するかのようにこう付言している。〈信仰が到来するまで、われわれは律法の下に鍵を掛けて閉じ込められていた〉。これはすなわち、罪に対する恐れにより、という意味である。〈来たるべき信仰に向けて拓かれるためである。かくして律法はキリストに向けて、われわれにとっての訓導者となったのである。それはわれわれが信仰によって義とされるためであった〉(ガラ三・二三)。[3] 一方、立法者とは、霊魂の各々の部分と、その業に適切なるものを配する者を言う。しかるにモーセは、かいつまんで言えば、魂を受けた法なのであって、有益な言葉によって導く導き手である。一六八 [1] 実に彼は、善き政治術(politeia)を求めて腐心した。善き政治とは、「人間の食物」(プラトン『メネクセノス』二三八C)として、共同体にとって美しいものである。また彼は直ちに裁判術を手がけた。それは、正しき者のために、罪を犯した者どもを矯正させる上での知識のことである。[2] 懲罰術は裁判術と同質のものであり、懲罰に関わる基準をめぐる知識だと言える。懲罰とは霊魂の矯正である。[3] 言ってみれば、モーセには、美しく善き人間となりうるためのすべての教育的階梯が備わっていた。狩猟術も、これらと同類のものに属す。これは指揮術とも言えるだろう。しかるに神託術は、狩猟で得た動物に対し、御言葉に従って施すものであり、ある意味で、律法に基づく知恵であるとも言えよう。なぜならこれを身につけ、これを行使するのは、最も王的な固有の特質だと言えようからである。4 ただ哲学者だけが、知恵ある王、律法家、将軍、裁判官、敬虔なる者、神を愛する者を告げ知らせることができる。もしこれらの事どもをモーセのうちにわれわれが見出しうるのであれば、同じ聖書の中から示されるとおり、モーセを真の賢人として大いに確信をもって述べてよいのではないか。**一六九** 1 したがって、たとえて言うならば、牧羊術とは、羊に関する事どもをよく先慮することであるとわれわれは言う。〈よき羊飼いは、羊のために自らの命を棄てる〉（ヨハ一〇・一一）。まったくそれと同じように、法制定術とは、人間の徳を備えることであり、人間の善性を、力の限り燃え立たせることだとわれわれは言う。それはまつりごとの術であると同時に、人間の群れに配慮する術なのである。2 もし「群れ」ということが、主によって語られた比喩的な用法であり、人間の群れを指すに過ぎないのだとすれば、牧者と善き律法家とは、彼の声を聞き分ける羊の一なる群れに対して、同一人物となるだろう。それは一なる庇護者であり、失われたものを探し、律法と御言葉とによって見出す人物であろう、もし律法が霊的なものであり、幸福に導くものであるのならば。なぜなら、聖なる霊によって成ったものは霊的なのであるから（ヨハ三・六）。3 このような人物こそ真の律法家であり、彼は善きこと・美しきことを告げ知らせるだけでなく、それをよく知っている。律法とは、救いの掟を知識として有している者のものである。否むしろ、律法とは知識の掟である。〈神の言葉は力であり、知恵である〉（Ⅰコリ一・二四）。4 この同じ人物が律法の解説者でもあり、彼を通じて〈律法が与えられた〉（ヨハ一・一七）。彼こそは、神的な掟の最初の解説者であり、父のふところを開示して見せたひとり子である（ヨハ一・一八）。**一七〇** 1 この後、法に従う者たちは、法に対する何らかの覚知を有するために、真理を信じないことも真理を知らぬこともできない。しかるに信じない者たちは、もし他の人々またこの人々が、真理を知らないことを認めるような場合には、法の業の世界に可能な限り入らないことを望む。[2]ではいったい、ギリシア人たちの不信とはどのようなものであるのだろうか。それは、律法がモーセを通じて神から与えられたということを公言する真理に、従うことを望まないことである。それは彼ら自身、自分たちの許にあるものに従ってモーセを崇敬しているにもかかわらず、である。[3]ミノス王は、九年間にわたってゼウスから法を受けるためにゼウスの洞穴に足しげく通ったと伝えられている。またプラトン（『法律』六二四A）やアリストテレス（断片五三五）、あるいはエフォロスは、リュクルゴスが、法的な事柄を教わるために、しばしばデルフォイのアポロン神殿に詣でたと記している。あるいはヘラクレオンの人カマイレオンは『酩酊について』と題した著作の中で、アリストテレスも『ロクリス人の国制について』の中で、ロクリスの人ザレウコスが、アテナから法を受け取ったと注記している。[4]ギリシア人の間での法の制定に関して、信ずるに足りる話は、モーセによる預言に倣いながらもそれを知らずに、彼らにできる範囲で、神殿へと奉じたということである。彼らはその場で、真理と彼らの許で語られている事柄の原型に同意することはなかったのである。

第二七章

律法はわれわれを教育するために刑罰を科すこと

一七一 [1]さて、懲罰に関わる法律を、善美に関わるものではないとして看過することがあってはならない。というのも、肉体上の疾病を取り除く者が恩恵者と見なされるのに対して、霊魂から善からぬ部分を切り取ろうと試みる者が守護者と言われることがない、ということではないはずであるから。なぜなら霊魂のほうが肉体よりも貴重なのである。2 肉体の健康のために、切断・焼身・服薬などを試み、それらを執行する者が救済者また医師と呼ばれる場合、それは患者に対する一種の悪意・敵意に基づくものではない。ちょうど術という語が示唆しているように、どこか肉体の一部を切断する場合には、健全な部分がそれによってあわせて傷むことのないようにするのであるから、悪意からその医師の術に責を負わせるようなことはない（申八・二以下、一一・五）。3 しかるに霊魂の場合、われわれは、もしある人がただ不正から逃れ、正義を獲得したいだけであれば、同じように逃げたり、罰せられたり、縛られたりするのに耐えるだろうか。4 なぜなら法とは、それに聴き従う者を気遣い、敬神に向けて教育し、なすべき事柄を示唆し、過ちの各々を阻み、些少な場合には罰則を定める。しかるにある者が不正の極みへと直進し、矯正しようがないと思われる場合には、思い切って、他の部分がそのために傷を受けないように気遣い、いわば全身のうちの一部分を切り落とすように、そのように至極健全である部分をも殺すような手段に出る。一七二 1 使徒は次のように言っている。〈われわれは主によって裁かれ、教育される。それは世とともに裁かれないためである〉（Ｉコリ一一・三二）。2 というのも預言者は公言して止まない。〈主はわたしを教育し、教育した。そしてわたしを死に引き渡さなかった〉（詩一一七・一八）。〈あなたに、主の正義を教えるために、主はあなたを教育した〉（申八・二以下）と聖書は述べている。〈そしてあなたを試み、飢えさせ、荒れ野の地で渇かせた。それは今日わたしがあなたに命ずる限りのすべての主の正義と裁きを、あなたの心のうちに知らしめるためであった。こうして、ちょうどある人がその息子を教育する際のように、われわれの主である神はあなたを教育するであろう〉（申八・二以下、一一・五）。3 また、範例が節度を教えるということについては、まさしく次のように述べられる。〈思慮深い者は、悪人が罰せられるのを見てしたたかに自らを教え諭す〉（箴二一・三以下）。なぜなら〈主を恐れることは、知恵の始まり〉だからである。一七三 1 しかるに、最大にしてもっとも完全な善とは、ある者に対し、悪しき行動から徳と善行へと転向させることができた場合である。これは律法の為せる業である。2 あるいはまた、ある人が不正と貪欲に囚われて、何か癒しがたい悪に陥ってしまった場合、もしその人が殺されるならば、善行がおこなわれるのかも知れない。3 なぜなら律法は、善き賜物を与えるものであり、不正なる者から善き者を産み出すことができるものである。もし不正なる者が、律法に耳を傾けることさえ望めば、彼らを現在の悪から解放することができるものなのである。4 節度をもって正義のうちに生きることを選択する者を、不死なる存在にすると律法は公言している。〈律法を知ることは、善き思惟のなせる業である〉（箴九・一〇）、あるいはまた〈悪人は律法のことを考えないが、主を求める者は、あらゆる善のうちに主を理解する〉（箴二八・五）。5 実に、治めの先慮は主のものにして善きものでなければならない。両者の力が救いの経綸となって作用する。まず一方は、主のものとして賢慮を働かせつつ懲罰する。もう一方は、善行者として、善き行いを通じて憐れみ深くある。6 〈不従順の子〉（エフェ二・二）となることはできず、むしろ〈闇から生命へと移り〉（Ⅰヨハ三・一四）、掟に基づいた聴覚を知恵に差し出し、まずは神の隷僕となり、しかる後忠実な僕となり、神である主を恐れる。だがもし誰かがさらに登ってこようとすれば、彼もまた子らのうちに数え入れられる。もっとも〈愛は幾多の過ちを覆う〉（Ⅰペト四・八）。その人は幸いなる希望を完成に向けて育てる者を愛のうちに受け入れ、選ばれた子として、神に愛された者と呼ばれることになる。すでに彼は次のような祈りを歌いまた語る者である。〈主がわたしの神とならんことを〉（創二八・二一）。**一七四** 1 しかるに善行が法に属すということを、使徒は、ユダヤ人たちに宛てた一節を通じてこう記している。〈さて、もしあなたが自らユダヤ人と称し、律法に安んじ、神を誇りとし、御旨を知り、律法に教えられて何が大切なことかをわきまえているとし、また、もし、律法のうちなる覚知と真理の具体化を持しているとして、盲人の手引き、闇にいる者の光、愚かな者たちの導き手、未熟者の教師であると自負しているならば〉（ロマ二・一七―二〇）。2 というのも彼は、たとえ法に従って生活していない者どもが、法のうちに生きていると大法螺を吹くとしても、これらを法が成し遂げるということに同意しているのである。〈智慧を見出す人、死すべき身にして賢慮を知る者は幸いである。彼の〉（箴三・一三）、すなわち知恵の、〈口からは正義が流れ出し、彼は法と憐れみをその舌に運ぶ〉。3 というのも活力は唯一、主のものであり、その主とは〈神の力にして智慧〉（Ｉコリ一・二四）、はたまた法にして福音だからである。さらに法はこの方に対する恐れを生み、この法は憐れみ深く救いを目指すものである。〈憐れみと信仰と真理をして、あなたを見棄て置かしめるなかれ。むしろそれらをあなたの首の周りに下げるがよい〉（箴三・三）。**一七五** 1 またパウロと同様、預言は、民が律法を理解していないとして非難する。〈彼らの道には破壊と崩壊があり、彼らは平和の道を知らない〉（イザ五九・七）。〈彼らの目の前には、神に対する畏れがない〉（詩三五・二）。2 〈彼らは愚かにも、自らが知恵ある者だと言う〉（ロマ一・二二）。使徒は言っている。〈われわれは、もし誰かが律法を掟に基づいて用いるなら、律法は美しきものだということを知っている。ところが律法の教師たらんと欲する者たちは、自分が言っていることについても、自分が何について主張しているかについても、考えていない。その命令の核心とは、清い心、善き良心、偽りのない信仰から発する愛である〉（Ｉテモ一・八、一・七、一・五）。

第二八章

モーセは弁証法においてプラトンよりも好ましいこと

一七六 1 モーセによれば、愛智は四つに分割される。まず歴史的なもの、次に勝義的に律法的なもの、これは倫理的な実践に固有であり、第三に聖事に関わること、これは自然学的観想に属する。そして第四にすべてに関して神学的性格を有するもの、すなわち観照（epopteia）であり、これをプラトンは「真に偉大なる神秘」と述べ（『ファイドロス』二五〇C、『饗宴』二〇九E－二一〇A）、アリストテレスはこの類を「形而上学」と呼んでいる。[3]これはプラトンによれば「弁証法」でもあり、彼はこのことを『政治家』の中で述べている（二八七A）。すなわち、これは言わば事物の明証を発見する知識であり、これが賢慮ある者に獲得されるのは、現在弁証法家たちが詭弁論に没頭して行っているように、人間に関わる事どもを述べたり行ったりするためではなく、むしろ神に嘉せられることを語り、行うことを、能うかぎりすべてできるようにするためである。**一七七** [1]真なる弁証法は、真なる哲学と混交し、事物を観じては力と能力を吟味し、万物を統御する実体（ousia）へと登攀せんとする。その際、万物の神に向けて上方へと仰ぎ行き、死すべきものどもの経験ではなく、むしろ神的また天的なるものの知識を告げる。その知識には、人間的な事どもに関わる、言論と実践をめぐる固有の用い方があい伴うのである。[2]実に聖書もまた、われわれがこのような弁証法的な存在となることを望み、こう勧告している。〈思慮ある両替商たれ〉[50]。すなわち、物事を十分に吟味して、美しきものを選択するように、との意である。[3]というのも実に、弁証法的な思慮は、思惟的な事どもに関して選択的で、諸事物の先言措定の各々を混交なく純然と指し示す。あるいはこれは物事の種類に関する選択的な力だとも言える。つまり個々のものにまで降り立って、諸事物各々がどのように映るか、それを指し示すのである。**一七八** [1]それゆえただこれだけが、真なる智慧、すなわち神的な力に向けての導きをなしうる。これは諸事物を、存在物として知覚する知恵であり、完全性を内包し、あらゆる情動から解放されていて、われわれの霊魂の視覚から、誤った反転により影を落とす靄の無知を、神的な言葉により取り払い、最良のものを復興する救い主を伴う。それは〈われわれが、神をも人をも、善く知覚できるようになるため〉である（ホメロス『イリアス』五・一二七以下）。[2]この方こそ、自らを如何に認識すべきかを真に示してくださる方であり、望むままに、また人間の本性に可能な限りにおいて、万物の父を開示する方である。〈なぜなら、父以外に子を知る者はおらず、子と、子が明らかにする者以外に、父を知る者はいない〉（マタ一一・二七）からである。一七九 1 使徒が次のように述べているのはいとも似つかわしい。〈神秘を認識することが、啓示によって可能になった。それはわたしが少しく以前に記したことである。それに関して可能な限り、読んでもらえれば、あなたがたは、キリストの神秘におけるわたしの理解を知ることができるであろう〉（エフェ三・三以下）。2「それに関して可能な限り」と言っているのは、使徒が、ある人々は乳だけを飲む域にいて、まだ食物を摂る域にはないが、まもなく乳だけを摂る域から脱すということを知っているからである。3 われわれは律法の意向を、三様に受け取るべきである。それは、徴しとして強調しているのか、あるいは正しき生き方に向けて命令を含んでいるのか、あるいは預言として前もって語っているのか、である。4 彼は、そのようなことを判断し述べることは、人間の能力に属すということをよく知っているのである。というのも、格言家たちが述べているように、聖書はすべて思惟に訴えるのだから〈ひとりミュコノスに限らない〉。したがって神的な教えの連関に目を向ける者たちは、できる限り弁証法的に聖書に近づかねばならない。

第二九章

ギリシア人たちは、エジプト人に比べてみな「子供」であること

一八〇 1 かくして、プラトンの中でエジプト人の神官が次のように述べているのはいとも美しい。〈おおソロン、ソロン、あなたがたギリシア人は、つねに子供である。あなたがたは霊魂のうちに、古の声による昔の名声をまったく有していない。ギリシア人の中には、一人も老人がいないのだ〉（プラトン『ティマイオス』二

二B〉。[2]わたしが思うに、老人と言われているのは、古の事柄、すなわちわれわれに属す事柄を知っている人々のことを指しているのであろう。逆に「若者」とは、より新しく、ギリシア人たちによって手がけられた事柄に関わる人々のことを指し、昨日そしてそれ以前に起こったこと、古の古い事柄を語る人々を老人としているのであろう。[3]彼はさらに付言して〈学は時とともに白髪となる〉と言う。われわれならここで、異邦人的な仕方で、つくろわず明確でない隠喩を用いるところであろう。つまり善き思いの人々は、特に策を弄することなく、解釈のあらゆる形式に近づくことができるのである。[4]しかるにギリシア人たちに関して、プラトンは〈彼ら子供たちの思いなしは、神話とさして変わらない〉と述べている（プラトン『ティマイオス』二三B）。というのも子供じみた神話や、子供たちによって作られた神話には、耳を傾けるべきでないからである。[5]しかるに、プラトンが「子供たち」と言っているのは、かの神話そのもののことであり、これはギリシア人たちの許にいる「思いなし賢人」たちが少しく見抜いていることである。すなわち、プラトンが暗示しているのは、古びた教え、異邦人たちの間に先行する真理（これに彼は「子供」である神話を対置させている）であり、プラトンは若き人々による着想を「神話」とし、これを「子供たちのようで」「何ら年長の事柄を含んでいない」として反駁し、双方を概して彼らの「神話」、「子供じみた言論」として提示しているのである。

〔八〕[1]かくしてその力は、ヘルマスに対し、神的に黙示のかたちをとって語りかけ、〈この幻影とこの黙示とは、それらが存在するのか存在しないのかに関して、二心の人々、自らの心のうちに論じ合っているような人々のためのものである〉（『ヘルマスの牧者』幻三・四・三）。[2]同じように、博学の充溢から発した証明は、なお人々が、若者のつねで「その心が浮ついている」（ホメロス『イリアス』三・一〇八）限りにおいて、指示の言葉を力づけ、固め、基礎づける。[3]聖書によれば〈よき掟は灯火〉（箴六・二三）であり、〈律法は道の光。教養は生涯の道を吟味する〉。

4 「法は万人の王、
死すべき者にとっても、不死なる者にとっても」

（ピンダロス、断片一六九、シュレーダー編）

とピンダロスは言っている。5 わたしはこれらから、法を制定した人の声を聞き届け、次のヘシオドスの言葉が、万物の父に関して語られたものであると受け取る、もしこれが詩人によって、明確ではなく、推測をさせるように語られているとすれば。

6 「クロノスの御子がこの法を人間どものために定めた。
魚にも、獣にも、翼ある鳥のためにも。
彼らは互いに食しあう。彼らの許では正義が存在しないから。
だが人間どもには、ずっと優れた正義を与えた」。

（ヘシオドス『農と暦』二七六―二七九）

一八二 1 したがって彼が、誕生とともに法がある、と言っているにせよ、その後すぐに与えられるのだ、と言っているにせよ、神からを除いて、本性と学びには法があり、それは一なるものである。これは、プラトンも『政治家』のなかで、立法者は一者であると述べ（プラトン『政治家』三〇一Ｃ）、また『法律』のなかでは、「音楽を理解できる者はただ一人」（プラトン『法律』六五八Ｅ）と述べているように、これらの表現をもって彼は、法は一つであり神もただ一人である、ということを教えているのである。 2 しかるにモーセは主のことを契約と呼んでいるようである。彼は、〈見よ、わが契約はあなたとともにある〉（創一七・四）と言っている。彼はそれ以前に、契約を、書き物の形で求めるべきではない、と言っているからである（創一七・二）。というのも、万物の原因である神が置いたものが契約であり、神（theos）とは設置（thesis）また秩序、規則と呼ばれるからである。 3 一方『ペトロの宣教』の中にも、主が「法にして言葉」と語られているのが見出されるであろう（断片一、ドプシュッツ編[51]）。

真なる愛智に基づいた覚知の覚書、『ストロマテイス』の第一巻については、以上をもって筆を擱くことにする。

アレクサンドリアのクレメンス

『ストロマテイス』(『綴織』) 第二巻

第一章

序

一[1]さて続いては、聖書がギリシア人のことを、異邦の愛智の「簒奪者」であると述べていることからして（ヨハ一〇・八）、このことが、個々の点に関して、どのように示されるかについて扱うことにしたい。というのもわれわれは、われわれの許で語られる奇跡を彼らが模倣しつつ記述しているということばかりでなく、それに加え、教説のうち最も肝心なものをも彼らは剽窃し捏造しているということを提示するつもりだからである。この件に関しては、すでに示したように（『ストロマテイス』一・二一・一〇一以下）、われわれの許にある書物のほうがより古くに遡るのであり、これをわれわれは、信仰、智慧、覚知と知識、希望と愛、回心と克己、さらには神に対する恐れ〈つまり、間違いなく真理の「諸徳の群れ」〈プラトン『メノン』七二A〉である〉に関する論の中で扱おう。[2]記述の際には、当該の箇所での注記が要求する限りの事柄が取り上げられるであろう。そしてとりわけ、異邦人の哲学の秘せられた部分、その象徴的性格と謎に満ちた種類を、古代の事柄についてさまざまに哲学してきた人々が、どのように探求してきたのかを問う。彼らはこれを、真理の覚知のために最も有用なもの、否むしろ必要不可欠なものであると考えたのであった。二[1]さてこの件をめぐりわたしは、ギリシア人たちがわれわれの後を追いかけている事柄に関して、彼らがわずかな書物を用いながら弁証しているのは当然のことだと考える。ユダヤ人にしても、ひそかに感づいて、信じてきた事柄から信じていなかった事柄へと転回することができたとすればである。[2]しかるに、真正なる哲学者たちについては、彼らの生涯と、新たなる教説の発見に関して愛に満ちて吟味するならば、われわれは彼らを受け容れて当然であろうし、その反駁者たちを擁護することはしない（それとはまったく逆であり、われわれは、たとえわれわれの言葉を、彼らが凌辱的だといって虚しく排斥したとしても、呪いを懸ける者どもを祝福することを学んでいる）（ルカ六・二八）。むしろわれわれは、彼らの回心のために、もし万知に満ちた人々が、異邦からの吟味により節慮を得て恥じ入り、彼らが海を越えての旅に出発するその目的である教えが、一体どのようなものであるかを遅れて見抜くことができるようになれば、と思う次第である。3というのも彼らのうちの窃盗者たちは、その自己中心性が取り除かれるならば、彼らが「自らを探して」（ヘラクレイトス、断片一〇一、ディールス・クランツ編）見出したと誇っている事柄が明らかにされるであろう。そのための吟味なのである。一方、それに引き続いて「一般的教養」と呼ばれているものに関しても述べ、また有益である限りにおいて、天文学、数学、魔術的呪術についても駆け足で触れるべきであろう。4というのも全ギリシア人たちは、これらのことを「最大の知だ」と豪語しているからである。〈堂々と吟味する者は平和をもたらす〉（箴一〇・一〇）。

三 1既に度々、われわれは正しいギリシア語を話すことに尽力するのでも、それを事とするのでもないということを明らかにしてきた。そのようなことだけで、多くの人々を真理から逸らせるに十分だからである。しかるに真なる哲学的原則は、舌にではなくむしろ思慮に向けて、耳を傾ける人々を益するであろう。2思うに、真理を心に懸ける者は、概念や思念から表現を織り成すのではなく、むしろ望んでいる事柄をできる限り名づけることだけを試みるべきであろう。というのも言辞に囚われ、それに汲々としている者たちに対しては、事柄そのものが逃げていってしまうのである。3したがって、とげの間に生えたバラを傷つかずに手折るのは、農夫にしかできない業であり、また牡蠣の肉のうちに深く隠れた宝石を見つけ出すのは専門家の仕事である。4あるいはまた、鳥類がその肉の質を最も美味しくするのは、十分な食糧を提供された場合ではなく、むしろ鳥そのものが自らの足で労苦して食糧をかき集める場合だと言われる。5従ってもし、多くの蓋然的なまたギリシア的な事柄のうちに、ちょうどお化けの装束の下に真の顔を隠そうとするかのように、真理を隠そうと望む者があったとすれば、同様の事柄を観想する者が、それに対してさまざま苦心して真理を追い求めるであろう。ちょうど、ヘルマスの幻影のなかに、真理が立ち現れたというように。〈あなたにおいて秘密が開示されることが相応しければ、開示されるであろう〉（『ヘルマスの牧者』幻三・三・四）。(1)

第二章

われわれが神を知ることは信仰のみによって可能となり、それは確固たる基礎に基づいていること

四 1 〈知恵に驕ることなかれ〉と『箴言』は語っている（箴三・五、六、一二三）。〈あなたの道のすべてにおいて知恵をわきまえよ。主があなたの道を正してくださるように。あなたの足が躓くことのないように〉。主はこれらの言葉を通じて、行いが言葉に随うべきであるということを示そうとしている。さらに、われわれはあらゆる教養から有用なものを択び取って所持すべきであるということをも明らかにしようとする。2 実に知恵の道は、真理の道に向けてわれわれの歩みを正すうえで多彩である。しかるにこの道とは信に他ならない。〈あなたの足が躓いてはならない〉（以下箴三・七、一二）と、主は、一にして神的な先見の計らいに対して抗うように見える人々に関して述べている。3 それゆえ主はこう付言する。〈あなた自身を思慮深き者と考えてはならない〉。つまりこれは、神の経綸に逆らう無神論的な考えに従ってはならない、との意味であり、〈唯一力ある方、神を畏れよ〉とされ、そこから「神には何ものも対立しない」という考えが伴う。4 とりわけ付加部（箴三・七後半）は、神に対する畏れとは悪を避けることであるということを明白に教え、こう語られる。

〈あらゆる悪から遠ざかれ〉。これこそ知恵の教えである。〈主は、愛する者を教育する〉からであり、知解に向けて励むように仕向け、安寧と不滅に向けて再創造するのである。五[1]かくして異邦の哲学は、われわれが追究するところのものであるが、真に完全であり真実のものである。実に『知恵の書』ではこう語られている。〈その方ご自身が、わたしに諸事物に関する偽りのない覚知を与えた。宇宙の生成を知るわざを〉(知七・一七―二〇)。これは続いて〈さまざまな根の力を〉まで述べ上げられる。これらすべてのうちに、この著者は自然的な観想を貫いた。それは成ったものすべてに対する感覚世界に関わるものである。[2]しかし次いで、彼は思惟界についても次のように暗示して述べている。〈わたしは、隠された事ども・明らかなる事どもを知った。万物の匠である知恵がわたしに教えを授けたから〉(知七・二一)。ここにあなたは、われわれによる哲学の告げるものを簡潔に有している。[3]ところでこれらに関する学びは、正しき生き方とともに鍛え上げられ、万物の匠である智慧を通じ、万物のおさである方の許にまで導き登る。その方は征服されえず、捕獲されえない方であり、常に退き、追究する者から遠く離脱する。[4]しかるにその方自身は遠くにありながら最も至近に近づく。これは語られえぬ驚異である。〈わたしは近づく神である〉(以下、エレ二三・二三以下)と主は語る。すなわち実体としては遠いが(どうして、生まれたものが生まれざるものに近づくことがあろうか)、その力においては最も近く、その力によって、万物が抱擁されるのである。[5]主は語る。〈もし誰かが何か隠れたことを為そうとも、わたしが彼を見ていないことがあろうか〉。実際、観照・善行・教育に関わるわれわれの力には、神の力が触れ、介在するのである。六[1]そこからモーセは、神は、人の知恵によっては決して知られることはないという確信を抱いていた。彼は言っている。〈わたしのために、闇の中にあなた自身を輝かせてください〉(出二〇・二一)。闇の中には神の声が響き、モーセはその闇、存在者をめぐって足を踏み入れることが叶わず目に見ることのできない思惟の中に入ってゆくことを強いられたのである。というのも神は、闇とか場所とかにいますわけではなく、場所・時間、あるいは成ったものの属性を超える存在だからである。
[2]それゆえ神は、何らかの限定ないし切断によっても、限り取ることも限り取られることもなく、部分におい
て成立しない。[3]〈なぜならあなたがたはどのような家をわたしのために建てようと言うのか〉と主は言われ
る（イザ六六・一）。神は容れられることがないため、自らのために神殿を建てることをしない。一方〈天は
わが玉座〉と語られても、そのように限定されることもなく、むしろ創造の業を喜びとしてそこに休らわれ
る。[4]かくしてわれわれには、真理が隠されていることは明らかであり、一つの範例からすでにどのように真
理が示されているかについては、少しく後ほど、十分に提示することにしよう。**七**[1]どうして、学ぶことを欲
し、それが可能でもある人々が、それを受けるに値しないということがあるだろうか。それはソロモンの言葉
によっても明らかである。〈知恵と教養とを知り、賢慮の言葉を思い、言葉による戒めを受け容れ、真なる正
義に思いを致すこと〉（以下、箴一・二―六）（ギリシア人や、他の哲学者たちの法によれば、真理に基づかず
に教え広められている他の正義もあるのだから）、聖書にはこう語られる。〈そして基準を正しくすること〉、
それは陪審員の仕事ではなく、われわれの内なる基準が、健全で惑いのないものでなければならない、と彼は
告げているのである。それは〈悪のない者たちにあらゆる事柄に対する業を、若者には感覚と良識を与えるた
めである。というのも知者は、これらの事どもに耳を傾けるのだから〉。彼は掟に従う者たちを信頼し、覚知
によって〈より知恵に溢れた者となる。しかるに思慮深い者は、舵取り術を身につけ、思惟によって比喩と難
解な言葉を、また知者たちの言葉と謎を解き明かすだろう〉。[3]というのも、神からの息吹を受けた者たち
は、邪悪な言葉を広めたり、神の言葉から脇へ逸れたりはしないからである。また、詭弁家の多くが若者たち
を巻き込み、何ら真理に関わらないことに無駄な時間を費やすための罠を広めることもなく、ただ聖霊を極め
た者たちとして〈神の深み〉を究める、すなわち預言に関して隠された事柄に長けた者たちとなるのである。

[4]一方、聖なる事どもを犬どもに、すなわち獣が残り留まる限りにおいて、分かち与えるのは禁止されている（マタ七・六）。というのも、活ける水、神的にして浄らかな流水を前にして、嫉妬深い人々、無秩序な人々、不信仰な品性の持ち主たち、探究の際に吼え、恥を知らぬような者たちと交じり合うのは適切ではないからである。八[1]〈あなたの泉から外には、その水を溢れ出させるな。あなたの水は、あなたの園に流れ出させるがよい〉（箴五・一六）。〈というのも多くの者はそのようなことは考えもしないし、どのような人々と出会うかなど、考えも知りもしない。ただそれは、自分の心に映るまでだ〉（ヘラクレイトス、断片五一七、ディールス・クランツ編）とは、正真のヘラクレイトスの言である。[2]いったい、この言葉は信じない者どもをも非難しているようには思えないだろうか。〈わが正しき人は、信仰によって生きるだろう〉（ハバ二・四）と預言者は述べている。また別の預言者はこう言っている。〈もし信じなければ、理解しないだろう〉（イザ七・九）。[3]どうして、このような事柄に関する超自然的な観想を、その内部で学びをめぐり不信仰が闘争しているような霊魂に、受け容れることができるだろうか。[4]信仰とは、ギリシア人は虚しく異邦人のものであると考えて拒絶するものだが、自発的な把握であり、敬神の受諾である。神の使徒によれば〈望んでいる事柄の確信、目にしていない事柄の確認である〉（ヘブ一一・一）。〈古の人々は、この信仰によって、とりわけ神に認められた〉。信仰なくしては、神に喜ばれることは不可能なのである。九[1]だがまたある者は、信とは、明確ならざる事柄を思惟的に同意することだと定義する。(2)ちょうど、確証とは、認識されていない事柄を明確なかたちで同意することだというのと同様である。[2]かくして、自由意志（proairesis）とは、ある事物に対する希求的な性格を持つものであるがゆえに、いま思惟的な希求であるとしよう。すると、自由意志とは行為の端緒であり、信は行為の端緒、すなわち内的自由意志の礎石と見なされる。なぜなら何物かが彼に、信を通じて確証を予め示すからである。[3]生じる事柄に対して意図的に追随すること、それが理解の端緒である。実に、煩わさ

れることのない選択は、覚知に向けての大きな重要性を提供する。また信仰への配慮は、確固たる礎石に支えられた知識となる。[4]実に、哲学の徒たちは、知識のことを、言論による躓くことのない状態と規定している。その師がただ御言葉だけであるような敬神の念に関して、他にそのような真の状態がありうるだろうか。わたしは、ないと思う。[5]一方テオフラストスは、感覚とは信の端緒であると述べている（断片一三、ヴィンメル編）。なぜなら感覚から始まって、諸々の端緒はわれわれの内なるロゴスへ、そして思惟へと波及するからである。[6]であるから神の書に信を置く者は、確固たる判断基準を有し、その諸書を賜った神の声を、抗い得ない確証として受け取る。かくして信は、確証によりもはや固められる必要のないものとなる。〈見ずして信ずる者は幸いである〉（ヨハ二〇・二九）。[7]実に、セイレーンたちによる誘いも（ホメロス『オデュッセイア』一二・一八四以下）人間を超えた力を示すものであり、それに遭遇する者たちを、語られる事柄を受け容れるようにと、本人の意思とはほとんど関係なく魅惑するのである。

第三章

バシレイデスやウァレンティノスの体系では、信仰は自由意志でも随意でもないこと

一〇 [1]ここから、バシレイデスに付き随う者たちは、信仰とは本性的なものだと考える。それは彼らが、信仰を選択の問題に帰していることからも察せられる。彼らは学びを、証明不可能なかたちで、思惟的把捉によって見出すのである。[2]これに対してウァレンティノス派の人々は、信仰をわれわれのように単純な人間たちに配し、自分たちには覚知をあてがっている。それは彼らが、自分たちは本性的に救われた者たちであり、異なった胤への欲求に基づいて生存しようと望み、霊的な存在が魂的な存在と異なっているように、信仰において

はるかに超絶しているからだ、と言うのである。[3]さらにバシレイデス派の人々は、信仰とは同時に各々の時期にならった固有の選びであると言う。この世を超えた選びの結果として、この世的な信仰は、あらゆる本性に付き随い、各々の希望には、信仰の賜物もまた似つかわしい、と言うのである。二[1]従って信仰は、たとえ本性の徳であるにせよ、自由意志の確立ということでは決してない。また信じない者は正当な返礼に対してその理由を持たないので、その返礼に値しない。また信じる者もその理由を持たない。けれども、信仰と不信仰との特性と差異はすべて、正しく考察してみるならば、賞賛にも非難にも当てはまらない。その特性と差異は、万物に関して能力を持つ方の本性的な必然性を、先立つものとして有する。われわれが霊魂を欠く者のように引き寄せられる際には、本性的な働きにより、随意的なもの不随意的なものを、それらを先立って導く衝動が引き寄せるのである。[2]わたしとしては、衝動的な部分が、外的な原因によって動かされて必然性を獲得するような、こういった生ける実体を思いつくことはできない。いったい、不信仰者の回心、それによって罪の赦しが与えられるような回心が、この体系ではどこに考えられうるだろうか。洗礼も祝福されたものではなく、徴も至福なるものではなく、子も父もそうではないことになるためである。ただ思うに、神のみが、彼らにとって自然本性の分配者として見出されるものの、それは救いの礎石をも、自ずからなる信仰をも有してはいないことになるのである。

第四章

信の行為の伴わない知識も技術も存在しないこと

三[1]これに対してわれわれは、主から、自主的な選択と回避とが人間に委ねられているということを聖書を通じて受け容れ、信仰を、躓くことのない規範とし、その上に立つ。そして目覚めた霊（マタ二六・四一）を示して、われわれが生命を選び取り、主の声を通して神を信じているということを公にする。御言葉を信じる者は、これが真理であるということを知っている。なぜなら御言葉は真理だからである。しかるに語りかける者に信を置かぬ者は、神をも信じていないのである。2〈信仰によって、われわれはこの世界が神の言葉によって据えられたということ、そして目に見えるものが目に見えるものから成ったのではないということを知っている〉（ヘブ一一・三以下）。使徒は言っている。それは〈信仰によって、アベルはカインよりも優れた生贄をささげ、その信仰によって、アベルは正しい者であることを証しされた。神が、自らにささげられた生贄を通じて証ししたのである。その信仰を通じて、すでに没したにもかかわらず、アベルはいまもなお語っている〉以下、〈はかない罪の楽しみを享受するよりも〉（ヘブ一一・二五）までである。かくしてこの人々を、信仰は律法以前にも義なる者とし、神の約束を受け継ぐ者として定めたのである。三 1 であるからして、なにゆえわたしは、信仰に関する証言を、われらの許での歴史物語から類比してここに提示したりしようか。〈ギデオン、バラク、サムソン、エフタ、ダビデ、サムエルおよび預言者たちについてわたしが語るとするならば、何時間あっても足りないであろう〉（ヘブ一一・三二）およびその続きを参照されたい。2 真理がそのうちに見られるものには、四つがあり、それは感覚、理性、知識、把握である。本性的に第一に来るのは理性である。だがわれわれにとって、またわれわれに対してやってくるのは感覚である。一方、感覚と理性から知識の実体が成立し、理性と感覚に共通なのが明証性である。3 しかしながら感覚は知識への踏み台であり、一方信仰は感覚を通じて導きながら、把握をあとに遺す。そして偽りのなさへと邁進しつつ、真理のうちに留まる。

4 もし誰かが、知識とは言論をともなって指示的となる、と言うとすれば、端緒もまた受け容れがたい、ということを聞くがよい。というのも、覚知者は技芸によるのでも、賢慮によるのでもないからである。それは、別様であると受け取られる事物に関わる話であり、あるものは単に制作的であり、またあるものは観照的なのである。一四 [1]であるから万物の起源には、ただ信仰のみによって到達することが可能なのである。すべての知識は教えられうる。これは、先立って知っているものから教えられうるのである。[2]しかるに万物の起源はギリシア人たちには知られていなかった。このことは、水を万物の原因として知っていたタレスにおいても、彼に続く他の自然学者たちにおいてもそうであった。アナクサゴラスは初めて「理性」を諸事物の上に立てたが、この彼も創造的な原因というものを見抜くことはできなかった。理性の無為、無理解に対しては、何か思惟されえない渦のようなものを描いて見せたに過ぎない。[3]それゆえ御言葉はこう言っている。〈あなたがたは、自分たちにとって地上に「師」がいるなどと言ってはならない〉（マタ二三・九）。というのも知識とは、実証的な状態であるのに対して、信仰と恩寵とは、指示されぬものから普遍的な単純さへと前進させるからである。その単純さとは、質料とともにあるのでも、質料そのものでも、また質料によってあるのでもない。

一五 [1]ところで見たところ、不信仰な者たちは「天と、目に見えぬものからすべてを大地に引きずり下ろし、両手で不器用に岩や木々を抱きかかえる」（以下、プラトン『ソフィスト』二四六ＡＢ）とはプラトンの弁である。「というのも彼らはそのようなものすべてを手でつかみ、なにか攻撃や把握を提供するのはそれだけしかないと断言し、同じものを身体かつ本質だと定義するのだ。[2]だが彼らに対して異議を唱える者たちは、実に敬虔に、天上の目に見えぬものから何らか守られて、思惟されるもの・非実体的な形相を真なる本質だと激しく主張する」。[3]〈見よ〉、聖書は語っている、〈わたしは新しいものを作る。それは目が見たこともなく、耳が聞いたこともなく、人の心に浮かんだこともないものだ〉（イザ四三・一九）。新たな目で、新たな耳で、新たな心で、見えるもの・聞こえるもの、そして捉えられうる限りのものを、信仰と理解によって、主の弟子たちは語り、聞き、実行するのである。[4]というのも、高価な貨幣やその類の贋金、それらは素人をまったくもって欺くのであるが、両替商たちをだますことはできない。彼らは偽造通貨と正真正銘の通貨を分かち、判別する術を学んで知っているからである。こうして両替商は、素人に対して、これだけが貨幣であること、何が贋金であるかということを告げる。しかるにそれがどんな具合であるのかは、ただ正真正銘の両替商、それに鍛錬するものだけが学び知っている。[5]アリストテレスは、知識に付随する判断を、ある真実なるものとして、信仰であると呼んでいる(3)。信仰とは知識よりも主たるものであり、信仰は知識の規準なのである。

一六[1]さて、推量は弱き判断であって、信仰に対して応答をする。ちょうど追従者が友人に、狼が犬に応答するようなものである。われわれは、大工が何かを学んで技術者となり、船乗りが技術の教育を受けて舵を取れるようになるのを見て知っている。だが美しくまた善くなろうと望むことが、そうなることにとって十分であるとは考えられず、信じて学ぶことこそ不可欠なのである。[2]われわれが「師」と呼んでやまないロゴス、その方そのものに従うこと、これこそ信じるということであり、そこにいかなる反発もあってはならない。神に逆らって立つことなど、どうして可能でありえようか。覚知は信仰に基づく一方、信仰は覚知により、神への聴従（akolouthia）と相互連関（anthakoloutia）に基づいて成立する。[3]実に、かのエピクロスは、とりわけ真理の快楽を尊んでやまない人物であるが、彼は、信仰とは想念の「先立つ把捉」であると考えている（エピクロス、断片二五五、ウーゼナー編）。ここで「先立つ把捉」を、彼は何か明瞭な事柄、事物の明瞭な想念に向けた把握であると定義づけているのである。何事をも、前もっての把捉なくしては、探究することも、問題提起することも、思案することも、ましてや吟味することもできない。一七[1]どうして、求めているものに関する先立つ把捉なくして、探しているものについて学び知ることができようか。把握を学んだ者はすでに、先立つ把握をなしているのだ。[2]だがもし、学ぶ者が、語られる事柄を受容しうる先立つ把握なくして学べないのであれば、彼は真理を聞き取る耳を持っている。〈聞く者の耳に語りかける者は幸いである〉（シラ二五・

九）。もちろん、従順に恵まれている者も幸いである。[3]だが、聞き取るとは理解することである。もし、信仰とは語られる事柄に関しての思惟による先立つ把握に他ならず、それが従順また理解、説得と呼ばれるのであれば、人は信仰なくしては決して学ぶことはできない。先立つ把握なくしては不可能なのであるから。[4]これが真実であることは、何にもましてかの預言者の言葉が良く示している。〈信じなければ、理解できないだろう〉（イザ七・九）。この表現に関しては、エフェソスの人ヘラクレイトスもまた、敷衍してこう述べている。「望み得ない事柄を希望することなくしては、見出し得まい。それは探しても見当たらず、不可能なものなのだから」（ヘラクレイトス、断片一八、ディールス・クランツ編）。**一八** [1]だがそればかりでなく、哲学者のプラトンもまた、『法律』篇においてこう述べている。「恵まれて幸福になりたいと思う者は、初めから直ちに、真理を分かち持つ者であることが不可欠である。それは、できるかぎり多くの時間を、真実な者として生き抜くためである。そのような人間は信頼できるからである。しかるに信頼に足らぬ人間とは、自ずからなる虚偽と親しい者のことである。心ならずも嘘をつくという者は、理性に欠けているのである。このどちらも、望ましいものではない。すべて、信頼するに値せず無学な者は、友人に欠ける」（プラトン『法律』七三〇C）。[2]そしてそのような知恵を「王的」であると、彼は『エウテュデモス』篇においてひそやかに述べているではないか（プラトン『エウテュデモス』二九一D）。また実に『政治家』において、彼はおよそ次のように述べている。「真の王の知識は王的であり、その知識を獲得した者なら、たとえそれが執政官であろうと一市井人であろうと、その術知そのもののゆえに、王的であるという呼び名が与えられて当然である」（プラトン『政治家』二五九AB）。[3]それならば、キリストに信を置く者たちは「キリスト教徒」でありかつそのように呼ばれる。それは王（であること）のために配慮を怠らない人々こそ、真に王的であると呼ばれるのと同様である。つまり、「知者とはその知恵のゆえに知者なのであり、法律家は、法のゆえに法律家なのである」

（プラトン『ミノス』三一四Ｃ）のと同様に、キリスト教徒たちは、キリストを王として戴くがゆえに、キリストを王として王的なのである。 4 さらに少しく後に、プラトンはこう付言する。「真っ直ぐなことは法に適い、法とは、本性的に真っ直ぐな言葉であろう。それは文字のうちにも、他のものにも宿るものではない」（プラトン『ミノス』三一七ＢＣ）。またエレアの客人も、王的で政治家である人間を「生きた法」と明言している（プラトン『政治家』二九五Ｅ以下）。**一九** 1 そのような人は、法を満たし、〈父の意向を実行する者〉（マタ二一・三一）と記されている人であって、何か高い木の上にあって、見上げることのできる人々にとって神的な徳の規範となる人物である。 2 ギリシア人たちは、スパルタの監督官のスキュタレーというものを知っていた（トゥキュディデス『戦史』一・一三一ほか）。これは木の棒の上に法が書き記されているものである。しかるにわたしの法とは、先に述べたように、王的であり霊的でもあって、正しき言葉なのである。

「法は万人の王、
死すべき者にも、不死なる者にも」
（ピンダロス、断片一六九、シュレーダー編）

と、ボイオティアの人ピンダロスが歌っているとおりである。 3 というのもスペウシッポスは『クレオフォンに宛てて』という作品の中で、最初にプラトンに考えられているのと同様の事柄を、次のような表現で記している。「もし王国というものが真摯なるもので、知者が王と為政者だけであったなら、法こそが、正しく真摯なる言葉なのだ」（スペウシッポス、断片一九三、ムラッハ編）。実にそのとおりである。 4 ストア派の哲学者たちも、これに従う形で教説化して言うには「自分たちは、王職、神官職、預言職、立法職、富、真なる美、生まれのよさ、自由を、ただ知者にのみ賦与する」という〈クリュシッポス、倫理学断片六一九、アルニム編〉。これは非常に見出しがたいものであり、彼らに同意せざるを得ない。

第五章

信仰は知の源泉であり、富であり、自由であること。信仰は徳の母であること

二〇 [1]かくして、これまでに述べられた事柄はすべて、偉大なるモーセによってギリシア人に教説として伝えられたものだと考えられる。すべてが知者の教えであるということを、モーセは次の言葉を通じて教えている。〈神がわたしを憐れんだので、わたしにはすべてがある〉(創三三・一一)。[2]しかるに神に愛されているということを、彼は次のように述べて告げている。〈アブラハムの神、イサクの神、ヤコブの神〉(出三・一六)。というのも彼が「神の友」という名で呼ばれているのはすぐに見出される。それればかりでなく彼は「神を見た」と名を変えて語られているのである。イサクについてもまた、聖化された生贄として比喩的に語られることで、われわれにとっての救いの経綸の予型として選ばれているのである。[3]ギリシア人の間でも、ミノスは「ゼウスの旧友で、九歳にして王」(ホメロス『オデュッセイア』一九・一七九)と歌われており、人々は彼に耳を傾けたのである。ちょうど神がモーセと語らいあうときには〈あたかも誰かが、自らの友に語らうかのよう〉(出三三・一一)であったと言われているように。二一 [1]かくして、モーセは知者であり、王であり、律法家であった。われわれの救い主は、人間的本性のすべてにおいて抜きん出ておられる。真なる美を憧れ求めるわれわれにとってみれば、ただ愛されることだけで美しい。なぜなら〈主は真なる光であった〉(ヨハ一・九)からである。[2]しかるに「王」という呼び名は、まだ経験に乏しい子供たちや、不信心にしてよく

知っていないユダヤ人たちによって用いられる呼ばれ方であり、預言者たちにおいて指し示される方を示す。
[3]ところでこの方は非常に富んでいるので、大地のすべて、地上のもの、地下の金をも凌駕し、あらゆる栄誉
をも伴って、彼には対立するものまで与えられてしまう。[4]なにゆえ、ひとり、神の仕えに通じ、〈平和の王
なるメルキゼデク〉（ヘブ七・二）なる方、人間の種族のうち万物を統べるに最も適した方が、「唯一なる大祭
司」と呼ばれる必要があるだろうか。[5]しかるに律法家とは、いわば預言者たちの口のなかに法を与え、為さ
れるべき事柄、明らかならざる事柄を命じ教える人物のことである。**三**[1]ならば、その父は唯一神だけである
というこの方よりも、高貴な方が誰かあろうか。では、この教説に属するプラトンを提示することにしよう。
「親愛なるパンよ、並びに、この土地に住みたもう限りの他の神々よ、このわたしを、内なる心において美し
い者と為したまえ。そして、わたしが持っているすべての外面的なものが、この内なるものと調和せんこと
を。わたしが、知恵ある人をこそ富める者と考える人間とならんことを」（プラトン『ファイドロス』二七九
BC）。[2]一方、アテナイからの客人は、「大変な金持ちが、同時に善き人であるということは不可能である。
少なくとも多くの人々が、金持ちだとしている人々の場合はそうである。彼らが金持ちだというのは、莫大な
額にのぼる財産を所有している、ごく少数の人々のことで、これこそまさに、悪しき人が所有するであろうも
のなのである」と述べる（プラトン『法律』七四二E）。[3]ソロモンはこう言っている。〈不信仰な者は、一オ
ボロスも所有しない〉（箴一七・六a）。けれども、むしろ次のように端的に述べている聖書を信用せねばなる
まい。〈らくだが針の穴を〉（ルカ一八・二五）通り抜けるほうが、富める者が哲学するよりも容易である。[4]
こうして聖書は貧しき者を幸いなる者としているのであるが、それはプラトンもよく理解していて、次のよう
に述べている。「貧困は、財産の少なさではなく、むしろあくなき強欲の高まりと受け取るべきである」（プラ
トン『法律』七三六E）。というのも、財産の少なさではなく、あくなき強欲こそ、それを振り払った者が善

き人、富める人となるものだろうからである。5一方プラトンは『アルキビアデス』篇において、悪のことを「奴隷に相応しきもの」、徳のことを「自由人に相応しきもの」と呼んでいる（プラトン『アルキビアデス』篇第一、一三五C）。主は述べる。〈あなたがたから重いくびきを取り去り、易しいくびきを担うがよい〉（マタ一一・二九以下）。ちょうど詩人たちが、「くびき」のことを「奴隷の」（アイスキュロス『テバイ攻めの七将』七五）と呼んでいるのと同様である。そして〈あなたがたは、自分の罪に売り渡されている〉（ロマ七・一四）という言葉は、上掲の趣旨と合致する。6〈すべて、罪を犯す者は奴隷である。奴隷は、その家に永遠に留まることがない。もし子があなたがたを自由にするのであれば、あなたがたは自由であろう。そして真理があなたがたを自由にするであろう〉（ヨハ八・三四―三六、八・三二）。7アテナイの客人は次のように、知者が美しいということを述べている。「正しい人々は、たとえ肉体的に醜悪であっても、その品性がきわめて正しい者であるなら、まさにその点で、まったく立派な人であると断言する人がいても、そのように言う人が誤った判断をしているのではないかとは誰も言わないであろう」（プラトン『法律』八五九DE）。8また預言は〈彼の顔は、すべての人の子らの間で見棄てられていた〉（イザ五三・三）と述べている。プラトンは『政治家』の中で、知者のことを王と呼んでいるが（二五九AB）、その本文については上掲した（『ストロマテイス』二・四・一八・二）。

二三 1これらの事どもが立証されたので、あらためて信仰に関する論述に移りたい。実に、あらゆる実証性をもって、かのプラトンが、信仰の必要性をいたるところで提示している。その際彼は、平和をも讃美している。2「内乱に際して、信頼に足る、心のしっかりした者となるには、徳の一切を備えずしては不可能である。戦いにおいては、足取りもしっかりと交戦し、いさぎよく死につこうとする者など、傭兵の中にすら実に大勢いる。しかもその大多数は、ごく少数の例外を別にして、向こう見ずの不正な輩であり、傲慢で、ほとんど比べるものもないような無思慮な輩である。これらの事どもが正しく言われているとすれば、すべての立法者は、多少なりとも有能である限り、最大の徳にとりわけ注目しながら法を制定するであろう」（プラトン『法律』六三〇ＢＣ）。3 これこそ誠実さ（pistotēs）であり、あらゆる機会においてわれわれが、平時にせよ戦時にせよ、その他あらゆる生活の機会において必要とすることなのである。なぜならこの徳こそ、他の徳をも統括して提供すると思われるからである。4「最善のものとは、戦争でもなければ、内乱でもない。それらの手段に訴えることこそ呪われるべきである。むしろ最も強力なのは、相互の間の平和であり、友誼である」（プラトン『法律』六二八Ｃ）。5 ここから、プラトンによれば、最大の祈りとは平和を維持することであり、諸徳の最大の母は、信仰なのである。二四 1 かくしておそらく、ソロモンにおいてもこう語られるのである。〈信深き者たちの口には知恵がある〉（シラ三一・八）。またクセノクラテスもまた、『賢慮について』の中で、知恵を、第一の諸原因と思惟される実体に関する知識であると述べており（クセノクラテス、断片六、ハインツェ編）、賢慮に二種類があり、一方は実践的、もう一方は観想的であって、この観想的な賢慮こそ、人間的な知恵であるとしている。2 それゆえ、知恵とは賢慮であるが、すべての賢慮が知恵であるとは限らない。しかるに万物の発端に関する知識とは信仰であるが、その実証ではないということはすでに示されている。3 というのも、サモスのピュタゴラスの信奉者たちが、探究している事柄の実証を求めたのに対し、「師自身が述べた」ことには、それは信仰であると考えられ、彼らが尋ねた事柄に対する確証のためには、ただその一言だけで十分であると答えた、ということは的外れだからである。[4]〈真理を観照することを愛する者たちは〉（プラトン『国家』四七五Ｅ）、信ずるに値する師を信じまいと試みるものである。その師とは唯一なる神・救い主であって、語られた事柄の試金石をこの師の許に要求すべきである。4 しかるに〈聞く耳を持つ者は聞くがよい〉（マタ一一・一五）と語られる。この人は誰であろうか。エピカルモスに語ってもらおう。

「理性は見、理性は聞き、他のものは耳が聞こえず、目が見えない」。

（エピカルモス、断片一二、ディールス・クランツ編）

5 ヘラクレイトスは、ある人々のことを「不信なる者どもだ」と叱責しつつ、こう述べている。「聞くすべも知らず、言い方も知らぬ者たちは」（ヘラクレイトス、断片一九、ディールス・クランツ編）。おそらくこれは、次のソロモンから示唆を受けているのであろう。〈あなたが聴くことを愛するなら、あなたは受け容れることができ、あなたの耳が垂れるなら、あなたは知恵を得るだろう〉（シラ六・三三）。

第六章

信仰と痛悔の関係。愛とグノーシス主義

二五 1 〈主よ、誰がわれわれの知らせに信頼を寄せるだろうか〉（イザ五三・一）とイザヤは言う。〈なぜなら
信仰とは聞くことに発し、聞くことは神の言葉を通じて行われる〉（ロマ一〇・一七）と使徒は語っている。
2 〈信じたこともない方を、どうして呼び求められようか。聞いたこともない方を、どうして信じられよう
か。告げてくれる人もないのに、どうして聞けようか。遣わされもしないのに、どうして告げ知らせなどしよ
うか。こう記されているとおりである。「よい知らせを告げる者の足は、なんと美しいことか」〉（ロマ一〇・
一四以下）。3 あなたは使徒が、どのようにして信仰を、聞くことおよび使徒たちの約束を通じて、主の言葉
と神の子に向けて高めているかお分かりであろうか。われわれは主の言葉が実証であるということを、どうし

て分からないことがあろうか。4ちょうど、鞠遊びの法にのっとって鍛錬を完遂させるためには、鞠遊びをする術が、鞠を送る者の技量によって支えられるばかりでなく、そのためにはリズミカルに鞠を受け取る者の技量にもよるのと同じように、教えに対する学習は、耳を傾ける者たちの信仰、および、いわば本性的なレベルでの技量が学びに加わるとき、信頼するに値するものとなる。二六 1かくして大地が肥沃であれば、種を蒔くことに対して協働する。というのも、最良の教育を施しても、その益は、学ぶ者の受容なしにはありえないし、預言にしても、聞く者たちの従順さなくしては意味がない。2乾いた麦わらは、燃やす力を受け容れる備えは十分であるから、容易に着火する。またカチカチいう石は、親近性から鉄を引き寄せる。ちょうど涙のように、琥珀は麦わらを引き寄せ、琥珀は籾殻を動かす。語られざるものに引き寄せられるものは、それに従うが、霊に引き寄せられるものは、原因としてではなく、協働因として引き寄せられる。3さて悪の形相には二種類ある。一つは迷妄と忘却によるもの、もう一つは導く者・連れ去る者の力によるものである。神的な御言葉はすべての人々を集めるべく招いて叫ぶ。彼は、従うつもりのない者たちをもちろん知っているが、従うか否かはわれわれにかかっているのだから、ある人々が無知を口実として持ち出すことができないように、呼びかけを正当なかたちでおこない、各々の力量に応じて要求しているのである。4というのも望む者たちには、あわせて能力が備わっており、彼らはその力を共なる鍛錬によって増し高め、浄めたのである。しかるに、もしまだ能力がないとしても、すでに望むことはできる。望むことは霊魂の業であるが、為すことは身体なしには為しえない。5事物は単に目的だけから測られるべきではなく、各々の選択から測られるのである。安易に選択したのではないか、誤った事柄に関して回心したか、何に躓いたか理解したか、その後に知ったことを思い合わせたか、などである。なぜなら回心は遅れた覚知であり、覚知は過ちのなさの第一歩である。したがって回心は、信仰の正しき用法だからである。二七 1つまりもし、先に抱いていた考えが間違いであったと信じないならば、再考することはないであろう。また、罪を犯した者に懲罰が与えられ、掟にしたがって生きる者に救いが与えられるということを信じなければ、やはり立場を変えることはないであろう。すでに、希望も信仰から成立するということが明らかである。[2]実に、バシレイデスの徒たちは、信仰を、その場に臨在しないことによって感覚を運動させることのない事物に対する、霊魂の状態であると定義している。ところで希望とは、善の獲得に対する予期である。予期とは、信深きものであることが必然である。信深き者とは、信頼された事柄に対して裏切ることなく務めを全うする者である。しかるに神に関する言葉および神的な言葉、そして掟は、約束した事柄の執行に関して、われわれを信頼している。[3]この彼こそ〈信厚きしもべ〉（マタ二四・四五）であり、主によって誉められる者である。ところで〈神とは信深き方である〉（Ｉコリ一・九）と使徒が述べるとき、信ずるに値すると表明された人に対して、神は告げる。すなわち神の言葉が表明され、神その方が信ずるに値する方なのである。[4]であるからどうして、もし信ずることが請けあうことであるならば、哲学者たちは、自分たちの許にある事柄が間違いないと考えるのであろうか。実証以前の自ずからなる同意は、仮定ではなく、むしろ何らか力ある方による同意なのである。**二八**[1]いったい、神よりも力ある方があろうか。しかるに不信とは、反対する命題に対する弱き否定的仮定である。ちょうど疑念が、信仰に対して疑いを抱いた状態であるのと同様である。そして信仰とは自ずからなる仮定であり、把捉の前の賢明な前理解であり、予期とは未来に関するものである。ところで他のものに関する予期とは、不明瞭な事柄に関する憶見である。一方信頼とは、ある事柄に関する確かな判断である。[2]それゆえわれわれは、われわれが確信するとおりに、神の栄光と救いとを信じている。唯一なる神を信頼し、その神とは、われわれに対して美しく約束し、被造物を通じ、自らわれわれに好意をもって賜物とした事柄を裏切らない方であるということを知っている。[3]ところで好意とは、他者に対する、他者その人のための、善き事どもをめぐる願いである。というのも神には、何も

欠けたるところがない。けれどもわれわれに対する善行と、主からの善意は止んでしまっており、それは神的
な好意、善行に対する好意となっている。4 さて〈アブラハムは信じた。それゆえに彼は義とされた〉（ロマ
四・三）。それゆえわれわれ、アブラハムの裔は、聞くことによって、自分でもまた信じなければならない。
なぜならわれわれはイスラエル人であるが、それは徴によるのではなく、聞くことにより従順を示すためであ
る。5 したがって神はこう語る、〈悦べ、子を産まなかった女よ、大声で叫べ、産みの苦しみをしたことのな
い女よ。夫を持つ女の子供よりも、砂漠の子らのほうが多い〉（イザ五四・一）。〈あなたは民の端まで生き、
あなたの子らは、父祖たちの幕屋にまで祝福される〉（イザ五四・二の異文か）。6 しかるにもし彼女たちだけ
が、預言によって、われわれおよび族長たちに約束されているのであれば、二つの契約を通じて唯一なる神が
示されていることになる。二九 1 使徒はより明確にこう付加する。〈あなたはイスラエルの契約を嗣業として受
け継いだ〉、これは異邦人たちからの召し出しによって、の意である。御言葉であるこの夫の、子を産まぬ
妻、これまでは花婿にとって不毛であった花嫁に、こう言ったのである。2 〈正しき者は信仰によって生きる
であろう〉（ロマ一・一七）、すなわち契約と掟に対する信仰によって、の意である。これら二つは、名と時に
よって、時代と進捗を通して、経綸によって与えられたものである。これら二つは効力の点では一つであり、
一つは古く、一つは新しいものであり、一なる神の御子を通して統率される。3 それゆえ使徒は『ローマ人た
ちへの書簡』の中でこう述べている。〈福音には、神の正義が信仰から信仰へと啓示される〉（ロマ一・一七）。
この信仰とは、預言から福音へと完遂される一なる救いであり、一にして同じ主によって教えられるものであ
る。4 〈わが子テモテよ、あなたについて以前預言されたことにしたがって、この命令を与える。その預言の
うちに、美しき戦いを戦え、信仰と善き良心とをもって。ある人々はこの良心を捨て、信仰において挫折した
のだ〉（Ⅰテモ一・一八以下）。すなわちこれは、神から来たる良心を、不信仰によって鈍らせてしまったとの

意である。三〇 1 信仰を、安直で世俗的、さらには誰でも持てるものとして、安易に捨て去ってよいわけでは決してない。というのももし、ギリシア人たちが仮定しているように、習性というものが人間的なものであるとすれば、消え去ってしまうことだろう。しかしながら信仰というものは成長するものであり、存在しないところには存在しない。2 したがってわたしは信仰を、愛によって基礎づけられていようと恐れがその根底にあろうと（これは論難者たちの言っていることだが）、何か神的なものだと言いたい。それは他の世俗的な友愛によって引き裂かれることも、現存する恐れによって解体することもない。3 というのも愛は、信仰への親近性によって信じる者たちを作り上げるし、信仰は愛の座として善行を導き返すからである。また、法の訓導者とは、それによって信じられる事柄への恐れであり、恐れ自体であると信じられるからである。4 なぜならもし働きのうちに存在が示されるのであれば、働く者・存在する者ではなく来たるべき者・威嚇する者が信用され、現存するのだと信じられるが、これは、彼自身が信仰を生み出すのではなく、信仰に照らして信じられる者だと是認されるからである。三一 1 かくして、不信仰からある人が信ある者となり、希望と恐れを信ずるようになるというのは、非常に大きな変化であり、神的なものである。実に、救いに向けての最初の傾きは信仰としてわれわれに立ち現れ、その後、恐れと希望と回心が、克己と堪忍を伴って進歩を遂げ、われわれを愛と覚知に向けて導くのである。2 したがって、使徒のバルナバが次のように言っているのはいとも相応しい。〈わたしが受けたものから、その一部をわずかばかり、あなたがたに送ろうとわたしは努めた。それはあなたがたがその信仰とともに、覚知を得るためである。われわれの信仰にとって恐れと堪忍は協働者であり、寛厚と克己とはわれわれの共闘者である。であるから〉、彼は言う、〈主の許に浄らかに留まるもの、すなわち知恵、理解、知識、覚知は彼らとともに悦ぶのである〉（『バルナバの書簡』一・五、二・二以下）[5]。3 実に、上述の諸徳は覚知にとっての諸要因であるが、信仰はこれらよりもさらに基礎的な要因であるということになる。したがって信仰は覚智者にとって必須であり、それは、この世に生きる者にとって、生存するためには呼吸することが必須なのと同様である。そして四要素なくしては生存することができないと同様に、信仰なくしては覚智も伴い得ない。実に、信仰とは真理の礎石なのである。

第七章

神に対する畏れが正しいものであること

三二 1 しかるに、恐れを非難するものは、律法をこき下ろすことになる。そしてもし律法をけなすのであれば、神の律法を与えた人物をもけなすのは明らかである。というのもこの件に関して、必然的に三つのものが関わることになる。まず統括者、それに統括、そして統括されるものである。2 もし前提として法を選び取るのであれば、情欲に動かされる者、快楽を喜びとなす者は誰でも、必然的に、美しくある者を無視し、神的なものを軽蔑し、不敬に走ると同時に、恐れを知らずに真理から離反することで不正を犯すことになる。3 実に、クリュシッポスは言っている、「恐れは、非理性的な回避であり情動である」と（クリュシッポス『倫理学』断片四一一）。あなたはどう思うか。いったい、このような定義はどのように救い取られ得るだろうか。御言葉を通じて掟が与えられているのだから掟は禁じ、そのように立法化されることを受け入れる人々の教育を通して、恐れを支えるのである。4 であるから恐れは非理性的なものではなく、理性的である。〈殺してはならない、姦淫してはならない、盗んではならない、偽証してはならない〉（出二〇・一三―一六）と勧告する者が、どうして理性的でないことがあろうか。だがもし、言葉遣いに関して詮索を極めるのであれば、哲学者たちは律法に対する恐れを敬神の念と呼び、理性的な忌避と呼ぶがよい。三三 1 ファセリスのクリトラオス(6)

は、これらの者たちを、そのあり方からではなく「名辞論者」と呼んでいる。掟は、われわれを非難する者たちにはすでに、気が利いていて大変美しいものだと映っていた。名辞の交換（enallagē）で考えられていたためである。[2]かくして敬神の念は、攻撃する者に対する拒否であるとして、論理的であることが明らかにされる。この拒否により、前に罪を犯している者たちの回心が生まれるというわけである。〈主に対する畏れは知恵の始まり、畏れを抱く者すべてには優れた理解が生まれる〉（箴一・七）。聖書は、知恵の形成のことを述べているのであり、その形成は神への畏れで、知恵に導くものだというのである。[3]だがもし法が恐れを産み出すものであるならば、法の覚知は知恵の始まりであり、法なくして知者はいないと言うことになろう。かくして法を拒む者は知恵なき者たちであり、法には、彼らを無神論者だとする判断がともなう。ところで教養は知恵の始まりである。聖書は述べている。〈知恵と教養を、不敬なる者どもは無とするであろう〉（箴一・七）。

三四 [1]では律法は、どのような恐れを告げているかを見てみることにしよう。徳と悪徳の間の事柄、たとえば貧困、病気、不名誉、生まれの卑しさ、およびこれらと同類の事柄があるとしよう。これらは、ポリスごとの法が拡充して称揚しているところのものである。またペリパトス派の人々は善のうちに三つの種類を導入し、それらの逆であるものを悪だと考えているが、彼らとこの考え方は一致する。[2]しかるにわれわれに与えられた法は、真に悪であるものを避けるように規定している。それらとは、姦淫、放埒、少年愛、無知、不正、霊魂の病、死、肉体から霊魂を解き放たず霊魂を真理から解き放つものである。というのもこれらの諸悪、およびそれらから発する力は、真に恐ろしく恐怖をもたらすものだからである。[3]〈翼あるものに不正に網を張ってはならない〉（箴一・一七以下）と神的な託宣は述べている。〈彼らは血に与かり、自分たちにとっての悪を蓄え込んでいるのだから〉。[4]であるから、〈律法を通じて罪の意識が生じた〉（ロマ三・二〇）と使徒が語っていると大声で呼ばわっている異端の者たちにとって、律法がどうしてなお善いものでないことがあろうか。

彼らに対してわれわれは次のように言おう。律法は罪を造るのではなく、単に示しただけだ、と。なぜなら律法は、為すべきことがらを規定し、為すべきでない事柄に反駁しているだけだからである。5 救いに資する事柄を教え、罠となる事柄を指摘して、前者を用いるように勧告し、後者を避けるように命じるのは善に属すことがらである。三五 1 すなわち使徒のことを彼らは理解していないのである。使徒は、律法を通じて罪の意識が明らかにされたと言っているのであって、律法が罪の実体を取り込んだと言っているのではない。2 教育者としての律法、すなわち〈キリストに向けての訓導者〉（ガラ三・二四）である律法が、どうして善いものでないことがあろうか。律法が与えられたのは、恐れにより、キリストを通じての完成に向けてわれわれが教育的に正され、向きを転換するためではないだろうか。3 神は言っている。〈わたしは罪人の死ではなく、その回心をこそ望む〉（エゼ三三・一一）。しかるに掟は回心を生み、為すべきでない事柄を阻止し、善行の数々を告知するものである。4 思うに、死とは、無知のことを言っているのであろう。また〈主に近き者は鞭打ちに満ちている〉（ユディ八・二七）。「近づく者」とは明らかに、覚知に敢えて近づこうとして、恐れ、悲しみ、迫害を、真理への渇望ゆえに甘んじて受ける者のことを指している。〈教えを受けた子は知者となって去って行く。思索に満ちた子は波から救われる。だが思索の子は掟を受け容れる〉（箴一〇・四a、五、八）。5 また使徒のバルナバも〈自分たちの許で理解ある者たち、彼らの前に知識ある者たちは呪われよ〉と言い、加えてこう命じている。〈われわれは霊的な者となるように努めよう。神に捧げられた完全な神殿となるべく。われわれに可能な限りにおいて、神に対する恐れに心を配り、神の掟を守るべく苦闘しよう。神の義のうちに、われわれが悦ぶことができるように〉（『バルナバの書簡』四・一一）。このうちに〈知恵の初めは神への畏れ〉（箴一・七）ということが神的に語られている。

第八章

バシレイデスとヴァレンティノスの見解

三六 1 ここからバシレイデス派の人々は、[7] この言葉を解釈して言うには、アルコン（統治者）自身が、仕える霊の言葉を聞きつけ、希望を以て告げられたその声と光景とに驚きをなしたこと、そしてその驚愕が「恐れ」と呼ばれているのだとし、これは選択的・判別的・完遂的・復興的な「知恵」の端緒となったと解した。というのも万物を司るこのアルコンは、世のみならず、択びをも先見した上で派遣を行ったのだから、というのである。2 ヴァレンティノスもまた、そのようなことを考えているように思われる。それはある書簡の中で、彼が次のような言辞を記していることから判る。「天使たちの創造した作品が、目に見えぬ仕方でそのうちに天上的な本質の種子を与えた者により、創造された段階よりも偉大なことをしゃべり、自由に弁舌をふるうのを見て、彼ら天使たちの上には、その作品に対する恐れが生じた。ちょうどそれと同じように、世の人間たちの世代には、人間たちの業が、それらを創った者たちにとっての恐れとなった。たとえば彫像とか、模像とか、神の名において人の手が作るものすべてと同じようにである。というのも〈人間〉という名に創られたアダムが、先在する人間に対する恐れを呼び覚まさせたからである。アダムのうちには、先在する人間が内在しているというのである。かくして天使たちは驚愕し、速やかに作品を破壊した」[8]。

三七 1 後に明らかにされるように（第五巻第一四章）、原初は一つであり、これらの人々がつぶやきとさえずりを作り上げているように思われる。2 しかるに律法と預言者から前教育を受けていることが、主を通して神に益すると思われるように、〈主への畏れは知恵の初め〉と言われ、主からモーセを通して、不従順な者たち・心の頑なな者たちにその恐れが与えられたのである。というのも御言葉が選ぶことのない者たちに対しては、恐れがこの者たちを馴らすからである。3 天上よりこのことを先見していた教育的ロゴスは、その各々の方法で、敬神の念に向けて個々に清めを行い、器官を準備した。4 実に、慣れない幻影より生ずる、あるいは予期していなかった幻影による驚愕は恐れとなり、これでも告知できるが、恐怖は、生じたことないし現にあることとして、驚愕を凌駕するためである。5 であるから、最も偉大にして彼らの許でも讃歌を挙げられるような神、驚愕より以前には知られざるままに置かれるような神を、彼らは驚愕とともに、情動を伴った存在としてしまうのである。6 無知はまず驚愕に先立ち、驚愕と恐れとは神に対する知恵の初まりとなるが、神および全宇宙創造に関する知恵ばかりでなく、選ばれた者たちの復興に関しても、無知が原因となって先立つ場合がありうる。二八 1 では無知は、善美・醜悪、そのどちらに属すのであろうか。もし善美に属すなら、驚愕によって何が止むのであろうか。つまりしもべは彼らのために、告知と洗礼をもたらすであろうから。ではもし醜悪に属すなら、どのようにして悪が最も美しきことどもの原因となるのだろうか。2 というのももし無知が先立つのでなかったなら、しもべがやって来ることもなかっただろうし、彼らが言うように、驚愕がアルコンを捉えることもなかっただろう。知恵の端緒を恐れから得て、この世的なものからの選ばれた者たちの選抜に向かうこともありえなかっただろう。3 だがもし、先在の「原人」に対する恐れが、天上なる実体の目に見えない種子が作品のうちに備え込まれているという理由で、天使たちをして自らの創造を裏切る存在にしたとしよう。その理由は、①彼らが、根拠のない推測によって妬みを抱いていた（天使たちが、信頼の上に一任されていた創造の業について、まるで嬰児のようにまったく無知に定められていた、というのは信じ難い）。4 あるいは②先見に囚われそれに突き動かされた。だが、彼らが予め知っていた目的に反して用いるような企てをするはずはない。またもし彼らがその先見によって、天上的な種を認識していたのであれば、自らの業に揺らぐ

こともなかったであろう。5 最後には、③彼らが「覚知」に信を置きこの蛮行に及んだ。だが「充溢」のうち
にあり、さらには〈似像〉（創一・二六）のうちに作られた人に対して企てをするとは、何と奇異なことであ
るかを彼らが知ったなら、これはそれ自体としてあり得ない。そのうちに原型と、他の覚知とともなる不滅性
が取り込まれているのであるから。
三九 1 これらの者ども、そして他の者ども、とりわけ耳を貸そうとしないマルキオンの徒らに対して、聖書は
こう叫んでいる。〈わたしに聞き従う人は平和のうちに確信を得て休らいを得、あらゆる災悪に恐れを抱くこ
となく平穏に過ごす〉（箴一・三三）。2 では彼らは法が何であることを望んでいるのだろうか。悪であるとは
言わず、正しきもの、正しき者の善であると規定するのである。3 ところが主は、悪を恐れよと命じ、悪に対
して悪をもって報いず、逆をもって敵を滅ぼされた。しかるに善の逆は悪であり、それは不正の逆が正義であ
るのと同様である。4 したがってもし、諸悪のつつしみが、主に対する恐れが為すところの恐れのなさである
と主が言われるのであれば、恐れとは善であり、法に由来する恐れも、正しいばかりでなく、悪を滅ぼす善で
ある。恐れをもって恐れのなさを導き出す者は、情動をもって無情動を導くのではなく、教養をもって情動の
制御を産み出す。5 したがってもしわれわれが〈主を尊び、力を得よ。主以外の他の者を恐れてはならない〉
（箴七・一a）ということを聞くのであれば、恐れることは過つことであり、神によって与えられた掟に従う
ことは、神に対する崇敬であるということを受け容れることになる。神に対する恐れは畏怖だからである。
四〇 1 しかるにもし恐れが情動でもあるなら、これはある人々が望んでいることであるが、恐れが情動であるに
しても、すべての恐れが情動であるとは限らない。実に、迷信は情動であり、情動的なまた感情的な奇霊への
恐れである。2 したがって逆に、無情動なる神に対する恐れは無情動である。なぜなら人は神を恐れるのでは
なく、神から離反することを恐れるのだからである。しかるにこれを恐れる者は、諸悪に陥ることを恐れ、諸

悪を恐れるのである。墜落を恐れる者は自らが非腐敗性をもち無情動であることを望んでいるのである。3〈賢者は恐れて悪から遠ざかり、愚者は信じて悪と交わる〉（箴一四・一六）と聖書は語っている。また〈主への恐れのうちに力への希望がある〉（箴一四・二六）とも言われる。

第九章

諸徳は互いに関連し、すべては信仰に関連していること

四一 1 さて、そのような恐れは、回心へまた希望へと導く。しかるに希望とは善きものを期待することであり、それは現存しない善を求める喜ばしき思いである。もちろん、よき性向は希望へと取り込まれ、その希望は愛へと導くことをわれわれは学び知っている。2 ところで愛とは、言論と生活とあり方に関する、あるいは概括するならば、生活共同体、友愛への希求、友人の用い方をめぐる正しき理を伴う愛情への希求、といった事どもに関する同意である。しかるに仲間とは、もう一人の自分である。これと同じ論理において、われわれは同一の理のもとに生れ落ちた人々を兄弟と呼んでいる。3 一方もてなしは、愛に隣り合う。もてなしとは、客人の扱い方をめぐる一種の術智である。この際客人とは、この世的なものが異質であるところの人である。4 というのも「この世的な人々」とわれわれが呼ぶのは、この世に対して希望の目を向けている人々で、肉体的な欲情のことを指すとわれわれは聞いている。使徒は次のように語っている。〈あなたがたはこの世に倣ってはならない。むしろ心を新たにして変貌を遂げ、何が神の御心であるか、善・喜ばれること・完全なこととは何かを吟味できるようになりなさい〉（ロマ一二・二）。5 さてもてなしの善さというものは、客人にとって有益なことに思いを向ける。しかるに客人とは異邦人であり、異邦人とは友人であり、友人とは兄弟である。

ホメロスは言う、「愛すべき兄弟よ」（ホメロス『イリアス』四・一五五ほか）。6ところで人間愛とは、それによって慈愛が育まれるもので、人間を愛に満ちたかたちで用いることである。一方自愛とは、友人また親族を愛することに関わる一種の術智であり、愛に伴うものである。**四二** 1もしわれわれのうちにある真なる人間が霊的なものであるとすれば、兄弟愛とは、同じ霊を共有する者たちの間での人間愛である。しかるに愛情とは、好意ないし神愛（agapēsis）を守ることであり、神愛とは、完全な受容であり、愛することは習慣を満足させることで、持ち来たること持ち去ることの双方である。2ところで同意により同一性のうちに導かれるのは、その同意が共通善の知識だからである。というのも合意とは、見解の協和だからである。3そして使徒は言う。〈われわれにおいて、愛に偽りがあってはならない。悪を憎み、善から離れず、兄弟愛をもって互いに愛し〉以下、〈もし可能であれば、せめてあなたがたは、すべての人々と平和に暮らすが善い〉（ロマ一二・九以下）。しかる後使徒は言う。〈悪に負けることなく、善をもって悪に打ち勝つがよい〉。4この同じ使徒は、ユダヤ人たちに対しても証言することに同意する。なぜなら〈彼らは神に対する熱心さは有しているが、それは認識（epignōsis）に基づくものではない。というのも彼らは、神の義を知ることなく、自分個人の益を立てることだけを求め、神の義に屈しようとはしない〉（ロマ一〇・二以下）からである。5なぜなら彼らは法の意向を知悉し実行もしている。しかしながら彼らは、自らが受け容れた事柄、それを法が望みもしていると考えているのである。彼らは法が預言者でもあるということを信じようとはせず、ただの言葉と恐怖だけを信じ、状況や信仰に追従することをしない。〈というのも法の目的とは、正義に向かうキリストなのであり〉、この方こそは法によって、〈すべての信徒たちに〉〈預言された方であった〉（ロマ一〇・四）。**四三** 1ここからモーセによって、この人たちに対してこう語られる。〈わたしは民ならぬ者をもってあなたがたの妬みを引き起こし、愚かな国をもって、あなたがたの怒りを燃え立たせる〉（申三二・二一）。これはすなわち、従順に向けて備えのできている国、という意味である。2 またイザヤを通して、神はこう述べている。〈わたしに尋ねようとしない者にも、わたしは尋ね出される者となり、わたしを求めようとしない者にも、見出される者となった〉（イザ六五・一）。すなわちこれは、主の来臨の前にもという意味であり、主の来臨の後には、イスラエルにも、かの預言されていた事柄が、いま固有に語られている。〈わたしはこの両の手を、不従順な民、反抗する民に対しても一日中差し伸べてきた〉（イザ六五・二）。3 異邦人たちからの召し出しの理由がわかるだろうか。預言者によればそれは、民の不従順と反抗だと明瞭に語られているのである。しかる後、神の善性がこれらの民にも向けられることが示される。4 使徒はこう言っている。〈彼らユダヤ人たちの躓きにより、救いが異邦人にももたらされたが、それはユダヤ人を妬ませるためであった〉（ロマ一一・一一）。それは回心を起こさせたいという意味である。5 一方『ヘルマスの牧者』は、眠れる人々に関して単純に表現を用い、異邦人たちの中にもユダヤ人たちのうちにも正しき人々を知っているという（以下『ヘルマスの牧者』譬九・一六・五―七）。それは主の来臨の前ばかりでなく、律法以前にも、神の前に悦ばれたことでわかるという。それはたとえばアベルであり、ノアであり、それ以外にも正しき人があったならその人である。**四四** 1 実に彼は、神の子の名を告げた使徒たちや教師たちを、眠りについた後も、すでに先に眠ってしまった人々にも力と信仰において告げ知らせる人だと言っている。2 その後彼は付け加える。〈彼らは自ら、彼らに告知の印章を与えた。そして彼らとともに水の中に降り、再びそこから上がった。だがこれらは生きたまま降り、再び生きたまま上った人々である。しかし彼らは予め眠り死者として降り、生きた状態で上った人々である。3 それゆえ彼らは生ける者とされたために、神の子の名を認識している。それ故、彼らは彼らとともに上り、やぐらの建設に加えられ、切り出されぬまま建てあわされた者たちである。[9] なぜなら彼らは正義のうちに眠りに就き、大いなる清さのうちにあり、単にかの印章を有していないというだけだからである〉。4〈異邦人で、律法を有していないものの、本性的に律法に載る事柄を行う者たちは、律法を有しないものの、自らにとって彼ら自身が律法なのである〉（ロマ二・一四）と使徒は述べている。

四五 [1] かくして、諸々の徳が相互の連関のうちにある（anthakolouthousi）ということについては、何を述べる必要があろうか。既に、信仰は回心と希望により、敬神（eulabeia）は信仰により、それらのうちなる忍耐（epimonē）と修練（askēsis）とは、学びを伴って愛（agapē）により、そして愛は覚知（gnōsis）により画される（symperaioutai）ということは示し終えた。[2] だが、ただ神的なるもののみが、本性的に智慧に満ちていると考えねばならないということも注記しておく必要がある。それゆえ智慧も、真理を教える神の力であり、覚知の完成はここに求められる。[3] 愛智者（philosophos）は真理を友としかつ愛し、僕であることを終え、愛のゆえに既に真の友と見なされている。[4] プラトンが『テアイテトス』篇で述べているように〈プラトン『テアイテトス』一五五D〉、智慧の端緒は事物に驚くことである。またマッティアスも『伝承』の中で勧めて言うには「現実に驚嘆せよ」[10]。これを、彼はこの世を超えた覚知の基礎に据えている。[5] また『ヘブライ人福音書』においても〈驚嘆する者は王として統治する〉、そして〈王として統治するものは休らいを得る〉と記されている（『ヘブライ人福音書』二四b、プロイシェン編）[11]。[6] 実に、無学な者は、無学な状態に留まって智慧の想念を獲得しない限り、哲学することは不可能である。哲学とは、真に存在する方への、またこの方に向けて伸びる学びへの欲求なのであるから。[7] もし製作することが、ある人々によって麗しく鍛錬されたとしても、知ることは為されるべきであり実行されるべきであって、これに向けて労苦すべきでもある。これは人が神に似るためであり、ここで神というのは救い主のことである。その際、万物の神に、統率者のロゴスを通じて仕えるのである。このロゴスを通して、真理に基づく美と義とが看取される。敬虔とは、それに伴う実践であり、それは神に聴従することなのである。

第一〇章
キリスト教的哲学

四六 1 生粋の愛智者は、次の三つの事柄を固く守らねばならない。まず観想。次に掟の完遂。三番目に善き人
としての形成である。これらが相伴うとき、覚知者を完成させる。これらのうち何が欠けても、覚知の業は不
完全なものとなる。2 それゆえ聖書は神的な言い回しで次のように述べている。〈そして主はモーセに対し、
次のように告げて言った。「イスラエルの子らに告げて言いなさい。わたしはあなたがたの神、主である。あ
なたがたがかつて住んでいたエジプトの国の習慣に従ってはならない。わたしがこれからあなたがたを連れて
行くカナンの習慣に従ってはならない。彼らの掟に従って歩んではならない。わたしの定めを行い、わたしの
法を守り、そのうちに歩め。わたしはあなたがたの神、主である。わたしの法をすべて守り、それを実行せ
よ。これらを行う人はそのうちに生きる。わたしはあなたがたの神、主である」〉（レビ一八・一―五）。四七 1
したがって世であれ迷妄であれ、情動であれ邪悪さであれ、エジプトやカナァンの土地は、それら避けるべき
ものの象徴である。一方神的でこの世的ではない、行うべきものがどのようなものであるかに関して聖書はわ
れわれに示してくれている。2 聖書が〈これを実行する者は、そのうちに生きる〉と語る際、ヘブライ人たち
の矯正とその隣人であるわれわれ自身の鍛錬また進歩を、彼らまたわれわれの「生命」と呼んでいるのであ
る。3 〈というのも罪のうちに死んだ者となっていた人々は、キリストとともに〉、すなわちわれわれの掟と
ともに〈生きる〉（エフェ二・五）。4 聖書はしばしば〈わたしはあなたがたの神、主である〉という言葉を繰
り返す。これは非常に嫌な事柄をもって恥じ入らせる表現であり、掟を与えた神に従うことを教える表現であ

り、神を求め、どのようにすれば覚知への道に踏み出せるのか、最大の観想とは何か、観照、真の知識、ロゴスによって躓くことのなくなった知とは何か、といった事どもをやんわりと思い起こさせているのである。ただこれだけが、知恵の覚知であり、義なる行為は決してここから切り離されることがないのである。

第一一章

信仰における確かさについて

四八 1 しかしながら、自惚れによる知者の〈覚知〉は、異端諸派であれ異邦人であれ、あるいはギリシア人の間の哲学者たちであれ、〈自惚れる〉（Ｉコリ八・一）と使徒は言う。覚智が、真なる愛智によって伝えられた事柄の実証的な証明であるならば、それは知において信頼しうるものであろう。われわれは、覚知とはロゴスであり、疑わしき事どもに対して、同意された事どもから信仰を付与するものであると言うだろう。2 しかるに信仰には二種がある。その一つは実証的なもの、もう一つは憶測によるものである。何ものも、二通りの証明の名を挙げることを妨げない。一つは実証的なもの、他方は憶測によるものである。これらは各々、覚知と先覚知とされ、一方は自らの本性を正確に規定し、他方は省略的に述べるものである。3 そして、神的な書物に導かれ、使徒によれば聖なる文字と〈神の教える〉（Ｉテサ四・九）知恵に導かれたわれわれの証明だけが真実である、ということに他なるまい。学びとは実に、掟に従うこと、すなわち神に信を置くことなのだから。そして信仰とは言わば神の力であり、真理の活力なのである。四九 1 ただちに主はこう語る。〈もしあなたがたが、芥子種一粒ほどの信仰を持っていたなら、この山を移せる〉（マタ一七・二〇）。あるいはまた〈あなたの信ずるとおりに、あなたにそうなるように〉（マタ九・二九）。また、手当てを受ける事柄に関して、信仰

により さらに癒しを得る者がいたり、あるいは死者が、〈必ず復活する〉と信ずる者の力によって蘇ったりすることがある（ヨハ一一・四四）。[2]しかるに判断的な実証というものは人間的なものであると同時に、修辞学的な弁証あるいは弁証法的な推論に向かうものである。[3]というのも最高次の証明は、実証的であると仄めかしたが、聖書の提示及び学ぼうと希求する者たちの霊魂に信仰を注入する開示によるものであり、これこそ覚知であろう。[4]もし探究している事柄に対して真なる言表が受け取られたならば（paralambanomena）、それは神的であり預言者的なものであろうから、その人々には必然的に、導き出される結論として、真なるものがもたらされることになるであろう。かくしてわれわれにとっては、覚知こそまさしく実証であろう。

五〇 [1]したがって、天上的で神的な食物を想起させるものは、黄金の壺に入れて奉納されるべきだと命じられているため、〈一オメルは三メトロンの一〇分の一である〉（出一六・三六）と言われる。というのもこの三メトロンというのはわれわれのうちに内在するものであり、三つの規準を意味している。それは、感覚されるものに対する感覚、語られる語や句にあっては言葉、そして思惟されるものにおける理性である。[2]さて、覚知者は、言葉、思い、そして感覚と働きに関わる過ちから遠ざかる。それは彼が〈情欲をもって眼差しを注ぐ者はすでに姦淫を犯したのである〉（マタ五・二八）という言葉を耳にし、また〈心において浄い者は幸いである。彼らは神を見るであろう〉（マタ五・八）という言葉をも心に留め、また〈口に入るものが人を汚すのではなく、口を通って出てゆくものが人を汚すのである。心から、その人の思いが出て行くからである〉（マタ一五・一一、一八以下）という言葉をも知っているからである。[3]そこで思うに、神に照らして真であり正しき規準というものは、それによって測られるべきものが測られるわけであるが、人間を束ねる一〇という数字であり、このことを総じて上で語られた三メトロンという言葉が明らかにしているのであろう。[4]おそらく、肉体と霊魂、そして五つの感覚、音声的、種的、そしてどのようにでも欲するままに呼んでよいのであるが、思惟的ないし霊的、の計一〇ではなかろうか。**五一** 1 いわば、他のすべての事物を凌駕して理性の上へと立つ必要がある。その際、さながらこの世にあっては、九つの運命を踏み越えるかのごとくである。すなわちまずは一つの場所にある四つの元素を同じやり方で一気に越え、しかる後七つの惑星と九番目の恒星を越え、九という数字を超えた完全な数字に向かい、一〇番目の運命へと、神に関する覚知へと到達する、すなわち創造行為をめがけて創造主を望むのである。2 それゆえ、いけにえのうち一〇分の一のエファが神に奉納され（出二九・四〇）、パスハ（過ぎ越し）の祝祭は一〇日目から始められるが（出一二・三）、それはあらゆる情動とあらゆる感覚的事物の過越しなのである。3 かくして覚知者は信仰に堅く立つ一方、思いなしによる知者は自ら真理を摑もうとはせず、揺らいで定まることのない衝動にさいなまれるのである。4 であるから次のように記されるのも尤もである。〈カインは神の御顔から去り、エデンの前、ナイドの地に住まった〉（創四・一六）。ナイドとはうねり、エデンは優美という意味に解される。5 しかるに信仰と覚知と平和は優美であり、それに注意を払わない者は追放されるが、思いなしによる知者は神の掟の端緒に耳を傾けようともせず、独学者のごとくに、波打つうねりにおのずから消え去ってゆく。生まれざる者に関する覚知から墜落し、死すべきにして生まれる事物へと変貌し、時が変われば異なる事柄を想像する。6 〈舵取りがいない者たちは、木の葉のごとくに落ちてゆく〉（箴一一・一四）。理性、および躓くことなく留まる支配的にして霊魂を統御する部分、それが霊魂の舵取りと言われているのである。なぜならこの接近は、真に変化せざるものによる変化せざるものへの運動だからである。**五二** 1 かくして〈アブラハムは主の前に立ち、近づいて言った〉（創一八・二二）。またモーセにはこう言われる。〈あなたはここに立ち、わたしとともにあれ〉（申五・三一）。2 ところでシモン派[12]の人々は、彼らが崇敬する人物である「立てる方」に対し、生き方において似たものとなることを望んだ。3 かくして信仰も、真理をめぐる覚知も、常に同一性をめぐり、彼らを捉える霊魂を、同一性のうちにあるように備える。[4]変化と変貌、それに離反は、虚偽と生まれを同じくするものであり、ちょうど覚知者にあって平静と安息、そして平安が生まれを同じくするのと同様である。[5]したがってちょうど、虚傲と思いなしが哲学を攻撃するのと同様に、偽りの覚知は覚知を損なう。偽りの覚知は同様の言葉で呼ばれるのであるが、これについては使徒が次のように記している。〈おおテモテよ、あなたに委ねられたものを守れ。世俗的な無駄話と、偽って「知識」と称している反対論とを避けよ。ある人々は、そのような「知識」を持っていると主張し、信仰の道から逸れてしまったのだ〉（Ⅰテモ六・二〇以下）。[6]このような声によって非難されている異端の人々は、『テモテへの書簡』を真正と認めていない。[7]したがって、もし主が〈真理であり、神の智慧であり力である〉（ヨハ一四・六、Ⅰコリ一・二四）なら、それと同様に、真なる覚知者は、その方と、その方によって父である方のことをも知るということが示されるであろう。なぜなら〈正しき者の唇は、いと高き事どもを知る〉（箴一〇・二一）と言う方のことが併せ思い起こされるからである。

第一二章

信仰とグノーシス主義における二つの目的

五三 [1]さて信仰というものは、時間と同様に二種類があり、その双方に、二つの徳が共生しているのをわれわれは見出す。というのも記憶は、時間のうちの過ぎ去った部分に属す。一方希望は、時間のうちの将来の部分に属する。しかるにわれわれが信じているのは、過去はすでに生起したことであり、一方未来はこれから起こるということである。またわれわれは現在愛するのと同様に、過去は信仰のうちにあると信じ、未来は希望のうちに受け容れている。[2]なぜなら万物を通じて、愛は一なる神を知る覚知者に赴くからである。〈すると見よ、神が創造されたものはすべて、きわめて美しかった〉（創一・三一）。彼は知悉し、かつ驚嘆する。ところで敬神の念は、〈生涯の長さ〉を増し加え、〈主への恐れは日々を増し加える〉（箴三・二、三・一六、一〇・二七）。[3]したがって日々が漸増する生涯の一部分であるのと同じように、恐れとは愛の端緒であり、増し加わるに伴って信仰となり、しかる後愛に変貌する。[4]しかしながら、わたしが獣を恐れるのではなく嫌うのと同様に（恐れには二通りがある）、わたしは父親を畏怖する。父親を恐れながらも同時に愛しているからである。また、叱責されるのではないかと恐れるのであるが、自分自身を愛し、恐怖を選び取っているのである。しかるに父親を恐れながらも、彼に出会うことの方を愛する。[5]かくして信心深くあり、愛と恐れとを混ぜ合わせる者は幸いである。信仰とは実に、救いへの活力であり、永遠の生命への力なのである。**五四**[1]ところで覚知とは預言の思惟であり、いわば、すべてを明らかに示す主によって、彼らに予め知られている事柄に関する覚知である。[2]したがって予言される事柄に関する覚知は、三重の表明を示す。それは各々、かつて起こった事柄、いま起こっている事柄、そして将来起こるであろう事柄についての表明である。[3]達成された事柄にせよ、あるいは希望される事柄にせよ、その最高潮というものは、信仰の前に潰える。しかるに説得というものは、その両者の確証のために、現在の働きが提供するものである。[4]というのももし、預言が一つであるにもかかわらず、あるものはすでに成就し、あるものは満たされているとすれば、そこから、希望される事柄は信頼に値し、一方過ぎ去ったことは真実であるということになるだろう。[5]つまり、まず成立し、しかるのちわれわれの前に過ぎ去るのであるが、それは過ぎ去った事柄に関する信仰が過ぎ去った事柄の把捉であり、これから生じる事柄への希望とは、これから起こる事柄に関する把捉であるということになる。同意ということを、プラトンの徒ばかりでなくストア派の徒も、われわれに関してであると言っている。**五五**[1]したがってすべての憶見、判断、把捉、学びというものは、それらによってわれわれが常に人類とともに生き、共生しているものであるが、同意である。ところでこの合意とは信仰に他ならないであろう。そして信仰からの離反とは不信仰に他ならず、この合意と信仰とが力を持つということを明らかにするものである。というのも非存在が喪失と言われることはないであろうから。2もし人が真実を直視するならば、人間が本性的に、虚偽に対する同意には逆らい、真実に対する信仰への端緒を有しているということを発見するであろう。3『ヘルマスの牧者』はこう言っている。〈信仰とは、教会を包摂する徳である。この信仰によって、神に選ばれた者たちは救われるのである。しかるに男性的にふるまうのは克己である。それらには素朴さ、知識、悪のなさ、荘厳さ、愛が伴う。これらはすべて、信仰の娘たちである〉（『ヘルマスの牧者』幻三・八・三―五、八・七）。4またこうも言っている。〈信仰は先導し、恐れは打ち立て、完成させるのは愛である〉。〈したがって〉、彼は言う。〈打ち立てるために、主を恐れねばならない。だが、打ち倒すために悪魔を恐れるべきではない〉。5またこうも述べる。〈主の業は、すなわち掟は、愛すべきであり実行せねばならない。なぜなら神に対する恐れは教え、愛に向けて復興させるが、悪魔の業に対する恐れは、共に住む憎悪を抱くからである〉（『ヘルマスの牧者』戒七・一―四）。6しかるにこの同じ人物は、回心について、それは〈偉大なる理解である。なぜなら為した事柄に関して回心する者は、もはやそれを行ったり言ったりせず、むしろ過ちを犯した事柄をめぐって自らの霊魂を苛み、善を行うようになるであろうから〉（戒四・二・二）。〈したがって、罪の赦しということには回心を伴い、その双方がわれわれに関わるものであることを示す〉（以下、戒四・三・一―六）。

第一三章

痛悔と責任

五六 [1]したがって、罪からの赦しを得た者は、もはや罪を犯してはならない。なぜなら罪に対する最初の、そして唯一の痛悔に際して（罪とは、異邦人的な最初の生、すなわち言わば無知における生に従っていた以前のものに属するものであろうから）、直ちに、呼ばれた者たちには回心が生じ、この回心は、霊魂の場を、そこに信仰が基礎づけられるように過ちから清めるものであるから。[2]ところで主は〈人の心を知る〉（使一五・八）方であり、未来の事柄を予め知るばかりでなく、人間の変わりうる部分、および悪魔の倒錯した全能に見える部分をも、天上より初めから見通しておられる。悪魔は、罪の赦しに際して人間を羨み、罪のいくつかの原因を神の僕たちに負わせ、ずるく立ち回って、神の僕たちも自らとともに堕落するように仕向けるのである。

五七 [1]かくして主は、信仰のうちにありながら、何らかの過ちに陥る人々に対してさえも、憐れみ深く、第二の回心を提供する。なぜなら、もし人が召命の後に試みに遭ったとすれば、それは強いられた場合や欺かれた場合もあり得るのだから、さらに一つの「もはや後悔しない回心」を得られるようにするためである。[2]〈もしわれわれが真理の認識（epignōsis）を受けた後にも、故意に罪を犯し続けるとすれば、もはや罪のためのいけにえは残されていない。ただ残っているのは、裁きの恐ろしき宣告と、逆らう者たちを食い尽くさんとする火の激しさであろう〉（ヘブ一〇・二六―二七）。[3]しかるに罪に対する連続した絶え間のない回心は、一度たりとも信じたことのない者が、罪を犯したと単に感ずるだけというのとまったく何も異なるところがない。そして彼は、これら二つのうち、すなわち分かっていて罪を犯すのと、過ちを犯した事柄に関して回心し、再び過ちを犯すのとで、どちらがより劣っているかもわかっていない。4というのも、そのどちらの場合であっても罪は、吟味してみれば明らかになるであろうから。罪というものは、行われる際に、その不法の為し手によって認識されるものである一方、悪しきことだと予め知っていて手がける際に行われるであろうものでもある。そしておそらく、気概と快楽を悦ばせるものであろうが、何を悦ばせることになるのか、その際に分かるものではない。むしろ、喜ばせた事柄を思い返すことによって、再び快楽のうちに転び込み、その端緒を自ら誤つことに相伴うものなのである。というのも人は、回心した事柄に関して、再びそれを行うときには、何を為しているかを知りつつ、それを自ら完遂するものだからである。五八 1 したがって、異邦人かつかの前生のあり方から信仰へと進み行く者は、一度で罪の赦しを得る。しかしながらその後に罪を犯し、しかる後回心するならば、たとえ赦しを得たとしても、恥じ入ることが不可欠であり、もう罪の赦しのために洗われることがないのだと自覚すべきである。2というのも以前に神格化していた偶像を棄て去るばかりでなく、以前の生の業をも、〈血から生まれたのでも、肉の望みから生まれたのでもなく〉（ヨハ一・一三）、霊において再生を遂げた者として、棄て去らねばならないからである。3これは、もう決して同じ過ちに陥らないという回心に他なるまい。というのも罪を想い起こすことは、しばしば回心することにもなり、鍛錬の不足から熟練へと向かう傾向に属することだからである。五九 1 したがって、回心ではなく、回心の想起は、われわれがしばしば罪を犯す事柄に関してしばしば赦しを求めることである。聖書は叫んでいる。〈正義は、罪のない道を真っ直ぐにする〉（箴一一・五a）。あるいはこうも語られる。〈悪のない人の正義は、その人の道を真っ直ぐにする〉。2実に、ダビデはこう記している。〈父が子らを憐れむように、主は主を恐れる者たちを憐れんだ〉（詩一〇二・一三）。3かくして〈涙のうちに種蒔く者は、喜びのうちに刈り取る〉（詩一二五・五）。この喜びとは、回心を通じての告白によるものである。〈なぜならすべて、主を恐れる者たちは幸いである〉（詩一二七・一）。4福音においてこれに対応する至福がお分かりであろうか。こう語られる。〈人が富むとき、恐れることはない。
その人の家の名誉が増し加わるときも同様である。彼が死ぬときにすべてが取り去られるわけではないし、彼
の名誉も彼とともに潰えるわけではないのだから〉（詩四八・一七以下）。5〈わたしはあなたへの憐れみのう
ちにあなたの家に入り、あなたの聖なる神殿の前で、あなたへの恐れのうちに跪く。主よ、あなたの正義のう
ちにわたしを導きたまえ〉（詩五・八以下）。

6したがって衝動とは、何かに向けた、ないし何かからの、思惟の動きである。一方情動とは、御言葉に従
った規準を増幅させたり、低く設定したりする衝動であるか、あるいは公にされた衝動、または御言葉に従順
ならざる衝動である。したがって、本性に反した霊魂の運動が、御言葉に対する不従順に基づくとき、諸々の
情動が生ずる（われわれのうちにおける離反・恍惚・不従順がそれであり、これらはわれわれの内なる随順が
そうであるのと同様である。それゆえ自発的な思いも裁きの対象となる）。かくして諸情動のそれぞれに関し
て、細かく検討してみるならば、それらが非理性的な性向（orexis）であることが見出されるであろう。

第一四章

不随意的な行為に関して

六〇 1実に、不随意的な事柄は裁かれない（これには二種があり、無知から生じたものと、不可避的に生じる
ものがある）。なぜなら、不随意的なあり方で過ちを犯したと言われている事柄について、どのように裁くこ
とができるだろうか。2それはたとえば、狂気に陥ったクレオメネス（ヘロドトス『歴史』六・七五）やアタ
マス（オウィディウス『変身物語』四・五一一六）のように、茫然自失した場合であるとか、アイスキュロスが

舞台上で神秘を語り、アレイオス・パゴスで裁かれた際に、秘儀の伝授を受けていないということを明らかにして赦された場合のように（アイスキュロス、断片四四、ヴィラモヴィッツ編）、行為に関わる場合とか、自分が何をやっているのか知らず、敵を赦し、敵の代わりに身内の者を殺した場合、あるいはボタンのついた槍を剝ぎ取られ、ボールを失った槍で誰かを殺す者の場合、あるいはどのようにすべきかを知らずに、闘技場で相手の剣闘士を殺してしまった者の場合、あるいは、いかなる目的でするのかを知らず、健康な者に、そうする目的でなく、生命を救う目的で解毒剤を与えて殺してしまった医者の場合などがこれに該当する。

六一 1 さて律法は、自発的にではなく人を殺してしまった者（民三五・二二―二五）をも、自分の意志ではなく精を漏出した者（レビ一五・一六）の場合のように裁く。その次第は、自ら進んで行った場合と同様ではない。2 とは言うものの、もし誰か、情動を真理に及ぼすような者があれば、その人は自ら進んで行った場合と同様に処罰を受ける。というのも真に、生みの力を持つ言葉を制御することのできない者は、それ自体が霊魂の非理性的な情動なのであるから、無駄話の毒にもほど近く、処罰されてしかるべきである。〈信篤き者は事柄を息吹のうちに潜めることを選択する〉（箴一一・一三）。したがってこれは自由意志の問題だと判定される。3〈主は心と神経を究められる〉（詩七・一〇）。またかの者は〈欲望に目を注ぐ者〉と判定される。それゆえ〈欲望を抱くな〉（マタ五・二八）と語られ、〈この民は、唇ではわたしを尊ぶが、彼らの心はわたしからは遠く離れている〉（イザ二九・一三）と言われる。4 なぜなら神はこのような考えに目を留めておられるのである。それはたとえばロトの妻が、自分の意志でこの世の悪を振り返っただけの理由で、神は彼女を感覚なきものとして放置したことに現れている（創一九・二六）。彼女は塩の柱として示されることになり、それ以上進めない姿で立ち尽くした。それは愚鈍で無為な像ではなく、ただ霊的に事物を見通すことのできないものとして、そこに備えられ縮まったのである。

第一五章

随意の行為と痛悔、赦しに関して

六二 [1] ところで随意的なこととは、衝動によるか、選択によるか、思惟によるもののいずれかである。これらは互いに隣接しており、それぞれ過ち・間違い・不正ということになる（ゴルギアス一一、アリストテレス『弁論術』一三七四b六、『ニコマコス倫理学』一一三五b一二）。[2] しかるに次のように述べることができよう。過ちとは、快楽主義的かつ放埒に生きること、間違いとは、友とは知らずに敵として彼を打つこと、不正とは、墓穴を掘って神聖を冒瀆すること、である。[3] したがって過ちを犯すとは、何を為すべきかを判断する術を知らない、あるいはそれを為すことができないことから生起する。すなわちちょうど、ある人が穴に、知らずして、あるいは体の弱さのために踏み越えることができずに陥るような場合である。[4] しかしながらわれわれにできることは、われわれの教養に追随し、掟に聴従することである。六三 [1] もしわれわれが、気概と欲望においてこれらに与かることを望んでおらず、それらが裏切られていることを認識していたとしよう。この場合、われわれは過つことになろうが、むしろ、自らの霊魂に対してわれわれは不正を働くことになろう。[2] かのライオス王は悲劇作品の中で、次のように述べている。

「あなたが警告した事柄の何一つとして、
わたしが失念していたわけではないのだが、
考えを持っていたわたしに、自然本性が強いたのだ」。

（エウリピデス『クリュシッポス』断片八四〇）

すなわち情動にさらされる者となったという意味である。3 一方『メデイア』でも、メデイア自身が同様に舞台上でこう叫んでいる。

「わたしは、自分がどんな悪事を働こうとしているか、分かっている。
わたしの意向よりも、気概のほうが勝るのだ」。

（エウリピデス『メデイア』一〇七八以下）

4 だがアイアスも黙ってはおらず、自刃しようとして叫ぶ。このように自由闊達な男の霊魂をさいなむものとして、これほど悲痛な不名誉はない。

「わたしはこのような情動に取り付かれた。怒れるわたしを、
災厄の深い染みが狂気の深みから苦い突き棒で苛むのだ」。

（作者不詳断片一一〇、ナウク編）

六四 1 これらの人々は、憤激（thymos）がかく至らしめた場合であるが、欲望が悲劇に陥れる女性に関しては、他に多く見出される。たとえばファイドラ[13]、アンテイア[14]、エリフュレ[15]がそうである。

「彼女（エリフュレ）は、いとおしい夫に代え、高価な黄金を受け取って」。

（ホメロス『オデュッセイア』一一・三二七）

2 また他の芝居は、かの喜劇役者のトラソニデスをして「彼女はわたしを、卑しいはしためとして奴隷扱いした」（メナンドロス、断片三三八）と言わしめている。

3 さて、不運（atychēma）は予期せぬ誤りであるが、誤りは非随意的な不正である。しかるに不正は意図的な悪である。したがって誤りは、その人の非随意的な事柄である。それゆえこう語られる。〈誤りがあなたがたを支配することはない。なぜならあなたがたは律法の下にいるのではなく、恵みの下にいるからだ〉（ロマ六・一四）。ここで使徒は信徒たちに向けて述べている。なぜなら〈彼の傷によって、われわれは癒された〉（イザ五三・五）からである。5 これに対して不幸（atychia）とは、他人による、その人に対する非随意的な行為である。それに対して不正は、わたしのものであれ、他人のものであれ、随意的な場合にのみ見出されるものである。

六五 1 『詩編』の詩人は、これらの罪に関する相違点を暗示しつつ、神がその不法を拭い去り、その罪を覆った人々のことを「幸いなる者たち」と呼ぶ。彼らは、神が他の罪を数え上げず、残りの罪を赦されたのである。2 〈というのもこう記されている。「その不法が取り去られた人、その罪が覆われた人は幸いである。主がその人の罪を数え上げない人は幸いである。その人の口には企みがない」（詩三二・一以下）。このような至福は、神によりわれわれの主イエス・キリストを通じて選ばれた人々の上に生ずる〉（ローマのクレメンス[16]『第一コリント書簡』五〇・六以下）。3 〈なぜなら愛は多くの罪を覆うからであり〉（Ⅰペト四・八）、〈罪びとの死よりもその回心を選ぶ方〉が罪を拭い去るからである。六六 1 けれども選択（proairesis）によらずに成

立する事柄が数え入れられていない。主はこう語る。〈欲望を持った者は、すでに姦淫の罪を犯したのだ〉（マ
タ五・二八）。だが〈光をもたらす御言葉〉（ヨハ一・九）は罪（hamartia）を赦す。〈主は言われた。「その
とき、彼らはイスラエルの不正を探すだろう。だがそれは存在すまい。またユダの罪を探すだろう。だがそれ
は決して見出されまい」〉（エレ五〇・二〇）。〈なぜなら、誰か、わたしに似た者があろうか。誰が、わたしの
眼前に立てようか〉（エレ四九・一九）。3 ここでは、唯一の善き神、諸々の罪に対しそれぞれに応じて裁いた
り赦したりする神が告げられていることがお分かりだろうか。4 ヨハネもまた『第一書簡』において、次のよ
うな表現で諸々の罪の相違点を教えている。〈もし、自分の兄弟が、死に至ることのない罪を犯しているのを
目にしたなら、神に願え。そうすれば彼に生命を与えることになるし、罪を犯している者たちは死に至ること
がない〉（Ⅰヨハ五・一六以下）。5 さらにこう語られる。〈死に至る罪というものがある。これについては、
神に願えとは言わない。すべての不正は罪であるが、死に至らない罪というものもある〉。**六七** 1 だがそればか
りではなくダビデも、またダビデの前にはモーセも、三つの教説に対する覚知を次のような表現で強調してい
る。〈不敬なる者どもの謀のうちに歩まない人は幸いである〉（詩一・一）。不敬なる者どもは、さながら魚
が、闇の中を深みへと歩み行くようなものだからである。というのもウロコを持たぬ生き物は（モーセはこれ
らに触れることを禁じている〈レビ一一・一〇〉）、海の下に住んでいる。2 〈罪人らの道に立つな〉（詩一・
一）。罪人らとは、ちょうど、主を恐れているように見せかけながら、実は豚のように罪を犯す者どものこと
である。なぜなら飢えては叫び、満たされても主人を識ることがないからである（『バルナバの書簡』一〇・
三）。3 〈悪疫の座に座すことのない者は幸いである〉（詩一・一）。悪疫はちょうど、猛禽類が略奪をするた
めに常に備えているようなものである。モーセはこう勧告している。〈豚も、鷲も、鷹も、鳥も、ウロコを持
っていないすべての魚も、食してはならない〉（『バルナバの書簡』一〇・一）。これはバルナバの言葉であ

る。[4] わたしは、こういったことどもに関して、知恵ある者の言葉を聞く。この人は〈不敬なる人々の謀〉とは異邦人を、〈罪びとたちの道〉とはユダヤ人の仮説を、また〈悪疫の座〉とは異端諸派を指すと理解している。六八 [1] また別の者は、より説得力のあるかたちで次のように主張する。すなわち第一の至福は、悪しき見解、つまり神から離反した見方に付き随わない者たちの上に置かれ、第二の至福は〈幅広く平坦な道〉(マタ七・一三)に固執しない者たち、ないし律法のうちに育まれあるいは異邦人から回心した者たちの上に置かれ、さらに〈悪疫の座〉というのは、劇場ないし陪審院のことであり、あるいは、もっと蓋然性があるのは、悪しく破壊的な権力への追従またそれらの業への協力を意味する、と。[2]〈しかしながら主の意向は主の法のうちにある〉(詩一・二)。ペトロは『ペトロの宣教』の中で、主のことを「律法と御言葉」と呼んでいる(『ペトロの宣教』断片一、ドプシュッツ編)(17)。[3] しかるに律法者は別の仕方で、三つの方法による罪からの距離のとり方を教えているように思われる。まず初めは、言葉を持たぬ魚を通じての言葉による道。というのも沈黙が言葉と異なるところのものは、真に存在するのであるから。「沈黙の賜物には危険がない」(エウリピデス『オレステス』六三八以下)。続いて、略奪的で肉を食らう鳥を通じての業による道。そして豚を通じての思惟による道である。なぜなら豚は(18)〈泥を喜ぶ〉か、もしくは糞を喜びとするからである。というのも、汚れた良心を持つことは許されないからである。六九 [1] したがって、預言者が次のように述べるのはおそらくこの意味においてなのであろう。彼は言う。〈不敬なる者の道はこうではない。むしろ風が大地の面から吹き飛ばす籾殻のようだ。それゆえ不敬なる者どもは、裁きの場に立つことはないであろう〉(詩一・四―六)。(彼らはすでに裁かれてしまっている、なぜなら〈信じない者はすでに裁きを受けている〉(ヨハ三・一八)のだから)。〈罪びとたちは、正しき者たちの審議の場に加われない〉(なぜなら彼らは、躓くことなく生きている人々と一体となることはないという裁きをすでに受けているのだから)、〈主は正しき者たちの道を知り、不敬なる者たちの道は滅びに向かう〉。2 さらに主はじかにわれわれに向けて、躓きと過ちをも示している。その際、諸情動に対応する治療の方法を提示し、われわれがエゼキエルを通して牧者たちの許に正されることを望み、彼らの中のある者たちについて、掟を守っていないとして難詰している。3 それは〈お前たちは弱い者を強めず〉（エゼ三四・四）以下〈誰一人、探す者もなく、尋ねもとめる人もいない〉（エゼ三四・六）までの部分である。〈なぜなら一人の罪びとが救われたとき、父の許での喜びは大きい〉（ルカ一五・七）と主は述べる。4 かくしてアブラハムは〈主が彼に語ったとおりに歩んだ〉（創一二・四）がゆえに大いに賞賛されるべきなのである。七〇 1 ここから、ギリシアの知者の一人[19]は着想を得て「神に付き従え」と叫んだ。イザヤは言う。〈敬虔な者たちは、高貴なはかりごとをめぐらす〉（イザ三二・八）。2 しかるにはかりごととは、いかにすれば直面する問題に対して正当に対処できるかについての探求である。一方、善き慮りとは、意向をめぐる賢慮である。3 ではどうだろうか。神もまた、カインに対する寛容さ（syngnōmē）の後、その連関で少しく後に、回心を経るエノクを登場させているではないか（創五・二四）。これはすなわち、回心は本性的に寛容を生むということを表しているのではないだろうか[20]。ところで寛容とは赦しによってではなく、癒しに伴って成立する。同じことは、アロンによる民のための子牛の作製の際にも起こっている（出三二）。4 ここからギリシアの知者の一人（ピッタコス）は、「寛容は処罰よりも強力である」と呼ばわっている（ディオゲネス・ラエルティオス『ギリシア哲学者列伝』一・七六）。すなわちちょうど「誓願を立てる際には、迷妄からは離れよ」（ストロマテイス一・一四・六一・二参照）が、次のように語っているソロモンからの借用であるのと同様である。〈子よ、もしあなたが友人の保証人となるのであれば、あなたの手を敵に差し出せ。人にとって、自分の唇は強力な罠であり、自分の口の言葉によって捕えられるものだ〉（箴六・一以下）。5 すでに「汝自身を知れ」という、より神秘的な言葉がここから取られている。〈あなたは自分の兄弟を目にし、あなたの神を見るのだ〉(『ストロマテイス』一・九四・五参照)。七一 [1]かくして〈あなたの神である主を、心のすべてを挙げて愛し、あなたの隣人を、あなた自身と同じように愛せ〉(マタ二二・三七)。主は、この掟のうちに律法と預言者の全体がかかっており、また支えられていると述べている。[2]次の句も、今のことばと響きあう。〈これらのことをわたしがあなたがたに話したのは、わたしの喜びが充溢するためである。わたしの掟とはこれである。すなわち、わたしがあなたがたを愛したように、あなたがたも互いに愛し合え〉(ヨハ一五・一一以下)。[3]〈というのも主は憐れみ深く憐れみに満ちた方だからである〉(詩一一〇・四)、そして〈主はすべてにおいて善き方である〉(詩一四四・九)。一方「汝自身を知れ」をより明瞭に勧告しつつ、モーセはしばしば次のように述べる。〈あなた自身に十分注意せよ〉(出三四・一二など)。[4]〈施しと信頼のうちに罪は滅ぼされる。しかるに主に対する畏れによって、すべての者は悪から遠ざかる〉(箴一五・二七)。〈主に対する畏れは教養であり知恵である〉(箴一六・四)。

第一六章

われわれはある種の人間形態論なくしては神に関して語りえないこと

七二 [1]さてここで再び、喜びや苦痛とは、霊魂の情動であると言って非難する者どもが現れる。というのも喜びとはロゴスを伴った高揚であり、歓喜するとは、美なるものに喜びをなすことであるのに対して、憐れみとは、苦痛を過度に被る者に対して生じるものであるから、そのようなものは霊魂の諸様態であって、情動であるというのである。[2]これに対してわれわれは、思われるに、聖書を肉的に思惟することを止めず、われわれの情動から類比的に考えることを続ける。すなわち、情動を被らない神の意向を、われわれの運動と同様に受け取るのである。3 だが、われわれが聞くことができるのと同じように、全能の神についても同様だと仮定するならば、それは神を忘れて彷徨っていることになる。4 というのも、神性に関しては、現在こうであるのに対して過去においても同じようであったと言うことはできないからである。だがちょうど、肉に絡みつかれているわれわれは、感じることができるのと同じように、預言者たちはわれわれに語りかけた。それは主が、人間の弱さに対して救いの点で配慮を行ったためである。七三 1 さて神の意思とは、掟に従順なる者たちおよび過ちから回心する者が救われることであるから、われわれは自らの救いに喜びをなす。主はわれわれの喜びを、預言者を通して語りつつ、自らのものとする。それはちょうど、福音において主が人間愛に満ちた言葉でこう述べているとおりである。〈わたしが飢えていたとき、あなたがたはわたしに食べさせてくれた。わたしが渇いていたとき、あなたがたはわたしに飲ませてくれた。これらの最も小さき者たちの一人にあなたがたが行ったことは、わたしにしてくれたことなのである〉（マタ二五・三五、四〇）。2 したがって、彼自身が食物を得ていなくとも、彼の望む人が食物を得ていれば、それによって彼が食物を得ることになるのと同様に、彼が望んでいたとおりに回心した人物が喜びのうちに包まれれば、それによって、彼自身が転向していなくても、彼は喜びに満たされるのである。3 ところで善き方である神は、律法を通して掟を与えることで豊かな憐れみを示し、更に預言者を通じて、また子の臨在を通じていとも率直に救う。言われているように、憐れみ深い人々を憐れむ方なのである。つまりより優れた人がより劣った人を主として憐れむ。そして人間として生まれた以上、人間が人間よりも優れているということはなく、神がすべてにおいて人間よりも優れているのである。だからもし、より優れた人が劣った人を憐れむというのであれば、ただ神だけがわれわれを憐れむことになる。

4 というのも人間は、正義の下に共同体的であり、神から受けたものを分かち合うが、それは本性的な好意と習性により、従っているところの掟によるためである。七四 1 しかるに神は、われわれに対して本性的な習性をまったく有していない〈有しているとするのは、諸異端の創始者たちの望む説である。神がわれわれを、非存在から創造したにせよ、質料から創造したにせよ、有していないのである。なぜなら、神はいかなる点でも欠けたところのない存在者であるのに対して、われわれはあらゆる点において、神とは異質のものだからである〉。ただある人は、ある部分に関してわれわれが神と同一本質であると敢えて言わんとするであろう。[2]というのも、神のことを知っている人があったとして、どのような心でかは知らないが、次のように主張するからである。もし神がわれわれの生に目を留めているのなら、われわれが悪に染まっているとき、われわれを気遣うはずだ、と。[3]というのも、これは語るも許されぬことであるが、もし全体の一部として、相共に全体を満たしているとすれば、神はこの一部において罪を犯すことになるだろう。だがもし全体を満たしていないとすれば、それは一部ということにはならないだろう。[4]なぜなら、本性的に〈神は憐れみにおいて豊かである〉（エフェ二・四）が、それは神がその善性ゆえにわれわれを見守っているためであり、われわれが神の一部であるためでも、本性的に子であるためでもない。

七五 [1]実に、神の善性の最大の証拠は次のことであろう。それは、われわれが神に対してこのような態度であり、本性的にもまったく〈異なって〉（エフェ二・一四）いるにもかかわらず、それでもなお神がわれわれのことを気遣っておられるという点である。[2]というのも子供に対する慈愛は、動物にとって本性的なものであり、習慣に由来する同気質の者への友愛も同様であろうが、いかなる点においても神には似つかわしくないわれわれに対する豊かな憐れみは、神のものだということである。それはわれわれの本質、あるいは本性、また力に関してであり、われわれに固有の本質に照らしてであり、われわれは神の意図の業であるという点においてのみそうなのである。実に神は、自ら進んで鍛錬と教えとにより、真理に対する覚知を備えた者を子たる身分へと招くが、この身分はすべてのうちで最大の跳躍なのである。[3]〈不法は人をがんじがらめにし、各人は自らの罪の縄に縛られる〉（箴五・二二）。したがって神にその責任はない。〈すべてに対して敬虔の念から身を低くする人は幸いである〉（箴二八・一四）。

第一七章

知識のさまざまな種類

七六 1 かくして、知識とは知の様態なのであり、ここから知るということが生じ、知による変わることのない把握はロゴスによって生じる。ちょうどそれと同じように、無知とは譲歩的な幻想であり、ロゴスによって変わり得る。しかるに変化しうるものは、われわれの中で、ロゴスによって鍛錬されうる。2 一方経験、洞察、理解、思惟、覚知は、知識の傍らに置かれる。3 まず洞察は、全容に関する事柄の、形相によるものであろう。次いで経験とは、把捉的な知識であり、各々の事柄に関して探究が可能となる。一方思惟とは、思惟されるものに関する知識である。また理解とは、知解可能な事柄に関する知識、あるいは変わることのない知解、もしくはそれに関する賢慮が知識でもあるような事物に対する知解的な力であり、一なるもの、各々のもの、また一なるロゴスに属する万物に関わるものである。一方覚知とは、まさしく存在者そのものに関する知識、あるいは生成物に協和した知識である。真理と知識は真なる存在に関わる一方、真理の様態が真なる存在に関わる知識である。七七 1 しかるに知識はロゴスによって成立し、他のロゴスによって変わったりすることのないものである。

2 さて、われわれが為さない事柄は、不可能ゆえに為さないのであるか、もしくは望まないから為さないのであるか、あるいはその両方による。3 われわれは飛ばないが、これは不可能なためであるし、望みもしないからである。われわれが泳がないのは、言ってみれば、可能ではあるが望まないからである。われわれが主のようではないのは、望んでいるが不可能だからである。[4]〈いかなる弟子も師を越えるものではない。師のようになりたいと望むだけで十分である〉（マタ一〇・二四以下）。それは実体によることではない。なぜなら実在に対しては、本性的に状況の上で等しくなることは不可能だからである。それは永遠なる存在となり、諸事物の観想の術を知悉し、「子ら」と呼ばれ、父だけを親族として観照することによる。[5]けれども何事にもあれ、望むことは推奨される。というのも望むという理性的な力はしもべ的なものだからである。主はこう語る。〈望め。そうすればできるようになるだろう〉（ヨハ五・六）。しかるに覚知者にあっては、意向と判断と鍛錬は同一のものである。というのももし前提が同じであれば、教説と判断も同一になるためである。その結果、彼にあって、言論と生、それに生き方が、その内的成立に追随するからである。〈真っ直ぐな心は覚知を求める〉（箴二七・二一a）。そして主はそのような覚知を賞賛している。〈神はわたしに智慧を教え、わたしは聖なる事物の覚知を得た〉（箴二四・二六）。

第一八章

モーセの律法の道徳的・霊的卓越性

六[1]かくして、モーセによって書き留められているすべての徳が明らかになった。これらはギリシア人たちに、すべての倫理的トポスの端緒を提供したものである。順に挙げるならば、勇気、節制、賢慮、正義、強壮、堪忍、荘厳、克己、そしてこれらに加えて敬虔である。[2]しかしながら敬虔は、畏れ敬うことを教えるがゆえに、いとも明らかに、至高にして最も年長の原因である。[3]一方正義もまた、律法自体が提示するものであり、感覚的偶像からの離脱と万物の創造者にして父への呼び求めを通じての賢慮を教える。その栄光をいわば泉として、すべての理解が増し加わるのである。4〈不法者のいけにえは主の嫌悪するところ、正しき者の祈りは主に受け容れられる〉（箴一五・八）。なぜなら〈神において受け容れられるのは、いけにえよりもむしろ正義〉（箴一六・七）だからである。**七九** 1このような言葉は、イザヤ書にもある。〈「あなたがたの大量のいけにえが、わたしにとって何の意味があろうか」と主は言われる〉（イザ一・一一）およびこの節全体である。〈すべての不正の束縛を断ち切れ。神に受け容れられるいけにえとは、打ち砕かれた心と、創造者を求める思いだ〉（イザ五八・六）。2〈偽りの天秤を主は厭い、十全なおもり石を喜ばれる〉（箴一一・一）。これに関連して、ピュタゴラスは「天秤を踏み越してはならない」と勧告している（ピュタゴラス『信条』二、ムラッハ編）。3しかるに異端の告知では、正義とは偽りだと語られている。〈不正な者どもの舌は破滅をもたらし、正しい者の口は智慧を滴らせる〉（以下、箴一〇・三一、一六・二一）。しかしながら人々は〈知恵ある者、賢慮に満ちた者を卑しき者と呼ぶ〉。4これらの徳に関する証言を提示するのは長きに及ぶことになろう。聖書は全編にわたり、これらの徳を称えている。5したがって、勇敢さとは恐ろしき事ども・恐るべきでない事ども・その中間に関する知識であり、節制とは、選択と回避において、賢慮の基準を保つ様態であり、堪忍も勇敢さに伴い、それは克己とも呼ばれて、耐えるべき事柄・耐えるべきでない事柄に関する知識である。また寛厚とは、生起する事柄を超越する知識であるが、敬虔さもまた、節制に寄り添い、これはロゴスを伴った回避である。

八〇 1ところで掟を守ること、すなわちそれらを過つことなく墨守することは、躓きのない生を獲得することである。勇敢さなくしては堪忍ということはありえず、節制なくして克己ということもありえない。2諸徳は相互に随順するものであって、そこに諸徳の連関も存し、そこに救いが存し、良き生き方の維持も存するのである。3これらの諸徳に関して相応しく推察するならば、われわれはすべての徳に関して次のことを確認できるであろう、すなわち、一つの徳を覚知的に有している者は、そこからの連関によってすべての徳を有しているということである。4 克己とは、正しきロゴスに適っているように思われる事柄を即座に踏み越えないような状態である。すなわち正しきロゴスに反する衝動を有していながら正しきロゴスに反して衝動に走らないように自らを持する者は、克己に生きているのである。5 一方、節制とは勇敢さなくして存在し得ない。というのも、掟があってこそ、命じる神に対する随順の賢慮、および神の定めを模倣する正義が生じるからである。この正義に従って克己を行う者は、敬神の念に照らして浄らかであり、神に聴き従い随順する行為を打ち立て、本性的に死すべき身であるわれわれにとって、可能な限りにおいて主に似たるものとなる。八一 1 このことこそ、〈賢慮をともなって正しくまた敬虔となること〉(プラトン『テアイテトス』一七六ＡＢ)である。なぜなら神性とは何も欠けたるところがなく、また無情動であり、そこからなんら本質的に克己を必要としない。というのも神は、情動に屈するということがなく情動を制している。しかるにわれわれの本性は、情動を被り克己を必要とする。この克己を通して、足りないものが少なくなるよう、鍛錬を尽くして、状態の上で神的な本性に近づくように努めるのである。2 というのも真摯なる者は足りないものが少なく、不死なる本性と死すべき本性の中間にあり、身体的にまたその生まれからして足りないものを有しているのであるが、理性的な克己を通じて不足するものがわずかになるよう教えられているのである。3 であるから、男性に対して女性のショールを着用することを法が禁じているのは、どのような理由があるのだろうか(申二二・五)。あるいは主はわれわれが、身体的にも、業の面でも、思惟の面でも、言葉の面でも女性っぽくならず、男性化することを望んでいるというのだろうか。4 というのも真理に励んでいる者は、堪忍においても我慢においても生においても生き方においても言葉においても鍛錬においても、夜も昼も、男性的であることを望んでいる。それはたとえ、血による証しを立てることが必要となったときでさえもそうである。八二 1 また人間愛に満ちた律法が命ずるには（申二〇・五―七）、新しく家を建てて、まだ住んでいない者、あるいは新しくブドウ畑を作り、まだ収穫をしていない者、あるいはまた、婚約しただけで、まだ結婚していない者、これらの者たちに対しては、兵役が免ぜられる。[2]これはまず、兵法の観点から言えば、われわれが欲情に気を散じて、積極的に戦事に携われることができなくならないように（というのも果敢に危険に身をさらす者たちは、衝動から自由の身であるから）、[3]次に人間愛の観点から言えば、戦事に関わる事柄は不明瞭であるし、自らの労苦の恩恵を受けない者がいる一方で、労苦した者たちの実りを労せずに他人が受け取ることは正義に悖ると判断しているからである。**八三**[1]律法は霊魂の勇敢さを強調しているように思われる。律法を制定する際に、植えた者は収穫すべきであり、家を建てた者は住むべきであり、婚約した者は結婚すべきであるとされている。その理由は、鍛錬した者たちにとって、覚知の論理からすれば、希望が完遂されずにおかれることのないように備えているのである。[2]〈死した〉人間、また生ける人間で、〈善き人の希望は潰えない〉（箴一一・七）。知恵はこう語っている。〈わたしは、わたしを愛する者たちを愛しよう〉（箴八・一七）。知恵は語る。〈わたしを求める人々は平和を見出すであろう〉、以下である。[3]これはどういうことなのだろうか[21]。モアブの女性たちは自らの美しさを以て、戦うヘブライ人たちを、無克己を通じて節制から無神へと誘惑しなかっただろうか（民二五・一以下）。というのも彼女たちは、ヘブライ人たちを荘厳な鍛錬から、その美しさで誘惑することによって、遊女的な快楽へと誘惑し、偶像への供儀と、異国の女性へと狂わしめたのであった。女性と快楽とに敗れた者たちは神から離反し、律法から離反し、ほとんど、すべての民が女性的な戦法によって敵の膝下に屈せんばかりとなり、ついには律法に対する恐怖が、危難に臨む彼らに対して、正気を逸させるまでに及ぶ。**八四**[1]かくして果敢に危険と立ち向かい、これを生き延びた者たちが、敬神の念をめぐる闘いを制して敵に勝り打ち勝ったものとなる。〈知恵の初めは敬神、聖なるものに対する理解は先慮、しかるに律法を知ることは、善き思惟の業〉

（箴九・一〇）。[2]ところが律法を、情動に満ちた恐怖を生み出すものと受け取る者たちは、理解に長けてもおらず、また真に律法を思惟することもない。〈なぜなら主への恐れは生命をつくる。しかるに彷徨う者は労苦のうちに導かれ、その中で覚知を知ることがない〉（箴一九・二〇）。[3]すなわち神秘的な仕方でバルナバは、こう述べている。〈神、全宇宙の統率者が、あなたがたに、知恵と理解、知識、それに神の正義をめぐる覚知、堅忍を与えてくださるように。そうしてあなたがたが神に教えられた者となり、主があなたがたに何を求めているかを探求し、あなたがたが裁きの日にそれを見出すことができるように〉（『バルナバの書簡』二一・五、六）[22]。これらの事どもに通じた人々を、バルナバは〈愛と平和の子ら〉（同二一・九）と、覚知をもって名づけている。[4]けれども与え合いと分かち合いをめぐっては幾多の言論が存在するが、その中でただ次のことを述べておくだけで十分であろう。すなわち律法は、兄弟に対して貸すことを禁じている（出二二・二五）。ここで「兄弟」とは、同じ両親から生まれた者だけではなく、同胞、同じ見解を持つ者、同一のロゴスを分かち合う者をも指している。金銭に関して正しき者の利息を選ぶのではなく、開かれた手と思いで、事欠く人々を喜ばせるということである。[5]というのも神はそのような恵みの創造者である。すでに、与える者は、受けるに相応しい利息、人間の間でもっとも貴重なもの、すなわち優しさ、有用性、寛容さ、誉れ、栄誉をも受け取るのである。

八五 [1]いったいあなたには、この教えが、ちょうど〈貧者の報酬はその日のうちに払わねばならない〉（申二四・一四）と同じように、人間愛の教えだとは思われないだろうか。奉仕に関する報酬は、遅滞することなく支払わねばならないということをこれは教えている。というのも思うに、貧しき者が飢えるとき、その欲求は、将来に向けて力失せるからである。[2]さらに、彼が言うには、金貸し屋は、担保を力づくで取ろうとして、借金をしている者の家に立ち寄ってはならない（申二四・一〇以下）。むしろ家の外にいて、担保を持っ

て出て来るように命じよ、またその担保を持ったまま床に就いてはならない、と。3 かつ収穫の際に、一束が
落ちていたとしても、地主に対して、主はそれを取り上げることを禁じている（申二四・一九）。それはちょ
うど、刈り入れの際に、切られていない穂をそのままにしておくように勧告しているのと同じ精神性である
（レビ一九・九）。このような形で、地主は共同体精神と寛容さに向けて、自ら個人のものを必要としている者
たちのために、進んで分かち与えるべく鍛錬を積み、貧者に対して食糧の源を提供するのである。**八六** 1 このよ
うに、律法の制定が、神の正義とともに、その善性をいかに告げるものであるかが、おわかりであろうか。そ
の際に神は、万人に妬みなく、糧を分かち与えるのである。2 また神は、穀物のうち放置されているものを摘
む者たちを攻撃すること、落ちた房を集めることを禁じている（レビ一九・一〇）。同じことは、オリーブを
集める者たちにも規定されている（申二四・二〇以下）。3 実に、実りと農作物の一〇分の一は、神的なもの
を崇敬することおよび全面的に利得を好むことのないようにすること、そして人間愛を隣人に分かち与えるこ
とを教えるものである（レビ二七・三〇）。思うにこれらの初穂から、祭司たちも養われていたのである。4
従ってわれわれは、われわれが敬虔さと共同体、正義と人間愛に向け、すでに律法において教育されていると
いうことを理解できるだろう。5 ではどうなのか。いったい律法は、七年目ごとに、土地を休耕地のまま放置
するように規定してはいないだろうか（レビ二五・四－七）。これは貧しき人々に対して、恐れることなく、
神によって育つ実りを享受するよう命じるものであり、望む者たちのために自然が耕作するのに任せる精神で
はないだろうか。どうして律法が有用でなく、正義の師でないことがあろうか。6 また五〇年目ごとに、七年
目と同じことを実行するように命じ、もし誰か、その間に何らかの状況のために土地を奪われた者があれば、
その各々に固有の土地を返し、財を得たいと望む者たちの欲求を、期間を区切って規定し、長きにわたる貧困
のうちにある者たちに収穫させ、生涯を通じて懲罰を受けた者たちへの憐れみを表すことを規定していないだ

ろうか（レビ二五・八―一三）。7〈憐れみと信仰は、王的な守り〉（箴二〇・二二）であり、〈祝福は分かち
与える者の頭に〉（箴一一・二六）あり、〈憐れみ深い者は貧者を幸いにする〉（箴一四・二一）。なぜならその
人は、人類の創造主に対する愛のゆえに、同胞に対して愛を示す者だからである。
八七 1 上述の事柄は、他にもより自然学的な提示を含んでいる。それは休息と、嗣業の享受に関するものであ
る。しかしそれらをいまこの場で読むべきではない。2 一方愛は、多くの箇所で、柔和さ、有用性、堪忍、妬
みや嫉妬心のなさ、憎しみのなさ、悪の記憶のなさを通して考えられている。なぜなら愛は、全体を通じて分
かたれざるもの、裁かざるものであり、共同体的だからである。3 また聖書には、〈もしあなたが、家の者、
友人、あるいは総じてあなたが知っている人の家畜が荒野にさまよっているのを目にしたなら、連れて行って
返してやるべきである。その主人がたとえ遠くに離れていたとしても、主人がやって来るまであなた自身の家
畜とともに世話し、返してやらねばならない〉（申二二・一―三）。こうして律法は、自然的な共同体性を通じ
て、発見が手付金と見なされるべきこと、敵に対して悪の思いを抱かないことを教えているのである。**八八** 1
〈主の命令は生命の泉〉（箴一四・二七）。実に、そうであり、〈死の罠から逸らしてくれる〉。ではどうなの
か。主は旅人をも愛するように命じておられるではないか、しかも友人また親族としてばかりでなく、自分自
身のように、身も心もともにである（レビ一九・三三以下）。2 実に、主は異邦の者を尊敬し、災いをもたら
した者たちに対しても、その悪意を記憶しておこうとはされなかった。明瞭にこう語られる。〈エジプト人を
疎んじてはならない、あなたはエジプトで寄留の民だったのだから〉（申二三・八）。ここでは、異邦の者ある
いはすべてこの世に属すものが「エジプト人」と呼ばれているのである。3 しかるに敵方に関しては、たとえ
すでに城壁のそばに立ち、町を占領せんばかりであっても〈彼らに使いを遣り、和平の勧告を行うまでは、決
して敵と見なしてはならない〉（申二〇・一〇）。4 実に、捕虜の女に対しても、決して傲岸に振舞って語らっ

てはならず、〈彼女を自分の家に連れてきて、三〇日間、彼女の望むままに嘆かせ、その後、衣服を換えて妻とし、法に従って娶れ〉（申二一・一〇―一四）。というのも共生は傲岸のうちに行われるべきではないし、遊女のように賃金稼ぎの目的で行われてもならない。むしろただ子供の誕生だけのために、語らいが成立することが良しとされているのである。八九 1 ここに、克己を伴った人間愛があるのがお分かりであろうか。捕虜の女性の主人でありかつ彼女を愛する者となった場合、その彼に対して聖書は、快楽を享受してはならないと説き、一定の期間を置くことで情欲を打ち砕き、さらに加えてはその捕虜の女の髪をも切って、思い上がった愛欲を恥じ入らせるように命じているのである。というのももし理性が、結婚するようにと説き伏せたならば、彼女を辱めたまま、彼女と交わることになるだろうからである。2 しかる後、もしその人が情欲に飽いてしまい、もうその捕虜の女と共に住むことを良しとしなくなったならば、彼女を売り飛ばすのでなく去らせるよう、律法は命じている。すなわち、あるいは下女として有することもならず、彼女が自由の身となり、仕えの身分からも解放されることを律法は望んでいるのである。それは彼女が、誰か他の女性が家に入って来たときに、嫉妬心から致命的なことを蒙らないようにするためである。

九〇 1 ではどうなのだろうか。敵の重荷を負える家畜の荷を軽くしてやり、助け起こしてやるように（出二三・五、申二二・四）命じるだけではなく、主はさらにわれわれに対して、敵に対してその不幸を喜ぶ心を抱かないように、またそれに勝ち誇らないように教えているのである。これは、それらによって鍛錬を受け、敵のために祈ることをも教えるためである（マタ五・四四）。2 というのも妬みを抱いたり、隣人の幸福を苦痛に感じたりするのは適切なことではないし、ましてや隣人の不幸を目にして快楽を得たりするのはもってのほかだからである。律法は語る。〈もし誰か敵の家畜がさまよっているのを見つけたならば、争いのもめごとなどは放っておいて連れ戻し、返してやらねばならない〉（出二三・四）。というのも善美（kalokagathia）は大赦（amnēstia）にともなうものであり、そこから敵意の解消も起こるからである。3こうしてわれわれは協和（homonoia）の思いを備えることができるのであり、この協和は幸福（eudaimonia）に導く。たとえ習慣からある人を敵だと受け取っても、それを情動ないし憤激（thymos）による非理性的な思い違いだと解して、敵であるという思いを善美へと転換させるべきなのである。

九一 1かくして律法が人間愛に満ち、憐れみに満ちたものである（chrēstos）ということがもう明らかになったであろう。〈律法とはキリストに向けて訓導するものであり〉（ガラ三・二四）、神自身、正義を伴った善なる方であって、初めから終わりまで、各々の世代を相応しく救いに向けて用いる方ではないだろうか。2主はこう述べる。〈あなたがたが慈しみを受けるように、慈しみ深くあれ。あなたがたが赦してもらえるように、赦せ。あなたがたに対して為されるように、為せ。あなたがたに与えられるように、与えよ。あなたがたが裁かれるのと同じように、あなたがたも裁け。あなたがたが憐れまれるように、あなたがたも憐れみ深くあれ。あなたがたが測るその測りで、あなたがたも測られるのだから〉（ローマのクレメンス『第一コリント書簡』一三・二）(23)。

3さらに律法は、食糧のために奴隷となっている人々を蔑むことを禁じている（レビ二五・三九―四三）。また負債のために奴隷となっている人々に対しては、七年目ごとに完廃する「負債帳消し」（ekecheiria）を定めている（出二一・二、申一五・一二）。さらには、嘆願者を懲罰に付すことをも禁じている。4かくして次の聖句はすべてにまさって真実なものであろう。〈金と銀が炉で試されるように、主は人の心を試される〉（箴一七・三）。5また〈憐れみ深い人は寛容であり、思いを致す人にはすべて、知恵が内在する。思いを深くする人には思慮が備わり、彼は賢慮を備えた人として生命を探求する。神を探求する人は正義を備えた覚知を見出し、神を正しく探求する人は平和を見出す〉（箴一九・一一、一四・二三、一七・一二、一六・八）。

九二 1 ところでわたしには、ピュタゴラスもまた、理性をもたない動物の「温和さ」（hēmeron）ということについて、律法から取り込んでいるように思われる（プルタルコス『肉を食べることについて』九九三A以下）。すなわち、羊や山羊や家畜の群れのすべてについて、生まれたばかりの動物に関し、供儀を名目とせずに捕らえた場合、律法はそれを殺傷しないよう命じている（出二三・一九）。それは子のためにも母のためにも行われる。これは、理性を持たぬ動物を通じても人間を柔和さに向かわしめるためであろう。2 律法は述べる。〈最初の七日間、子供を母の許で楽しませよ〉。というのも乳が、子を産んだばかりの母親に、子を育てるために滴るというのが理由のないことではないとすれば、乳をめぐる経綸から、生まれた子を引き離すのは、自然本性を蔑ろにすることだからである。3 したがって、ギリシア人にしても、あるいは他の人にしても、律法から略奪している者があるとすれば、恥じ入るがよい。彼らのあるものは、理性を持たない動物に対して憐れみ深くあるものの、あるものは、人間の子に対してもこれを遺棄する。だがはるか以前、預言者的に、律法は彼らの残忍さを、上述のような掟を通じて打ち砕いているのである。4 というのももし、理性を持たない動物の子に関しても、母親が乳を与える前に子を引き離してしまうことを律法が禁じているとすれば、人間に際しても、残忍で酷薄な考え方を前もって排除すべきなのは言うまでもない。それは自然本性と、学びとを蔑ろにさせないようにするためなのである。九三 1 子ヤギと子羊の肉を食すことは容認されているわけで、母親から子供を引き離す者には、これはおそらく何らかの理由づけとなろう。けれども子供を遺棄することにはどのような理由があるのだろうか。そもそも、子供を儲けることを望まぬ者に嫁する必要はないし、快楽の不節制によって子殺しとなることはあってはならないのである。2 憐れみ深い律法は、改めて、同日に子と母とをいけにえに供することを禁じている（レビ二二・二八）。ここからローマ人もまた、もし妊娠している女性が死罪に定められた場合には、出産するまではその処罰を被ることを許さなかった（アイリアノス『ギリシア奇談集』五・一八)。3したがって総じて、動物のなかで妊娠しているものに関しては、法は、母親が出産を終えるまでは、屠られることを禁じている。これは遠く、人に対して不正を働いた者たちに対する忍耐を要求するものである。4かくして、非理性的な動物に至るまで、公正さ(epieikes)が及んでいる。それはわれわれが、異なった種族において教えを受け、同じ種族にあっては、いわば人間愛を充溢させうるようにするためなのである。**九四** 1しかるにある動物に関して、分娩前にその腹をあたり構わず蹴飛ばす人々がいる。乳を満たしたその肉に与かるためである。出産に向けて備えていた母親の体を、懐胎した動物の墓としてしまうわけである。これに対して律法家は〈子羊をその母の乳で煮てはならない〉(申一四・二〇)と明瞭に命じている。2というのも生けるものの食糧として、殺された動物の調味料が用いられることがあってはならないのであり、律法は、生命の根源が身体の破壊のための協働者となってはならない、と言っているのである。3しかるにこの同じ律法は、〈脱穀している牛にくつこを掛けてはならない〉(申二五・四)と規定している。3というのも〈働き手がその報酬に適う者とされるのは当然〉(Ⅰテモ五・一八)だからである。4また同じく、地面を耕す際に牛とロバとを同じくびきに掛けることを禁じている(申二二・一〇)。これはおそらく、動物とは異縁なものを目指しており、異なった部族の者に対しては不正を働いたり、くびきに掛けたりしてはならない、もし異種族だということ以外に理由を見出すことができないのであれば、それは理由を問えない問題であり、悪ではないし悪に駆られたことでもないのだから、という意味であろう。5わたしには、この比喩は次のことを告げているように思われる[24]。すなわち、浄らかなもの・浄らかでないものを等しく扱ったり、信篤きもの・不信なるものをあわせて御言葉の耕作に与からせたりしてはならない、という意味である。それは、かたや牛は浄らかであるのに対して、ロバは不浄なるものと考えられているためである。

九五 1さて、人間愛に関して惜しむことを知らず、憐れみ深い御言葉は、「温和さ」(hēmeron)の質料でない事柄に関しては、それらを切り倒すのが適当であると教えている（申二〇・一九）。またただ荒らすだけのために、収穫前の穂を刈ることは許していない。総じて実りと温和さを、大地においてであれ霊魂においてであれ、破壊することを許していないのである。したがって敵の土地に対しても、そこで木を切り倒すことを認めていない。2 実に、農事に携わる者は、この点に関しても律法から恩恵を被っているのである。なぜなら律法は、新たに生えた樹木に関して、それから三年の間は育つままにし、その後余分な芽は切り落とすように命じているからである。重くなった部分が負荷をかけたり、食糧の分を切り落とすことで力を落とし、樹力が失われたりしないようにするためである。むしろ丸く刈り込み、周囲を掘り込んで、脇に生え出てくるものが成長を妨げないように命じている。3 また未熟な樹木から未熟な実りを摘むことも許さず、むしろ三年間を経た後四年目に、その樹木が成熟してから、初穂を神に奉納せよと命じている（レビ一九・二三）[25]。**九六** 1 おそらく、このような農事の型（typos）は、教えの一方法なのだと思われる。すなわち罪のヒコバエのようなもの、またまっとうな実りと一緒に生え育った虚しき思惟の雑草は、信仰の若枝が完成し確かなものに育ったならば、切り落とすべきであることを教えているのである。2 というのも四年間とは、しっかりと教えを授かるために必要な時間であり、徳の四つ組は神に基礎を置くが、三年間の滞留は、主による四番目の実体の上に継がれるものだからである。

3 しかるに讃美のいけにえは、焼き尽くす献げ物（holokautōmata）に勝る。〈あなたに富を築く力を与えたのは、主である〉（申八・一八）。もしあなたにおいて物事が照らされるなら、力を受け獲得し、覚知において富を成すであろう。4 というのも、それらを通じて諸々の善き事どもが光を放つとともに、それらの賜物が神から供せられたものであること、われわれは神的な恩寵の僕となって、神の善行の種を蒔き、隣人たちを美しく善き人々に備えるべきことが明らかになるからである。それは、可能な限り、賢慮ある者は克己心溢れる

人々を、勇敢な者は真摯なる者を、思慮深い者は知性ある者を、そして正しき者は正しき者を完成させること
ができるためである。

第一九章

覚知者はいかにして神の模倣者たりうるか

九七 1 この人こそ〈神の像また似姿〉（創一・二六）であり、覚知者であって、可能な限り神を模倣する者で
あり、受け取った似姿に関わるものを何一つ看過することなく、止むことなく克己に専心し、正しく生き、情
動を統御し、可能な限りにおいて持てるものを分かち合い、言葉においても行動においても善行を為す者であ
る。[26] 2 この人こそ、〈天の王国において、為すにも教えるにも最も偉大なる者〉（マタ五・一九）であり、彼は
隣人に恵むに際しても神を模倣する。なぜなら神の贈り物は、共通に益を施すからである。3 聖書にはこう記
されている。〈何事であれ、傲岸から行おうと試みる者は、神を蔑ろにする〉（民一五・三〇）。というのも、
詐欺とは霊魂の悪であり、主はここから他の悪に関しても回心し、生を、不調和からより優れた転換に向けて
整えるように命じている。[27] それは口・心・手によるものである。[28] 九八 1 しかるにこれらは象徴的表現なのであ
り、手とは行為の、心とは意向の、そして口とは言葉の象徴である。かの名言集は、回心する者たちに関して
美しくもこう述べている。〈神を、今日、あなたの神として選び取れ。そうすれば主は、あなたが今日、主の
民となることを選びとってくださる〉（申二六・一七）。というのも、真の存在者に仕えようと尽力する者を、
神は嘆願者として己がものとしてくださるからである。2 たとえ数の上で一であっても、神は民に等しく敬愛
されている。神は自らの民のうちに充溢する部分なのであって、そこから民が生じたところのものの復興であ

り、全体が部分から呼ばれているのである。3 これこそ最美に向けての選択と鍛錬のうちなる高貴さとして示されるものである。アダムのかくまでに大きな高貴さが、なぜアダムを益したのであろうか。彼の父は死すべき存在ではなかった。アダム自身こそ、誕生における人間の父なのである。4 彼は妻に従い、恥ずべき事柄を自ら進んで選択してしまった。その際、真理と美とを省みなかったのである。この点で彼は、不死なる生命に代えて死すべき生命を選び取ったが、それは終末に至るまでではなかった。九九 1 一方ノアは、アダムのようにはならなかった人物であり、彼は神の見張りによって救われた（創七以下）。ノアは、自らを持して神に捧げたためである。アブラハムは三人の妻（サラ、ハガル、ケトラ）から子供を儲けたが、これは快楽の享受を通じてではなく、思うに、初めから氏族を増やすという希望によったものである。だがその中でただ一人が、父祖伝来の財産を嗣業者として受け継ぎ、それ以外の者どもは、彼イサクと共なる運命から切り離されてしまった。2 彼からは双子が生まれたが、そのうち若い方が父に喜ばれる者となって嗣業を継ぎ、祝福を得た（創二五・二七以下）。一方年長の兄の方は弟に仕えることになった。というのも悪しき者にとって、随意ならざることが最大の善だからである。[29] 3 ところで経綸は、預言者的でもありまた予型論的でもある。すなわち万物は知者のものであるということを、主は明瞭にこう告げて語っている。〈神がわたしを憐れんでくださったので、わたしにはすべてがある〉（創三三・一一）。すなわちこれは、唯一つの事柄、すなわちそれによってすべてが成り、相応しき者たちに約束のものが分かち与えられるような、その事柄だけを希求するべきだということを教えているのである。一〇〇 1 かくして嗣業の者とは、天の王国における真摯な共生者となった者であると記されている。それは神的な智慧と、律法に従い、あるいは律法以前に法に則って生き、彼らの行動がわれわれにとっての掟となっているような先人たちを通しての方法による。2 あるいはまた、主は知者を王者とも教え、同胞ならざる者たちをして、彼に次のように言わしめたとしている。〈あなたはわれわれのなかで、神か

ら王とされた方である〉（創二三・六）。これは支配される人々が、徳への熱意から、自発的な考えにより、真
摯な者に聴従する場合である。
3 一方哲学者プラトンは、至福を究極の目的とし、律法の教えに言わば沿って走るにせよ（つまり「偉大に
して情動を免れた本性は、真理を射抜く」とピュタゴラス派のフィロンがモーセの教えを解釈しているように
（フィロン『モーセの生涯』Ⅰ・二二二）、あるいは学びに絶えず励み、その折々の御言葉から教えを受けるに
せよ、「できるかぎり神に似ること」こそ至福だと述べた（『テアイテトス』一七六B）。4〈あなたがたは、
あなたがたの神である主の後に従って歩み、わが掟を守れ〉（申一三・五）。というのも、この「似ること」を
律法は「聴従」（akolouthia）と名付けているからである。そのような聴従は、力のかぎり似るものとする。
主はこう述べる。〈あなたがたは、あなたがたの天の父が慈しみに満ちているように、憐れみ深く慈しみに満
ちた者となりなさい〉（ルカ六・三六）。
一〇一 1 ここからストア派の人々も、本性に従って生きることこそ究極の目的だという教説を立て、相応しく
も神を「本性」と呼び代えた。なぜなら本性は、植物にも種子にも、樹木にも石にも浸透するからである。
2 かくして、次のように語られることの意味は明白である。〈悪しき者らは掟を理解しないが、掟を愛する
者たちは自らのために城壁を建てる〉（箴二八・五）。なぜなら〈聡い者の知恵は自らの道を識別するが、思慮
なき者の愚かさは欺きに至る〉（箴一四・八）からである。というのも〈わたしが目を注ぐのは、柔和にして
平和な人、わたしの言葉におののく人をおいて他に、誰かあろうか〉（イザ六六・二）と預言書が語っている
からである。
3 ところでわれわれは、友愛には三種類あるということを教わっている（クリュシッポス、倫理学的断片七
二三）。そしてそのうち、第一にして最上のものは、徳に基づく友愛である。なぜなら、ロゴスに発する愛は

堅固だからである。そして、第二番目で中間のものは、返礼による友愛である。これは共同体的かつ分かち合いの精神に基づき、生活のために有益である。なぜならまず、感謝に発する友愛は共通だからである。そして、最後にして第三番目のものを、われわれは習慣に基づくものと呼ぶが、ある人々は快楽により向きが変わり、変化しやすいものだと言っている。一〇三 1 わたしには、ピュタゴラス派のヒッポダモスがいとも美しく記しているように思える。「友愛には、神々に関する知識に由来するもの、人間の提供に由来するもの、そして生き物の快楽に由来するものがある」(30)。したがって、哲学者の友愛、人間の友愛、生物の友愛があるということになる。2 しかるに善行を為す人間は、まさしく神の似像であり、彼のうちにあっては彼自らも善行を施される。ちょうど、船乗りが助けると同時に助けられるのと同様である。それゆえ、もし人が願ってあるものを得たならば、与え主に対してこう言うことはない。「あなたの贈り物はすばらしい」。むしろ、「あなたはすばらしいものを得た」。こうして、与える者は受け取り、受け取る者は与える。3 〈憐れみをかけ、憐れみ深い者は正しき者である〉。〈大地に住む人々は高貴である。大地の上には悪のない人々だけが残されるであろう。けれども法に反する者どもは大地から絶たれるであろう〉(箴二一・二六、二・二一以下)。4 わたしには、ホメロスが「友には与えよ」(ホメロス『オデュッセイア』一七・四一五、三四五)と言っているのは、信厚き者のことを予言してのことだと思える。すなわち、友が、いっそう友であり続けてくれるために、友とは分かち合うべきである。一方、敵が敵であり続けないために、敵に援助すべきである。好意は援助とつながっており、敵意は解かれる。5 しかしながら、〈もし、進んで行う気持ちが先立つならば、持っていないものではなく、持っているものに応じて神に受け容れられる。他の人々には苦の軽減、あなたがたには艱難があるということではない。むしろ現段階で平等性が保たれるようにするのだ〉(IIコリ八・一二―一四)以下のように語られる。聖書は、〈彼は散財した、貧しい者たちに施したのだ。彼の正義は永遠に留まる〉(IIコリ九・九、詩一一一・九）と述べている。[6]なぜなら人は〈神の似像として、また似姿として〉（創一・二六）創造されたからである。これは前述したことだが、九七 [1]この聖句は単に身体上のことを告げているのではない。死すべき存在を不死なるものになぞらえるのは許されないからである。むしろそれは理性と悟性の点においてであり、そのうちに主は、善行を為す上での類似性、および支配する上での類似性を相応しくも人間に徴づけたからである。[7]というのも人間の支配性は、身体の質に関してではなく、思惟の判断によって正されるためである。

「敬虔なる人間の意向によって、諸国家はよく治められる。
家もまた然りである」。

（エウリピデス『アンティオペ』断片二〇〇）

第二〇章

修道主義のかけがえのない役割

一〇三 [1]さて勇敢さは、それ自体神への類似性へと邁進し、堪忍により無情動（apatheia）を獲得する。これはハナンヤについて語られた事柄が記憶に新しければの話であり、ハナンヤとは預言者ダニエルもともにいた四人組の一人で、神的な信仰に満ちた人物であった（ダ一一・六）。[2]ダニエルはバビロンに住んでおり、それはちょうどロトがソドムに住み、その後〈神の友〉（イザ四一・八）となるアブラハムがカルデアの地に住んでいたのと同様である。[3]バビロニア人たちの王は、ダニエルを野獣たちで満ち満ちた穴へと連れてきて、そこへ放り込んだ。しかしながら万物の王、信ずべき主が、傷を受けぬままに彼を穴から引き出した（ダニ六・一六―二四）。4 覚知者は、このような堪忍を獲得するであろう。彼は、この堪忍によってこそ覚知者なのであるから。それは、真実の人ヨブが試みに遭いながらも祝福を行い（ヨブ一・二二）、ヨナは海獣に飲み込まれながらも祈ることをやめなかったのと同様である（ヨナ二・三―一〇）。一〇四 1 かくして信仰は、彼をニネベの人々に向かって預言する者へと復興させたのである。たとえ獅子たちとともに閉じ込められようと、その獣たちはおとなしくなり、たとえ火の中に投げ込まれようとも、火には露が滴って、燃え上がることもなくなるのである。夜間に証明され、昼間にも証明が行われる。言葉において、生命において、生き方において証明が為される。2「親友」（ホメロス『オデュッセイア』一九・一七九）として、主とともに住む者となり、霊における共食者として留まるのである。肉において浄らか、心において浄らか、言葉において聖化された存在である。3 使徒は言っている。〈この世はわたしとともに十字架に付けられ、わたしは世とともに十字架に付けられているのである〉（ガラ六・一四）。この使徒は、救い主の十字架を担って主に従い、「神の御跡にしたがって」（ホメロス『オデュッセイア』二・四〇六）、聖者中の聖者となったのである。

一〇五 1 したがって、すべての徳に言及しつつ、神的な法は人間をとりわけ克己に向けて磨き上げる。克己を、諸徳の礎として規定しているのである。また神的な法は、われわれを、諸動物に対する用い方を通じて克己の獲得へと予め教育する。その際、たとえば豚のようなまるまると肉太りした種が得ているような、本性的に肥えた部分に与かることを禁止している（申一四・八）。というのもそのような用い方は放縦な生き方へと導くからである。2 実に、哲学者たちの中で語源的解釈を好む者は、豚（hys）とは殺戮（thys）であると主張しているとされる（クレアンテス、断片四四）。すなわち豚は、殺戮と切り裂きにのみ適うというのである。というのもこの動物に霊魂を売り渡すことは、肉を膨張させるため以外の何の意味もないからである。3 ところで魚に与かることも禁じられているが（レビ一一・一〇―一二）、これはわれわれの欲望がエラやウロコのある生き物のもののようにならないように命じているのである。というのもこれらの部分は、魚の他の部分の肉付きや肥沃さを上回るからである。一〇六[1]ここでわたしが思うに、秘儀を見出した者として、何か動物に触れることを禁じているのであろう。そればかりではなく、いけにえに捧げられたものの一部であっても、それを用いることは、秘儀伝授者たちの知っている理由により控えるということなのであろう。

[2]さて、もし腹部と、腹部の下にある部位は制しなければならないということであれば、われわれは天上の主の許から、欲望はこれを打ち砕かねばならないという教えを受け取っている（出二〇・一七）。もし欲望、言い換えれば快楽の刺激性を紛れもなくよく知っているならば、これは完遂したいものである。[3]快楽に属す思惟上の動きは、何らかの感覚を伴って、滑らかかつ優しいものとなると言われている。[4]この快楽に隷属したからこそ、かのメネラオスは、トロイアの陥落の後、あれほどまでの諸悪の原因であったヘレネを、亡きものにせんと逸ったものの、それでも彼女の美に打ち負かされ、それを実行するだけの力がなかったとされる。快楽の記憶が蘇ってきたためである。一〇七[1]そこから悲劇作者たちは、嘲笑を込め、批判を交えて彼に向かってこう叫ぶ。

「そこでおまえは、胸を見るや、剣を抜き、
　接吻を授けた、裏切り者の犬にへつらいながら」。

（エウリピデス『アンドロマケ』六二九以下）

あるいはまた、

「いったい、剣は美に向かって叫びを挙げるのだろうか」。

（エウリピデス『オレステス』一二八七）

2 だがわたしはアンティステネスに同意する。彼はこう言っている。「もしわたしがアフロディテを手に入れたなら、矢で射抜くことだろう。なぜなら彼女は、われわれの多くの美しく善き婦人たちを堕落させてきたからだ」（アンティステネス、断片一一―一、ヴィンケルマン編）。3 彼は性愛を本性上の悪だと言っているのである。この性愛に屈する気性邪悪な者どもが、神のことを病気だと呼ぶのである。というのも彼らによって、快楽に対する無知ゆえに、邪気のない者たちが打ち負かされるからである。快楽というものは、たとえ神と語られようとも、進行させてはならないものである。すなわち、たとえ神から、子孫創生の必要からたまたま与えられたものであるにしてもである。4 またクセノフォンは快楽のことをまぎれもなく「悪」だと呼んでいる。「おお辛抱強き者よ、何故にあなたは快楽を善だと考え、またなぜ美だと思うのか。快楽よ、あなたは、快き事物の欲情を待ってはくれないし、飢える前に食べ、渇く前に飲み、あなたが快楽とともに食べるように、つまみを作り出すものなのだ。5 だがもしあなたが快く飲むならば、高価な酒を備え、夏の雪を見回して求める。もっともそれはあなたが安眠できるようにするためなのであり、やわらかい寝台ばかりでなく、寝台を足台に備えて作るのだ」（クセノフォン『ソクラテスの想い出』二・一・三〇）。一〇八 1 ここから、アリストンが言うように「四弦のものに対しては、つまり快楽・苦痛・恐怖・欲望に対しては、大いに鍛錬と闘いが必要なのだ。

〈なぜならこれらのものこそ、これらこそはらわたを通って内に入り込み、人間の心を不穏にさせるからだ〉」。

2「というのも」、プラトンによれば、「崇高なる事どもを思索していても、快楽は気概（thymos）を蜜蠟のようにしなやかにしてしまう」（プラトン『法律』六三三B）。「なぜなら、各々の快楽や苦痛は、霊魂を肉体に釘付けにしてしまうからだ」（プラトン『ファイドン』八三D）。これは、自らを諸々の情動から結界し十字架に付けていない場合に生ずる。3主は言われる。〈自らの霊魂を失うものは、それを救い取るであろう〉（マタ一〇・三九）。これは、主自身がわれわれのためにそうされたように、後先を考えることなく救い主に自らの霊魂を明け渡す場合、ないし自らの霊魂を、住み慣れた生への馴れ合いから解放する場合である。4というのももし、自らの霊魂を、生きることの内なる悦びと快楽から解き放ち、引き離し、結界しようと望むとき（これこそ十字架の意味するところである）、あなたは霊魂を、来たるべき希望のうちに〈見出し〉、安らぎを得るであろうから。**一〇九** 1「これは死への配慮となるだろう」（プラトン『ファイドン』八一A）。すなわち、もしわれわれが本性に従って測り取られた欲求だけに関して、本性に過ぎることあるいは本性に反することを何ら異化することなく、満足させようと欲するならば、そこには過ちが生え出る。2〈だから、悪魔の策略に対抗して立つことができるように、神の武具を身につけよ〉。なぜなら〈われわれの戦いの武器は肉のものではなく、神に由来する力であって、要塞も破壊することができる。われわれは理屈を打ち破り、神の覚知に逆らうあらゆる高慢を打ち倒し、あらゆる思惑を捕虜にしてキリストに従わせよう〉（Ⅱコリ一〇・四―五）と神的な使徒は言っている。3人間に必要なのは、それによって情動が駆られる問題に対して、驚くことなく混乱なく対処しうることであり、その問題とはたとえば、富、貧困、名誉、不名誉、健康、病気、生命、死、苦痛、快楽などである。4というのも善悪無記（adiaphora）なるものに対して、感情を交えずに対処するためには、われわれには多くの傑出した面が必要不可欠である。なぜならわれわれは、幾多の弱さと早まった錯綜により堕落していて、無学ゆえに悪しき行状と育ち方をすでに享受してしまっているからである。二〇[1]というわけで、われわれによる哲学の簡素な言葉は、情動とはすべて、柔らかく撓めやすい霊魂に遺された刻印であり、いわば〈魂的な〉（エフェ六・一二）力による印刻であって、その力に対して〈われわれの格闘が行われる〉とされる。[2]思うに、悪しき働きを為す諸力の業とは、各々のものに、自らの習慣のなにがしかを働きかけようと試みることであり、拒否する者たちに対して、それに打ち勝ち、おのが支配の下に置こうとすることである。[3]当然それに伴うのは、競技者精神に満ちてこの闘技に参加し、全力で闘い、栄冠にまで至らんとする者たちを、転覆させてしまうということである。上述の諸力は、多くの血を流しつつ勝利を収めようとする者たちを、驚嘆しつつも挫かんとするのである。

[4]というのも、運動するもののうち、たとえば諸動物のように、衝動と幻覚によって動くものがある一方、霊魂を有しないもののように、移動によって動くものもある（クリュシッポス、自然学断片七一四）。しかるに霊魂を有しないものの中でも、植物は散漫に運動しつつ生長すると言われる。ただしこれは、植物も霊魂を有しないものに属すると認める場合の話である。二一[1]かくして石は状態において、植物は本性において、いま述べた二つのものおよび理性を持たない動物は、衝動と幻覚において運動に関わる。[2]一方理性的な力は、人間の持つ霊魂に固有のものであるが、理性を持たない動物に対して同じように駆り立て働きかけるということはありえず、むしろ幻覚を識別し、それらによって錯乱させられないようにすることが務めである。

[3]したがって前述した諸力は、美や名誉や姦淫や快楽、あるいはそういった類の幻覚を、その傾きのある霊魂に対し、罠に満ちた形で提示してくる。それはちょうど、家畜を駆る者が、若枝をかざして振るようなものである。その後、真なる快楽と偽りの快楽を、また聖なる美と死すべき傲慢な美を識別することのできない者

たちを出し抜き、隷属化させて引き立てて行くのである。[4]各々の迷妄は、休むことなく霊魂にもたれかかり、霊魂のうちに幻覚を形成する。そして霊魂が知らずして情動の像をまとうや、罠とわれわれの同意による原因が成立するのである。

二二 [1]さて、バシレイデスに従う者たちは、情動のことを習慣的に「付属物」(prosartēmata) と呼び習わす。そしてこれらを、実体としてなんらか息吹のようなもので、理性的霊魂に依存し、いわば混乱した支配的な混交であるとしている。さらにこれらの他に、息吹の庶子にして異質な本性を、別に霊魂から生え出でさせている。それはたとえばオオカミ、サル、ライオン、ヤギの息吹のようなものである。彼らによれば、霊魂をめぐって幻覚として現れるそれらの特質は、霊魂の欲望を各動物に似たものに同化させてゆくのだと言っている。[2]というのも何の特質を帯びているかによって、その業を模倣するようになり、理性を持たない動物の衝動や幻覚に同化してゆくばかりでなく、植物の属性的な特性を帯びることで、植物の美しさや美をも希求するからだとされる。二三 [1]彼らによれば、ついにはそれは、状態の特性、たとえばダイヤモンドの頑なさを模倣するまでに至ると言う。

[2]しかしながら、われわれはこのような教説に対して、後ほど霊魂について扱う際に討論を試みることにしよう(『ストロマテイス』三・三・一三・三)。いま注記しておかねばならないのは、バシレイデスの徒が、いわば詩作品における木馬の像(プラトン『テアイテトス』一八四D)ほどにまで多くの様々な息吹の軍勢を、一つの身体のうちに抱き取って、救っているということである。[3]バシレイデスの息子のイシドロス自身、『付加した霊魂について』と題する著作のなかで、この教説に気づき、あたかも自分自身を批判するかのごとくに、およそ次のように記している。[4]「もしあなたが誰かに、霊魂が単一組織のものではなく、付加物の力によって、より劣ったものへの情動が生じるのだということの証左を与えるならば、人々の中で悪辣な者ども

は、次のような偶然ならざる言い訳を述べることができるだろう。すなわち、〈強いられた、かつがれた、嫌々やった、欲しなかったのに働かされた〉などである。彼らは、悪に対する欲望だとは思っていないのかも知れないが、実際は、付加物の力と戦ってはいないのである。**一四** 1 けれども、理性的思考によって力で上回った者は、われわれの内なる弱き被造物を支配するように見えねばならないのである」。2 この人間も、ピュタゴラスの徒と同様に、われわれのうちに二つの霊魂を仮定する。ピュタゴラスの徒については、後ほど検討を加える。3 だがそればかりでなく、ヴァレンティノスもまた、付加物について次のような言辞を用い、ある人々に宛てて記しているのである。「一人の方だけが善き方である。子による顕現とは、この方の自由意志による行為なのである。そしてこの方のみによって、心は、心の悪しき霊をすべて駆逐され、浄らかとなり得る。4 というのも心には、幾多の悪しき霊が住みついていて、浄らかとなることを許さない。その各々が個々に固有の業を為し、相応しからざる欲望によって多様に奢っているからである。5 わたしには、心とは何か宿屋に似た面を被っているように思われる。すなわち宿屋は穴を穿たれ、掘り起こされて、しばしば、放縦に耽りその場に対してまったく気配り（pronoia）をしない人々の糞で満たされている。それはあたかも、誰か他人が住んでいるかのようである。6 それとちょうど同じように、心もまた、気配りを獲得するまでは浄らかでなく、多くの鬼神たちの住処となっている。しかしこの心を、かの唯一善き父が見そなわすとき、聖化され、光に照らされる。こうしてそのような心を有する者は幸いなる者とされて、神を見ることができるのである」[31]。

一五 1 では、そもそも最初から、このような霊魂が神慮（pronoia）を得られない理由とは何であるのか、われわれに述べてほしい。つまり、霊魂がそれに値しないのか（まるで、回心をまってはじめて、神慮が霊魂に近づくとでも言うのか）、もしくは主ご自身が望んでおられるように、本性的には霊魂が救われていて、当初から神慮により同起源性があるのだから、強いられない限りあるいは非力であることが証明されない限り、不浄なる霊にはいかなる余地も与えられないということなのか。[2]というのももし、回心した霊魂がより優れたものを選択することを、主が叶えるのだとすれば、われわれにあって真理が是とした事柄をその人物が語るのは、説得されての回心であるがゆえに本性的ではないのであり、その救いは本性的なものとは言えないということになるからである。[3]ちょうど、蒸散物が大地や沼から立ちのぼって霧となり、雲の固まりとなって嵐をもたらすように、肉的な欲望の発散が霊魂に不満をもたらし、霊魂の前に、快楽の偶像を撒き散らすというわけである。**二六**[1]したがって、霊魂が思惟的な光によって、欲望からの蒸散を引き寄せて肥え太り、諸情動の嵐に対し、快楽のしつこさで影を投げかけるということになろう。[2]金の塊は大地から取り出すことはできず、むしろ煮詰めることで濾過され、しかる後、浄化された金という名、浄められた大地という名を得ることになる。〈求めよ、そうすればあなたがたに与えられるであろう〉（マタ七・七）という言葉は、自らのうちからもっとも美しきものを選択することができる人々に語られたことである。[3]どのようにして悪魔の諸力が、不浄なる霊が、罪を犯した者の霊魂のうちに入り込むとわれわれが言うのか、わたしには、多く言葉を連ねる必要はなく、むしろ使徒のバルナバを証人とするだけで十分だと思われる（彼は七〇人の弟子の一人であり、パウロの協力者でもあった）。彼はおよそ次のように述べる。〈われわれが神を信じる以前は、われわれの心の住まいは死すべきで弱いものであり、まさしく「手で作られた神殿」であった。しかしその心が、神に敵対するものを実行することにより、偶像崇拝に満たされて鬼神の家となってしまったのである〉。**二七**[1]使徒は、鬼神に特有の力動性（energeia）を成就する者を「罪人」と呼んでいるのであって、そのような霊そのものが、不信仰な者の霊魂のうちに住んでいると言っているのではない。[2]それゆえ、彼はこうも付言している。〈主の家が相応しく建てられるように、注意せよ。どのようにであろうか。学ぶがよい。罪の赦しを得て、主の名に希望を置き、新たにされよ。もう一度、最初から創造されよ〉。[3]というのも使徒が述べているのは、われわれの悪霊が駆逐されるのではなく、罪が赦される、ということなのである。われわれは信じるまでの間、かの悪霊と同じように、この罪を行っているのである。4 そこで使徒は、付加した言葉を相応しく言い換えている。〈それゆえわれわれの住まいにあって、真に神がわれわれのうちに住んでいるのである。どのようにであろうか。主の信の言葉、主の福音の呼びかけ、正義をめぐる知恵、教えの掟として、である〉（『バルナバの書簡』一六・七―九）。5 わたしは、自分がある異端に対して攻撃を行っていることを知っている。この異端を奉ずる者は、快楽という名を用いて快楽と戦っていると言っている。「真正なる覚知者は、仮想の戦いを通じて快楽を回避する」と（彼は自らも覚知者だと言っている）。試みに遭わずして快楽から逃れること、快楽のうちにあっても打ち負かされないこと、だから快楽によって快楽のうちに鍛錬されることは、大して困難ではない、と彼は言う。**二八** 1 しかしながら、哀れなる者は、快楽を愛する技巧によって、知らずして自らを欺いている。2 すなわち明らかにこの憶念の点で、キュレネのアリスティッポスは真理を豪語するソフィストに攻撃を加えているのである。実に彼は、遊女のコリンティアに休みなく語りかけることのゆえに叱責され、こう言った。「わたしは、ライスを摑まえているのであって、彼女によって摑まえられているのではない」（ディオゲネス・ラエルティオス『哲学者列伝』二・七五）。3 ニコラオスの徒であると自称している者どもも、この類の人々である。[32] 彼らはその男の護符のようなものを、護身のために携えていて、「肉体は濫用せねばならない」と言っている。4 しかしながら、真正なる人間は、快楽や欲望を打倒せねばならないということ、そして鍛錬によって、肉の衝動や試練を緩和させねばならないということを、これは明らかにしているのである。5 だが、ヤギの如くに快楽に身を任せる者は、肉体におごり高ぶる者と同様、快楽に身を滅ぼしているのであって、流れるものは本性的に散逸するのに、彼らの霊魂は悪の泥のうちに沈んでいるのだということが判っていない。これは快楽そのものの教説に追従しているのであって、使徒的人間の教えに従っているのではない。

6 これらの者どもは、サルダナパッロスといかなる点で異なっているのであろうか。この男の生涯は、次のエピグラムが明らかにしている。

「わたしがいま手にしているのは、わたしが食べ、誇り、愛欲をもって
喜びを味わったもの。だがまだ多くの幸いなる事柄が残っている。
わたしは灰、偉大なるニノス王すら支配する」。

（アテナイオス『饗宴の賢人たち』三三六A）

7 つまり快楽の情動は不可欠なものではなく、何らか本性的な必要、すなわち飢え、渇き、寒さ、結婚といった類のものに相伴うものなのである。**二九** 1 したがってもし、快楽を抜きにして飲んだり、食物を摂ったり、子供を儲けたりすることができるのであれば、快楽の他の必要性はないということが示されるであろう。2 なぜなら快楽とは、エネルゲイアでも、気質でも、われわれの一部分でもなく、奉仕のために生命に入り込んで来たものだからである。ちょうど、食物を調理するための塩を言うようなものである。3 けれども快楽が反乱を起こし、家を牛耳ってしまうと、愛欲的な欲望を生み出す。その快楽を味わった者の持つ欲求と衝動は非理性的なものであり、この快楽は、かのエピクロスをして、哲学者にとっての最終目的である、という説を立てさせたほどなのである。4 実に彼は、「肉体のよく整えられた状態、肉をめぐる信ある希望」（エピクロス、断片三九八、ウーゼナー編）を神格化しているのであるから。5 放縦とは、快楽を愛する貪欲であり、快感情を追い求める者たちの余分な行き過ぎ以外の何ものであろうか。6 ディオゲネスは、ある悲劇作品の中で、強調的に次のように記している。

「男性的でなく、汚らわしい放縦の徒は、
快楽のために、心において呻吟し、
少なからず、労苦することを欲している」

（シノペのディオゲネス、典拠不詳断片一）

以下、恥ずべき仕方で、もっとも快楽を愛する者には相応しく語られたことがそれである。

一二〇 1 それゆえわたしには、神的な法は、恐れを必須のものとして差し掛けているように思われる。それは敬神の念と集中力をもって、哲学者が思い煩いのなさを獲得し、護り抜くためである。その際、すべてにおいて躓くことなくまた誤ることなく持続するのでなければならない。2 というのも平安と自由は、われわれの情動に対する止むことも倦むこともない闘いを通して以外には、獲得されえないからである。3 情動は厳格な闘争者であり、オリュンピア競技祭の競技者よろしく、いわば蜂よりも鋭い。またとりわけ快楽は、日中ばかりでなく夜間にも夢の中に現れ、魔術をもって罠を仕掛け、姦策を案じて嚙み付いてくる。4 であるから、正しきギリシア人たちが、律法を追究し、恐れをもって彼らもまた快楽を隷属化させることを教えているのはどういうことなのであろうか。5 実際ソクラテスは、飢えていないのに食べること、渇いていないのに飲むこと、美しき人々の顔つきや接吻が、サソリや毒グモよりも厄介な毒をもたらす性質のものであることに警戒するよう命じている（クセノフォン『ソクラテスの想い出』Ⅰ三、六、一二以下）。一二一 1 またアンティステネスは、悦びを感じるよりも狂気に陥るほうをむしろ選び取り（アンティステネス、断片六五、ムラッハ編）、テバイのクラテスも、

「彼女は、霊魂の状態において勝利を得、彼らを支配する。
黄金にも、憧れで疲弊させる愛欲にも隷属することなく、
虚傲の友の道連れになることもなく」。

（クラテス、断片三・八、ベルク編）

さらに、その全体像をこう付言している。

「彼らは、卑しい快楽に隷属することなく、撓むこともなく、
不死なる王国と自由とを愛する」。

（同、断片九）

[2]この人物は、他の著作においても、性愛に向かう歯止めの利かない衝動の湿布剤が、悪疫であるか、もしそうでなくても、縄であるということを、率直に書き記している（同、断片一七）。[3]一方ストア派のゼノンに対し、喜劇詩人たちは、彼の教説が真実であるということを、いささか揶揄しつつではあるが、こう語っている。

「この男は、新しい哲学を哲学した。
飢えを教え、弟子を取った。

パンは一つ、おかずは干しイチジク、水を飲むだけと教えて」。
（フィレモン『哲学者たち』断片八五）

一三1 これらの人々はすべて、敬神の念に発する恩恵に対し、恥じることなく明確に同意している。ところで真実にして理性を伴った智慧は、単なる言葉や託宣を信じるのではなく、傷つけられえない守り、激烈なる神秘、神的な掟に信を置く。その際、相伴う鍛錬や修道に配慮し、神的な力の息吹を帯びた部分に倣い、その力を御言葉から受け取る。2 すでに、創造者たるゼウスの楯は次のように記されている。

「その楯は恐ろしきもの、一面にすべて恐れが被せられていて、
あるところには争い、力、また冷たい追跡が見える。
はたまた、恐ろしき怪物ゴルゴンの首もある。
それは恐ろしく、力に満ちた、楯をたもつゼウスの脅威」。
（ホメロス『イリアス』五・七三九―七四二）

一三1 このように、救いを真っ直ぐに見通すことのできた人々に、律法の峻厳性、その娘である敬神の念よりもいとおしいものが映るのかどうか、わたしは知らない。2 というのも、「高い調子で歌う」と言われるのは、主もある人々に対して行うことであるが、その人を妬む誰かが、外れて狂った調子で歌うことのないようにするためである。ちょうどそれと同じように、わたしが聞くところによると、それは高い調子というものではなくて、神的なくびきを負うことを望まぬ人々にとって高い調子ということになるのである（マタ一一・二

九)。なぜなら、調子外れで弱い性質の人々にとって、その音調は高い調子に、また不正なる者どもにとって、厳粛に正確なものは越えすぎたものに思われるからである。[3]というのも、過ちに対して優しくあることを通じて馴れ合い性が入りこんで来るような人々であれば、真理を艱難と受け取るであろうし、厳格さを厳しすぎと、同じように過ちを犯さず共に引き倒されないような者を憐れみに欠けた者だと見なすだろうからである。一三四[1]実に悲劇作品は、冥府について次のように巧みに記している。

「あなたがそこへ赴く場所には、老人がいるでしょう。
彼はきっと、適わしきことや優美さを知らず、
ただ単に正義だけを愛してきた人です」。

(ソフォクレス、典拠不詳断片七〇三)

[2]というのもたとえあなたが、できる限りにおいて、律法によって命じられた事柄を実行するということがなくとも、律法のうちには、われわれにとって最も美しい教えが収められてあるのだということを見抜き、自由への愛を育み増し高めることができるはずなのである。[3]そうすることによってわれわれは恩恵を受け、力の限りいっそう熱心に、ある事柄には挑戦し、ある事柄は模倣し、ある事柄に関しては拒絶さえするのである。[3]なぜなら古の正しき人々は、律法に従って生きていたわけでも、「樅の木や石から生まれたわけでもない」(ホメロス『オデュッセイア』一九・一六三)。彼らは真正に哲学することを望むことによって、自らの全体を神に奉献し、〈信厚き者と認められた〉(創一五・六)のである。

一三五[1]ゼノンは、インド人に関していとも美しく記述し、一人のよく日に焼けたインド人が、労苦に関する

すべての証拠を、見たり学んだりしたいと欲していると述べている（ゼノン、断片二四一）。2 しかるにわれわれにとっては、証し人たちの豊かな泉があり、日々、われわれの眼で、焼かれたり、柱上に吊るされたり、首を刎ねられたりする証し人たちがいる。3 彼らはすべて、法の前での恐れがキリストに向けて訓導し鍛錬して、敬神の念を血によってさえ示すよう導かれた人々なのである。4〈神は神々の集会の場に立ち、その中央で、神々に判決を下す〉（詩八一・一）。この神々とは誰のことであろうか。快楽に打ち勝ち、情動を超え出で、自分たちがおこなってきた事の各々を知悉しており、覚知者であり、世よりも偉大なる者たちである。5 さらにはまた、〈わたしは言った。あなたがたは神々であり、すべて、いと高き方の子らである〉（詩八一・六）と語られる。主は誰に対して語りかけているのであろうか。可能な限りにおいて、人間的な事どもをすべて拒んだ人々に対してである。6 使徒もこう述べている。〈あなたがたは、もはや肉のうちにあるのではなく、霊のうちにあるのだ〉（ロマ八・九）。さらにはまたこう述べている。〈われわれは、肉のうちにありながら、肉に従って戦っているのではない〉（Ⅱコリ一〇・三）。〈なぜなら肉と血は、神の王国を受け継ぐことはできず、妬みが、妬みのなさを受け継ぐこともできない〉（Ⅰコリ一五・五〇）。〈見よ、あなたがたは人間として死んで行くのだ〉（詩八一・七）。彼が述べているのは、われわれを吟味する霊のことである。

二六 1 かくしてわれわれは、情動に屈する部分をめぐり、自己自身を敬神の念に向けて鍛え上げる。真なる哲学者たちに倣い、食物に関して渇欲を覚える部分を打破し、寝台における安逸な惰性、放縦、放縦に向かう情動を打ち棄てる。他の人々にとってこの闘争は重いものであるが、われわれにとってはもはやそうではない。神からの最大の贈り物、節制が与えられているからである。2〈神自らがこう語った。「わたしは決してあなたから離れず、決してあなたを捨て置かない」〉（ヘブ一三・五、申三一・六、八）。これは、真正なる選択によってそれに適う者と認められた場合のことである。3 こうして、主の〈憐れみ深いくびき〉（マタ一一・三〇）は、敬神の念をもって近づこうと努めるわれわれのことを受け入れてくださる。その接近とは、〈信仰から信仰へと〉（ロマ一・一七）、一人の御者が、一歩ずつわれわれの各々を救いへと駆る歩みである。それは、幸福の相応しき実りが完成することを目標とする。[4]コス島のヒッポクラテスによれば、「鍛錬とは」、肉体面のみならず、「健全な霊魂の、労苦を厭わぬが、食糧は適度のもの」だという（ヒッポクラテス『療法』六・四・一八）。

第二一章

人間の終末に関する諸哲学者の見解

一二七 [1]一方エピクロスは、飢えないこと、渇かないこと、寒さに震えないことのうちに幸福を置く（エピクロス、断片六〇二）。そしてその神にも等しい声を挙げ、不敬虔にも、その説のうちに、父なるゼウス・神と戦いを始めると宣言している（同、断片四五〇、四〇六）。それは、言わば泥を食む豚のさまであり、至福の勝利を宣言する理性的人物・哲学者の姿ではない。つまり、快楽から出発する者たちの中には、キュレネ派とエピクロスが見出されるのである。[2]というのもキュレネ派は、快楽のうちに生きることこそ究極の目的であると明瞭に述べており、最終的善とは唯一快楽に他ならないというのである（以下テオドレトス『ギリシア人の誤りを駁す』一一・六）。一方エピクロスは、苦痛の除去をも快楽と述べている。彼が言うには、まずもって自らから発して自らへと引きつけるものこそ選び取るべきであるということであるが、これはいとも明らかなことに、運動のうちにあるものという意味である。[3]一方デイノマコスとカッリフォンは、快楽を獲得しこれを手中にするために自発的に行う事柄こそ最終目的だとする。またペリパトス派のヒエロニュモスも、煩わされることなく生きることこそ最終目的であり、幸福とは最終的な唯一の善であるとする。ディオドロスもまた同様に、同じ異端から出発して煩わされることなく美しく生きることこそ最終目的であると表明している。

三八 1 かくしてエピクロスとキュレネ派は、固有の第一のものとは快楽であると述べたのである（エピクロス、断片五〇九、ウーゼナー編）。というのも彼らによれば、徳は快楽のために過ぎ去るが、徳が快楽を生んだのである。2 またカッリフォンの徒によれば、快楽のために徳が添えてやって来るのであるが、時間的には後に、徳をめぐる美が自らを、発端すなわち快楽と同じ尊厳を持つものと見なし、おのれを提供したのである、とされる。

3 一方アリストテレスの徒たちは、徳に従って生きることこそ目的であると表明しているが、徳を有している人のすべてに幸福や目的が存しているとは考えていない（アリストテレス『ニコマコス倫理学』一・一〇）。というのも試練を受けて、意に反した運命に堕ちた賢者が、そのために雄雄しく生きることから逃れたいと望み、幸福でありたいとも至福でありたいとも願わなくなることがある。4 徳の成立のためには、ある一定の時間が必須だという。徳は、一日にして成るものではなく、完全なる人間において成立するものである。つまり、彼らが言うには、幸福なる子供というものは、およそあり得ないのである。だがそうなると、人間の一生は完全性に向かう時間とならねばならない。5 そういうわけで、幸福とは善の三重の構造で満たされる。したがって貧しき者も、名誉なき者も、病に罹った者も、僕である者も、それ自体として幸福ではない、というのである。

三九 1 一方ストア派のゼノンは、徳に従って生きることこそ最終目的であると考えたが（ゼノン、断片一八〇）、同じくクレアンテスは、自然本性に適うように生きることが目的だと考えた（クレアンテス、断片五五二）。またディオゲネスは、賢慮のうちにあることこそ目的であると考えたが、彼は、賢慮のうちにあることとは、本性に従った事どもの選択にあると考えていた（ディオゲネス、断片四六）。2 一方この人物の知友であるアンティパトロスは、本性に従った事柄を、常にまた逸脱することなく選択する一方、本性に反することを選び取らないことのうちに、目的が存在すると理解していた（アンティパトロス、断片五八）。[3]アルケデモスもまた、次のことのうちに目的が存在すると説明した（アルケデモス、断片二一）。それはすなわち、本性に従った最大かつ最も勝義的なるものを選択しつつ、乗り越えることのできる事柄は選ばないで生きる、ということであった。[4]彼らに加えて、パナイティオスは、本性的にわれわれに与えられた端緒に則って生きることこそ目的であると公言していた。彼ら全てに加えてポセイドニオスは、生きるとは、万物をめぐって真理と秩序とを観想し、自らを可能な限りそれに倣って備えることであるとした。その際、霊魂の非理性的部分に関しては、何事にも動かされないこと、と彼は注記する。[5]一方、新進のストア派の人々のある者たちは、次のように表明している。すなわち目的とは、人間の構造性質（kataskeuē）に従って生きることである、というのである。[6]アリストンに対しては、どうしてここに数え挙げようか。この人物は、目的とは善悪無記であると述べているが（アリストン、断片三六〇）、善悪無記とは善でも悪でもどちらでもないものであるとして放置しているのである。[7]あるいはエリッロスの見解をここに提示すべきだろうか。彼は、目的とは知識（epistēmē）に従って生きることであると規定している（エリッロス、断片四一九）。[8]アカデメイア派の新進の人々に関して、ある者はこれを善しとしているが、彼らは、目的とは幻覚に対して躓くことなく判断停止を行うことだとしているのである。[9]実に、ペリパトス派のリュコンは、霊魂の真なる悦びこそ目的だとし（リュコン、断片二〇、ヴェーリ編）、これはレウキッポスが、美に則った悦びこそ目的だとしているのと同様である。[10]一方クリトラオスは、かれもまたペリパトス派なのであるが、本性に従った成功裏の人生こそ目的性であると述べている。これは三つの種類に満たされた三重の目的性を意味するものである。

一三〇 [1]われわれとしては、以上をもって十分としてここで止めるべきではなく、むしろできる限り区別をはっきりさせつつ、本性的な事柄をめぐり、当該の問題に関して教説化された事柄を提示することに努めよう。

2まずクラゾメナイの人アナクサゴラスは、人生の目的とは観想であり、観想を通じての自由であると言ったとされている。一方、エフェソスの人ヘラクレイトスも、それは満足であると言ったとされる（ヘラクレイトス、断片一一〇、ディールス・クランツ編）。3一方ポントスの人ヘラクレイデスは、ピュタゴラスが、霊魂の幸福とは数の完全性に関する知識であるということを伝授した、と述べている（ヘラクレイデス、断片一三、フォス編）。4だがそればかりではなく、アブデラの人々もまた、目的が存在すると教えている。まずデモクリトスは、『目的について』と題する著書の中で、それは喜悦であるとし、彼はこれを「繁栄」（euestō）と名づけている（またしばしば彼は、こう付言している。「悦びと、悦びのなさ、それこそ、適切さと不適切さの見張りである」〔デモクリトス、断片一八八、ディールス・クランツ編〕）。一方ヘカタイオスは、これを「自足」であるとしている（ヘカタイオス、断片二〇）。5一方、キュジコスの人アポッロドロスは「霊魂の導き」であるとした。これはナウシファネスが「沈着」だとしたのと似ている（ナウシファネス、断片三、ディールス・クランツ編）。なぜならそれは、デモクリトスによって「冷静」と語られたものだからである（デモクリトス、断片二一五、ディールス・クランツ編）。6さらに彼らに加えて、ディオティモスは「諸善の充足」としているが、これは「繁栄」（euestō）と名づけられ、目的であると表明されている。7さらにアンティステネスは、「虚傲のなさ」（atyphia）であるとし（アンティステネス、断片五九、ムラッハ編）、一方キュレナイカの後継者から「アンニケレイオイ」と呼ばれている者たちは、全生涯の目的を何ら定義づけられないとした。すなわち、個々の行為には各々固有の目的が存在し、それはその行為から生じるところの快楽であると述べたのである。8これらのキュレネ学派は、エピクロスによる快楽の定義、すなわち「苦痛をもたらすものの除去」（エピクロス、断片四五一、ウーゼナー編）を拒絶した。彼らはこの定義を「死者の状態」と呼んだのである。というのもわれわれは、快楽にばかりではなく、語らいあいや名誉を愛する心のうちにも喜びを見出すからである。9 けれどもエピクロスは、霊魂のすべての悦びは、まず肉体が先に被り、その上に成立すると考えている。[三一] 1 またメトロドロスも『より大なるものについて』の中で、われわれの許での幸福に関わる原因とは、事物から発するものであるとして、「霊魂の善とは、肉の繁栄した状態であり、肉をめぐる信頼しうる希望以外の、他の何物であろうか」と述べているのである（メトロドロス、断片五、ケルテ編）。

第二二章

プラトンによる人間の最高善

2 実に、かの哲学者プラトンは、目的とは二重であり、一方は分有され得て、すでにまずイデアそれ自体のうちに存し、「善」とも名づけられるものであり、もう一方は、これを分有し、そこから類似したものを受け取るものであり、徳と真なる愛智を自らのものとなす人々において生ずる、としている。3 それゆえクレアンテスも『快楽について』の第二巻においてこう述べている。「ソクラテスは、あらゆる場合において〈正しき人間と幸福なる人間とは同一者であり〉、〈正義を利得から切り離すような前者を、何か不敬なことを為した人物として呪う〉ことを教えていた」と（クレアンテス、断片五五八）。というのも実際不敬者とは、営利を法に従った正義から切り離す人物だからである。4 その同じプラトンは、幸福とは「ダイモーンを善く持つ」ことであり、ダイモーンとは「われわれの霊魂の主導的部分であると言われ」、幸福とは「最も完全で豊かな善である」と述べている（プラトン『ティマイオス』九〇C）。5 また彼は、幸福のことを「同意され、共和する生」と呼んでいる（プラトン『ラケス』一八八D）。そこで彼は、またあるとき、徳に関しての完全性を、善に関わる知識と、神に対する類似のうちに置き、類似とは「節慮をともなった義と敬虔さである」と言っている（プラトン『テアイテトス』一七六Ｂ）。6ここで、われわれのうちのある者たちは、人間は創造の際に〈創一・二六〉、〈像として〉の性格を直ちに受け取ったにしても、後に〈似姿として〉、その完全性に照らして受け取ることになった、と理解しているのが思い起こされる。一三二 1まさしくかのプラトンが、この「似姿性」は、有徳の人には謙遜さ（tapeinophrosynē）を伴ったかたちで存するということを教え、次の聖句を解釈している。〈すべて、自らを低くする者は高くされる〉（ルカ一四・一一）。2プラトンは『法律』篇の中でこう述べているのである。「神は、いにしえの論述と同じく、すべてに関して始め・中・終わりを有する方であり、歩き経巡りながら、本性に従い、直線をもって区切る方である。そしてこの神には常に、神の法を逸脱する者どもに対する報復者、すなわち正義が相伴うのである」（プラトン『法律』七一五Ｅ—七一六Ａ）。3プラトンがどのようなかたちで、敬神の念を神的な法に付与しているか、おわかりであろうか。彼はこう付言する。「幸福になろうとする者は、この正義のうちにあり、謙遜に、そして慎ましやかにこれに付き随うのである」。4しかる後、これらの事どもの帰結を総括しながら、恐れをもって道を正しつつ、こう付言する。「いったいいかなる行為が、神に好ましく、神の意に適うのであろうか。それはただ一つ、古の言葉を内包している事柄、すなわち似たものが、似たもの・規準を叶えたものにとって親しいのであり、規準を超えたものは、互いにとっても、規準を叶えたものにとっても、好ましくないのである。したがって、神に好ましき者となろうとする者は、可能な限り、自らもまた、そのような者とならねばならない。一三三 1そしてまさにこれと同じ論理により、われわれの中で賢慮を備えた者は神の友であり、神に似た人である。そして賢慮を備えていない者は、神に似ず、神とは異なった者なのである」（以上、プラトン『法律』七一六ＣＤ）。2彼は、これを古に遡る教説であると言いつつ、それが律法からプラトンの許にまで届いたことを暗示している。3彼は『テアイテトス』篇においても、死すべき本性ゆえの諸悪、またその場所が、必要に迫られて徘徊することを認めながら、次のように付言している。「それゆえ、できるだけ速やかに、この世からあの世へと逃れねばならない。なぜなら逃避とは、可能な限りで神に似ることだからである。しかるに〈似ること〉とは、賢慮を備えつつ正しくかつ敬虔な者となることである」（プラトン『テアイテトス』一七六ＡＢ）。4 プラトンの甥であるスペウシッポスもまた、幸福とは、本性的にまったき習性の者たちの間でのまったき習性、ないし諸善に満ちた習性である、と述べている（スペウシッポス、断片一九四、ムラッハ編）。この状況に対しては、すべての人間たちが欲求を抱いているが、善き人々は、喧騒からの解放をも目指している、と彼は言う。おそらく徳とは、幸福をもたらしうるものなのであろう。5 一方カルケドンの人クセノクラテスは、幸福とは固有の徳と、それに仕える力の獲得であると表明している（クセノクラテス、断片七七、ハインツェ編）。6 ところで彼は、幸福がそこにおいて成立する場所として、霊魂を論じているように思われる。またそれによって幸福が成立するものとして、徳を語っているようである。一方、そこからその一部として成立するものとして、彼は、麗しき行為、真摯なる習性、行状、運動、静止を挙げている。また、それなくしては成立しないものとして、肉体的なこと、あるいは外界の事がらが挙げられている。7 一方クセノクラテスの弟子であるポレモンは、幸福として、すべての善、ないし最良のまた最大の善に充足している状態を思い描いているようである。彼は実に、徳なくしては決して幸福はあり得ないと教えており、その際、肉体的な、あるいは外界の条件を抜きにしては、徳は、幸福であることのために十全ではないと述べているのである。

一三四 1 以上に関してはここまでで十分であるとし、上述の諸見解に対する反論を適宜提示することにしよう。ただわれわれとしては、終わりのない目的に到達することとは、掟すなわち神に従うこと、そして止むことなく掟に従って、神の意向をめぐる覚知を通じて自覚的に生きることのうちにある、と考える。2 さて正統

な論理によれば、目的とは、いわば神に似ること（exhomoiōsis）であり、子を通じて、完全に「子としての
状態」（hyiothesia）に復興されること（apokatastasis）であるとされる。この「子としての状態」とは、わ
れわれのことを〈兄弟〉（ヘブ二・一一）また〈共に嗣業に与かる者〉（ロマ八・一七）と呼ばれるに適う者と
する偉大なる大祭司（ヘブ四・一四）を通じ、父に対して常に栄光を帰すことである。3 また使徒は、この目
的を『ローマ人たちへの書簡』の中で、簡潔に記述してこう述べている。〈あなたがたは今、罪から解放され
て神の僕となり、聖性に向けた実りを結んでいる。その目的とは、永遠の生命である〉（ロマ六・二二）。4 こ
こで彼は、希望を二重のかたちで目にしている。一つは将来期待されるもの、もう一方はすでに受け取ったも
のである。すでに彼は目的として、希望の復興ということを教えている。使徒は言う。〈忍耐は練達を、練達
は希望を産む。希望は欺くことがない。なぜなら神の愛がわれわれの心のうちに注がれ、それはわれわれに与
えられた聖なる霊による〉（ロマ五・四以下）。この愛を通じて、希望に向かう復興が可能となる。他の箇所で
は、この復興が「休らい」としてわれわれに与えられると使徒は言っている（ヘブ四・九）。**一三五** 1 同様の事柄
は、エゼキエルのうちに、次のようなかたちで記されているのに気づく。すなわち〈罪を犯した霊魂は、それ
自体が死ぬ。もしある人が正しく、正義と恵みの業を行うならば、すなわち山の上で偶像への供え物を食さ
ず、イスラエルの家の偶像に自らの目を上げず、隣人の妻を汚さず、生理中の妻に近づかず〉（というのも彼
は、人間の種子が浪費されることを望まないからである）、〈また人を虐待せず、負債者の質を返却し、略奪を
行わず、自らのパンを飢えた者に与え、裸の者に衣服を着せ、2 利息を天引きして金を貸すことなどせず、高
利を取らず、不正から自らの手を引き、人と隣人の間で正しい裁きを行い、わたしの掟のうちに歩み、真実を
行えというわたしの掟を守るなら、その人は正しき人であり、生命のうちに生きる、と主なる神は言われる〉
（エゼ一八・四―九）。3 一方イザヤは、信じている者に対しては生の崇高さに向け、また覚知者に対しては十

分なる注意（epistasis）に向けて勧告する一方、人間の徳と神の徳とが同一ではないということに関して、次のように表明しつつ述べている。4〈主を求めよ。主を見出し得るときに、主を呼び求めよ。主があなたがたに近づくときに、不敬なる者は自らの道を、不法なる者は自らの道を離れて、主に立ち返れ。そうすれば憐れみを受けるであろう〉。これは〈あなたがたの思っている事柄は、わたしの思いとはかけ離れている〉という句で結ばれる（イザ五五・六、七、九）。

一三六 1 そして真正なる使徒によれば、〈われわれは、信仰に基づき正義の希望を受け取っている。キリストにあっては、割礼も無割礼も何の力もない。ただ愛を通じての信仰が働くだけである〉（ガラ五・五）。2 しかるに〈われわれは、あなたがたの各々が、希望の完成に至るまで、同じ熱心さを示してくれることを切に願う〉（ヘブ六・一一、二〇）が、それは〈メルキゼデクの身分の大祭司が永遠にそうであるように〉である。3 パウロと同様のことを、徳に満ちた知恵がこう述べている。〈わたしに聞き従う人は、希望に信頼して住まいを得るであろう〉（箴一・三三）。なぜなら希望の復興が、同じ意味で「希望」と語られているからである。4 それゆえ「住まいを得る」という表現に、いとも美しく「信頼して」と付加されるのである。これは、望んでいた希望を抱くそのような人は休らいを得る、ということを表している。かくしてこう続けられる。〈彼はあらゆる悪に対する恐れを免れて安穏を得る〉。5 一方使徒は、『コリントの教会に宛てた第一の書簡』において、いとも明瞭にこう述べている。〈わたしがキリストの模倣者であるように、あなたがたはわたしに倣う者となってください〉（Iコリ一一・一）。その目的は次の事柄である。もしあなたがたがわたしの、わたしがキリストの模倣者となれば、あなたがたはキリストに倣う者となる。そのキリストは神に倣う者である。6 すなわち彼は、「神に可能な限り正しく似た者となること、そして賢慮をともなった敬虔な者となること」（プラトン『テアイテトス』一七六B）を信仰の目的として掲げているのである。要するにこれは、信仰に基づいた福音告知の復興である。こうして、これらの言葉から、目的に関して使徒が教説化した事どもの泉が、すでに述べたように、噴出している。だがこれらに関しては以上で十分であろう。

第二三章
婚姻の目的と掟

一三七 1 結婚は快楽と情欲に屈することであるように思われる。したがってこの点についても取り上げねばならない。結婚とは、男性と女性との最初の交わりであり、律法に従い、正嫡の子を儲けるために行われる。2 実に、喜劇作家のメナンドロスもこう述べている。

「正嫡の子供たちを授かるために、
わたしはあなたに、わたしの娘を与える」。
（メナンドロス、断片七二〇、『髪を切られた女』三八以下）

3 そこで、われわれは結婚すべきかどうか、探求してみることにしよう。これは「関係性の問題」と呼ばれている事柄に属す（アリストテレス『弁論術』一三七九a九以下）。誰が結婚すべきであり、どのようにして、また誰と、どんな女性と結婚すべきなのであろうか。誰しも皆、あるいは必ず結婚すべきであるというわけではなく、相応しき時、相応しき相手、そして相応しき年齢がある。4 一方女性の側についても、すべての女性が必ずいつでも結婚すべきであるというわけではなく、是が非でもあるいは思うままにというわけでもなく、ただどのような男性と、どんな風にまたどのような形ですべきか、ということである。これは子供のために為されるものであり、すべての点で似つかわしく、愛する男性を大切に思う女性により為されるべきであり、決して力ずくであるいは強いられて行われるものであってはならないものである。一三八 [1] それゆえ、自分の妻を妹だと弁明していたアブラハムはこう言う。〈父方から言えば彼女はわたしの妹です、でも母方から言えばそうではありません。だからわたしは妻にしたのです〉（創二〇・一二）。これは、母を同じくする女性と結婚してはならないということを教えるものである。

[2] 簡潔にこの話を概観することにしよう。プラトンは結婚を、善き事どもの外にあることのうちに置いている。結婚は、われわれの種族の不滅性を準備し、いわば継続性として、子の子にまで点火されるものである（プラトン『法律』七七三E）。[3] しかるにデモクリトスは、結婚と子作りとを、そこから生じる幾多の不快や、不可避な事態から発生する消耗のために批判している（デモクリトス、断片一七九N）。[4] 彼と同調するのはエピクロスであり、彼においては、快楽と煩わしさのなさ、さらには苦痛のなさに含まれる事柄が善とされる（エピクロス、断片五二六、ウーゼナー編）。[5] またストア派に属す人々によれば、結婚と育児とは、善悪無記とされる一方（クリュシッポス、倫理学的断片一六三）、ペリパトス派の人々によれば、それらは善であるとされる。[6] 要するに彼らは、教説を舌に至るまで引き上げて、快楽に隷属させているのである。ある者は妾、またある者は遊女、そして大半の者は若者を用いている。しかるにかの知恵ある四人の女性は、遊女とともに労働のために快楽に身をささげている（アテナイオス、一三・五八八B）。一三九 [1] したがって彼ら、自分には何ら益することがないと判断して、他の者どもにこれをやるように命ずるような者、あるいはその逆のような者どもは、「ブズュギオンの苦役」（くびきを負っての農耕）を免れることはないであろう。[2] 聖書はこのことを簡潔に明らかにしてこう述べている。〈あなたが憎むこと、それを他人にしてはならない〉（トビ四・一

五）。3 それはともかく、結婚を是認する者たちも、「われわれの本性が、われわれを結婚に適ったものにしたのだ」と言っている（アリストテレス『政治学』一三三四Ｂ二九以下）。すなわち明らかなことだが、身体の作りからして、男性と女性に分かれているのであるし、〈増えよ、地を満たせ〉（創一・二八）と常に声がするのだから、というのである。4 だがもしこの件がそういう次第であるなら、このことは彼らにとって恥ずべき事柄で、かつ神によって創造された人間の方が、理性を備えていない諸動物よりも自制心がないと思われよう。すなわち動物は交合に際して、多くのものに見境なくこれを行うようには創造されていない。ただ一つの、それも同族のものとつがう。たとえば家鳩、小鳩、亀の類、およびこれに類した種に関してそうである。5 さらに、彼らが言うには、子供のない男性は、本性的な完全性から取り残されている、それは彼が、固有の世継ぎをその土地に立てることがないからである、というのも自らから似た者を創造するのがまったき存在であり、否むしろ、自らの子も同じことをするのを目にするとき、すなわち生まれた者が生んだ者と同じ本性になるとき、まったきあり方になるのである、と。

一四〇 1 したがって、祖国のため、また子孫の継承のため、またわれわれに関わる限りでの世の完成のためには、ぜひとも結婚すべきだということになる。というのも詩人たちは、結婚しただけで、また子供のいない結婚は「半完成品であり」（ホメロス『イリアス』二・七〇一）、「両親とも健在」（ホメロス『イリアス』二二・四九六）な結婚を幸いなるものと呼んでいるからである。2 ところで身体的な疾病は、とりわけ結婚を不可欠なものとして示す。なぜなら妻の気遣いと絶えざる忍耐は、他の親族や友人たちの辛抱に優ると思われるからである。それは相互の共感によって、すべてを乗り越えとりわけ耐え忍んでゆくことを選択する限りにおいてである。妻とは聖書によれば、まさしく不可欠な〈助け手〉（創二・一八）なのであるから。一四一 1 実に、喜劇詩人のメナンドロスは、結婚に対して攻撃を加えながらも、次のように言う者に対し、結婚の有用性をも対置させながら、こう返答している。

「A　この件で、わたしは失敗した。
B　君はそれを左手で受け取ったんだよ」。

さらに彼は続けている。

「君は結婚のうちに、煩わしき面、君を悩ます面を見たのだ。
いい面には目を向けていないじゃないか」

（メナンドロス『女嫌い』断片三二五）

以下である。2また結婚は、次の面でも助けになる。すなわち時間的に先行する人々に対して、面倒を見てくれる女性として妻を提示できる。また彼女から生まれた子供たちを、年老いてからの養い手とすることができる。3「子供たち」は、

「死に行く人間にとって、誉れとなる。
コルク樫が網を引っ張るように、
深みから、網の糸を救い上げてくれる」

（アイスキュロス『供養する女たち』五〇五―五〇七）

とは悲劇詩人ソフォクレスの言である。(33) 4 一方立法者たちも、結婚していない者たちには、最高の官職に与かることを認めていない。すなわちラコニアの立法者は、結婚しない者に対してばかりでなく、悪しき結婚をした者、結婚が遅すぎた者、あるいは独身主義者に対して罰則を設けている（プルタルコス『倫理論集』四九三E）。5 一方真正なるプラトンは、妻の生活費を公的経費から拠出すべきこと、また結婚していない者に対しては、相応しき出費をアルコンに支払うべきことを命じている（プラトン『法律』七七四）。というのももし、結婚せず子供も儲けなかったならば、自分たちのうえに人口の不足をもたらし、国家を滅ぼし、ひいては人々からなる世界を壊滅させるというのである。そのような不敬に関しては、神的な誕生の神秘を破壊させるに任せよう。**一四二** 1 一方、すでに妻と子供がありながら、共棲を回避するというあり方は、男性的でもなく弱々しい。2 共棲の回避は悪であり、総じて共棲の堅持は善である。これ以外の事柄に関しても同様である。だが実に、子供の回避は、最低の悪に属することである、と言う。つまり、子供の獲得は善なのである。もしそうならば、結婚もそうである。

3

「父がなければ子供もおらず、
母がなければこの懐胎もありえない」。

（エウリピデス『オレステス』五五四）

結婚が父を作ると同時に、夫が母を作る。**一四三** 1 ホメロスもまた、最大の祈りを込める箇所として「夫と家」

を挙げるが、そればかりでなく、「善き協和」があること、が伴う（ホメロス『オデュッセイア』六・一八一以下）。というのも、他の人々の結婚であれば、快楽に満ちた生に向けて合意するが、哲学する人々の結婚は、御言葉に基づいた合意を目指し、妻たちには、容姿ではなく品性において飾られるように勧告する。そして、結婚している女性に対しては、愛人でもあるかのように付き合うことはしないように勧告し、身体面での虚傲を目的としてきた男性に目を注ぐことのないように勧める。そしてむしろ結婚を、生涯を通じての援助、最高の節制のための道とするように勧告するのである（プルタルコス『倫理論集』一四二C）。[2]思うに、相応しい時期に蒔かれた小麦や大麦よりも、蒔かれた人間の方が尊い。人間にはすべてが育つし、それは、しらふの状態で農夫たちが種を蒔くわけだからである。[3]もし何か結婚に、汚く汚れたなりわいがあるのだとすれば、それはすべて浄めなければならない。これはわれわれが、理性を持たない動物の交合のほうが、人間の共なるくびきよりも、合意の定義から言って、より本性に合致しているとして非難されないためである。**一四四**[1]動物たちの中には、定められた時期に交合を行い、それが済むと直ちに、神慮による創造行為を止め、離れてゆくというものがある。[2]悲劇詩人たちによって、ポリュクセネは喉を切られる際に、「死に行きつつも、なお気品を保って倒れるべく、大いなる神慮に与かって」（エウリピデス『ヘカベ』五六八―五七〇）いるように描かれている。

「彼女は、男たちの目を、閉ざすべくして閉ざした」。

彼女にとっても、結婚は不幸だったのである。[3]したがって情動に屈し、情動に譲歩するというのは最たる隷属であり、それらに打ち勝つのは、言うまでもなく自由な意志だけの為せる業である。[4]実に、神的な聖書は、神の掟を破って他の種族と交わるという罪、すなわち本性的に適わしくない罪に試みられ、回心して立ち返るまでの経緯を記している（十二・一四ほか）。

一四五 1 かくして婚姻に関しては、これを言わば聖なる像のように、汚れをもたらす事物から遠ざけ、浄らかなものに保たねばならない。主とともに眠りから覚め、感謝とともに眠りに就き、

「眠りに就くとき、また聖なる光が訪れる折りには」

（ヘシオドス『農と暦』三三九）

祈りを献げ、われわれの生涯のすべてにわたって主を証しし、霊魂においては敬神の念を失わず、思慮を肉体にまで及ぼすのである。2 というのも、舌から行いに至るまで品位を保つことは、まさしく神を愛することに他ならないからである。恥ずべき言説は無恥につながる道であり、両者の行き着く先は恥ずべき行動である。3 しかるに聖書は、結婚することを勧め、絆を解消しないように勧め、ただこう掟を定めるのみである。〈不品行以外の理由で妻を離縁してはならない〉（マタ五・三二）。姦淫とは、別れたもう一方の人が生きている間に、他に婚姻関係を結ぶことだと考えられている。一四六 1 ところで、妻が節度を越えて化粧しない、あるいは身づくろいをしないということは、非難されるような嫌疑を招かないことにつながる。それは妻が熱心に祈りと祈願に専心し、家の多くの出口を見守り、相応しからざる者どもの視線から彼女を可能な限り遮断しておき、自身を、不適切なおしゃべりよりも家事に適わしいものとすることにつながるのである。2 〈出された妻を娶る者は姦淫を犯すのである〉、と主は語る（ルカ一六・一八）。というのも、〈もし誰かが妻を離縁するならば、彼女を姦淫するのである〉、すなわち姦淫するように強いる、というわけである。3 だが離縁する者が

姦淫の原因となるばかりでなく、彼女を受け容れる者も、妻に罪を犯す端緒を提供するのであるから、その原因となるというのである。なぜなら、もし彼が彼女を受け容れることがなければ、妻は夫のもとに戻るであろうから。**一四七**[1]いったい、法とは何であるのか。情動の改善を拓くために、姦通を犯す女、その件で審議される女を取り除くシステムである。もし彼女が祭司の娘であれば、火に委ねられるべきことを定めている（レビ二一・九）。その際、姦夫のほうも石打ちにされるが、同じ場所においてではない。それは、死が人々と共通のものとならないためである。[2]律法は福音と競合せず、福音と協和するものである。どうしてそうでないことがあろうか、両者にとっての指揮者は一人、主であるのに。もし過ちに身をゆだねて姦通した女がなお生きているとするならば、掟のために死ぬが、もし回心し、いわば生まれ変わって、生の転換によって生命の再生を得たならば、かつての姦通は死し、彼女は回心によって再び生まれ、生命へと至るのである。[3]いま述べた事柄を証言しているのは、エゼキエルを通して語る霊である。〈わたしは罪人の死を望まない。むしろ立ち返ることを願う〉（エゼ三三・一一）。[4]心の頑なさのために律法に死ぬ者は、ただちに石打ちに遇う。それはその人が律法に従わなかったためである。しかるに懲罰は祭司の娘にも及ぶ。それは〈より多く与えられる者からは、より多く求められる〉（ルカ一二・四八）からである。

われわれの『ストロマテイス』第二巻は、その長さと章立てが大きくなってしまったため、ここで筆を擱くことにする。

アレクサンドリアのクレメンス
『ストロマテイス』（『綴織』）第三巻

第一章

ヴァレンティノスとバシレイデスによる結婚に関する見解

一 1 さて、ヴァレンティノス派[1]の人々は、神的な発出から結婚の絆を導き出し、結婚を是認している。しかるにバシレイデス派[2]の人々は、〈弟子たちが「果たして結婚しない方が優れているのでしょうか」〉と尋ねたときに、主は〈すべての人々がこの論を受け容れられるわけではない。結婚しない者には、生まれつきの者もあるが、強いられてそうなった者もある〉（マタ一九・一一以下）と答えたことを引く。2 しかるに彼らは、この言葉を次のように解釈する。〈ある人々は生まれつき、女性に対する本性的な嫌悪心を持っており、彼らはこの本性的な気質を巧みに用い、結婚せずにいるのだ。3 彼らこそ「生まれつきの独身者」である。一方「強いられての独身者」とは、わざとらしい禁欲者のことを指し、その者どもは名声への思いに拘束されて自らを抑制している。ほかに偶然性器切断することになった者もあり、彼らは「不可抗力によって」独身者となった。したがって「不可抗力による」者は、「ロゴスによって」独身者となったわけではない。4 ところで永遠の王国のために、自らを独身者となす者は、結婚によって生ずる事柄を責務と受け取るが故に、家族を増やすことによる煩わしさを恐れるのである〉と。二 1 一方〈火に焼かれるよりも結婚した方がよい〉、〈あなたの霊魂を火に投げ込まないためである〉（Ⅰコリ七・九）と使徒は語っている。〈夜となく昼となく我慢の生活をし、克己心から逸れるのではないかと恐れるためである〉。〈なぜなら我慢するために、霊魂が希望から分かたれてしまうからである〉。2 イシドロス[3]は『倫理学』の中で次のように述べている。「だから好戦的な女性には警戒せよ。神の恩寵から引き離されないためであり、火を灯して良心に照らし、祈りに専念せよ。3 あなたの感謝の念が懇願に堕し、それ以降正しい生を送らないでいたいと願うような場合には、躓くことのないように、結婚せよ。4 もしある若者がいて、彼が貧しくあるいは生活が下方に向かい、ロゴスに従って結婚することを望まぬような場合には、その人を兄弟から引き離してはならない。〈自分は聖域に入ったのであり、わたしはまったく苦難を被ることができない〉と言わせておけばよい。5 だがもし彼が疑いを抱き、こう述べたとしよう。〈兄弟よ、わたしに手を貸しておくれ、わたしが罪を犯すことのないように〉。それならば彼が、思惟面でも感覚面でも助けを得られるようにせよ。彼が麗しきものだけを手に入れ、手中にできるようにさせよ。

三 1 時にわれわれは口でこう言う。〈われわれは罪を犯すことを望んでいないが、思念が罪を犯すことのうえに漂うのだ〉。そのような人間は、恐れのゆえに、自らが望んでいることを行うことができない。懲罰が彼に臨むことにならないためである。2 しかるに人間性は、何らか必然的で自然本性的なものを含んでいるが、単に自然本性的なものをも有している。何か身にまとうものを有することは必然でもあり自然本性的なことでもある。一方、性愛に関わる事柄は、自然本性的な事柄ではあるが、必然的なことではない」。

3 これらの言葉を引用したのは、正しい生き方をしていないバシレイデスの徒たちに対する論駁のためである。彼らは、保持する完徳性のゆえに、誤ちを犯す権能さえ有しているか、あるいはたとえ現在罪を犯そうとも本性的に完全に救われるという目的のために、本性的な「選ばれた特質」を持っている、と言う。これは誤りである。なぜなら教説の先駆者たちは、彼らと同じような行動をすることを認めてはいないからである。4 したがって、キリストの名を身に帯びながら、異邦人たちのなかで最も自制心のない者たちよりも制御されぬような生き方をして、名に対する誹謗を被ることのないようにせねばならない。〈というのもこのような者たちは偽りの使徒であり、姦策の為し手なのであるから〉（Ⅱコリ一一・一三）。〈彼らの終末は、その業にしたがって下されるであろう〉（同一一・一五）。四 1 実に、克己とは、神との対話により、肉体に関わる事柄を軽んずることである。というのも性愛に関する事柄ばかりでなく、霊魂が、不可欠な事どもに満足することなく劣悪に欲するそれ以外の事どもに関しても、克己が関わってくるからである。[2]実に、言葉にも財の獲得にも、その用い方にも欲求にも、克己は関わるのである。しかして克己は、節制を行うことばかりでなく（それはわれわれに節制を教えるのであるが）、実際、力であり神的な恵みなのである。[3]現に存在する物事に関して、われわれに関わる事どもにとって、いったい何が良いと思われるか、それは語られねばならない。われわれは、神によってそれが恵まれた人々にあっては独身を祝すが、一回限りの結婚に関してはその崇高さに驚嘆し、ともに苦悩を耐え忍ばねばならないとして、〈互いに重荷を担い合え〉（ガラ六・二）と言う。これは、うまく〈立っている〉と思われる人が、不意に〈倒れない〉ようにするためである（Ｉコリ一〇・一二）。再婚に関して、使徒は〈もし身が焦がれるのであれば〉、〈結婚しなさい〉と言っている（Ｉコリ七・九）。

第二章

カルポクラテスおよびエピファネスによる結婚に関する見解

五 [1]さて、カルポクラテスおよびエピファネス(4)に与する人々は、妻を共有することをよしとしている。彼らから、キリストの名に対する最大の誹謗が流出している。[2]このエピファネスという人物は、その著作も出回っている男で、カルポクラテスとその名をアレクサンドレイアという母の間の子である。彼は父親の系統ではアレクサンドリア人、母親の系統ではケファッレーニア人であった。彼は全生涯で一七年間しか生きなかった。ケファッレーニアのサメーでは神として崇められている。そこでは、彼のために切り石で神殿が建てられ、祭壇、聖域、ムセイオンが建てられかつ聖別されている。そしてケファッレーニア人たちは新月の日毎にその聖堂に集い、誕生日にはエピファネスのためにその神化を寿ぐ。そして神酒を献げ、祝祭を開き、賛歌を歌うのである。3 彼は、父親の許で普遍的教養教育（enkyklios paideia）とプラトン哲学を身につけ、唯一論的（monadikē）な知識に沿って教育され、ここからカルポクラテス的な異端が生まれたのである。六1 実に、この男は『正義について』という著作の中で、「神の正義とは、いわば平等性を伴った共同体である」と述べている。ところで、どこであれ、等しくしつらえられた天が全地を球形に覆い尽くしている。また夜は、全星座を等しく示す。しかるに神は、昼の原因であり光の父である太陽を、上天から、地上にあって視ることのできる者どもすべてに降り注がせる。その人たちとは、すべて見ることのできる人々に共通してである。2 それは神が、富んでいる人と貧しい人、民衆と為政者、思慮なき者と思慮深い者、女性と男性、自由人と奴隷を区別なさらないからである。それればかりでなく動物に関しても、この点から漏れるものは何一つなく、すべての生物に等しく共通に太陽を、善きものにも悪しきものにも等しく降り注がせ、正義を確かなものとする。その際、何者もより多くを得ることができたりしないし、隣人の分を奪って自分の分を二倍にするために隣人から奪い取ったりすることもできない。3 太陽はすべての生物に共通の滋養を提供するので、正義は万物にとって共通に等しく与えられ、かくして牛の種族は牛として同じような次第となり、豚の種は豚として、羊の種は羊として、それ以外の種もすべて同様である。4 というのも正義は、共通性として彼らのうちに現れ出でるからである。しかる後、共通性に従ってすべてが同様に、種ごとに蒔かれ、共通の滋養が、大地に棲めるもの、すべての家畜そして万人に等しく遣わされる。そのあり方は、いかなる法によって支配されるものでもなく、与える者・命ずる者の指示に適う仕方で、すべてに現前するあり方による。七1 しかるに、誕生に関わる事柄には記された法が存在しない（移し変えただけのものになろう）。等しく蒔き、産み、正義に基づく生来の共同体を保持するからである。創造者にして万物の父である方は、万物に対して平等に、見るための眼を等しく、自ら提供する正義に倣って定めている。その際、女性を男性と区別したり、理性を伴わないものを理性的動物と差別したりはしない。何らまったく差別を設けることなく、平等さと共通性をもって、見る能力を一つの指令でもって万物に同じように分かち与え恵んだのである。[2]しかるに彼（エピファネス）は言う。「人間の法は、無学を戒めることができず、法を破ることを教えた。なぜなら法の固有性は、神法による共同体を引き裂き、嚙み砕く」と。だがこの際、彼は使徒の言葉を理解していない。使徒はこう述べている。〈わたしは律法によって過ちを知った〉（ロマ七・七）。[3]エピファネスによれば、律法によって〈わたしのもの〉〈あなたのもの〉という理念が入り込んできたため、大地も富も、獲得されたものの共有のために用いられることがなく、結婚も共同体性を失った、という。[4]「というのも神は、ブドウ畑を万人のために共通に作り、ブドウ畑はスズメも盗人も拒絶することはない。穀物に関しても、その他の作物に関しても同様である。しかるに共同体が法的に侵されたため、平等性の原理が家畜や収穫物の盗人を生み出した。八[1]実に神は、すべてを人間に共通に創造し、女性を男性に共通にめあわせ、同じようにすべての動物をつがわせて、正義を、平等性をもった共同性として明らかにされた。[2]ところがこうして生まれてきた人々は、このような交わりとしての共同性が彼らの起源であることを拒み、こう述べている。〈すべての人間と交われるとしても、一人の女性を娶って妻とせよ。それは他の動物が明らかにしていることだ〉」。[3]このようなことを述べつつ、彼は改めて、同様に次のような表現を用いて付言する。「と言うのも神は、力強く激しい情欲を、種の保持のため、男性のうちに盛り込んだ。これに関しては、法も倫理も他の事物のいかなるものも、消し去ることはできない。なぜならこれは神の教えなのだから」。[4]このような人物は、われわれの論述のなかで、いかにすれば一撃のもとに論破できるのだろうか。彼はこのような言葉で律法をも福音をも台なしにしているのだから。律法はこう述べている。〈姦淫してはならない〉（出二〇・一三）。一方福音はこう述べている。〈すべてみだらな目で異性を見る者は、すでに姦淫を犯したのである〉（マタ五・二八）。5というのも〈みだりに欲してはならない〉（出二〇・一七）と律法において語られている事柄が、律法・預言者・福音を通じて告げられている一なる神を指し示しているからである。神はこう語っている。〈隣人の妻をみだらな目で見てはならない〉。6しかるにここでの「隣人」とは、ユダヤ人にとってのユダヤ人ではない。なぜなら彼らは、霊を同じくする兄弟なのだから。であるから可能性として残るのは、ここでの「隣人」とは異邦人のことを述べているということである。すると、どうして霊における隣人と交わることができないというのだろうか。ヘブライ人のみならず、異邦人にとっても、その父はアブラハムなのだから。九1しかるに、もし姦通を犯した女や、彼女に対して姦通を働いた男が死に処せられるのであれば、〈隣人の妻にみだらな思いを抱いてはならない〉（レビ二〇・一〇、申二二・二二）と述べている掟は、明らかに異邦人について語っているのである。それは誰かが律法に従って、隣人の妻からも姉妹からも遠ざかるとき、直ちに主の言葉を聴くようになるためである。〈わたしは言う、みだらな思いを抱いてはならない〉。しかるに〈わたしは〉の部分が付加されていることは、掟の影響力が持続的に働いていること、2またカルポクラテスとエピファネスが神に挑んでいるということを明らかにしているのである。なぜならかの著名な著作、すなわち『正義について』の中で、およそ次のように彼は述べているからである。「ここでは〈法外な思いを抱いてはならない〉と語っている律法者の言葉が、いかに笑止千万なものであるかを聞かねばならない。これは、さらに笑止千万なことには〈隣人の持ち物に対して〉に付加された言葉なのである。なぜなら、この情欲・みだらな思いを与えた方自身が、誕生に関わる事どもを維持してゆくものとして情欲を授け、またいかなる動物からも取り去っていないにも関わらず、これを遠ざけるように命じているからである。しかもこの際、〈隣人の妻〉という表現は、共同体の特質を不可避なものとしているわけであり、いっそう笑止千万なことを述べていることになる」。

一〇 ¹これらは、カルポクラテスの正統派が教説として定めている事柄である。一般に言われているところでは、彼らおよび同様の悪事を熱望する他の者どもは、宴のために（わたしとしては、彼らの集会を「愛餐」と呼ぶつもりはないので）集合し、男女が一つところに群れて、満腹した後（「満腹してから愛の女神」（エウリピデス、典拠不詳断片八九五）というわけである）、彼らの肉欲上の「正義」を脇へ退けるべく、灯りを点じて恥ずべきほむらをともし、望むがままに、望む女性と交わる。彼らはこのような愛欲の宴のうちに〝共同体〟を実践しているのだとする。日中のうち、既に彼らは望みの女性たちに、「カルポクラテスの掟」（「神的な掟」と呼ぶことは許されない）への従順を要求しているのである。思うにカルポクラテスは、このようなことを、犬や豚や山羊の好色に関する掟とすべきであった。²わたしには、彼はプラトンが『国家』篇の中で、女性はすべての男性にとって共有物であると述べていること（プラトン『国家』四五七Ｄ）を誤解しているのだと思われる。プラトンの真意は、女性は結婚以前には、その女性を望もうと考えている男性たちにとって共有で、それはちょうど、演劇がそれを観る人々にとって共通であると彼が言うのと同様であるが、一旦婚約してしまったならば、各々の女性はその男性のものであり、既婚女性はもはや共通の存在ではない、ということであろう。一一 ¹一方クサントス[5]は、『魔術師たち』と題された著作において、「魔術師（マゴス）たちは、母、娘、姉妹たちと交わることを合法的であり、また妻たちについても、暴力的あるいは密かにではなく、男性側が他の男性の妻を娶ることを望んだ場合、双方の合意があれば、共通の存在であると表明している」と述べている。²このような、あるいはこれと同様の異端に関しては、わたしが思うに、使徒ユダがその書簡の中で、預言者的に述べている。それは〈同じようにこの夢想家たちも〉（というのも彼らは、目覚めて真理に身を捧げてはいないのだから）から、〈彼らの口は大言壮語する〉（ユダ八－一六）までの箇所である。

第三章

人間は苦難へと生まれたが故に結婚は避けるべきだとする説について

一二 [1]さて、たとえすでにかのプラトン自身やピュタゴラス派が、後にマルキオン[(6)]派の異端が陥ったのと同様、誕生を悪であると理解していたとしても（プラトンは、妻たちを共通のものだと理解していたなどという説からは程遠い）、マルキオン派の人々は、それとは異なり、悪しき本性は悪しき質料と正しき創造者から生ずるとした。[2]実に、彼らは創造者によって成った世界を満たすことを望まず、結婚から遠ざかることを望み、自らの創造者と対立する。彼らは、呼び招く善き方に向かって急ごうとするものの、その方は、それ以外の場で彼らが述べる「神」ではない。かくして彼らは、地上には何ら自らに固有のものを遺すことを望まない。彼らは、選択意志によって克己心ある者となるのではなく、創造者に対する敵意から、その方による被造物を用いることを望まないのである。[3]けれども彼らは、神との不敬な戦いを挑んでいるのであって、自然本性的な理性から逸脱し、神の寛厚さと善性とを軽蔑している。彼らは、結婚することを望まないにしても、創造された食物を享受し、創造者による空気を吸っているのである。彼ら自身、創造者による作品なのであり、その被造物のうちに留まっているにもかかわらず、彼らの弁によれば、「自分たちはまったく新しい福音に与かっている」。彼らは、この「福音を告げられた」事柄に関しても、この世の主に対して恩義を認めねばならないはずなのであるが。一三 [1]もっともこれらの者どもに対しては、諸原理についてのマルキオンの論述を扱う際に、詳細に論じることにしたい[(7)]。しかるにわれわれが言及してきた哲学者たちについては、マルキオン一派の者たちが、不敬にも創造が悪であるとその人々から学んで、これがあたかも自らの教説であるかのように思い上がっているのであるが、彼ら哲学者たち自身は、創造が本性的に悪であるとは望んでおらず、むしろ真理を洞察する霊魂においてそう考えているだけなのである。2 というのも彼ら哲学者たちは、霊魂は神的なものであるにもかかわらず、あたかも牢獄に引かれるかのように、この世に引きずり下ろされたとしているのである。したがって肉体をまとった霊魂としては、これをそれ自体として浄化してやることが適切だとされる。3 この教説は、もはやマルキオン一派のものではなく、霊魂が肉体を、衣のようにまとい、輪廻転生するのだと唱える者たちに固有の説であって、彼らに対しては、霊魂について取り上げる際、また別に語るべき機会もあろう。

一四 1 一方ヘラクレイトスは、次のように述べているため、創造を悪としているように見える。「生まれ出た者たちは生きようと欲するが、それは彼らが死の定めを得よう、否むしろ安らぎを得ようと欲するからであり、彼らは子供を、死の定めとすべく遺すのである」（ヘラクレイトス、断片二〇、ディールス・クランツ編）。2 一方エンペドクレスも、明らかにヘラクレイトスに同調し、こう述べている。

「われは泣き、われは嘆きぬ。見慣れぬ土地を目にして」。

（エンペドクレス、断片一一八、ディールス・クランツ編）

さらにはまた、

「なぜなら彼は、生ける者からその姿を変えて死者をつくったのだから」。

（同、断片一二五）

あるいはまた、

「おお何たること、おお死すべき者どもの恐るべき種たること、おお不幸なる族よ。汝らはあたかも、いさかいと嘆きから生まれてきたかのようだ」。

（同、断片一二四）

3 一方シビュラ[8]もこう言っている。

「人間とは、死すべき肉的な存在。無に過ぎない」。

（『シビュラの託宣』断片一・一）

次のように記す詩人にとっても、それは同様である。

「大地は、人間よりもか弱い種を育まない」。

（ホメロス『オデュッセイア』一八・一三〇）

一五 1 実にテオグニスもまた、誕生が悪であるということを次のような表現で語っている。

「地上に生ける種族（人間）にとって、何にもまして最上なのは生まれて来ないこと、そして鋭い太陽の光を目にしないこと。だが一旦生まれたなら、何としても速やかにハデスの門に赴くこと」。

（テオグニス、四二五―四二七）

2 彼らに同調する事柄を、悲劇作家エウリピデスも次のように記している。

「われわれは、集いをなして、生まれた者が、何たる悪の世界に来たったかを嘆くべきだ。片や死せる者、すでに労苦を免れた者には、喜びの声で寿ぎつつ、館から送り出してやるべきだ」。

（エウリピデス『クレスフォンテス』断片四四九）

3 あるいは同様のことを、次のように述べている。

「生きることは死ぬことなのか、死ぬことは生きることなのか、ということを誰が知っているだろうか」。

（エウリピデス『ポリュイドス』断片六三八）

一六 1 ヘロドトスもまた、これらと同じ事柄を、ソロンに次のように言わしめているように思われる。「おおクロイソスよ、すべて人間というものは災いなのだ」（ヘロドトス『歴史』一・三二）。またソロンによるクレオビスとビトンの物語（ヘロドトス『歴史』一・三一）も明らかに、誕生を責め、死を寿ぐことを意図するもの以外ではありえない。

2 「さながら木の葉の生涯、それが人の定め」

（ホメロス『イリアス』六・一四六）

とホメロスは言っている。3 一方プラトンは『クラテュロス』篇の中で、霊魂が肉体の中で責め苦を受けているという説をオルフェウスに帰し、次のように語っている。「ある人々は、肉体とはまさしく霊魂の墓場であり、さながら霊魂はこの世にあって埋葬されているかのようだ、と言っている。4 そして霊魂は、表現（sēmainein）する事柄を肉体（sōma）を通じて表すのであるから、それゆえ似つかわしくも肉体は〈墓場〉（sēma）と呼ばれるのである。とりわけオルフェウス一派の人々が、この名を用いたように思われる。それは、霊魂が何のために処罰を受けているかを説明するためである」（プラトン『クラテュロス』四〇〇ＢＣ）。

[七] 1 フィロラオスの言葉もここで想起しておく価値があろう。ピュタゴラス派の彼は、次のように述べている。「いにしえの神学者や占い師たちも証言していることには、霊魂は、何らかの罰によって肉体に繋ぎ留められているのであり、それはあたかも墓場に置かれるかのように、この肉体に葬られているとされる」（フィロラオス、断片一四、ディールス・クランツ編）。2 それればかりでなくピンダロスもまた、エレウシスにおける秘儀について語りつつ、次のように付言している。

「誰であれ、かの地下にある事柄が共通のものであるということを知れる者は幸い、彼は生涯の終わりを知り、ゼウスの与える端緒を知る」。

（ピンダロス、断片一三七a、シュレーダー編）

3プラトンもまた、これに従い、『ファイドン』篇のなかで次のように記すことをためらわない。それは「かの浄化の儀式をわれわれに定めてくれた人々も」から「神々と共に住むだろう」までである（プラトン『ファイドン』六九C）。4では彼が次のように述べているのはどういうことだろうか。「われわれが肉体を持ち、われわれの霊魂がこのような悪と混合されている限りは、われわれは自らが望むあのものを決して十分には獲得し得ないだろう」（『ファイドン』六六B）。これは彼が、誕生とは諸々の最大の悪の原因であるということを仄めかしているのではないだろうか。5さらに彼は『ファイドン』篇の中で次のようにも証言している。「本当に哲学に携わっている限りの人々は、ただひたすらに死ぬこと、そして死んだ状態にあること、以外の何事をも実践していないのだが、このことにおそらく他の人々は気づいていないのだ」（『ファイドン』六四A）。

一八 1あるいは次のような箇所も見られる。「ここでもまた、哲学者の霊魂は肉体を最高度に軽蔑し、肉体から逃れ、まったく自分自身だけになるように努めるのではないだろうか」（『ファイドン』六五CD）。2これは、神的な使徒が次のように述べているのと一致しているのではないだろうか。〈わたしは惨めな人間である。誰がわたしを、この「死の肉体」から救ってくれるのだろうか〉（ロマ七・二四）。ここで使徒は、悪に引きずりおろされた事どもと同種であるという意味で、「死の肉体」と比喩的に語っているのに他なるまい。3また誕生の端緒としての共棲を、プラトンはマルキオン以前に『国家』篇の第一巻において覆しているように思われる。4というのも、彼は老齢を称讃しつつ、次のように述べているからである。「あなたもよくご承知のように、わたしには、肉体をめぐる楽しみが少なくなってゆくにつれて、それだけ一層、談論の欲求と快楽とが増しているのだ」（プラトン『国家』三二八D）。5さらに彼は、性愛の享受について想起しつつ、こう述べる。「よしたまえ、君、わたしはそれから逃れ去ったことを、無上の悦びとしているのだ、たとえて見れば、凶暴で猛々しい一人の暴君の手から、やっと逃れおおせたようなものだ」（『国家』三二九Ｃ）。一九 1 あるいは『ファイドン』篇の中でも、彼は誕生を悪としてこう記している。「実際、これらの事柄について、秘教のなかで語られている説があるのだが、それによるとわれわれ人間は、何か牢獄のようなところにいるというのだ」（『ファイドン』六二Ｂ）。2 さらにはまた、こうも語られる。「際立って敬虔に生きたと判定された者たちについて言えば、この者たちこそが、あたかも牢獄から解放されるかのように、地下のこれらの場所から解放されて自由になり、上方の清々しい住まいに到達して、真の大地の上に住むのである」（『ファイドン』一一四ＢＣ）。3 しかしながら、このようにその住まいは素晴らしいと感じられるにもかかわらず、こう語られる。「われわれは、この牢獄から自分を解放することも、逃げ出すこともしてはならないのだ」（『ファイドン』六二Ｂ）。4 かいつまんで言えば、プラトンはマルキオンに対して、質料を悪しきものであると考えるための端緒を提供してはいない。プラトンはこの世界に関して、敬虔にもこう述べているのである。「万物を作り為した方からは、美しきものが享受される。しかしそれ以前の状況から、天には醜いもの・不正なるものが生じるのであって、天はそのままにそれらを保持し、生物たちのうちにそれらを組み入れているのだ」（プラトン『政治家』二七三ＢＣ）。二〇 1 さらに彼は、より明瞭にこう付言している。「これらのものが、こうして混合の際に球形になる理由は、以前あったときの本性的な親族だからであり、現在の世界の形態に至る前に、幾多の無秩序に与かったためである」（『政治家』二七三Ｂ）。2 またこれに劣ることなく、彼は『法律』篇の中でも、人間の種族についてこう述べ、嘆いている。「神々は、人間という本性的に労多き種族を憐れみ、かわるがわる訪れる祝祭を、彼らのため、その労苦からの休息として定めた」（プラトン『法律』六五三ＣＤ）。3 また『法律後編』（『エピノミス』）においても、この嘆きの理由について論じ、次のように述べている。「そもそも初めから、すべての生物にとって誕生するとは労苦に満ちた事柄である。まずは懐胎した状態に与かること、次いで誕生し、育ち、教育を受け、総じて幾多の労苦を経て成育するのだから。これはわれわれが皆語っていることである」（偽プラトン『法律後編』九七三D）。二二 1 これはどういうことなのだろうか。ヘラクレイトスもまた、ピュタゴラスや、『ゴルギアス』篇におけるソクラテスに倣うかたちで、誕生を悪であると呼んでいるではないか。それは次のようなくだりである。「死とは、われわれが目覚めているときに目にするものであり、それは眠っているときの眠りと同様である」（ヘラクレイトス、断片二一、ディールス・クランツ編）。2 だが以上で十分であろう。諸原理について取り上げる際に、哲学者たちが仄めかしあるいはマルキオンの一派が教説化している矛盾点をも検討することにしよう。わたしとしては、マルキオンがプラトンから、恩知らずにまた無学なかたちで、異質な教説の端緒を取り込んだのだということを、以上をもって十二分に明らかに示し終えられたと考えている。

二三 1 ではわれわれは、克己に関する論に進むことにしよう。すでに述べたように、ギリシア人たちは子供の誕生に関わる幾多の煩わしさを疎んじ、多く困惑を語ってきた。だがそれを、マルキオン派の人々は不敬にも受け入れ、創造者に感謝を表さないのである。悲劇にはこう語られている。

「人間にとって、生まれるよりも生まれない方がより善きこと。生まれてからわたしは、子供たちを苦い苦痛とともに産む。産んだ後も、もし愚かな子供たちであったなら、あの苦痛は虚しきもの、悪しき子らを目にして、有能な子らを失ってしまったなら。だがもし子らが救われても、わたしは恐れのゆえに、哀れな心を溶かす。こんなことに、何の有用さがあろうか。呻くには、魂はひとつでは足りない。しかもこの地上で苦労を抱えるとあっては」。

（エウリピデス、典拠不詳断片九〇八）

あるいはまた同様に、

「わたしは、昔も今も、こう心に決めねばならない。子を産んでも、彼らが成人してから、どんな難儀の世界にわれわれが産み落としたかを知らぬようにと」。

（作者不詳断片一一一、ナウク編）

4 またこの詩人は、せりふの中で、諸悪の原因を明瞭なかたちで根源に遡源させ、次のように語っている。

「おお、あなたは何と不幸な身に生まれ悪しき目に見舞われたことか、人間として誕生し、この世で生の不運を身に受けたとは、そこでは、万人にとって成長が始まり、大気が死すべき者どもに息吹を与えるというのに。死すべき身なのだから、死すべき事どものために苦悩することがなければよいのに」。

（作者不詳断片一一二、同上）

三 1 あるいはまた、エウリピデスはこれらと同様のことを次のように表明している。

「死すべき者どもの誰一人として、幸いなる者も、幸せなる者もいない。誰一人、労苦なく生まれ出た者はいないのだ」。

（エウリピデス『アウリスのイフィゲネイア』一六一―一六三）

2 あるいはまた、

「ああ、ああ、人間の災いの、何たる定め、何たる姿であることか。誰もその限りを語らぬ」。

（エウリピデス『アンティオペ』断片二一一）

3 あるいは同様に、

「人間に関わる事柄に、終始幸せなことは、何一つないのだ」。

（エウリピデス『救いを求める女たち』二六九以下）

二四 1 このような次第で、ピュタゴラス派の人々は性愛の営みを避けると言われている。ただわたしには、彼らは子作りのために結婚し、子作りの後は、性愛の営みから来たる快楽を克服しようとしているように思われる。2 そのようなわけで、彼らはソラマメを摂取することを、神秘的な意味で禁じている。それは、マメの類が、誇腸や消化不良を引き起こすとか、錯乱した夢をもたらすとかいった理由のためではなく、また次に引く短詩のように、マメが人間の頭に似ているとされたりする理由のためではない。

「マメをかじるのは、両親の頭をかじるようなもの」。

（『ギリシア哲学者断片集』一・二〇〇、ムラッハ編）

むしろその理由は、マメを食すると、女性が不妊症になるとされているためである。3 実際テオフラストスは、『植物誌』の第五巻において、マメのさやが、新しく飢えられた樹木の根のあたりにまつわりつくと、植えられた木を枯らせてしまうこと、そしてそこに巣を作る鳥が継続的にこれを食すると繁殖能力を失するということを報告している（テオフラストス『植物誌』五・一五一）。

第四章

異端者は放蕩を正当化するために様々な口実を用いること

二五 1 さて、異端から発した者どもの中で、ポントスの人マルキオン(9)のことに言及した。彼は、創造者に対して対抗する意味で、世にある事物を用いることを拒絶する男である。2 彼にとってこのような克己の理由となったのは――もしこれを克己と呼ぶべきであればの話だが――、創造者自身（この方に対して、この神にも抗う巨人は自ら対抗していると考えている）、意に染まぬながらも、創造と形成に際して禁欲者であったのだ、という論理である。3 その際、この一派はフィリポに対して語られた主の言葉をも引用する。〈死者たちを埋葬することは、死者に任せよ。あなたはわたしに従え〉（マタ八・二二）。だがそうであれば、よく字句を検討してほしい。フィリポも、同様の肉の組成を有しているのであるが、汚れた死者の体を有しているわけではない。4 ではどうして、彼は肉の体を有しながら、死者の体を持ってはいないのだろうか。それは彼が、情動を死したものとした主の墓から蘇り、キリストに生きる者となったからである。5 われわれはまた、カルポクラテス派の不埒な女性たちとの交わりにも言及したが、ニコラオスの発言を論じる際、それは割愛した（『ストロマテイス』二・二〇・一一八・三参照）。6 彼によれば、この男は美しい妻を持っていたが、主の昇天以後、使徒たちによってその嫉妬心を叱責されたため、広場の中央に妻を引き出し、望む者と結婚させると申し出たという。7 というのも彼によれば、この行動は、「肉は乱用せねばならない」という一節から帰結したことである。もっとも彼の異端に与する人々は、この出来事と言葉に盲従し、単純にそしてよく吟味もしないまま、弁えもなく姦淫の行為に走るのである。**二六** 1 だがわたしは、このニコラオスという男が、結婚していた妻の他にはいかなる女性とも交わらなかったし、彼の子供たちのうち、娘たちは処女のまま老い、息子も腐敗することなく留まったと聞いている。2 このような次第であるから、嫉妬された妻を使徒たちの中央にさらしたことが、情動からの脱却となり、熱求した快楽に対する克己が「肉を乱用する」ことである、と教えたのである。というのも思うに、彼は救い主の掟に従って、〈二人の主人に仕える〉（マタ六・二四）、すなわち快楽と神とに仕えることを望まなかったのであろう。3 なぜならかのマタイも、肉とは戦わねばならず、制されることもなく快楽に耽るべく肉を用いることが決してあってはならず、むしろ霊魂を信仰と覚知とによって増し高めねばならない、と教えたと言われるからである。[10]

二七 1 さて、俗悪な愛欲を「神秘的な共同体」などと呼ぶ連中があるが、彼らは呼び名の上でも傲岸に陥っているのである。2 なぜなら、何か悪事を行うことは「為す」と言われるが、ちょうど何か善きことを行う場合にも同様に「為す」と言われる。同じように「共同体」という表現も、銀や食物や衣服を分かち合う場合には善き意味で用いられるが、彼らは言わば、愛欲による交わりについても、不敬にも「共同体」という名で呼んでいるわけである。3 実に、彼らのある者が、われらの見目麗しき娘に出会ったとき、〈「あなたを求める者すべてに与えよ」（ルカ六・三〇）と記されている〉と声を掛けたところ、この娘は、この男の放埒さが理解できず、〈結婚のことなら母にお話しください〉とまったく真面目に答えたと言う。[4]おお、何とも神をも恐れぬ不信心さよ。このような放埒さを共にする者ども、好色の兄弟どもは、主の言葉をも偽り、哲学のみならず、生全般をも蔑ろにするものである。彼らは真理を貶めるどころか、あらん限りの力でもって破壊し尽くそうとしているのだ。というのも彼らは三たび不幸せな者であり、肉欲的な、乱交の交わりを聖なるものであると称し、その交わりこそ、人々を神の王国に導き入れるものだと考えているのである。**六**[1]このような類の共同体は、容易に売春行為へと堕落するし、豚や山羊の類も彼らの仲間と化すであろう。さらには、彼らの許でより大いなる希望を抱いた女性たちは、館の前で公然と客引きをする身となって、望む男たちすべてを見さかいなく受け入れることになるだろう。[2]〈だがあなたがたは、キリストをこのように学んだのではない。キリストについて聞き、キリストに結ばれて教えられ、真理がイエス・キリストのうちにあるとおりに学んだはずである。だから、以前のような生き方をして情欲に迷わされてはならず、滅びに向かっている古い人を脱ぎ捨てよ。[3]霊において心から新たにされ、正義と真理への敬虔さのうちに、神にかたどって創られた新しい人を身にまとうがよい〉（エフェ四・二〇―二四）。すなわちこれは、神的なものへの似姿において、という意味である。[4]〈かくしてあなたがたは、愛された子供たちとして、神を模倣する者となり、愛のうちに歩むがよい。その規範は、キリストがあなたがたを愛し、自らをわれわれのため、神への芳香を放つ奉納物また生贄として捧げたことである。[5]しかるに姦淫やすべての不浄なる事ども、貪欲などは、あなたがたのうちに見出されてはならない。聖なる者たちに相応しいように、恥ずべき事どもや愚かな言葉もあってはならない〉（エフェ五・一―四）。[6]使徒は、言葉から浄められるよう心がけるべきことを教えて、次のように記している。それは〈あなたがたは知らねばならない。すべて姦通者は〉以下の部分から、〈むしろよく吟味せよ〉までの部分である（エフェ五・五―一一）。

二九 1 さて彼らには、ある秘された人物に発する教説が流布していて、彼らの好色の母たるものとして、わたしは以下に引く言辞を引用することにしたい。それは、彼ら自身がこの文書の著者であろうと（もし彼らが、非自制的に神をも欺いているのであれば、その狂気のさまを見よ）、あるいは他の人々に遭遇し、錯乱状態のうちに、この教説を美しきものと考えたのであろうと、変わりはない。文面は次のようである。2 それは、「万物は一である。だがその一性は、ただそれにしか過ぎないということを良しとせず、まずその本体から息吹（epipnoia）が発出し、一なる存在はその息吹と交わりをなし、〈愛された存在〉を形づくった。そこからさらに、ここに発する息吹が発出し、これと交わりをなして諸々の力を形づくった。これらは見られることも、聞かれることも不可能なものである」以下、「その各々を、固有の名称のもとに置いた」までである。3 もし彼らもまた、ヴァレンティノス派の人々と同じように、霊的な交わりというものを設定したのだとすれば、おそらく彼らの誰かが、この考え方を受け容れたのであろう。だが肉的な倨傲による交わりを、聖なる預言にまで高めようとするのは、救いを諦めた者の説である。三〇 1 プロディコスに発し、名を偽るかたちで、自分たちを「グノーシス派」であると標榜している者たちも、このような説を教説とし、自らを第一の神の本性的な子であると述べている。こうして彼らは、その生まれの良さと自由とを乱用しながら、望みのままに生活するのである。彼らは快楽を愛する生き方を欲し、何人にも治められることなく、いわば安息日の主として勝利を収め、あらゆる種の上に立つ本性を得て、王たる子らであるとする。彼らによれば、王であるのは「書かれざる法」だと言う。2 かくして彼らは、まず自分たちが望む事柄をすべて行う。なぜなら彼らは、自らが望みまた試みようとも、多くの事柄に阻まれるであろうから、と言う。だが彼らが為す仕業といえば、それは王の為せる業ではなく、むしろごろつきの仕業である。彼らは捕らえられることを恐れ、露見することを拒み、処罰されることに怯えて密かに姦通を行っている。3 だが放埒や猥雑が、どうして自由だということがありえ

ようか。使徒は言う、〈すべて罪を犯す者は奴隷である〉（ヨハ八・三四）。**三一** 1 だがそればかりではなく、主
が〈わたしは言う、欲情を抱いてはならない〉（マタ五・二八）と命じている一方で、あらゆる欲情におのが
身を委ねながら、どうして神に従った生活ができるのだろうか。2 また、人は自ら進んで罪を犯すことを欲
し、姦通し快楽に身を委ね他者の結婚を穢すような教説を立てたりするだろうか。心にもなく罪を犯してしま
う他者に対して、われわれは憐れみをかけるというのに。3 あるいはもし人が異邦の世界に至ったとしても、
他者の所有物に対して誠実でなければ、真実を抱くことはないであろう。4 そしてある客人がその市民たちを
侮辱し彼らに対して不正を犯すならば、居留者として必要不可欠なものを用いたり、市民たちに迷惑をかけず
に生活できたりしないのではなかろうか。5 どうして、法によって定められた事柄を行わないという理由で異
邦人たちからも憎まれる人々、すなわち不正にして自制心がなく、貪欲な姦通者たちと同じことを為す人々だ
けが、神を知っているなどと言うのだろうか。6 彼らは他者の土地にあっても美しく生きることが不可欠であ
り、それは真に王的なるものを証しするためなのである。**三二** 1 すでに人間的な立法者たちや神的な律法によっ
ても、法に反した生き方を標榜した者たちは厭われている。実際、姦淫を犯した者を突き刺した者（ピネハ
ス）は、主から祝福を受けたということが『民数記』に記されている（民二五・八）。2 またヨハネは書簡の
中でこう述べている。〈もしわれわれが彼と〉、すなわち神と〈交わりを有していると言いながら、闇のうちを
歩んでいるとすれば、われわれは偽っており、真理を行ってはいない。だがもし、神が光のうちにあるよう
に、われわれも光のうちを歩むなら、われわれは神と交わりを有し、その御子であるイエスの血がわれわれを
罪から浄めてくれる〉（Ⅰヨハ一・六以下）。**三三** 1 ではどうして、先のようなことをする人々が、世の事どもに
立ち勝っていることになるだろうか。むしろ、世の人々の中でももっとも劣悪な者どもにさえ似ているのでは
ないだろうか。思うに彼らは、その本性においてのみならず、その行為においても似ている。2 彼ら世の人々

に対し、その生まれの善さをもって凌駕することを良しとする人々は、その品性においても立ち勝ることが必須である。それは、牢獄に閉じ込められることを避けるためである。[3]実に、主はこう仰せになる。〈あなたがたの義が、律法学者やファリサイ派の人々よりも勝っているのでなければ、あなたがたは神の王国に入ることはできない〉（マタ五・二〇）。[4]一方、食物に関する克己は『ダニエル書』において明らかにされている。また先を急いで言えば、従順についてはダビデが『詩編』の中でこう語っている。〈何において、若者は自らの道を正しくすべきであろうか〉（詩一一八・九以下）。彼は直ちにこう耳にする。〈まったき心をもって、あなたの言葉を守ることにおいてである〉。[5]エレミヤもこう述べている。〈主はこう仰せになる。「あなたがたは異邦人の道に従って歩んではならない」〉（エレ一〇・二）。

三四 [1]他のある者たちは、汚らわしく一文の値打ちもない者どもだが、この点に突き動かされ、人間は異種の力に形成されたと述べている。彼らによれば、ヘソまではより神的な技術の産物であるが、そこから下はより低次の技術によるものであり、それゆえに人間は交合を激しく求めるのだという。[2]しかしながら彼らが見落としている点は、上半身もまた食物を希求し好色な思いを抱くということである。そして彼らは、ファリサイ人たちに向かってキリストが〈同じ唯一なる神が、われわれの外側と内側の人間を形づくった〉（ルカ一一・四〇）と語られたのに相反している。それだけでなく欲情は、身体を通じて起こるとしても、身体に属するものではないのである。

[3]また別の者たち（われわれは彼らを「抗神派」（antitaktēs）と呼ぶのであるが）は、万物の父である神は本性的にわれわれと等しく、神が創造したものはすべて善である、と述べる。ただ神から成った者のある一人が、毒麦を蒔き、悪の本性を生んで、その悪でもってわれわれすべてを覆い包み、われわれを父と対立させた。[4]まさにこの故に、われわれもこの人間に対峙して父への報復を目指し、第二者の意図に抗して行動する

のだとする。したがって〈姦通してはならない〉（出二〇・一三）と語ったのはこの彼なのであり、したがっ
て彼らによれば、われわれは彼の命を打ち砕くために姦淫に努めよう、と言うのである。
三五 1 そこでわれわれとしてはこの者たちに対し、こう述べることにしよう、「偽預言者たちや、真理を欺く
者たちは、その業から知られるのだ」ということをわれわれは認めている、と。あなたがたの業は非難されて
いる。ではどうして、あなたがたはなお真理に抗おうとはやるのか。2 何も悪しきものは存在しないし、あな
たがたが、神に反するとして論難している人物は、まったく非難するに当たらない（実りとともに、樹木も同
時に切り倒されるのだから）。あるいはもし、何か悪が存在するのであれば、われわれに語って欲しい。正
義、克己、辛抱、忍耐、あるいはなぜ、これらと同様の事どもに関して与えられた掟が、良きものであるか悪
しきものであるか、などと彼らが論じているのであろうか。3 もし、律法がそれを行うことを禁じているよう
な恥ずべき事どものほとんどが、悪しき事柄であるのなら、悪は自分自身を崩壊させるために、自ら立法して
いることになるが、これはありえないことである。だがもし善き事柄であるのなら、善き律法群に対して抗う
者どもは、善に対して抗い、悪を為すことに同意しているわけである。**三六** 1 既に、その方だけは信ずるに値す
る救い主も自ら、憎んだり、罵ったりすることを禁じ、〈あなたを訴える人と道を行く場合、彼の友となって
和解するように試みよ〉（マタ五・二五）と述べている。2 彼らはあるいは、キリストの勧告をも否定して、
対立する人と対立したままであろうとするのか。あるいはこの人と友になり、対立をやめるのであろうか。3
ではどういうことなのだろうか。おお貴い身分の方々よ（わたしはこの場にいる人たちに語りかけるかのよう
な口調で述べたい）、あなたがたは知らないのか、麗しくでき上がった掟に異を唱えることが、自ら自身の救
いに反発することだということを。なぜならあなたがたは、有用な形で命じられた事柄をではなく、あなたが
た自身を覆しているのだから。4 また主は〈あなたがたの善き業を輝かせよ〉（マタ五・一六）と語るが、あ

なたがたは自らの好色を明らかにしているのだ。5なかんずく、もしあなたがたが立法者の掟を破壊しようと望んでいるのであれば、なぜ、〈姦淫してはならない〉（出二〇・一三）、また〈少年を虐待してはならない〉として（『プロトレプティコス』一〇八・五、および『パイダゴーゴス』二・八九・一、三・八九・一）、あるいは克己の関連で併せ提示されている事柄を、自らの非自制によって打ち壊そうと試みるのか。あなたがたは、まだ冬の真っ盛りという頃に、夏を来たらせる目的で、主によってもたらされた冬を滅ぼすということはできない。また大地に対し、船を浮かべうる場にしようとか、海に対して歩きうる場にしようとかすることは不可能である。それはまるで、異邦人のクセルクセスがやろうとしたこととして歴史記述者たちが述べているのと、まったく同じありさまではないか（ヘロドトス『歴史』七・五四）。三七1ではなぜ、あなたがたは掟のすべてに対して、抗おうとしないのだろうか。神はこう述べる。〈産めよ、増えよ〉（創一・二八）。あなたがたは律法に抗うのなら、共棲をまったくしてはならないはずではないか。また神は〈わたしはあなたがたに、食糧として享受できるように、すべてのものを与えた〉（創一・二九）と述べるが、あなたがたは何も享受してはならないであろう。2だがそればかりではなく〈目には目を〉（出二一・二四）と立法者は述べているのだから、あなたがたは対立している事柄に対し対立物をもって報いてはならないはずではないか。あるいは立法者は、盗人に対し、四倍にして返却せよと命じているが（出二二・三七）、あなたがたは盗人にさらに与えねばならないはずである。3さらには同様に、〈主を愛せ〉（申六・五）という掟に反発するのであれば、万物の神を愛してはならないはずであろう。あるいはまた、〈彫ったり鋳たりしたものを造ってはならない〉（申二七・一五）と立法者が述べているのだから、あなたがたは彫った像に屈拝せねばならないという論理に陥るであろう。4であるからどうして、あなたがたは自分で言うように掟に反発しながら、創造者に対して不敬虔に陥らず、姦淫や姦通に似た事どもを熱心に追求することができるというのだろうか。あるいはまた、自分たち

が「非力だ」と考えている存在を、より大いなる存在と見なして恥じることがないのか。その方は、もし望む
ならば、その通りに成る方なのだ。むしろその業とは、その方が善き方として望んだ事柄ではないのか。あな
たがたが呼ぶところの「父」は、逆にあなたがた自身によって、非力であることが証明されているのだから。
三八 1 さてこれらの者どもも、預言的な聖書箇所から類推を行い、字句をつまみ食いして下手なパッチワーク
を施し、寓意的に語られた箇所を字句どおりに理解している。彼らによれば、こう記されている。2〈彼らは
神に抗いながらも救われている〉（マラ三・一五）。さらにある者は「恥知らずな神に」を付加し、この聖句
を、公にされた聖書の意向として受容し、創造者に抗うことこそ自分たちにとっての救いを意味すると理解し
ている。3 だが「恥知らずな神に」とは記されていない。もしそう記されていたとすれば、おお、無思慮な者
どもよ、あなたがたはいわば、ここで「悪魔」と呼ばれている恥知らずな者の声を聞き届けたのである。それ
は、あるいはその人を中傷するものか、もしくは罪人たちを論駁するものか、もしくは背教者として叱責する
ものか、そのいずれかであろう。4 実に、この箇所で語られている民は、彼らが重い罪を犯した事柄について
矯正を受け、それに耐えながらも呻吟しつつ、当該の語句を漏らしたのである、「他の民族は法を犯しながら
も咎めを受けず、彼らだけが事毎に卑しめられているのはなぜか」と。それはエレミヤが〈何故不敬虔な者ど
もの道は栄えるのか〉（エレ一二・一）とつぶやいたのと同様である。上に挙げた『マラキ書』からの一節、
〈彼らは神に抗いながらも救われている〉は、この『エレミヤ書』の箇所と同様である。5 つまり預言者たち
は預言を告げる際に、神からある事柄を聞いたと語るだけでなく、彼ら自身も、民の側からのつぶやきを応答
として告げるかたちで表明する。それは言わば、人間の側からの要請を伝えるかたちで行われるのであり、上
掲の一節もちょうどそれに該当するのである。**三九** 1 彼らに沿うかたちで、使徒パウロも『ローマ人たちへの書
簡』の中で敷衍的に記しているではないか。〈われわれのことを、「〈善が生起するために、悪を行おうではな

いか〉と言っている」と言って中傷する人々があるが、そうではない。その批判は当たらない〉（ロマ三・八）。[2]このような者どもは、読書の際に、聖書の意味を、自分たちの快楽に有利な方へと読み方の調子で捻じ曲げる。朗読のための符号や記号などを変改し、賢慮をもってまた為になるように告げられている事柄を、強いて自分たちの奢侈の方へと引きつける人々である。[3]マラキは述べている。〈あなたがたは、自分の語る言葉によって神を疲弊させている。それなのにあなたがたは言う。「どのように疲弊させたのか」と。「悪を行う者はすべて、主の前に善しとされる」とか、「主は彼らを喜ばれる」とか、「正義の神はどこにおられるのか」などと言うことによってである〉（マラ二・一七）。

第五章

異端に二種あること。放蕩と禁欲

四〇 [1]さてわれわれは、さらに多くの部分を割いて爪を切り過ぎ、もっと多くの不埒な異端諸派に言及することのないように、また彼らの各々について論ずることを余儀なくされ、その各々に対して恥ずかしい思いをし、長々しく言及するはめにならないように、ここで二つの系統に彼ら異端のすべてを分割し、彼らに回答することにしよう。[2]すなわちその一方は、節度なく生きることを教えるものであり、もう一方は、適切さを逸し、不敬と闘争心をもって克己を歌い上げ説く類のものである。[3]まずは第一の分派について取り上げねばならない。もしすべての生き方を選択することができるのであれば、克己を伴った生を選ぶことは明らかである。そして選ばれた者にとって、すべての生が危険を伴わないものであるとすれば、彼は徳と賢慮を伴っているのであるからなおのこと、危険を伴わないことは明らかである。[4]なぜなら彼は〈安息日の主〉（マタ一二・八）でもあるのだから、彼には放埒な生き方をさえする権能が与えられており、しかもその際、罪に問われることはない。品位をもって生活する者にとってはなおさらのことであり、彼が処罰に服することはない。5 なぜなら、使徒もこう述べている。〈すべての事柄が許されているが、すべてが益になるわけではない〉（Ｉコリ六・一二、一〇・二三）。しかるに、すべてが許されているのであるなら、賢慮を働かせることもできるということは明らかである。四一 1 したがってちょうど、徳に従って生きようと考え、おのが能力を用いる者が称讃されるのと同じように、自由で卓越した能力をわれわれに付与し、われわれが欲するままに生きることを許し、われわれの選択や回避が否応なく奴隷的にならないようにさせた方は、それよりもはるかに崇高であり敬服さるべきである。2 だが、非自制性と克己を選択した者の各々が恐れを抱かないとしても、その崇高さは同様ではない。前者は快楽に溺れて肉体を甘やかす一方、後者は賢慮をもって、肉体を司る霊魂を情動から解放するからである。3 もし彼らが、われわれは〈自由を得るために召し出されたのだ〉（ガラ五・一三）と言うとしても、われわれは、使徒の言を借りるなら〈自由を肉へのいざないとして〉（同）提供することは決してすまい。4 一方もし欲情に敬意を払い、恥ずべき生を善悪無記（adiaphoros）だと考えるべきであるなら――これは彼らの言い分であるが――、すべてにおいて欲情に従うべきであろうし、もしそうだとするならば、われわれを説得する人々に従って、最も放埒にして最も不敬なることをすべて実行すべきだということになるだろう。5 あるいはわれわれが、欲情のうちの何らかは遠ざけ、もはや善悪無記の生き方をせず、われわれの最も高貴さに欠けた部分（腹部と恥部）にはでたらめに隷従すべきでないとしよう（欲情を通じて自らの肢体を死体として弄ぶことになるのだから）。6 欲情は、享受のために奉仕の務めを果たすとき、育成され活力を増す。それはちょうど、卑しめておくと鈍るのと同様である。四二 1 どうして、肉体の快楽に圧倒されていながら主に似る者とされたり、神の覚知を獲得したりすることが可能であろうか。すべての快楽の始まりをなすのは欲情であるが、欲情は何かが不足すると、ある種の苦痛となり、また希求に向かう思いとなる。2従ってわたしには、このようなあり方を受け容れる者たちは、次のように言われている者に他ならないように思われる。

「恥をかく上に痛い目にも遭う」。

（ヘシオドス『農と暦』二一一）

彼らは、自らの上に「自業自得の」（ホメロス『オデュッセイア』一八・七三）悪事を、今も後代までも選び取ることになるのである。3であるからもし、すべてが可能であり、悪しき行為によって希望を逸する恐れがまったくないのであれば、おそらく彼らには、悪しく憐れむべき生き方をすることへの口実が見出されるのであろう。4だがわれわれにとっての至福なる生というものは、掟によって示されており、そこに語られたことに対しては一切背くことなく、また勧告されている事柄に対しても、それがたとえ最も些細なことであってもなお、貶めることなく、御言葉が従って来るべきだと考えていることであれば、皆が心して守らねばならないのである。もしわれわれがそこから躓くなら、〈尽きることのない悪〉（ホメロス『オデュッセイア』一二・一一八）に陥ることは必定である。5そして、信じる者たちがそれを通じて導かれる神的な書に従い、力の限り主に似る者とされよう。善悪無記に生きるのではなく、できうる限り快楽と欲情から浄められ、霊魂に配慮しよう。霊魂においてただ神的なる事柄に専心すべきなのである。6というのも理性は、浄らかなるものであり、あらゆる悪から解放されて、いわば神的な力を受け取ることが可能な、そのうちに神の似像の蘇るものなのだから。使徒は言う。〈主のうちにこのような希望を置く者は、ちょうど主その方が清い方であるように、皆、自らを清いものとする〉（Ⅰヨハ三・三）。**四三** 1 しかるに、神に関する覚知を得ることは、いまだなお情動に駆られている者どもには不可能である。さらには神に関する覚知をまったく獲得していない者どもに、希望に与かることはまったく不可能である。そしてこの目標に到達していない者に対して、神に関する無知は叱責を行うと思われる一方、神について無知であることをもたらすのは、生活のありようである。2 というのも神に関して知悉していながら、肉体に媚びへつらうことを恥じないということはまったくもって不可能だからである。快楽が善であるということと、美にして善であるものは唯一であること、あるいは主のみが美であること、また神のみが善き方であり唯一愛されるべき方であることを、同時に謳い上げるのはまったく不可能である。3〈あなたがたはキリストのうちに、肉の体を脱ぎ捨てることにおいて、キリストの割礼において、手によることのない割礼を受けたのである〉（コロ二・一一）。4〈だから、あなたがたはキリストと共に目覚めたのであるなら、地上的な事どもではなく、天上的なるものを求め、天上的なるものを考えよ。なぜならあなたがたは死せる者とされたのであり、あなたがたの生命は神のうちに、キリストと共に隠されているのであるから〉（コロ三・一－三）。彼らが精進する事柄とは、姦淫ではありえない。5〈あなたがたは、地上における四肢を死せるものとせよ。それはすなわち、姦淫、不浄、情動、欲望、そのゆえに神の怒りが下される事どもである〉（コロ三・五以下）。だからあなたがたは進んで〈怒り、憤激、悪事、誹謗、その口から出る恥ずべき言動〉を棄て去るがよい（コロ三・八－一〇）。〈古い人を脱ぎ去るのだ、欲望と共に。そして新たにされた新しい人を身にまとい、あなたを創造した方の像として、認識をめざすのだ〉。**四四** 1 生活のありように関わる事どもは、掟を知れる者たちを明らかなかたちで吟味する。言葉のあり方に従って、生活が築かれるからである。樹木が知られるのは実りからであって、花や葉からではない。2 したがって覚知は、実りと生活のあり方から来たるのであり、言葉や花から到来するのではない。3 なぜならわれわれは、覚知とは単なる言葉に過ぎないとは言わず、何らか神的な知であり、掟に従った従順によって霊魂のうちに生ずる光であると言うからである。この光とは、誕生の際にあった事どもすべてを明らかにし、彼自らが人間としての自分を認識できるように備え、神に適わしき者とされることを教える。身体における眼、それは理性にあっては覚知である。4 快楽への隷属を自由と言うことなかれ。怒りを甘美であると言うべきでないのと同様である。われわれは、自由というものをすでに学んでいる。それは、主ただ一人がわれわれを自由にされたからであり、われわれを諸々の快楽、欲望、その他の情動から解放されたからである。5 〈「わたしは神を知っている」と言いながら、神の掟を守らない者は偽り者であり、その人のうちに真理は存在しない〉（Ⅰヨハ二・四）とヨハネは述べている。

第六章

福音の不敬な理解から節制を実行する異端者について

四五 1 さて、体裁よく克己を唱え、創造、および全能者である唯一なる神にして聖なる創造者に対して不敬を働き、結婚と子作りは受容すべきでなく、将来不幸に陥る者たちをさらに世に加えたり、死に滋養を供給したりすべきではないと教える者たちには、次のことを述べねばならない。まず第一に、使徒ヨハネの言葉である。2 〈今や多くの反キリストが来ている。ここから、われわれは終わりのときが来ていることを知る。彼らはわれわれから去っていったが、そもそもわれわれの仲間ではない。もしわれわれの仲間であったなら、われわれの許に留まっていたであろう〉（Ⅰヨハ二・一八以下）。3 しかる後、使徒たちによって奉じられている説を解体させる者どもは覆さねばならない。それは次のような次第である。サロメ[11]は主に「いったいいつまで死が力を振るうのでしょうか」と尋ねた。これは生が悪であり創造が悪しきものであるという意味においてではない。これに対して主は、「あなたがた婦人たちが子を産む限り」と答えたというが、これは単に、自然本性的な経綸を教えたに過ぎない。なぜならどのような場合であっても、誕生には腐敗が後から伴うからである。

四六 [1]奢侈やあらゆる種類の不道徳からわれわれを解放することを律法は望んでいるが、この律法の最終目的とは、われわれを不法から正義へと導き、われわれが節度ある結婚そして子作りまた生活様式を選び取ることなのである。[2]しかるに主は〈律法を廃止するためにやって来たのではなく、むしろ完成させるために来た〉(マタ五・一七)。ここで「完成させる」とは、それまで欠けていたからというわけではなく、主自らの顕現によって、律法に基づく預言が完全なものとなるという仕方に基づいたのである。なぜなら、正しき生き方に関わる事どもというのは、正しき生き方をしていた人々には、律法以前にも言葉によって告げ知らされていたからである。[3]したがって多くの人々は、克己を知らないままに身体的な生き方をしていたのであって、それは霊的な生き方ではなかった。霊の伴わない身体は、土と塵である。[4]主は情欲による姦通を裁き切る。それは何故であろうか。それは姦通のために、克己を伴って結婚を生き抜くことが不可能だからであり、〈神が繋ぎ合わせたもの〉(マタ一九・六)を解くべく試みないわけにはゆかないからではないだろうか。共なる絆の解体者たちは、このような説を教えているが、彼らによって、「共なる絆」(syzygia)という名詞そのものが誹謗されているのである。[5]彼らは、交合が汚らわしいものだと言うが、その彼ら自身が、その組成を、交合から獲得したのであるから、どうして彼ら自身が汚らわしいということにならないであろうか。聖とされた者たちに関しては、その種すらも聖であるとわたしは考える。**四七** [1]われわれとしては、霊ばかりでなく、習性と生き方、そして肉体までも、聖化されねばならない。使徒パウロは、いかなる言葉でもって、妻は夫によって聖化され、夫は妻によって聖化されると述べているだろうか(Iコリ七・一四)。[2]離婚をめぐり、モーセが認めているのであれば妻を離縁してよいのか、と尋ねた者たちに対して主が答えた事柄は、いったいどんなものだったであろうか。主はこう言われた。〈あなたがたの心が頑なであるから、モーセはそう記したのだ。最初に創られた人間に対して、神が何と言われたか、あなたがたは読んだことがないのか。「あなたがた二人は、一つとなる」とあるではないか。であるから、不貞以外の理由で妻を離縁する者は、姦通を犯すことになる〉（マタ一九・八―九）。3 だが主はこうも言われた。〈復活の後には、娶ることも嫁ぐこともない〉（マタ二二・三〇）。というのも、腹と食物について、こう語られている。〈食物は腹のため、腹は食物のためにある。だが神は、これらのどちらをもなきものとされる〉（Ｉコリ六・一三）。これは、猪や山羊のごとくに生きることを考えている者たちを叱責する言葉であり、彼らが恥知らずなあり方で食べたり交わったりすることをたしなめるためのものである。四八 1 というのももし彼らが、自ら言っているように、復活をすでに享けているのであれば、そしてそれゆえに結婚を意味なきものとしているのであれば、彼らは食べも飲みもしないはずである。なぜなら使徒が、復活にあっては腹も食物も意味なきものとなると言っているのであるから。2 したがって、どうして彼らが飢えたり、渇いたり、肉体に関する事どもで苦悩したりするのであろうか、あるいはキリストにより、予期される完全な復活を通じて享ける他の事どもを彼らが信じていないのであろうか。そればかりでなく彼らは、偶像を信じつつ、食物や結婚関係を忌避しているのである。3 〈神の国には食べることも飲むこともない〉（ロマ一四・一七）と使徒は言っている。言うまでもなく彼らの念頭にあるのは、酒や生物（の摂取）、そして結婚関係を忌避しながら、天使と鬼神たちに仕えている魔術師たちのことである。しかるに謙遜とは柔和さのことであって、身体に対する虐待ではないのと同じように、霊魂に対する克己とは、人前で行われるのではなく、隠れた場所で行われる徳のことなのである。

四九 1 結婚とは姦淫に他ならないと主張し、結婚とは悪魔によって伝えられたものだという教説を立てる者どもがいる。この大言壮語する者どもは「自分たちは、結婚もせず地上にあって何物をも所有しなかった主に倣っているのだ」と言い、「他の誰よりも福音を理解しているのだ」と豪語している。[2]だが彼らに対して、聖書はこう記している。〈神は高慢な者どもを敵とし、遜る人々に恩寵を与える〉（ヤコ四・六）。[3]しかも彼らは主が結婚しなかった理由を知らないでいるのだ。これはまず、主が自らの花嫁、教会を持っていたことによる。次に、主は通常の人間ではなく、肉に関しての助け手を必要とされなかったためである。また永遠に留まり神の独り子である主にあっては、子供を儲ける必要がなかったためである。[4]この主自らがこう述べている。〈神が絆で繋いだものを、人が切り離してはならない〉（マタ一九・六）。またこうも記されている。〈ノアの時代にそうであったように、人々は娶ったり嫁いだりし、ロトの時代にそうであったように、人々は建てたり植えたりしていた。人の子が現れるときもそれと同じようになるだろう〉（ルカ一七・二六―三〇）。[5]また、これを主が異邦人に向けて述べているのでないことには、主がこう付け加えている。〈人の子が再び現れるとき、これほどの信仰を地上に見出すであろうか?〉（ルカ一八・八）。[6]さらにはこう述べられている。〈そのとき、胎に子を宿した女性たち、乳飲み子を抱える母たちは不幸である〉（マタ二四・一九）。だがこれらも比喩的に語られている。それゆえ主は、〈父が固有の権限において定めた〉（使一・七）その時を明確にすることがなかった。これは世が幾世代にもわたって継続するためである。

五〇 [1]しかるに〈すべての人々がこの言葉を受け容れられるわけではない。そのように生まれついている独身者もあれば、人によって独身にされた独身者もあり、また天の王国のために自らを進んで独身にした独身者もあるからだ。受け容れられる者は受け容れよ〉（マタ一九・一一以下）。[2]離婚に関する議論の後で、ある者たちは〈もし、妻を持つことの責めがこれほどまでに大きいのであれば、人間にとって結婚することは有益ではないのではないか〉と尋ねたが、このとき主は〈この事柄を受け入れられるのは、すべての者たちではなく、許された者たちだけである〉と答えた（マタ一九・一一）。[3]というのも、この事柄について尋ねた者たちは、姦通の罪で断罪された妻を出した場合、他の女を娶ってよいかどうかを問おうと望んでいたからである。

4 さて、少なからぬ数の陸上競技者たちも、肉体的な鍛錬のために克己に励み、性愛の類を遠ざけておくと言われている。それはたとえば、クロトンの人アステュロスやヒメラの人クリソンがそうである（プラトン『法律』八四〇Ａ）。キタラ奏者のアモイベウスもまた、新婚であるのに新妻を遠ざけた。キュレネの人アリストテレスも、ライスの求愛をひとり軽んじていた（アイリアノス『ギリシア奇談集』三・三〇、一〇・二）。

五一 1 つまり彼はこのヘタイラに、もし競争相手たちの前で、何事かを自分のために為してくれるのなら、彼女を祖国に連れてゆこう、と約束しておきながら、それを成し遂げてしまうと、立てた誓いを喜んで果たすべく、彼女にこの上なく似通った似像を描き、キュレネに立てたのである。これはイストロスが『競技の特質について』で述べていることである。したがって、宦官的なことは、もし神に向かう愛ゆえになされるのでなければ、有徳の事柄とは言えない。

2 すでに幸いなる使徒パウロが、結婚を厭う人々についてこう記している。〈終わりのときには、惑わす霊と、悪霊どもの教えとに心を奪われ、信仰から脱落する者たちがいる。彼らは結婚を禁じたり、食物を断つことを命じたりする〉（Ｉテモ四・一、四・三）。3 またこうも述べている。〈あなたがたのうちの誰も、偽りの謙遜と体の苦行にふける者たちから、不利な判断を下されてはならない〉（コロ二・一八、二・二三）。彼は次のようなことも記している。〈妻と結ばれているなら、そのつながりを解こうとしてはならない。妻と結ばれていないなら、妻を求めてはならない〉（Ｉコリ七・二七）。あるいはまた〈悪魔があなたがたを試みることのないように、あなたがためいめいが自分の妻を持ちなさい〉（Ｉコリ七・二、七・五）とも述べている。

五二 1 これは一体、どういうことなのだろうか。いにしえの義しき人々は、感謝をもって創造に与からなかったというのだろうか。彼らはしかも、結婚し、克己のうちに子を儲けたのである。エリヤには、カラスがパンと肉を

食糧として運んできた（王上一七・六）。また預言者のサムエルは、食べる分から取り分けておいた腿肉を持
ち出し、サウルに食べるようにと与えた（サム上九・二四）。2 しかるに彼らは、自分たちはこれらの預言者
たちよりも生活様式と生き方において優っていると豪語するにもかかわらず、これらの預言者たちの行動と比
較されるには耐え得ないであろう。3〈食べない人は、食べる人を軽蔑してはならないし、食べる人は、食べ
る人を裁いてはならない。神はこのような人をも受け入れられたのだから〉（ロマ一四・三）。4 だがそればか
りでなく、主も自らに関してこう述べている。〈洗礼者ヨハネがやって来て、食べも飲みもしないでいると、
人々は言った。「あれは悪霊に取りつかれているのだ」。人の子が来て食べたり飲んだりすると、人々は言う。
「見ろ、あれは大食漢で大酒飲みだ。徴税人の友達で罪びとだ」〉（マタ一一・一八以下）。5 いったい、彼らは
使徒たちをも裁けるというのだろうか。ペトロとフィリポには子供がいたし、フィリポは娘たちを男たちに嫁
入りさせた。[12] **五三** 1 またパウロはある書簡の中で、自らの「協働者」（syzygos）について言及することをため
らわない（フィリ四・三）。使徒は、宣教奉仕の際に身軽でいられるよう、彼女を伴わなかったのである。[13] 2
彼はある書簡の中でこう語っている。〈われわれには、他の使徒たちと同じように、姉妹である妻を同伴する
権利を持たないのだろうか〉（Ｉコリ九・五）。3 だがこれらの使徒たちは、奉仕の務めにふさわしい形で、宣
教の業に気を散らすことなく専念できるように、妻としてではなく、妻を姉妹として同伴し、彼女たちは、副
助祭たるべき存在として、家庭を守る女性たちと共にあったのである。これらの事柄を通じ、女性たちへの接
し方にも、非難される余地のないあり方で主の教えが浸透している。4 というのもわれわれは、女性助祭たち
に関して、真正なる使徒パウロが、テモテに宛てた別の書簡の中でこう定めているのを知っているからである
（Ｉテモ五・九以下）。実にこの使徒は〈神の王国とは、食べ物や飲み物ではなく〉（ロマ一四・一七）、逆に禁
酒や肉断ちの問題でもなく、〈むしろ正義と平和、そして聖霊のうちなる喜びなのである〉と叫んでいる。5

彼らのうちの誰が、エリヤのように毛衣をまとい、革帯を締めて歩き廻っているだろうか（王上一九・一三、一九・一九、王下一・八）。誰がイザヤのように粗布をまとい、それ以外は裸形で、履物も履かないことがあろうか（イザ二〇・二）。あるいはエレミヤのように、麻の帯だけを締めているような人があろうか（エレ一三・一）。誰がヨハネの、人生の覚知のためのような出で立ちを模倣するであろうか（マタ三・四）。けれどもそればかりでなく、至福なる預言者たちは、このような生活をすることで、創造者に対して感謝を捧げていたのである。

五四 1 こうしてカルポクラテス、および彼と同じように節度のない「共同体」に出入りする者どもの言う「正義」は、かくして崩壊する。というのも、彼は「あなたを求める者に与えよ」と言うとともに、こうも付言するからである。「饗応されることを望む者を追い返してはならない」。ただこれは、共同体の交わりを教えるものであって、好色を教えるものではない。2 どうして、求める者や与かる者が、持てる者、与える者、饗応する者がまったくいないのに、彼らから饗応され得るだろうか。3 また、主が次のように語ったのは何故だったのであろうか。〈わたしが飢えていたとき、あなたがたは食べさせてくれた。わたしが渇いていたとき、あなたがたは飲ませてくれた。わたしが客人であったとき、あなたがたは泊めてくれた。わたしが裸であったとき、あなたがたは衣をまとわせてくれた〉（マタ二五・三五以下）。その後に、主はこう付言する。〈これらの最も小さき人々の一人に対してあなたがたが行ったことは、わたしにしてくれたことなのである〉。4 これと同じ事柄は、旧約の中でも律法として提示されていないだろうか。箴言には、〈貧しき者に与える者は、神を饗応するのである〉（箴一九・一七）、また〈事欠く者に良くすることに躊躇してはならない〉（箴三・二七）と語られる。**五五** 1 あるいはまた、〈憐れみと信仰とがあなたを離れないようにせよ〉（箴三・三）と述べられる。一方、〈貧困は人間を謙遜な者とする。勤勉な人の手は富ませる〉（箴一〇・四）。またこう続けられる。

〈見よ、かの人を。彼は自らの持ち金を利子をつけて貸さない。その金は嘉せられる〉（詩一四・五）。また
〈自らの富は、人の霊魂の購い金と判断される〉（箴一三・八）とは、なんとも直接に本質を明らかにする句で
はないだろうか。ちょうどこの世界が、暑さ、乾き、そして湿度という、相対立するものから成り立っている
ように、世は与える者と受け取る者から成り立っているのである。2 さらにはこう語られる。〈あなたはもし
完全な人になりたいのであれば、財産を売り払い、貧しい人々に与えよ〉（マタ一九・二一）。これは、〈わた
しはすべての掟を若い頃から守ってきました〉（マタ一九・二〇）と思い上がる者を駁す句である。なぜなら
その男は、〈あなたの隣人をあなた自身のように愛せ〉（マタ一九・一九）との掟を満たしていないからであ
る。彼はこのとき主により、愛をもって分かち与える行為を教えられ、完全な者となるようにと諭された。
五六 1 実に主は、美しく富むことを阻んでいるのではなく、不正な仕方で貪欲に富むことを禁じているのであ
る。[14]〈不正をもって、急いで掻き集めた財産は減ってゆく〉（箴一三・一一）と言われる。〈蒔く者はより多く
し、集める者は少なくする〉（箴一一・二四）からである。このことについてこう記される。〈彼はふるまい与
え、貧しき者たちに与えた。彼の正義はとこしえに留まる〉（詩一一一・九）。2 というのも〈蒔いてはより多
くを集める〉者は、地上的なもの・時宜に適ったものを分かち与えることによって、天上的なもの・永遠なる
ものを獲得するのに対して、他方誰にも分かち与えず、虚しくも〈地上に蓄える者は、その富を虫や錆がなき
ものとする〉（マタ六・一九）。このことについては、こう記されている。〈報酬を集めても、穴の空いた袋に
集めるようなもの〉（ハガ一・六）。3 主は福音書の中でこう告げる（以下ルカ一二・一六―二〇）。このよう
な者の土地が、大豊作になった。彼は作物をしまっておこうと望み、もっと大きな倉庫を建てようとして、ほ
くそえんでこう自らに向かって言った。〈これから何年も生きてゆくための蓄えがお前には整った。食え、飲
め、楽しめ〉。だが神は〈愚か者よ、今夜、お前の霊魂は取り上げられる。お前が備えたものは、いったい誰

のものになるのだろうか〉と言ったと。

第七章

節制のキリスト教的イデア

五七 1 人間の克己（enkrateia）とは、ギリシア人の哲学者たちによれば、欲情と闘い、行為において欲情に仕えないことだと言われている。しかしわれわれによれば、欲情を起こさないことである。それは、人が欲情を起こしても抑制するというのではなく、欲情を起こすこと自体が制されるようにするためである。2 このような抑制は、神の恩寵なくしては、決して身につけることができない。それゆえ〈求めよ、そうすればあなたがたには与えられるであろう〉（マタ七・七）と語られるのである。3 かのモーセも、このような恩寵を得て、肉体的には事欠いていたのに、四〇日の間、飢えることも渇くこともなかった。4 健康であることの方が、病める者が健康について語るよりも優れているのと同様、光が存在することの方が光について語ることよりも、そして真理に基づいた節制の方が、哲学者たちによって教えられた節制よりも優れているのである。5
光の存在するところ、そこに闇はないのと同様である。ところが情欲が根づいているところでは、たとえ肉体による活力で情欲が鎮められても、存在しないものに対し、記憶とともに実体化して、情欲だけは残る。五八 1
しかるに総じて、結婚や食物、その他の事柄を、われわれとしては先に終えておき、何事も情欲に従って行うことなく、ただ必要不可欠な事柄だけを望もう。なぜならわれわれは情欲の子ではなく、神の意向の子だからである。2 そして、子作りのために結婚した者は、克己心を鍛錬することが必要である。つまり、愛すべきである自らの妻を、欲するのではなく、真摯かつ節度を伴った意向をもって子作りに励むのである。なぜならわれわれが学んだのは、〈情欲へと肉の思いを用いる〉（ロマ一三・一四）ことではなく、〈日中のように、慎ましやかに〉キリストに倣い、光に満ちた主の導きのもとに〈歩こうではないか、酒宴と酩酊、淫乱と好色、争いと妬みを捨てて〉（ロマ一三・一三）ということだからである。**五九** 1 というのも、なにか一種類のこと、つまり性愛、に関してだけでなく、われわれの霊魂が、必要不可欠なものに満足せず、奢侈に傾き、放縦にも欲求する限りの他の事柄についても克己を理解するのが適切だからである。2 克己とは、金銭を軽んじ、欲情、蓄財、観劇の類には心を高くもって接し、口を慎み、悪しき考えを制することである。すでに、ある天使たちも、情欲に囚われて無節度となり、天からこの地上へと墜落したと言われている。3 しかるにヴァレンティノスは、アガトプスに宛てた書簡の中で、「彼はすべてに耐え忍び、克己心があった。彼はイエスの神性と同じ働きをなし、食べるにも飲むにも特有の仕方により、食物を認めなかった。彼にあって克己の力はこれほどまでに強く、彼のうちにあって食物が腐敗することはなかった。なぜなら彼自身が腐敗することがなかったからである[15]」と言う。

4 けれどもわれわれとしては、主に対する愛と、美そのものによる克己を歓迎し、聖霊の神殿を聖としよう。というのも美とは、あらゆる情欲から離れて〈天の王国のために自らを独身とする〉（マタ一九・一二）ことであり、〈生ける神に仕えるために、死した業から良心を清めておく〉（ヘブ九・一四）ことだからである。**六〇** 1 一方ある人々は、肉的な事柄に対する憎悪から、結婚による共棲、あるいは、適切な食物の摂取から恩知らずにも解放されることを切望する。これは無学にして神を信じない態度であり、非理性的な克己と言うべきである。それは他の多くの異邦人の場合と同様である。2 実に、ブラフマンたちは、動物を食さず、酒も飲まない。しかも彼らのある者は、われわれと同じように日毎に食物を摂るが、彼らのある者たちは三日ごとに摂るとされる[16]。これはアレクサンドロス・ポリュヒストルが『インド誌』の中で述べていることである[17]。彼らは死を軽んじ、生きていることを何とも思っていない。彼らは再生があると信じており、ある者たちはヘラクレスとパンを信じている。[3]インド人たちのうちセムノイと呼ばれる人々は、一生の間裸形で過ごすと言われている。彼らは真理を崇敬し、将来の事柄を予言し、一種ピラミッドのようなものを崇めている。彼らはその下に、誰か神の骨が収められていると考えているのである。(18) [4]裸形行者たちも、セムノイと呼ばれる人々も、妻を娶らない。というのもそのような事柄は、本性に反し法にもとることだと彼らが考えているからであり、こうすることで彼らは、自らを浄らかに保つとしている。またセムノイの女性たちも処女を通す。彼らはこのようにして天上的な事柄を見定め、天上の徴を通して将来の事どもの幾ばくかを予知できると考えているのである。

第八章

異端者によって引用される結婚に関する聖書の箇所

六一 [1]さて善悪無記(adiaphora)の論を導入することで、彼らは必然的に、ある種の少数の聖書箇所は彼ら自身の放縦に同意していると思うようになった。その際、彼らはこの放縦に関しても、〈過ちはあなたがたを支配してはいない。なぜならあなたがたは律法の下にはおらず、恵みの下にいるのだから〉(ロマ六・一四)と考えている(その他この類の事どもについても同様である。それらをここで思い起こすのは良いことではない。というのもわたしは海賊船を装備しているのではないから)。ではここで、わたしは彼らの試みを手短に切り込むことにしよう。[2]かの正真正銘の使徒は、先述の言辞を用いて、告発を免れようとしている。〈ではどうなのか。われわれは律法の下ではなく、恵みの下にいるのだから、罪を犯してよいということなのだろうか。決してそうではない〉(ロマ六・一五)。このように使徒は、神を味方につけ、また預言者的に、快楽に関するソフィスト的な術を一刀両断に打ち砕いているのである。
六二 1 見たところ彼らは、次のことを理解していないようである。〈われわれは皆、キリストの裁きの座の前に立ち、善であれ悪であれ、各々が肉体を住みかとしていたときに行ったことに応じて、報いを受けねばならない〉(Ⅱコリ五・一〇)。それは、その人が肉体を通して行ったことを受け取るためである。
2 〈だから、もしある人がキリストのうちにあるなら、それは新しき創造である〉(Ⅱコリ五・一七)。つまりその新しき創造とは、もう罪を帯びるものではないのである。〈昔のものはもう過ぎ去った〉。われわれは昔の生を洗い流したのである。〈見よ、新しきものとなった〉。姦淫から浄さへ、不埒から克己へ、不正から正義へ、である。〈正義と不正とに、どんな関わりがあるだろうか。光と闇に、どんな交わりがあるだろうか。キリストとベリアルに、どんな調和があるだろうか。
3 信仰と不信仰に、どんな関係があるだろうか。神の神殿が偶像との間にどんな一致があるだろうか。われわれは、このような約束を受けているのだから、肉と霊とのあらゆる汚れから自らを浄め、神への畏れのうちに、聖性を完遂しようではないか〉(Ⅱコリ六・一四―一六、七・一)。

第九章

異端者はサロメに語られた、結婚を難詰する言葉を引くこと

六三 1 さて、体裁の良い「克己」を掲げ、神による創造に抗う者たちは、サロメに向けて語られた言葉をも引用する。この言葉に関しては、先に言及した(『ストロマテイス』三・六・四五・三)。思うに、これは『エジプト人たちによる福音書』の中に伝えられていることであろう。[19]
2 言われていることには、主自らがこう述べ

たとされる。〈わたしは女性の業を廃止するためにやって来た〉。ここで「女性の業」とは欲情の行為であり、業とは誕生と腐敗である。では彼らは何と解しているのであろうか。このあり方での経綸が廃されたというのであろうか？　彼らはそうは言わないであろう。なぜなら世界は同じ経綸の下に留まっているのであるから。3 だが主が偽りを述べるはずがない。なぜなら本当に、主は欲情の業、すなわち金銭欲、勝利欲、名誉欲、女狂い、少年愛、美食、浪費癖、あるいはその類の事どもを廃絶されたからである。だがそれらの発端は霊魂の腐敗であり、われわれが〈躓きゆえの死者〉（エフェ二・五）となっていたためである。そして女性的な無自制とはこのことである。4 しかるに創造のうちにあるものの誕生と腐敗とは、原理上、生起するのが必然であり、それは全面的な裁きと選びの復興（apokatastasis）に至るまで継続される。これにより、世のうちに織り込まれている諸々の実体が、その固有性へと割り振られるのである。**六四** 1 ここから、おそらく御言葉がこの完成の時（synteleia）について告げた際、サロメがこう述べたのである。〈いつまで、人間は死を味わうのですか？〉。ところで聖書は人間を二通りの仕方で述べる。一つは外側に現れている部分であり、もう一つは霊魂である。あるいは、救われる部分とそうでない部分である。そして罪は「霊魂の死」と語られる。それゆえに主は、慎重に言葉を選んでこう返答する。〈女性たちが出産する限り〉。これはすなわち、欲情が働き続ける限り、の意である。2〈それゆえ、ちょうど一人の人間によって罪が世に入り込んだのと同じように、罪によって死がすべての人間に及んだ。罪のために、人はすべて死ぬのである。そして死が、アダムからモーセに至るまで支配していた〉（ロマ五・一二、五・一四）と使徒は語っている。しかるに本性的な必然により、神的な経綸による誕生には死が続き、霊魂と肉体の結合体には、それらの解体が相伴う。3 しかしもし、誕生が学びと認識（epignōsis）のためのものであるなら、解体は万物復興（apokatastasis）のためのものである。死の原因が、出産を通じて、女性であると考えられるのであれば、それと同様に、同じ理由により、女性は生命の導き手とも語られるであろう。**六五** 1 逸脱を先導するものが〈生命〉(創三・二〇)と語られ、それによって、生まれ来る者どもと罪を犯す者どもの交代の原因が生じる。この「生命」は、不正なる者どもの母ともなると同様に、正しき者どもの母ともなる。それはわれわれの各々が、自らを正すか、もしくは逆に不従順を決め込むかにかかっている。2 ここからわたしとしては、使徒が次のように述べるとしても、肉のうちなる生命を嫌悪したとは考えない。〈どんな時も今も、生命によってであれ死によってであれ、まったく妨げなく、キリストがわたしの身において讃美されることを願う。わたしにとって生きることはキリストであり、死ぬことは益である。でももし肉のうちに生き続けるなら、それはわたしにとって業の実りであり、どちらを選択すべきか、わたしは知らない。わたしはこれら二つの板ばさみ状態にある。一方で、この世を去ってキリストとともにありたいという願いを有しており、この方がはるかに望ましい。でも他方、肉に留まることはあなたがたにとってより必要であろう〉(フィリ一・二〇―二四)。3 思うに使徒がこれらの言葉によって明らかに示したのは、肉体からの離脱の完遂は神への愛であるが、肉のうちにあることを完遂するのは、救いを必要とする人々のための感謝を込めた忍耐なのだということである。**六六** 1 だがサロメに向けて語られた事柄の、それに続く部分を、真理に基づく福音の規範によるよりもむしろすべてをでっち上げる人々が、どうして付言しないのだろうか。彼女はこう言うのである。〈わたしは子を産まなくて良いことをしました〉。これは彼女にとって、出産に携わることが必要でなかったということを意味する。これに答えて主はこう語る。〈どんな草でも食してよいが、苦味を持つ草は食べてはならない〉。3 この言葉によって主は、克己であれ結婚であれ、それはわれわれに可能な行動であり、掟による阻止が必要な事柄ではないこと、加えて、結婚は創造行為に協働するものであるということを明らかにしているのである。**六七** 1 したがって、もし育児を苦いことだと受け取らない限り(多くの者にとっては逆に、子のないことがより苦悩をもたらすのだから)、御言葉にしたがっての結婚を罪だと考えてはならない。あるいはまた育児が、たとえ必要不可欠な多忙さのゆえに神的な事どもから気を散らさせ、ある人には苦いものだと映っても、そのために結婚を離れた独身での生のほうが楽だと考え、そちらを望むことがあってはならない。なぜなら、賢慮を伴っての悦びには罪がないし、われわれの各々が主体的に、子を儲ける選択をすることができるのだから。[2]しかしながらわたしとしては、次のようなケースも知っている。それは、結婚を口実にしながら結婚生活から逃れ、聖なる覚知によることなく、人間嫌いに堕ち、愛の業が彼らから消えるような場合である。あるいはまた、法の網に絡め囚われ、むしろそれを楽しんでしまって、ちょうど預言者が言うように〈家畜にもなぞらえられる〉(詩四八・一三、四八・二一)さまになるような場合である。

第一〇章

『マタイ福音書』一八・二〇に関する神秘的解釈

六八[1]ところで、〈キリストの名のうちに、二人また三人が集うとき、彼らの中心には主がいる〉(マタ一八・二〇)と言われる場合の「二人また三人」とはいったい誰のことであろうか。あるいは夫と妻、そして子供を「三人」と呼んでいるのではないだろうか。なぜなら妻は夫に、神によってめあわされるのであるから。[2]しかしある人が、係累を持たないでいたいと望み、子を儲けた際の多忙のゆえに、子を儲けることを選択しないのであれば、使徒は言う。〈わたしのように、独身に留まるがよい〉(Iコリ七・八)。[3]というのもある人々の解釈によれば、主がここで言わんとしたことは、多くの人々にあっては創造者が誕生をもたらす者であるが、選ばれた唯一人にあっては救い主であり、それはすなわち、救い主が別の善き神の子として生まれた、という意味だというのである。しかるにこれは正しくない。むしろ、賢慮をもって結婚し、子を儲ける人々にあって神は子を通して現れるが、御言葉とともに克己に励む人々にあって、神はその同じ神だという意味である。

5 だがまた他の解釈を施す人々もある。彼らによれば、この「三者」とは、気概と欲求と理知、換言するならば肉と霊と魂だとされる。六九 1 もしかすると、先に言われた「三者」とは呼び名であり、第二番目は「選びの器」を、そして第三番目は、第一の誉れに向かうべく備えられた種をほのめかすものなのかも知れない。これらをもってしても、すべてを見そなわす神の力は、分かたれることなく分かたれる。2 かくして霊魂の本性的な働きを必要に応じて用いる方は、まず相応しきものを欲し、次いで傷つけるものを憎む。それは掟が命じているとおりである。〈あなたは、あなたを祝福する者を祝福し、あなたを呪う者を呪うがよい〉（創一二・三）。3 だがこれら、すなわち気概と欲求とを凌駕し、万物の神そして創造者である方を通じて被造物を愛するとき、覚知をもって生活することになるだろう。それは克己の状態を苦もなく現出し、救い主に似ること (exhomoiōsis) を通じて、覚知・信仰・愛を統一した状態である。4 彼はこの世にあって、判断において一貫し、真に霊的存在となり、憤怒と欲情に関わる思念をいかなる場合にもまったく受け取ることなく、主の〈似像〉（創一・二六）として、創造者自身に倣って完成され、完全な人間となる。すでに彼は、主にとっての「兄弟」と呼ばれるに相応しき者となり、併せて主の「友」また「子」ともなる。かくして「二人また三人」は同一の意味に集約される。それは「覚知者たる人間」である。

七〇 1 さて、三者をもって数えられる多者の一致が語られる際、彼らとともに主がおられるということは、一なる教会、一なる人間、一なる種族といった場合にも当てはまるであろう。2 主は、一人のユダヤ人（モーセ）の傍らでは律法者を務め、預言者としてはすでにエレミヤをバビロンに遣わした(20)。そればかりでなく、預言職のために異邦人から複数の人々を召し出した。二つであった民を集め、新たな人に向けて二者から創造された者は、第三位格となり、その位格（聖霊）のうちに教会に歩み住まうのではないだろうか。3 つまり律法と預言者たちは、福音とともにキリストの名において、一なる覚知に向けて集められるのである。4 であるから、憎しみのゆえに結婚しない者たち、あるいは欲情のために善悪無記のふりをして肉を乱用する者たちは、かの救われる者たち、主が彼らとともにおられる人々の数のうちには数え入れられないのである。

第一一章
欲情に対する律法とキリストの教え

七一 1 ここで、以上の事柄に関してはすでに証明が終えられたとし、異端に与するソフィストたちに対して、聖書がどれほど反対しているかについて、いまや提示することにしよう。その際、ロゴスに基づいて守られる克己の規範について示すことにしたい。2 さて理解ある者は、異端の各々に固有の仕方で根ざしている書物を、適宜選択しつつ用いることであろう。それは、掟に基づいて教説を立てる者どもを打ち砕くためである。3 すでに述べたように、〈汝の隣人の妻を欲してはならない〉（出二〇・一七）という法は上から来たものである。これを、われわれは主の新しい掟に基づく特別な声、次のように自ら語るものよりも前に置いた。〈あなたがたは律法がこう定めているのを聞いている。「姦淫するな」と。しかしわたしは言う。「欲情を抱くな」と〉（マタ五・二七）。4 というのも律法は、結婚している妻を、夫たちがただ子作りのためだけに節度をもって用いることを望んでいるということは、結婚していない男性が、女捕虜と直ちに交わることを禁じていることからも理解される。すなわちその男性が女捕虜に欲情を抱いたなら、彼女は髪を下ろし、爪を切り、捕虜の衣服を脱いで、あなたの家に住み、自分の両親のためにまず三〇日の間嘆かねばならない（申二一・一二－一三）。だがこのようにしてもなお欲情が鈍らないならば、そのときには、情動のためにこれだけの時間をロゴスにのっとって措いたことにより、なおそれに勝る衝動が正当化されたのであるから、子供を儲けることが許されるのである。**七二** 1あなたは聖書の中で、父祖たちの誰かが、懐妊中の妻と交わったという例を挙げることはできないであろうが、その理由はここにある（『パイダゴーゴス』二・一〇・九二・二）。だがそののち、出産の後あるいは幼児への授乳の後、ふたたび夫によって知られる妻の例は見出せるであろう。2このあり方は、モーセの父親も守っていることが理解されよう。兄アロンの誕生の後三年を置いてから、モーセが誕生しているからである（出七・七）。3またレビ族は、神に由来するこの本性的な法を守っていたために、他の部族に比して数の上で少ない状態で約束の地に入った（民三・三九）。4律法に従った結婚を受け入れている男性が種を蒔く場合、出産のみならず、授乳に関しても律法に従うなら、その種族が人口の面で増加することは、容易ではないのである。**七三** 1この故にモーセは、相応しくも克己に関してほとんど歩みを進めることなく、ユダヤ人たちには〈三日の間〉ばかり、性愛の快楽を慎み、神的な言葉に聴従するよう命じたのであった（出一九・一五）。2〈われわれは神の神殿である。それは預言者が「わたしは彼らのうちに住み、巡り歩く。わたしは彼らの神となり、彼らはわたしの民となる」（レビ二六・一一－一二、エレ三二・三八、エゼ三七・二七）と言っているとおりである〉（以下Ⅱコリ六・一六－一八）。これは、もしわれわれが、個々人においてであれ教会一丸となってであれ、掟に従って生活する場合のことである。3〈「だから、お前たちは彼らの中から出て行き、縁を切れ」と主は語る。「また、穢れたものに触れてはならない。触れなければ、わたしはお前たちを受け入れ、わたしはお前たちの父となり、お前たちはわたしの息子また娘となる」。全能の主はこう語られる〉。4ここで語られている「彼ら」に関しては、結婚している者どもばかりではなく、なお姦淫のうちに生きている異邦人も含まれ、さらには前述の諸異端も含まれる。そして彼らを不浄なる者・神を知らぬ者として、われわれは彼らから縁を切るべきである、と預言者的に命じられているのである。七四 1 ここからパウロも、前述の者どもと同様の人々に向かってこう述べる。〈愛する者たちよ、あなたがたはこのような約束を有しているのだ。だからわれわれは、肉と霊のあらゆる穢れから自分たちの心を浄め、神に対する畏れのうちに、聖性を完成させようではないか〉（Ⅱコリ七・一）。〈というのもわたしは、神の熱情でもって、あなたがたに対して熱い思いを懸けているのだ。わたしはあなたがたを、キリストという一人の夫に、穢れなき処女としてめあわせることにしたからだ〉（Ⅱコリ一一・二）。2 教会は、キリスト以外の他の花婿を獲得して結婚することはない。一方われわれの各々は、もし望む女性があったなら、法に則って結婚（最初の結婚である）をする上での権利を有している。3 〈ただわたしが恐れるのは、蛇がエヴァを悪だくみで欺いたように、あなたがたの思いが腐敗して、キリストへの純真な心から離れてしまうのではないかということなのである〉（Ⅱコリ一一・三）と、使徒は、敬虔にまた教えを込めて語っている。七五 1 それゆえ、驚嘆すべきペトロもまた、こう述べている。〈愛する者たちよ、わたしはあなたがたに勧める。旅人の身であり、仮住まいの身なのだから、肉的な欲情を遠ざけよ。それらは霊魂に対して戦いを挑むものであるから。そして異邦人たちの間で、あなたがたの生き方を美しく保つがよい。2 こうすることこそ神の御心なのだから。善を行い、思慮に欠けた人々の行いを封じ込めよ。あなたがたは自由人なのであり、自由を、悪の覆いとして有しているわけではなく、むしろ神の隷僕なのであるから〉（Ⅰペト二・一一以下、二・一五以下）。3 同様にパウロもまた『ローマ人たちへの書簡』の中でこう記している。それは〈罪に対しては死んだわれわれが、どうしてなお罪のうちに生きていることができようか。われわれの古い人間は、キリストとともに十字架に懸けられたのであるが、それは罪の身体を終わりにするためなのである〉（ロマ六・二）から、〈あなたがたは自分の四肢を、罪のための不義の武具としてはならない〉（ロマ六・一三）までである。

七六 [1] わたしとしては、ここに至って、次のことに言及せず省略してしまうべきではないと考える。すなわち使徒は、律法・預言者・福音を通じて同一の神の語りが見られるということを告げているのである。というのも福音に記されている〈欲情を抱いてはならない〉（マタ五・二七）という掟を、使徒は『ローマ人たちへの書簡』の中で律法に関連させているが、これは彼が、律法と預言者を通して告げた唯一なる方が、自らを通じて福音として布告される父であるということを理解しているからである。[2] 使徒はこう述べる。〈ではどうなのだろうか。律法は罪であろうか。決してそうではない。むしろわたしは、律法を通じてしか罪を知らなかった。つまり「欲情を抱いてはならない」（出二〇・一七、申五・二一）と律法が命じていなかったなら、わたしは欲情を知ることがなかったであろう〉（ロマ七・七）。[3] 異端説を奉ずる対抗派は、パウロが創造者に抗して以下のことを述べていると受け取るかも知れない。〈わたしは自分のうちに、すなわち自らの肉のうちに、善が住まっていないということを知っている〉（ロマ七・一八）。だが、先に語られたこと、そしてさらに付言されることをよく読んでみるがよい。まず次のように先述している。〈わたしのうちに住んでいる罪〉（ロマ七・一七以下）。すなわち使徒は、その罪の関連で〈わたしの肉のうちには善が住んでいない〉と述べるに至ったのである。**七七** [1] さらに以下で彼はこう付け加えている。〈もしわたしが、自分の望まないことをしているとすれば、もはやそれを為しているのはわたしではなく、むしろわたしのうちに住んでいる罪なのだ〉（ロマ七・二〇、七・二三以下）。この罪が、神の〈法〉、また〈わたしの理性〉と戦っている（ロマ七・二三）と使徒は述べる。〈それはわたしの四肢において、本当に、罪の法のうちにわたしを捕虜にしている。わたしは人間として哀れである。誰がわたしを、この死の肉体から解放してくれるのか〉。[2] さらにはまた、彼はこう続けることをためらわない（彼は益をもたらすことには何であれ、疲れを知らない）。〈霊の法はわたしを、罪と死の法から解放してくれた〉（ロマ八・二―四）。なぜなら子を通して〈神は、肉のうちなる罪を断罪した。それは、われわれが肉に従ってではなくむしろ霊に従って歩むべく、法の正しさがわれわれのうちに充溢するためである〉。3 これに加えてさらに彼は、すでに述べた事柄を明らかにしつつ、こう叫ぶ。〈肉体は、罪のために死んでいる〉（ロマ八・一〇以下）。このことは、肉体が神殿ではなく、霊魂の墓場であることを示している。というのも神に捧げられるときに、彼は付言する、〈死者のうちから復活したイエスの霊が、あなたがたのうちに住まい、この方があなたがたの死した肉体を、あなたがたの内に住める霊によって生けるものとするのだ〉。七六 1 こうして彼は、快楽に溺れる者どもに対して論難を加え、さらにこう付け加えている。〈肉の思いは死である。なぜなら肉にしたがって生きる者は肉のことを思い、肉の思いは神と敵対関係にあるからである。肉は神の法には従わない。しかるに肉のうちにある者たちにとって〉（ロマ八・五―七）、ある人々が教説化しているように〈神を喜ばせることは、不可能であり〉、むしろわれわれが先述したとおりの次第なのである。2 その後これらの者どもに対置する形で教会に向かい、こう述べる。〈あなたがたは肉のうちにではなく、霊のうちにあり、神の霊があなたがたのうちに宿っている。もしある人が、キリストの霊を持っていなかったならば、その人は神のうちにいない。けれどももしキリストがあなたがたのうちにおられるなら、肉体は罪のために死していたとしても、霊は義によって生命となっている。3 だから兄弟たちよ、われわれは、肉に倣い肉に従って生きていてはならない。もしあなたがたが肉に従って生きるなら、あなたがたは死ぬであろう。神の霊に導かれる者たちは、神の子らだからである〉（ロマ八・九以下）。4 そして、放埒を標榜する異端論者たちによって、唾棄されるべく導入されている高貴さや自由に対し、付言してこう述べる。〈あなたがたは再び恐れに囚われるような隷属の霊を受け取ったのではなく、5 むしろ子とされる霊を受け取ったのだ。その霊にあってわれわれはこう叫ぶ。「アッバ、父よ」〉（ロマ八・一二―一五）。すなわちわれわれがこの霊を受け取ったのは、われわれが祈りを捧げている方が誰であるかを知ることができるためである。その方こそ真の父であり、その方が諸存在の唯一なる父であって、その方こそ、救いに向け、父として教育を施し恐れを遠ざける方なのである。

第一二章

結婚に関する聖書の諸節の解説

七九 [1]しかるに〈思いを一つにし、しばらくの間祈りに専心する〉（Iコリ七・五）というかたちでのくびき
は、克己の模範である。というのも使徒は「思いを一つにし」と付言しているが、これは誰も、結婚の絆を解
くことのないようにするためである。一方「しばらくの間」というのは、強いられて克己を実践することによ
り、結婚している者が、くびきを同じくしている者を遠ざけ、他の女性への欲情に陥って、罪に染まるような
ことにならないためである。[2]この論理に則って、使徒は、処女性を守り自らを節すると誓った者にあって
も、娘と結婚することは美しいと述べている（Iコリ七・三六）。[3]自らを独身生活に定めるにせよ、子孫を
遺すために結婚の絆を結ぶにせよ、その目的は、より優れたものに向かうように、厳格に保たれねばならな
い。[4]というのももし、彼が生を献げ尽くし得るならば、彼は神において、自らのためにより大きな価値を獲
得するであろう。浄らかにして理性的な自制の生を送ったことになるのだから。だがもし彼が、より大いなる
栄光のために選び取った規律を踏み外してしまったなら、その際彼は希望を失ってしまうだろう。[5]なぜな
ら、独身生活と同様に結婚生活も、異なった勤めと奉仕とを主に対して有しているのだから。つまり結婚生活
には、子供と妻を守る務めがある。というのもおそらく、結婚生活に関して完全であろうとする男性は、共通

の家庭に関してすべてにわたる配慮を示すとき、共なるくびきの固有性が動機となる。6 まさしくパウロが、〈司教は自らの家をよく維持し、すべての教会をよく治めることに心を砕くべきである〉（Ｉテモ三・四）と述べている。7 実に〈各人、各々が呼ばれている〉（Ｉコリ七・二四）仕事において、キリストにおいて自由となるために、奉仕をまっとうし、奉仕による個々の報酬を受け取るべきである（Ｉコリ七・二二）。**八〇** 1 また使徒は、律法について述べる際に寓意を用いて、こう語っている。それは〈結婚した女性は、夫の生存中は律法によって夫に結ばれている〉（ロマ七・二）以下の部分である。さらにこのパウロはこうも述べている。〈妻は、夫が生きている期間中は夫に結ばれている。もし夫が死ねば、再婚するのは自由であるが、ただ主においてのみに限られる。けれども、わたしの考えでは、もしそのままの状態に留まっているなら、彼女は幸いであろう〉（Ｉコリ七・三九以下）。2 だが前に挙げた一節において、使徒はこう述べている。〈あなたがたは律法によって死んだ者となっている〉（ロマ七・四）。すなわち〈結婚によって〉ではない。それは〈あなたがたが、死者のうちから復活させられた、他の方のものとなるためである〉。つまりそれは花嫁そして教会として、との意である。花嫁すなわち教会は、内なる思いに関しても、真理に反して外界から試みをなす者どもに対しても、浄らかでなければならない。その者どもとはすなわち、異端に随従し、一人の夫つまり全能の神から離反して姦通を犯すように説得するような者どものことである。この浄らかさは〈もうヘビがエヴァを欺くことのないように〉（Ⅱコリ一一・三）するためのものである。ここでエヴァは「生命」と呼ばれる存在である。そしてわれわれが、諸々の異端に随順し、飽食の不正のために律法を犯すことのないようにするためなのである。3 一方、第二番目の一節では結婚の一回性を定めている。これはある人々が解釈しているように、妻の夫との絆が、肉の腐敗への繋がりを意味するからなどと受け取るべきではない。というのも使徒は、結婚の発明を直ちに悪魔に結びつけるような神をも知らぬ人々の着想は、律法者をも誹謗するものだとしてこれを論駁しているからである。八一 [1]思うにシリア人のタティアノス[21]は、このようなことをあえて教説化しようとしている。すなわち彼は『救い主による鍛錬について』という著作の中で、次のような筆致で記しているのである。〈和合は祈りと調和し、共同生活は腐敗の交わりを断つ。双方の合意の許に、恥じ入らせる仕方で禁じるのである。[2]というのも一体となることへの合意は、サタンと不節度のゆえなる行いであり、それに納得する者は「二人の主人に仕えようとする」ことを表明したことに他ならない。和合によって神に、不和によって不節度・姦淫・悪魔に仕えることになるのだから〉（タティアノス、断片五、シュヴァルツ編）。[3]彼がこのようなことを述べるのは、使徒の言葉を解釈してのことである。しかし彼は、真なる虚偽によって真理を歪曲しているのである。[4]なぜなら不節度と姦淫が、悪魔的な情動であるということについては、われわれも同意する。だが節度ある（sōphrōn）結婚に関しては、克己をもって（enkratēs）祈りに向かうと同時に、子作り（paidopoiia）のために真摯に結婚する、という仕方で、調和（symphōnia）が仲立ちをする。[5]実に、子作りの時機も聖書では「覚知」（gnōsis）と呼ばれているのである。それは次の箇所である。〈アダムは、おのが妻エヴァを知った（egnō）。するとエヴァは男の子を産み、「神がわたしに、アベルに代わる新たな種を興された（シャト）」という意味でシェトと名付けた〉（創四・二五）。[6]節度ある生殖を忌避する者どもが、一体誰に対して誹謗をしているか、お分かりであろうか。彼らは誕生を悪魔に帰しているのだ。なぜなら彼は、冠詞を付することによって全能の方を指し示しながら、その方を単に「神」とは呼んでいないのである。八二 [1]一方、使徒による付加句〈あなたがたの放埒さのために[22]〉から〈ふたたび一緒になる〉までの部分（Ｉコリ七・五）は、他の女性への欲望に逸らされることがないように、その可能性をあらかじめ閉ざしているのである。というのも一時的な合意だけでは、本性的な衝動を完全に駆逐して消去するには至らないからであり、使徒はその衝動を消すために再度、結婚による絆を提示する。それは放埒と姦淫そして悪魔の業に陥るためではなく、むしろ放埒、姦淫、悪魔に屈することのないようにするためなのである。[2]ところがタティアノスは、旧き人と新しき人とを切り離すが、われわれと同様の述べ方をしない。旧き人とは律法であり、新しき人とは福音であるということについてはわれわれも同意するし、彼らもそう言っている。だが彼が、律法を別の神の手になるものだとして否定する点については別であり、われわれはこれに反対する。[3]同じ方、同じ主が旧約を新たにし、一夫多妻はもはや認めず――旧約の頃は、人が増え地に満ちる必要があったので神がそう望んだのだ――、子作りのためまた家族を気遣うために一夫一婦制を導入し、その目的で妻が〈助け手〉として与えられたのである（創二・一八）。[4]そしてもし使徒がある人に対して、放埒と熱情を制するために「認可」の意味で、第二の結婚を許し、しかもこの人が律法の観点で罪を犯してはいない（律法に照らして禁止されてはいない）としても、彼は福音に基づく生き方の、特別な完全性を満たしていることにはならない。[5]むしろやもめの状態のまま留まるなら、彼は自らに天上的な栄誉を付与すべく、死によっても解かれることのない絆を汚されぬまま保ち、経綸に適わしく従い、それによって主の典礼から引き裂かれることがなくなる。[6]ただ彼に対しては、主による神的な先慮が、絆による共棲から、かつてと同様、洗礼を受けるようにと命じているわけではない。というのも主が、信じる者たちを、一度の洗礼により、完全なる福音の実践に向けるべく子作りからも引き離す、ということは必要なかったためであり、またモーセによる幾多の規定をも、一度の洗礼において取り込んだためである。八三 [1]当初より律法は、われわれの再生を予言しつつ、肉的な誕生に関して、誕生のための精の漏出の際に、身を洗うよう定めているが（レビ一五・一六）、これは人間の誕生を厭っているのではない。というのも人が生まれるということが明らかな場合、それは精の漏出によって為しうることだからである。[2]だが多くの場合、交合が子を儲けるに至ることはなく、母親の受諾が誕生に同意した場合に、精が自然の工房の中で、胚にむけて形成され始める。[3]どうして結婚が、旧約の時代だけに限られ律法の発見物であって、主による結婚が、われわれのために同じ神が配慮されたものであるにもかかわらず別種のものだということがありうるだろうか。4〈神がつなぎ合わせたものを、人間が解くことがあってはならない〉（マタ一九・六）のは、至極理に適っており、父が定めたことを、子もまたはるかに厳格に守っているのである。もし同一の律法者が福音を告げる者でもあるのなら、自らに反発することはありえない。律法は、霊的な存在として生きており、覚知をもってしても思念されるのである。5しかるにわれわれは〈律法において死に、キリストの体を通じて他の者、死者から蘇った者になる〉（ロマ七・四）。すなわち、律法によって預言されていた方になる。これは〈神においてわれわれが実を結ぶため〉である。**八四** 1それゆえ、〈律法は聖であり、掟は聖にして義しく、善きものである〉（ロマ七・一二）。であるからわれわれは、律法において、すなわち律法によって明らかにされた罪に死んだ。その罪とは、律法が産んだものではなく、明らかにしたものである。律法とは、為すべきことの命令、為すべきでないことの禁令を通じて、その背後にある罪を駁し、〈罪が明らかになるようにする〉（ロマ七・一三）ためのものである。2もし律法に基づく結婚が罪なのであれば、神の掟が罪であるということになり、そのようにいう者がどうして「自分は神を知悉している」と言えるのか、わたしには分からない。律法が聖であれば、結婚も聖である。そして使徒は、この神秘をキリストと教会へと結びつけているのである（エフェ五・三二）。3まさしく〈肉から生まれたものは肉であり、霊から生まれたものは霊である〉（ヨハ三・六）のは、誕生に関わるだけでなく、学びにも関わる。〈子供たちは聖である〉（Ｉコリ七・一四）のは、彼らが嘉せられるものだからであるが、主の言葉は、霊魂を神に花嫁として結びつける。4実に、姦淫と結婚はまったく別のものである。それは悪魔が神から遠く隔たっているのと同様である。〈そしてあなたがたは、律法において死した者となり、キリストの体によって他の者、死者から蘇った者となった〉（ロマ七・四）。この意味も、熱心に耳を傾けるならば自ずから理解されるであろう。律法の真理に基づいて、同じ主が勧告している事柄にわれわれは耳を傾けるのであるから。八五 1 そして次の一節は、まさしくこのような事柄に関係するのではないだろうか。〈霊は、次のように告げている。終わりの時には、ある者たちは信仰から離れ、迷妄の霊と悪霊どもの教えに専心し、偽りを語るものたちの欺きに陥る。彼らは良心に焼き印を押されており、結婚を禁じたり、ある食物を食べてはならないと言ったりする。だがそれらは神が創造されたものであり、信じる者たちが、感謝をもって、真理の認識とともに与かるべきものである。なぜなら神によって創造されたものはすべて美しきものであり、感謝をもって受け取るならば、何一つ拒むべきものはないからである。それらは神の言葉と執り成しを通じて聖とされる〉（Ｉテモ四・一―五）。2 であるから、結婚や肉食、飲酒を禁じたりすることは、決してあってはならない。なぜならこう記されているからである。〈肉を食さないこと、あるいは酒を飲まないことは、美しい〉（ロマ一四・七一）が、それはもしそれらを食す場合に躓きになるのであれば、の意である。そして〈わたしと同じような立場に留まるとすれば、美しい〉（Ｉコリ七・八）。だが必要であれば〈感謝をもって〉、あるいは必要がない場合でも、自分としては〈感謝をもって〉、また克己心に満ちた享受をもって、御言葉にしたがって生活すべきである。八六 1 総じて使徒の書簡はすべて、結婚と子作り、家庭の管理をめぐり、節制（sōphrosynē）と克己（enkrateia）を教え、数限りない掟を盛り込んでいるが、節制ある結婚を決して不法とはしていない。むしろ律法の連関を拒むことなく福音に照らしつつ、感謝のうちに神に嘉せられる結婚を節制をもって択ぶ者、主が〈人は皆呼ばれている〉と述べて望んでいるような独身状態を選び、躓くことなく完全なかたちで生きる者、の双方を受け入れている。2 また、預言者は〈ヤコブの土地は、すべての土地にまさって祝福される〉（『バルナバの書簡』一一・九）と述べているが、これは霊の器を讃えているのである。3 しかるにある人は、誕生を非難し、腐敗し堕落したものだと言って、無理やりに、救い主が〈シミや錆がなきものにするような場所に、宝を蓄えてはならない〉（マタ六・一九）

と語ったのは子作りのことであったと解し、この言葉に、預言者の次の一節を付言することをも恥じない。
〈あなたがたはみな、衣のように古び、シミが食いつくすであろう〉（イザ五〇・九）。4 われわれはこの聖書
に対して反駁することをせず、われわれの肉体が腐敗するもので、本性的に朽ち行くべきものであることを否
定しない。おそらく預言者は、語りかけた相手が罪人であったために、その腐敗を予言したのかも知れない。
けれども救い主は、子作りのことについて述べたのではなく、富を余るほどにまで獲得することだけに専心
し、事欠く人々のために手を差し伸べようとしない人々に対して、共生のために分かち合うよう勧告したので
ある。**八七** 1 それゆえ主はこう述べる。〈朽ちる食物のためではなく、永遠の生命に向けて留まる食物を獲ち得
るように働くがよい〉（ヨハ六・二七）。同じように、彼らは次の句も引き合いに出す。〈かの世の子らは、娶
ることも嫁ぐこともない〉（ルカ二〇・三五）。2 しかしながら、死者の復活をめぐるこの問いかけ、および問
いを投げた人々について仔細に検討してみるならば、主が結婚を拒んだのではなく、復活に伴い予想されうる
肉的な欲情に関して、それを取り除いたものだということが解る。3 一方〈この世の子ら〉（ルカ二〇・三四）
とは、子らにとって何か他の世と区別して言っているわけではなく、〈この世にある人々〉というのと同義で
あり、誕生による子らの意味であって、産んだり生まれたりする者のことである。なぜなら誕生なくしては誰
も、この世の命に生まれ出ては来ず、むしろこの誕生は、等しく腐敗を受け取り、この世の生から一たび切り
離されると、もはや留まることはないからである。4 〈ただ、天におられるあなたがたの父は唯一である〉
（マタ二三・九）。そればかりでなく、この同じ方は創造行為にあっても万物の父である。〈あなたがたは、地
上の者を「父」と呼んではならない〉（同）と主は述べる。これはたとえば、あなたがたを生んだ者を、あな
たがたの実体の肉的な起源であり原因であると考えてはならない、の意である。むしろ、その者は誕生の共な
る原因、否むしろ誕生の奉仕者である。**八八** 1 かくしてわれわれは、子となることを主が望んでおられるのであ

るから（マタ一八・三）、再び回心し、真なる父を認識し、水による再生を遂げて、これを創造における起源とは別の誕生としよう。2 そう、使徒は言う。〈結婚していない男は主のことを気遣い、結婚している男は妻をどのようにして喜ばせようかと気遣う〉（Ⅰコリ七・三二）。これはどういうことなのだろうか。神に従って妻を喜ばせる男たちが、神に感謝することができないと言うのだろうか。結婚している男にとって、配偶者とともに、主のことを気遣うことは許されないと言うのだろうか。3 否むしろ、〈結婚していない女性は主のことを気遣うが、それは彼女が、身体的にも霊的にも聖なるものとなるためである〉（Ⅰコリ七・三四）のと同様に、結婚している女性は夫のことと主のことを主において気遣うが、それは彼女が身体的にも霊的にも聖なるものとなるためである。双方とも、主にあって聖なる者である。片や妻として、片や処女として、である。

4 けれども慎みのため、また再婚に向けて心が傾く者たちを阻止するために、使徒は相応しくも調子を転じ、こう述べている。〈すべての罪は肉体の外にあるが、姦淫を犯す者は自らの体に対して罪を犯す〉（Ⅰコリ六・一八）。八九 1 しかしもしある人が、結婚を姦通であると敢えて言おうとするのであれば、ふたたび彼は、律法と主に対して誹謗を行っていることになる。それはちょうど、貪欲が自足に対立するものであるが故に、また偶像崇拝が、一なる神から多なる神々への拡散であるが故に姦淫であると言われるのと同じように、姦通は、一なる結婚から多なる結婚への墜落なのである。というのも、使徒にあって姦通また姦淫は、すでに述べたように（『ストロマテイス』六・一六・一四六・三、七・一二・七五・三）、三通りに受け取られている。[23] 2 これらに関して預言者はこう述べる。〈お前たちの罪によってお前たちは売り渡された〉（イザ五〇・一）。あるいはまたこう語られる。〈あなたは他者の地にあって穢された〉（バル三・一〇）。預言者はここで、他者の身体と交わり、配偶関係による子作りに身を捧げなかった共同体を穢れたものと考えているのである。3 それゆえに使徒もまた、こう述べている。〈だからわたしが望むのは、まだ若い女性は結婚し、子を儲け、家事を取り仕切り、反対者に誹謗のための口実を一切与えないことである。すでに道を踏み外し、サタンの後に随いて行った者たちがいるためだ〉（Ⅰテモ五・一四以下）。九〇 1実に使徒は、ただ一人の妻の夫に関しては、年長者であろうと助祭であろうと一般信徒であろうと、大いに彼を受け容れている。それはその人が非難されることのない仕方で結婚生活を送っているからである。〈彼女は子を産むことによって救われるであろう〉（Ⅰテモ二・一五）。2また救い主もユダヤ人たちのことを、〈よこしまで不実な世代〉（マタ一二・三九）と呼び、律法が意味するとおりに律法を知らないと言って教えを与えている。彼らは、父祖伝来の伝承と人間たちの掟に従い、律法に対して姦淫を犯し、律法を、彼らの夫また処女性の主として受け取っていないというのである。3おそらく主は、彼らが異邦への欲情に隷従していることも知悉しておられた。彼らはこの欲情に止むことなく隷属し、異邦人の罪に身を売っていたのである。なぜならユダヤ人の間では、公共娼婦は認められていなかったばかりか（申二三・一八）、姦通も禁じられていたからである。4ある人が、神の宴に〈妻を迎えたばかりなので行くことができない〉（ルカ一四・二〇）と言ったが、これは快楽のために神的な掟から離反している者たちへの論駁のための範例である。なぜならこの言葉によると、主の到来以前の正しき人々も、主の到来以降に結婚していた人々も、たとえ彼らが使徒であったとしても、救われないことになるからである。5預言者が〈わたしは四方を敵に囲まれてやつれ果てた〉（詩六・八）と言っているとして、これを引用する人々があるかもしれない。だがここで「敵」とは罪のことだと解すべきである。罪は一つ、それは結婚ではなく、姦淫である。彼らには誕生を罪であると言わせておこう。彼らは誕生の創始者にも罪を帰すことになるであろうから。

九一 1 さて、仮現論主義者の首領であるユリオス・カッシアノスも、(24) これらの事柄について論じている。実に彼は、『克己について』ないし『独身主義について』という著作の中で、次のように述べている。「誰も、われわれがこのような四肢を有しているからといって、〈女性の体のつくりはこうで、男性のはこうであり、前者は受け容れるため、後者は蒔くためのもので、この言い方は神から認められているのだ〉などと言ってはならない。2 なぜなら、もしこのような組成が、われわれがそこに向かっている神から与えられたものであるなら、神は独身者を幸いなるものとは呼ばなかったはずであるし（マタ一九・一二）、預言者も、選択意志による考えに基づいて自らを独身者とした宦官に対し、樹木からの比喩をもって〈自分を不毛な木だとは呼ぶな〉（イザ五六・三）とは命じなかったはずだからである」。九二 1 カッシアノスはさらに、神をも知らぬ考えを推し進めて次のように付言している。「もし救い主がわれわれを創り替え、迷妄、および四肢と付随物それに恥部の結合体からわれわれを解放したのであれば、ある人が救い主を責めたとして、どうして非論理的なことがあろうか?」。彼は、タティアノス(25)とほぼ同様のことを、このような発言でもって教説化している。だがカッシアノスは、ウァレンティノスの一派から離脱した者である。2 そのためカッシアノスは、次のように述べる。「サロメが〈わたしが尋ねたことに関して、いつ知ることができるのでしょうか〉と尋ねたのに対し、主はこう言った。〈あなたがたが羞恥の衣を踏みつけ、二つのものが一つになり、男性が女性と合一したとき、男性も女性も消滅する〉」。

九三 1 まずこの言葉は、われわれに伝えられている四つの福音書の中には見出せず、『エジプト人福音書』(26) のうちにある。それから憤怒（thymos）を男性的な衝動に、欲情を女性的な衝動になぞらえるのは、わたしには誤っていると思われる。それらが働いた後、悔恨と恥じらいが伴うからである。[2]したがって、人が憤怒も欲情も感知せぬ場合、それらは習性（ethos）と悪しき育ちによって増し高められ、理知（logismos）に影を落としそれを覆い隠すのであるが、回心によって恥じらいを覚え、それらから生ずる靄を剝ぎ取り、御言葉への聴従によって霊と魂を一体化させるなら、そのとき、使徒パウロが言っているように、〈あなたがたのうちにはもはや男性もなく、女性もない〉（ガラ三・二八）。[3]というのも、男性であるとか女性であるとかが区別されるこの身体の形状から脱して、霊魂は一性へと変容を受け、もうそこには性別は存しなくなるからである。つまり真正なる人は、プラトン主義的な考えの下（プラトン『ファイドン』八一C）、霊魂は天上における神的なものであるが、欲情によって女性化され、この世に来たって誕生と腐敗に至るのだと考えるのである。

第一四章

カッシアノスの論拠に関連する聖書の諸節の解説

九四 [1]また彼カッシアノスは、パウロをして強いて「誕生とは迷妄によって成立したものだ」と言わせるが、それは次の箇所による。〈わたしは、ちょうどヘビがエヴァを欺いたように、あなたがたの想念が、キリストに向かう純真なものから腐敗してしまうのではないかと恐れている〉（Ⅱコリ一一・三）。[2]だが主もまた〈迷妄に陥っていたものどもの許にやって来た〉（マタ一八・一一）ことに同意している。だが「迷妄に陥っていた」とは、天上界からこの地上界への誕生のことを指すのではなく（なぜなら誕生とは創られるものであり、それは全能者の創造であって、全能者がより優れたものから劣ったものへと霊魂を貶めることは決してないであろうから）、[3]むしろ想念において迷妄に陥っていた者ども、すなわちわれわれのところに、救い主が到来したことを意味する。その際われわれの想念は、掟に反した不従順を通じて、われわれが快楽に身を委ねたために腐敗したのである。もしかすると、われわれの先祖である最初の人間は、時を早まり、結婚の恵みに適した時機よりも前に逸って過ちに陥ったのかもしれない。なぜなら〈女性に対し、欲情の目を向ける者はすべて、彼女に姦淫を働いたのである〉（マタ五・二八）から。これは神の意向の時機を待てないということであろう。**九五** [1]主自身が実にこのとき、結婚に逸る欲情を断罪したのである。そして使徒が〈あなたがたは、神に倣って創られた新しい人間を身にまとうがよい〉（エフェ四・二四）と述べるとき、彼はわれわれ、全能者の意向によって形作られた者どもに、形作られたものであるということを告げているのである。そして「古い」とか「新しい」というのは、誕生とか再生とかいうことを述べているのではなく、むしろ不従順のうちに、ないし従順のうちにある生のことを指しているのである。[2]かのカッシアノスは、〈皮の衣〉（創三・二一）のことを肉体のことだと考えている。この件に関しては後ほど、彼および彼と同様の教説を立てる者どもが迷妄に陥っているということを示すつもりである。[27] それは、人間の誕生に関しての解釈を、予め述べておかねばならなかった事柄に沿って手がける際である。さらに彼はこう述べている。「土質的なものに支配されている者たちは、産んだり生まれたりする。〈だがわれわれの住まいは天にあり、その天から、われわれは救い主を受け入れるのだ〉（フィリ三・二〇）」。[3]われわれは、このことが美しく語られているということも知っている。なぜならわれわれは〈客人としてまた居留者として〉（ヘブ一一・一三）生活する義務がある。結婚している者は結婚していない者のように（以下Ｉコリ七・二九－三一）、財産を持つ者は財産を持たない者のように、子供を産む人は死すべき者を生む人のように、財産を省みないかのように、また必要とあらば妻を持たずに生活しているかのように、執着心なく被造物を用い、まったき心からの〈感謝とともに〉（Ｉテモ四・四）、寛容な思いを携えて生きねばならないのである。

第一五章
結婚と独身に関する聖書の諸節の解説

九六 1 さてまた、使徒は〈男にとって、女に触れないことは美しきことである。だが姦淫に陥らないように、各々の者は、自分の妻を持つがよい〉（Ｉコリ七・一以下）と語る際に、いわば敷衍的に説明する形で、こう述べている、〈悪魔があなたがたを試みないためである〉。2 というのも彼は、克己をもって、結婚を単なる子作りのためだけに享受しようとする者たちに対して〈無節制を防ぐために〉と言っているのではなく、むしろ子作りの領域を踏み越えて欲情を働かせようとする者たちに語っているのである。それはその人が、あまりにのぼせ上がってしまって、逆に衝動を別の快楽にまで膨らませることのないようにするためである。3 おそらくそのような者は、正しく生活している人々に対し、妬みかあるいは負けず嫌いな心を起こしてでもあろうか、対抗心を燃やし、彼らを自らの陣営に引き入れようと欲して、労苦を伴う克己心を通しての端緒を彼らに提供することを望むことがありうる。九七 1 そのためであろう、使徒は相応しくもこう述べる。〈熱情に燃え上がるよりも結婚した方がよい〉（Ｉコリ七・九）。これは、夫は妻に、妻は夫に負い目を返し、互いに、神的な経綸により誕生に向けて与えられた助力を奪い取らないためである。2 主はこう述べている。〈父また母、妻また子を憎まない者は、わたしの弟子となることはできない〉（ルカ一四・二六）。3 これは、人間という種を憎めと言っているのではない。なぜなら〈父と母とを尊敬せよ、あなたに幸いが訪れるように〉（出二〇・一二）と語られているからである。むしろ主は、非理性的な衝動に駆られることがあってはならず、また、一般市民の習慣に妥協することも許されないと言っているのである。なぜなら家は種族から成っているのであり、都市は家からできているためである。これはかの使徒パウロも、結婚のことで気遣う人々は〈世を喜ばせる〉（Ｉコリ七・三三）と述べているとおりである。

4 さらに主はこう述べる。(28)〈結婚している人は、妻を追い出してはならず、結婚していない人は、結婚しないがよい〉（Ｉコリ七・二七）。つまり彼はここで、独身の身分を付加することによって、結婚せず、独身のままでいるように、ということに同意しているのである。九八 1 実に主自らが、預言者イザヤを通じて、双方の身分に適わしい約束を、次のように告げつつ与えている。〈独身者よ、「わたしは枯れ木だ」と言ってはならない、主が独身者たちに言われる。なぜなら、もしあなたがたがわたしの安息日を守り、わたしの命ずる事柄をすべて行うならば、わたしはあなたがたに、息子たちや娘たちに優る場所を与えよう〉（イザ五六・三—五）。2 というのももし掟を実行するのでなければ、独身という身分や、独身者の安息日が正義を為すわけではない。3 一方主は、既婚者たちに対してもこう付言している。〈わたしに選ばれた者たちは、虚しく労苦することもないし、子供を儲けて彼らを呪いに引き渡すこともない。その種は主によって祝福される〉（イザ六五・二二—二三）。4 なぜなら御言葉に従って子供を儲け、育て、主において教育する者には、ちょうど真なる信仰教育を通じて産んだ者に対すると同様、いわば選ばれた種に対するかのように、相応しき報いが置かれるからである。5 ところがまた別の者たちは、子を儲けることを「呪い」のように受け取る。聖書が彼らとは逆の事柄を語っているということを理解していない。だが真に主の「選ばれた者たち」は、異端者たちが為すような風に教説化したりしないし、呪いに向けて子供を儲けたりしないのである。九九 1 かくして「宦官」と呼ばれているのは、局部に強いた者ではなく、あるいは結婚していない者でももちろんなく、むしろ真理を生み出さない者のことなのである。この人間は、以前は「枯れた樹木」であったが、御言葉に聞き従い、「安息日を守って」過ちから遠ざかり、掟を実行するならば、正しい生き方をせずに言葉だけの教育を受けた者たちよりも、尊敬に満ちた存在となるであろう。2 師はこう述べる。〈子たちよ、わたしはまだしばらく、あなたがたとともにいる〉（ヨハ一三・三三）。それゆえパウロも、ガラテヤの人々に対してこう命じて述べる。〈子たちよ、キリストがあなたがたのうちに形作られるまで、わたしはもう一度あなたがたを産もうと苦しんでいる〉（ガラ四・一九）。3 またコリントの人々たちに対してもこう述べ記している。〈たとえあなたがたが、キリストにおける養育係を一万人持っていたとしても、父親を大勢有しているわけではない。なぜならキリストのうちに、福音を通して、わたしがあなたがたを産んだからだ〉（Ｉコリ四・一五）、4 それゆえ、〈宦官は神の集いに入ることができない〉（申二三・一）のは、生き方と言葉において産むことを知らず、実りをもたらさない者だからであり、むしろ〈天の王国のために〉、すべての過ちから〈自らを遠ざけてしまった者〉（マタ一九・一二）は、世を無縁なものとしているがゆえに、至福なる者たちなのである。

第一六章

誕生を悪あるいは善として難詰する聖書の諸節の解説

100 1 しかるに〈わたしが生まれた日は呪われよ。祝福されてはならない〉（エレ二〇・一四）とエレミヤが語っているのは、単純に誕生を呪われたものと言っているのではなく、民の罪と不従順のゆえに忍耐の限界に達し、絶望を吐露しているのである。2 実際、彼はこう続けている。〈なぜわたしは生まれ出て労苦と嘆きに逢い、わが日々は恥のうちに終わるのか〉（エレ二〇・一八）。すなわち、真理を述べ伝える者はすべて、聞く者どもの不従順のゆえに迫害され、危難を被るのである。3 〈なぜわたしの母の胎が、わたしの墓とならなかったのか。そうすれば、わたしはヤコブの労苦もイスラエル民族が疲れ果てるのも目にせずに済んだであろうに〉（Ⅳエズ五・三五）と預言者エズラは語っている。(29) 4〈汚れを免れて清い医者は一人もいない〉、ヨブは述べる。〈一日たりとて、その人の生命が思いどおりになる日はない〉（ヨブ一四・四以下）。5「生まれたばかりの嬰児がどこで姦淫をしたか」とか、「何もしていない子供が、どうしてアダムの呪いによって変節したりしようか」と、われわれに向かって言う者がいるとしよう。6思うに彼らは、これに続いて「誕生とは悪しきものである。肉体の誕生ばかりでなく、霊魂の誕生もそうである。それを通じて肉体も成立するのだから」と言うに違いない。7またダビデが〈わたしは罪のうちに懐胎され、わが母親は、わたしを咎のうちに懐妊した〉（詩五〇・七）と述べるとき、この母とは預言的にエヴァのことを指している。実に、〈エヴァは生ける者どもの母〉（創三・二〇）となったからである。けれども、もし彼が罪のうちに懐胎されたとして、彼が罪のうちにあるのでも、彼自身が罪なのでもない。

一〇一 1しかし罪から信仰へと立ち返る者はすべて、いわば罪深き「母」の習性から生命へと立ち返る。わたしの証人は十二預言者の一人であり、彼は〈もしわが不敬を償うために初子を、わが霊魂の罪を償うためにわが胎の実りを捧げるならば〉（ミカ六・七）と述べている。2彼は〈生めよ、増えよ〉（創一・二八）と語る方に反発しているのではなく、ただ誕生に発する最初の衝動――それによってわれわれが神を知るということはない――を「不敬」と呼んでいるのである。3もし誰かある人が、このゆえに誕生を「悪しきもの」と言うのであれば、同じ理由から善きものとも呼ぶがよい。誕生において、われわれは真理を認識するのだから。〈正気になって身を正せ。罪を犯してはならない。神を知らない人がいるからだ〉（Ｉコリ一五・三四）。〈神を知らない人〉とは言うまでもなく、過ちを犯す者どものことである。〈わたしたちにとっての戦いとは、血や肉に対するものではなく、諸々の霊的な存在を相手にするものなのだ〉（エフェ六・一二）。〈闇の世界の支配者〉

たちは、試みを与える能力を持つ。従ってこの〈戦い〉とは、忍耐ということである。4それゆえパウロもこう言っている。〈わたしは自分のこの体を打ち叩いて服従させる〉（Ｉコリ九・二七）。なぜなら〈競技に参加する人は、みなすべてに関して節制する〉（Ｉコリ九・二五）からである（つまり〈すべてを控えることで、すべてに対して節制する〉のではなく〈用いるべきだと判断した事物を、自制心をもって用いる〉のである）。〈彼らは朽ちる冠を得るためにそうするが、われわれは、朽ちない冠を得るために節制する〉（Ｉコリ九・二五）。拳闘で勝利を収めるにも、苦闘せずに冠を戴くことはできないのである。5確かに、処女よりもやもめの方を、自制心ゆえに尊敬する人々もある。それはやもめが、すでに味わった快楽よりも、自制心の方を尊重しているからである。

第一七章

誕生とは悪であると主張することは、創造と福音への誹謗であること

一〇三 1さて、もし誕生が悪であるならば、誕生を誹謗する者たちは、誕生に与かった主、および主を産み落とした処女[30]をも悪のうちに置くことになるが、彼らにはそう言わせておこうではないか。2ああ何たる悪事であろうか、彼らは誕生を中傷することで、神の意向と創造の神秘を誹謗しているのだ。3それゆえにカッシアノスの仮現論、つまりマルキオンの仮現論、そしてウァレンティノスにおける「魂的身体」はみなこの類なのである。なぜなら、詩編作者はこう語る。〈人間は家畜になぞらえられる〉（詩四八・一三、四八・二一）。それは、交合に血道をあげる者のことである。しかしながら、人が本当に他者の妻と交わることを望み、それに逸ったならば、そのときそのような者は真に、獣に比せられる。〈彼らは女狂いの馬と化し、各々隣人の妻を

慕っていなく〉（エレ五・八）。 4 たとえ非理性的な動物からヘビが交合の営みを取り入れ、アダムに対し、エヴァと交わるように説得したのだとしても（これはある人々がそう考えているように、最初に創られた人間たちがこの本性を享受したのではないとするためである）、やはり創造行為は、人間たちを、理性を持たない動物たちの本性よりも弱いものにしたとして誹謗される。神によって最初に創造された人間たちが、非理性的動物に従ったためである。 一〇三 1 だがもし自然が彼らをして、理性を持たない動物と同じように、子作りへと導いたのであるなら、彼らは、まだ若くして適当な時期よりも早く迷妄に打ち負かされて促されたのであり、神の意思を待つことができない者たちに対する神の裁きは正しく、誕生は聖なるものである。誕生を通して世界が成立し、誕生を通して、諸実体、諸本性、諸天使、諸力、諸霊魂、諸々の掟、諸律法、福音、そして神に対する覚知が形成されるのであるから。 2 そして〈肉はすべて草木のよう、また人間の栄誉はすべて草木の花のよう。草木は枯れ、花は萎れる。だが主の言葉は留まる〉（イザ四〇・六―八）。主の言葉は霊魂に油を注ぎ、身体と合致させるものだからである。 3 いったい、身体なくして、教会すなわちわれわれに関わる経綸が、完成を迎えられただろうか。主自身が、肉のうちにある教会の頭であって、姿と形なく来たり、われわれに対して、神的な原因の無形性・無姿性に目を注ぐように教えるのである。 4 預言者はこう述べている。〈生命の木は良き望みのうちに立つ〉（箴一三・一二）。これは、洗練された浄らかな望みは、生ける主のうちに置かれるということを教えるものである。 一〇四 1 しかるに、男性が結婚によって女性と交わりを持つということが「知識」（gnōsis）と呼ばれていて（創四・一）、これは罪だと解しようとする人々がすでにいる。彼らが言うには、なぜならこの知識こそ「善と悪の木を食すること」によって表されていることであり、「知った」という意味を通じて、掟からの逸脱を教えているのだという。 2 だがもしそうであるなら、真理の知識もまた、〈生命の木〉（創二・九）を食することである。であるから、賢慮を伴った結婚とは、やはりこの木に与かることである。[3] われわれにはすでに、結婚は美しくも悪しくも享受することができるということが語られた（『ストロマテイス』三・一五・九六・一以下）。そしてこのことこそ、結婚の掟を踏み外さない限りでの〈知識の木〉（創二・九）なのである。[4] ではどうなのだろうか。救い主は、霊魂と同じように、肉体をも情動から癒すのではないだろうか。もし肉が霊魂の敵であるなら、この敵意に対し、主は健全さでもって備えを行い、霊魂の守りを固めたのである。[5] 〈わたしが言いたいのは次のことである。すなわち、肉と血が神の王国を継承すること（klēronomein）はできず、腐敗が非腐敗性を継承することもできない〉（Ⅰコリ一五・五〇）。すなわち、罪は腐敗であるから、非腐敗性、すなわち正義と交わりを有することはできないのである。使徒は述べる。〈あなたがたはそれほどまでに思慮がないのか。霊によって始めたのに、肉によって完成させようとするのか〉（ガラ三・三）。

第一八章

結婚は回避すべきであるとする見解の行き過ぎ

一〇五 [1] かくして、救い主の告げる正義と調和性は、崇高かつ確固たるものであるにもかかわらず、すでに示したように（『ストロマテイス』三・五・四〇・二）、克己をあまりに強調し、可能な限り神を恐れぬあり方でもって誹謗的に受容する者どもがいる。だが実は敬虔さを伴った健全なる規範に照らし、独身を選択することができるのであって、与えられた恵みに感謝しつつ、創造を憎むことも、結婚している人々を軽蔑することもせずにいるべきである。なぜなら世界は創造されたものであり、独身も創造されたものであって、双方とも、そこに定められたことの意味をよく覚知したならば、そこに定められたもののうちで感謝すべきことだからである。2 だがその一方で、このような掟を逸脱して傲慢に陥り、本当に〈女狂いの馬と化し、各々隣人の妻を慕っていななく〉（エレ五・八）者どももある。彼らは自制的に振舞うことができずに風紀を乱し、隣人たちをも快楽に耽るよう説得する。彼らは、次の聖句を不幸なあり方で理解しているのである。〈あなたの運命をわれわれとともにせよ。われわれはみな、共通の財布を持ち、かばんもわれわれ皆で一つにしようではないか〉（箴一・一四）。一〇六 1 彼らの故に、同じ預言者はわれわれに対してこう勧告して告げる。〈彼らと道を共にして歩んではならない。あなたの足を彼らの道から逸らせ。網は、翼あるものには訳なく懸かるものではない。彼らは血を分け合い、自分たちのために悪を蓄えている〉（箴一・一五－一八）。すなわち彼らは、不浄なるものを追い求め、隣人たちにも同様のことをするように教え込む。彼らは預言者の言う〈争い好きで、自分の陰部を打つ者〉（典拠不詳）であって、ギリシア人であれば彼らのことを「恥部」と呼ぶところである。2 この預言は、彼らのことをほのめかしているのでもあろう。頽廃的で、自制心がなく、自分の陰部でもって争い、闇と〈怒りの子ら〉（エフェ二・三）である。人の血に飢えた殺戮者で、隣人の殺害者である。3〈古いパン種をきれいに取り除くがよい。あなたがたが新しい練り粉でいられるように〉（Ｉコリ五・七）と使徒はわれわれに叫んでいる。彼は、そのような類の者には嫌気を催し、こう命じている。〈兄弟と呼ばれる者で、姦淫に耽る者、強欲な者、偶像崇拝に陥る者、人を罵る者、酩酊に陥る者、略奪する者があれば、彼らと付き合ってはならない。そのような者とは食事を一緒にしてもならない〉（Ｉコリ五・一一）。4 使徒は述べる。〈なぜならわたしは、律法に対しては律法によって死んだ。神に生きるためである。わたしはキリストと共に十字架に付けられた。生きているのは、もはやわたしではない〉（ガラ二・一九）。それまでわたしが欲情に生きていたようにではなく、〈わたしのうちにはキリストが生きている〉、掟への従順を通じ、浄らかに、至福のうちに、である。かくして、かつてわたしは肉のうちに肉的に生きていたが、〈今では肉のうちに生きているものの、神の子への信仰のうちに生きている〉。**一〇七**[1]〈異邦人たちの道に行ってはならない。サマリヤ人の町に入ってはならない〉（マタ一〇・五）。主は、逆行する生き方からわれわれを引き離してこう述べる。なぜなら〈不法な者どもの末路は悪しきもの。これこそ、すべて不法を為す者の道〉（箴一・一八以下）だからである。[2]主はこう語る。〈ああ、その男は呪われよ。彼にとって、選ばれたわたしの者を躓かせるよりは、生まれてこなかった方が良かった。あるいは彼にとって、選ばれたわたしの者を堕落させるよりは、手足を切り落とされ、海に投げ込まれるほうが良かった〉（マタ二六・二四、一八・六）。〈なぜなら神の名は、彼らによって誹謗されているからだ〉（ロマ二・二四）。[3]ここから真摯に使徒はこう述べる。それは〈わたしはあなたがたへの書簡の中でこう書き記した。「姦淫を行う者どもと交わりを持つな」〉（Ｉコリ五・九）から、〈身体は姦淫のためにではなく、主のためにあり、主は身体のためにいるのだ〉までである（Ｉコリ六・一三）。[4]また彼は、自分が結婚を姦淫であるとは言っていないということを、次のように付言している。〈果たしてあなたがたは知らないのだろうか、遊女と一緒になる者は、彼女と一つの体になるということを〉（Ｉコリ六・一六）。いったい、結婚する前の処女を遊女と呼ぶ者が誰かあるだろうか。[5]使徒は言う。〈あなたがたは、互いに拒んではならない。ただ、時が満ちるまで合意して離れているという場合は別だが〉（Ｉコリ七・五）。ここで「拒む」（aposterein）という表現でもって、結婚に伴う義務、すなわち子作りを強調しているのである。このことを使徒は、それ以前にもこう述べて明らかにしている。〈夫は妻に対して責務を果たし、同じように妻は夫に対して責務を果たすがよい〉（Ｉコリ七・三）。**一〇八**[1]この責務の完済にあたり、家事においてもキリストにおける信仰にあっても、夫婦は互いに〈助け手〉（創二・一八）である。使徒はさらに明瞭にこう述べる。それは〈結婚している夫婦に、わたしではなく、主が命じる。妻は夫から別れてはならない（もしもう離縁してしまったのなら、結婚せずに留まるか、もしくは夫と和解せよ）。また夫は妻を去らせてはならない。

それ以外の人々に対しては、主ではなくわたしの考えとして述べる。もし誰か兄弟である信者がいて〉から、〈今すでに彼女は聖なる者なのだから〉までである（Ｉコリ七・一〇―一二、七・一四）。2 これらの箇所に関して、律法に反対する人々、また結婚に関しても、律法によって認められているだけで、新約にあってはそうではないと難じる人々は、どう述べるのであろうか。精の漏出と誕生とを嫌悪する者たちは、これらの掟の規定に対して何を述べることができるのであろうか。というのも使徒は、〈家庭を立派に取り仕切る人が、司教（episkopos）として〉教会を管轄するようにと定める一方（Ｉテモ三・二、三・四）、主の家を成立させるのは〈一人の妻〉（Ｉテモ三・二）との共なる絆だというのであるから。**一〇九** 1 使徒は語る。〈浄らかなる者にはすべてが浄らかであり、穢れた者・不信仰なる者には、浄らかなものは何一つなく、彼らの理性や良心までも穢れている〉（テト一・一五）。2 また、規範にもとる快楽については〈迷妄に耽るな〉と言う。〈姦淫に耽る者、偶像崇拝に陥る者、姦通する者、柔弱な者、男色に耽る者、貪る者、盗む者、酩酊に陥る者、罵る者、略奪する者たちは、神の王国を継承することはできない。われわれは洗い浄められているのだ〉（Ｉコリ六・九―一一）。つまりわれわれは、神の王国のうちにいる。しかしながら、これらの好色へと身を洗った者たちは、賢慮から姦淫に向けて洗礼を受けたのであり、快楽と情動を享受するように教説化し、賢慮から非自制的なあり方に移るよう教え、自らの希望を四肢の破廉恥へと捧げている。神の王国を受け継がず、むしろ弟子として登録されないように準備し、偽りの覚知を標榜して、外界の闇への導きを受け容れているのである。3 〈兄弟たちよ、これからは、真実なること、崇高なこと、正しいこと、浄らかなこと、愛すべきこと、誉れあること、徳や称讃に値すること、そういった事どもを考えよ。あなたがたが学び、受け容れ、耳にし、わたしのうちに見たもの、それらを行うがよい。そうすれば、平和の神があなたがたとともにおられるだろう〉（フィリ四・八）。**一一〇** 1 ペトロも、書簡のなかで同様の事柄をこう述べている。〈あなたがたの信仰と希望が神に向かうように、あなたがたの霊魂を、従順の子として、真理への従順のうちに穢れなきものとし、2かつて無知のうちにあったときのあなたがたの情欲に倣うことなく、あなたがたを招く聖なる方にならって、あなたがた自身もあらゆる振る舞いにおいて聖なる者となりなさい。「わたしは聖なる者であるから、あなたがたも聖なる者であれ」（レビ一九・二）と記されているのだから〉（Ⅰペト一・二一以下）。

3だが、覚知をめぐる誤った偽善者たちに対しての反駁は、やむを得ないことではあるが必要な分を過ぎ、われわれを逸らせてさらに長い論述へと遅延させた。このあたりで、われわれの『真なる哲学による覚知の覚書　ストロマテイス』第三巻を閉じることにしよう。

アレクサンドリアのクレメンス

『ストロマテイス』(『綴織』)第四巻

第一章

この巻の内容

一[1]思うに、次に扱うべきは殉教について、および「完全なる人」とはいかなる存在であるか、に関してである。これらにより、必要上これから述べられる事柄のつながりが描き出されるであろう。また、性別として男性あるいは女性としての生を享けたにしても、しもべであるにせよまた自由人であるにせよ、いかに哲学すべきであるかについて、同様に扱わねばならない。[2]続いては、信仰について、また探求することについても加えて補記し、象徴的な形式を提示しよう。その途上で、倫理学についてかいつまんで総括し、異邦人の哲学からギリシア人たちに伝えられた益を提示するためである。[3]そのような素描の後、ギリシア人に宛ててまたユダヤ人に宛てて、諸書の要約により注記が与えられる。また、そのための『ストロマテイス』(『綴織』)にあって、序文の冒頭で提示された限りでは、題材の多さにやむなく妥協し、いずれ完全に記すという注意書きに留まっていて、十全に扱うことが許されなかった事柄も論じられる。二[1]これらに加えてその後、可能な限り、先述したことに従って「素描」(hypotypōseis)(1)を果たし、ギリシア人たちまた他の異邦人たちに、諸原理について自然学的に語られた事柄を、われわれの許にまで教説が伝えられている限りにおいて述べ明かし、哲学者たちによって思念された事どもを、何にもまさって手がけるべきである。[2]それらに続くのは、神学の概説の後、預言に関して伝えられている事柄を扱うことであろう。われわれが信じている聖書が、その万能的な権威によって中心的であるということを示した後、その順序に従って進み、そこからあらゆる異端に対し、律法と預言者たちを通じて神が唯一であり万能の主であること、その方が幸いなる福音によって真正なかたちで告げられた方であることを示さねばならない。[3]しかるにわれわれを、異端諸派による抗言が数多く待ち受けている。彼ら異端は、自分たちによって奉ぜられた説を、書き物のかたちで押し広めようと試み、聖書そのものを通じ、たとえ無理やりにであっても、吟味を重ねて説得を行おうと努める者たちなのである。

三[1]さて、その場その場での必要に応じ、われわれがこの「覚書」を通じて奉仕しながら、予め挙げた課題がすべて果たされたならば（というのも真理よりも先に述べておかねばならない必要事項は数多くあるのだから）、そのときにこそ、真なる覚知の本性論（physiologia）に移行しよう。その際には、大いなる神秘を前にして、こまごました事柄については沈黙を守ることにする。前もって語られ伝えられねばならぬ事柄が、予めクリアされ描き出されることで、真に神的な祭儀（hierophantia）には何も障害とならないようにするためである。[2]実に、真理の規範に則っての覚知の伝承をめぐる本性論、否むしろ観照（epopteia）は、世界生成論（kosmogonia）の論拠に礎を置き、そこから神学的な形相（eidos）に向けて上昇する。[3]そこから相応しくも、われわれは伝承の端緒を、預言された創世から説き起こす。その際、異端諸派の説も部分的には提示し、われわれにも可能な限り、それを解決すべく努める。[4]もし神が望み、どのようにか息吹を注がれたなら、その類の事柄も書き記されるであろうが、まずはいま、提示した課題に進み、倫理学的な論議を尽くさねばならない。

第二章

なぜこの著作が『ストロマテイス』と名づけられているのか

四[1]さて、すでにしばしば述べてきたように（『ストロマテイス』一・一・一八・一、一二・五五・一、五五・三、五六・三)、われわれによるこの『覚書』は次のようなものであることを企図している。それはすなわち、自由にまた経験を伴わずに、さまざまな読み方で読書する人々のため、この書の名そのものが示すように「書き散らされた」ものでありたい、ということである。つまり、このテーマまた別のテーマというふうに絶えず行き来し、論述のつながり具合によってはある事柄を伝えながら、また別の事柄をも示す、といったようなあり方である。2 ヘラクレイトスは述べている。「黄金を探す人々は、幾多の土地を掘ろうとも、見出すのはわずかである」(ヘラクレイトス、断片二二、ディールス・クランツ編)。ところが金という種の属性を真に掘り起こす者は、わずかな土地にも幾多のものを見出す。なぜなら聖書は、理解するであろう一人の者を見出すだろうからである。3 かくして『覚書の綴織』は、真理の想起と強調のために、探し求めることのできる人に対し、彼を助力する。4 だがわれわれとしては、これらに加えてさらに、別の事柄にも尽力しこれを発見することに努めねばならない。なぜなら知らない道に逸れてしまった人々にとっては、そこまで導いてきた道筋を示してやるだけで十分だからである。五 1 しかるにそこから後の事柄および残りは、もう自分で歩まねばならないし自力で見出さねばならない。ちょうどそれは、あるとき「いったい何をすれば、主人を喜ばせることができるでしょうか」と問うた奴隷に対して、ピュティアの巫女が「探せば見つかるだろう」と答えたと言われるのと同様である(典拠不詳)。2 したがって、隠れている美を見出すことは実に難しいように思われる。なぜなら「徳には汗が先立つ」からであるが、

「徳に向かう道は長くかつ険しい。しかも
最初は荒々しい。だが頂に達すると、
平坦にはなる、なお困難ではあるが」。

（ヘシオドス『農と暦』二八九―二九二）

3というのも主の道は、真に〈狭く、かつ険しい〉（マタ七・一四）からであり、〈神の国は力づくでこれを奪い取る者のもの〉（マタ一一・一二）だからである。そこから〈求めよ、そうすれば見出すであろう〉（マタ七・七）と言われる。それは、真に王的な道を歩み、そこから逸れない場合のことである。六1したがっておそらくは、このような問題設定に含まれる教説のわずかな種子のうちに、幾多の多産性があるかも知れない。それは聖書が〈あたかも野の草のよう〉（ヨブ五・二五）と述べているとおりである。2ここから、主たる題辞も『覚書による綴織』としたが、このような簡素な題目は、いにしえの献げ物から取り入れたまでである。

3これについてはソフォクレスが次のように記している。

「わずかに綿毛が一房あるだけ。だがブドウの房からは、
お神酒と、よく熟したブドウが取れた。
大麦もまじえたあらゆる多産が秘められている。
オリーヴのオイル、黄金のミツバチの
針がこしらえた、いとも彩なす労の賜物も」。

（ソフォクレス『占い師』もしくは『ポリュイドス』断片三六六）

七1まさしくわれわれの『ストロマテイス』は、喜劇詩人ティモクレスの描く農夫によれば、

「イチジク、オリーヴ、干しブドウ、蜜」

（ティモクレス、断片三六、コック編）

を、言わば何でも産出しうる土地から蓄え上げたものである。2 この多産性に関して、喜劇詩人はこう付言する（同上）。

「そなたはこれを、花冠と呼ぶがよい。ゆめ農作業とは呼ぶなかれ」。

3 というのもアテナイ人たちは、次のように声に出すのを常としていたからである。

「花冠はイチジクと、ふっくらしたパン、
袋に満ちた蜜をもたらし、オリーヴを塗ることを可能にする」。

（プルタルコス『テセウス』二二）

4 したがってしばしば、バスケットの中に様々な種子が混ざっているので、これを揺すり、投げてみて、小麦をより分けねばならないのである。

第三章

人間の真の卓越性は、何において成立するのか

八 [1]しかるに多くの人々は、冬の状況にも似た、礎に欠け非理性的な状態を有している。

[2]「善き不信仰と悪しき信仰が、多くの事を為し遂げてきた」。

（典拠不詳）

[3]エピカルモスもこう述べている。「心のこんな繋ぎ目には、信を置かないことを覚えよ」（エピカルモス、断片一三、ディールス・クランツ編）。[4]すなわち、真理に信を置かぬことが死をもたらすのは、真理を信ずることが生命をもたらすのと同様であり、逆に虚偽を信じ真理に信を置かないのは、破滅へと引きずりおろす。

[5]また、同じ論拠が克己にも不摂生にも用いられる。すなわち、善行に固執するのは悪の行状であり、不正から離れることは救いの始まりだからである。[6]ここからわたしには、安息日は、諸悪から離れ去ることを通じて、克己と、一体いかなる点において人間が獣と異なっているか、をほのめかしているように思われる。[7]人間よりも、神の使いの方が智慧に満ちている。天使はこう述べる。〈神は人間を、天使に比べて少しばかり劣ったものにした〉（詩八・六）。というのも天使は、主から聖書を受け取ってはいない（主は肉をまとっているが）。ただ完全にして覚知者たる人は、時間と衣のゆえに天使たちよりも劣っている。[8]したがってわたしと

しては、智慧は知識と何ら異ならないと表明する。それは生命が生命と異ならないのと同様である。なぜなら死すべき本性、すなわち人間であることにおいて、生きることが不死性に値するとされるのに加え、観想と克己の習性を、他のものとは異なったかたちで有するというのが共通点なのである。九[1]わたしには、このゆえにピュタゴラスも「神のみが知者である」（ディオゲネス・ラエルティオス『ギリシア哲学者列伝』一・一二）と言う一方（使徒もまた『ローマ人たちへの書簡』において、こう記している。〈すべての異邦人に知らされた信仰への従順に導くために、唯一知者である神に、イエス・キリストを通じて〉〔ロマ一六・二六以下〕）、自らに関しては「神に対する友愛のゆえに愛智者である」と言っているのだと思われる。実に、聖書にはこう記されている。〈神はモーセに対し、ちょうど友が友と語らうように語らった〉（出三三・一一）。[2]神にあって真理は明らかである。かくして神は真理を生むが、覚知者は真理を愛する。神は〈怠け者よ、蟻のところに行って見よ。そして蜜蜂の弟子となれ〉（箴六・六、六・八ａ）と語るとソロモンは言っている。[3]というのももし、各々の者にあって固有の本性に基づく業が一つであり、それは牛にも馬にも犬にも共通するとするならば、人間にとって固有の業とは何であるとわれわれは言うのだろうか。[4]わたしが思うに、人間とは、テッサリア人の想像物であるケンタウロスの如くに、理性的な部分と非理性的な部分、すなわち霊魂と肉体より成る合成物である。しかるに肉体は大地を耕し大地に向かうが、[5]霊魂は神に向けて配されており、真なる愛智・哲学によって教育され、天上界の同質なる者に向かい、労苦と恐怖だけでなく、肉体の持つ欲情から回心して離れる。そしてわれわれは、忍耐も恐怖も善に属すと言うことをすでに示した（『ストロマテイス』二・三九・四以下）。[6]というのももし、律法を罵る人々が言うように、〈罪の認識は律法から来たる〉（ロマ三・二〇）のであれば、〈律法の前にも罪は世にあった〉（ロマ五・一三）が、〈律法がなければ、罪もなきに等しい〉（ロマ七・八）とわれわれは彼らに言い返そう。[7]というのも恐れからその原因、すなわち罪を取り除くならば、恐れは取り除かれるであろうし、さらには、自然本性的な欲情を取り除いてしまうならば、いっそう懲罰も取り除くことになるであろう。〈なぜなら律法は、義人のために据えられているのではない〉（Ⅰテモ一・九）からである。一〇[1]したがって、ヘラクレイトスが「人々は、正義という名前さえ知らなかっただろう、もしそういうものが存在しなかったなら」（ヘラクレイトス、断片二三、ディールス・クランツ編）と言い、またソクラテスが「法は、善のためにできたのではあるまい」（典拠不詳）と語っているのは的確である。[2]だが反論者たちは、使徒が次のように述べているのも知らない。それは〈隣人を愛する者は、悪を行わない。なぜならあなたは、殺すな、姦淫するな、盗むな、という掟を持ち、また他に掟が何かあったとしても、律法は次の言葉のみに集約されているのだ。それは「あなたの隣人をあなた自身のように愛せ」（レビ一九・一八）という掟である〉（ロマ一三・八―一〇）。[3]実に主は、〈あなたの神である主を、あなたの心のすべてで愛せ〉と言うのと同じように、〈あなたの隣人を、あなた自身と同じように愛せ〉と命じている（マタ二二・三七、三九）。すると、もし隣人を愛する者が悪を行うものではなく、またすべての掟がこの教えのうちに集約されているのだとすれば、恐れを取り除く掟は、憎しみをではなく愛をその頂点に戴くものであろう。一一[1]それゆえ、律法が生み出すところの恐れは情動ではない。したがって使徒によれば〈律法は聖なるものであり〉、真に〈霊的なものである〉（ロマ七・一二、一四）。[2]したがって思われるに、身体の本性と霊魂の実体を究明する者たちは、各々の目的を把握すべきであり、死を悪と考えてはならないのである。[3]使徒は言っている。〈というのも、あなたがたが罪の奴隷であったときに、あなたがたは義によって自由となったのである。あなたがたはそのとき、どんな実りを得たのだろうか。そのことに関して、今あなたがたは恥じねばならない。なぜなら罪の実は死だからである。でも今やあなたがたは罪から解放され、神の僕となっているのだから、あなたがたの実りを聖化に向けて有しており、その実りは永遠の生命なのである。なぜなら罪の報いは死であるが、神の恩恵は、われらの主キリスト・イエスにおける永遠の生命だからである〉（ロマ六・二〇―二三）。

三 1 したがって、霊魂が罪を負っている場合、身体におけるこの霊魂との共存は死であるということが、敢えて示されることがある。しかるにこの場合、罪からの離脱が生命である。2 一方、両足の柵、情動の溝、はたまた怒りや憤怒の落とし穴は多い。したがって、いまだに〈鏡のように〉（Ⅰコリ一三・一二）神に関する覚知を捉えることのできない者は、それらの落とし穴を飛び越え、伏兵どもの仕掛けをすべて回避せねばならない。

3 「轟音のゼウスは、徳のただ中で人を捉える、
はたまた、奴隷の日が彼を捉えようとも」。

（ホメロス『オデュッセイア』一七・三二二―三二三）

4 ここで「奴隷」とは、罪のために罪に売り渡されている者どもの意味であり、聖書は快楽におぼれる者たち、肉体に取り付かれる者たちを知っている。彼らは人間というよりもむしろ獣であり、家畜に比せられるべき者どもであって、隣人の妻を慕っていななく女狂いの馬である（エレ五・八）。懲らしめの利かない者は虚傲のロバであり、貪欲な者は獰猛なオオカミであり、ごろつきはヘビである。5 というわけで、霊魂を身体から離脱させることは、一生かけて専心した場合、哲学者には、覚知の伴う熱意を備えて、本性の死を果敢に耐え抜くことができるようにさせる。死とは、霊魂の身体への鎖の解き放ちなのであるから。6 〈世はわたしの

ために十字架に付けられ、わたしは世のために十字架に付けられている〉（ガラ六・一四）と使徒は言っているが、これはすなわち、彼がすでに、肉のうちにありながら、あたかも天上界に住む者であるかの如くに生活しているということを意味している。

第四章
殉教に対する賛辞

三 1 かくしてふさわしくも「覚知者」（gnōstikos）と呼ばれる者は、肉体を求める者に対してさえ容易に忍耐をもって聞き従い、情念をも差し出す。それは情念から肉的なものを予め剝ぎ取っているためであり、試みる者を咎めるのではなく、思うにむしろ教育しかつ反駁しているのである。かくしてそのさまは、エンペドクレスが言うように、

「何という名誉から、また何という大きな幸福から」
（エンペドクレス、断片一一九、ディールス・クランツ編）

この世に来たり、死すべき者どもと振舞いを共にするのだろうか、という有様である。2 この人間は、自らの身をもって、正真正銘の信実なる者が神に向かってあるということを真に証しする。その一方で、試みに遭わせる者が、愛のうちに信実なるものを妬んでも虚しく、教えに向かう神的な説得は主のものであること、信実なる者は、その説得からは死の恐怖をもってしても引き離されえないこと、そして福音の告知の真実性に対し

ては、これを行いでもって確証し、自らがそこに向かっている神を立証することが可能であるということを示すのである。3 あなたは、彼の愛に対して驚きを禁じえないかもしれない。この愛を、彼は同質性に向け感謝をもって付き従いながら明瞭に教え、そればかりでなく〈貴い血でもって〉、不信心なる者を恥じ入らせる（Ｉペト一・一九）。一四 1 彼は律法のために、恐れの故に殉教者となる目的でキリストを否むことを避けるが、それは恐れの故にではない。彼は、用意された贈り物への望みから信仰を売り飛ばすのではなく、愛ゆえに主に向かい歓喜してこの世での生命から解放されるであろう。おそらくは、この世からの脱出の端緒を提供してくれる人、および陰謀を企んでくれる人に感謝を献げ、麗しき挨拶を述べる。その挨拶とは、彼が自ら提供するものではなく、彼自身が何者であるかを示すものであり、忍耐を通じて自らを、しかし主に対しては愛を捧げる。その愛をもって彼は自らを主に捧げ、誕生の前から殉教する選択を知っていたのである。2 かくして彼は友なる主に向かって意気軒昂と赴く。その主のために彼は身体をも自ら進んで捧げたのであるが、身体ばかりでなく霊魂も奉献する。これは陪審員たちが予想していた通りである。そして彼は「愛する兄弟よ」（ホメロス『イリアス』四・一五五）という詩人の声を、われらの救い主から耳にする。それは、生涯が似通っているためである。3 われわれが殉教を「完成」と呼ぶのは、その人が他の人々と同じように人生の終焉を獲得するためではなく、むしろ愛の極まれる業を証しするからである。4 いにしえの人々もまた、ギリシア人たちの中で、戦争に際して亡くなった人々がある場合、その彼らの死を称揚した。それはその人々が、人為的に死ぬことを画策したのではなく、戦争によって亡くなることで、恥をかくことなく死ぬことから解放され、身体から切り離されたのであって、霊魂において疲弊したのでも脆弱になったのでもないからである。彼は、病ゆえに苦しむ人々の場合とは異なる。彼らは、脆弱となりかつ自らは生を望みつつもそこから解かれるからである。一五 1 苦しむ病人らは、霊魂を浄らかなまま解き放つことがなく、むしろ、もし誰か彼らの中に有徳の人物がいなければ、いわばモリブデンのごとき欲情をまとった状態で霊魂を遺すことになる。2しかるに戦いの中で、欲情を伴ったまま死ぬ人々もあるが、彼らは病のうちに衰弱死する人と何ら変わらない。3したがって、もし神に対する告白（homologia）が殉教・証しであるとすれば、神に関する認識を伴って浄らかに生きる霊魂、掟に聴従する霊魂はすべて、生においても言葉においても証し人なのである。それはまさしく、霊魂がいつか身体から分離する際、血が、生涯すべてにわたる信仰を証しするばかりでなく、それに加えて生からの脱出をも注ぎ出すためである。4主はまさしく福音の中でこう語っている。〈誰であれ、父、母、兄弟〉等々を〈福音とわが名のために棄てる者はみな〉（マコ一〇・二九以下）、幸いである、と。ここで主は、単に殉教・証しばかりではなく、覚知をともなった証しを強調しているのである。これは、福音の規範にしたがい、主に対する愛によって生きる人間の為せる業である。5というのも、名をめぐる知識、福音に関する想念こそ「覚知」の内実を意味するのであって、単なる名称だけを表すのではないからである。これは「覚知」が、世俗的な生き方を放棄し、情動に左右されぬ生き方を通じて、あらゆる実体と獲得とを放棄することを意味することから明らかである。実に「母」という語彙でもって、祖国と養い手が比喩的に表され、「父」という語彙でもって、政治的な法が意味されるのと同様である。6実にこれらは、神の友となるため、また聖性のより優れた部分に与かるために、高潔な義人によっては相対的に位置づけられるべきものである。それはちょうど、使徒たちが為したのと同一のことなのである。

六 1ここからヘラクレイトスは、次のように言っている。「神々も人間たちも、戦いのために命を落とした人々を尊敬する」（ヘラクレイトス、断片二四、ディールス・クランツ編）。プラトンもまた『国家』篇の第五巻でこう記している。「従軍の際に亡くなった人々の中で、優れた名望とともに死した人があれば、この人についてわれわれはまずもって〈黄金の種族に属す人だ〉と言いはしないだろうか。いかにもそのとおりである」（プラトン『国家』四六八E）。2 しかるに黄金の種族は、天上に存し惑いのない圏に見られる神々とともにある。この神々とは、とりわけ人間たちに関わる先慮という指揮性を有する存在である。3 異端者のある者たちは、主の言葉を曲解し、不敬虔かつ憐れむべき仕方で生に執着し、真にある方（出三・一四）なる神をめぐる覚知こそ真実なる殉教・証しであると述べている。われわれとしても、この点には同意する。しかるに彼らは、自らを自分自身に対する殺戮者、死をもって証しを立てる殺害者であると自認し、他にもこの類の怯惰ゆえの詭弁を公然と持ち出すのである。彼らに対しては、しかるべき時期が到来したおりに反駁が行われるであろう。というのも彼らは、われわれとは諸原理をめぐって考えが異なるからである。一七 1 しかるにわれわれもまた、死を熱心に追い求める者どもを譴責する。なぜなら、創造主に対する憎悪に自らを委ねることに逸る者ども、すなわち死の競技者があり、彼らはわれわれと心を同じくするものではなく、単に名のみを共有するだけだからである。2 われわれは彼らが、自らを証しなしに追い出す者どもと言おう。彼らは、たとえ公の面前で懲罰されようともそうなのである。3 というのも彼らは、信篤き殉教の性格を掬いとっておらず、真なる神を知らず、虚しき死に自らを委ねるからであり、それはインドの裸体行者たちが、直火に身をさらすのと変わらない。4 しかるに、これら偽りの殉教者たちが身体を虐待するのであれば、彼らは、身体の調和あるあり方とはその善き本性において思惟と相伴った姿で見出されるものだ、ということをよく学ぶがよい。一八 1 このために、『国家』篇の第三巻においてプラトンは次のように述べる。彼らはこのプラトンを証人として引き合いに出すのであるが、その際に誕生を悪しきものとしている。プラトンによれば、霊魂の調和を図るために、身体を気遣わねばならない（プラトン『国家』四一〇C）。このあり方によってこそ、真理の告知を行う者は生きることができ、廉直に生きることができる。なぜならわれわれは、生きることそして健康を通じて旅をしつつ覚知を学び尽くすことができるからである。2 しかるに必需のものを修め、それらを通じて覚知に資するものをすべて行うことなくしては、たまたまであっても高みへと到達することは不可能である。この者には、どうして善く生きることが選択されるべきでなかろうか。[3]実に、善く生きることは生きることのうちに打ち立てられるものであり、身体を通じて善き生き方に配慮する者が、不死性の習慣へと導かれるのであるから。

第五章

悲しみ、貧困その他の外的な事柄を軽んじることについて

一九 [1]さて、ストア派のある人々がやはり、霊魂は肉体から何ら影響を受けないし、病気によって悪に向かうということも、健康によって徳に近づくということもない、ということを述べていることは、驚愕するに値する。彼らはこれらの双方を「善悪無記」(adiaphora)であると主張する。[2]だがかのヨブもまた、十全な克己と信仰の護持によって、富める者から貧しい人へ、また栄誉に満ちた人から不名誉な人へ、健全な人から病める人へと変わったが、それはわれわれにとっての善き範例として記されるためであった。彼は試みる人を恥じ入らせ、創造主を讃え、最初の境遇だけでなく第二の境遇をも耐え忍んだ。こうして彼は、覚知者たる者がおよそあらゆる境遇を、可能な限りにおいて美しく用いるべきであるということを教えているのである。[3]また使徒は、古の正しき行いは、われわれ自身による矯正にとっての像であるということを、次のように強調して述べる。〈わたしが監禁されているのはキリストのためであると、兵営全体、その他のすべての人々に知れ渡り、主に結ばれた兄弟たちの中で多くの者が、わたしの囚われているのを見て確信を得、恐れることなくますます勇敢に、御言葉を語るようになった〉(フィリ一・一三―一四)。すなわち殉教もまた、回心のための、栄光とともに聖化された範例なのである。[4]使徒は言う。〈記されている事柄はすべて、われわれの教えのた

めに記されているのであって、聖書に記された忍耐と慰めにより、われわれは慰めに向けての希望を得ることができる〉（ロマ一五・四）。

二〇 1 さて、何か苦痛が襲い来た場合、霊魂はここから逃れ、現在の苦悩から解放されることをより価値のあることだと考えるように思われる。言うまでもなくそのような状況下にあって、霊魂は教えから離れて弛緩し、時には他の徳もなおざりにされることがある。2 われわれはそのような場合、決して徳そのものが苦難を被っているとは言わない（徳が病むわけではないから）。むしろ、徳と病の両方に捕えられ、その桎梏《しっこく》の軋轢に悩むのだと考える。たとえ崇高な霊魂を備えた人物でなくても、もし克己の習慣を身に付けた者でなかったならば、逃げることと辛抱しないことを等しいと見なすであろう。二一 1 これと同じ事柄は、貧しさに関しても当てはまる。貧しさは、観想と浄らかな無垢さという必要不可欠なものから、霊魂が遠ざかるように強制する。すなわち、まだ完全には自らを愛によって神に献げ切っていない者に対して、生計のことで思い悩むように強いる。すなわち、健康や、必需品を困難なく所持できることは、霊魂を自由にして躓きのないかたちに守る。そして霊魂は、現にある財を十全に用いる術を知るのである。2 使徒は言っている。〈そのような人々は、肉体に苦労を負うことになるだろう。わたしは、あなたがたにそのような苦労をさせたくない。わたしはあなたがたに、品位をもって主を休みなく待ち望むことに関して、思い煩いのない状態であって欲しい〉（Iコリ七・二八、三二、三五）。二二 1 つまりこれらの事柄に留意せねばならないのは、それ自体のためではなく、肉体のためである。しかるに肉体に対する配慮は、霊魂を通じて行われ、霊魂へと上昇する。2 つまり、覚知者に相応しいあり方で生活を送る者は、霊魂のうちに相応しい事どもを知ることが必然である。というのも彼は、何らかの快楽が悪しきものであるということから、快楽は善ではないということを認めるだろうからである。3 だがその後、もし何らかの快楽をわれわれが選び取り、何らかを避けるとすれば、すべての快楽が善とは言えないということになるだろう。4 同様にして、苦痛に関しても同じ論理が当てはまる。そのうちのあるものについてわれわれは耐え忍ぶが、またあるものについては避けるということであれば、その選択と回避は知識によって行われるものである。5 したがって、善なるものは知識であって快楽ではないということになる。その知識にしたがってわれわれは、何時どのような快楽を選択すべきかを知ることができようからである。**三** 1 殉教者は、現在の苦痛を通して、希望による快楽を選び取る。もし喉の渇きによって苦痛を覚えるのであれば、飲むことによって快楽が生じるのであるから、先行する苦痛は、快楽を生むものとなったわけである。しかるに善を生むようなものは悪とはならないであろう。したがってそのどちらも悪ではないのである。

2 実にシモニデスは、アリストテレスと同様、こう記している。

「人間にとって、健康であることこそ最上」。

続けて、

「第二には、性格において麗しくあること、
第三には、謀なく富めること」。

（アリストテレス『弁論術』二・二一）

3 メガラの人テオグニスもこう言っている。

「貧困を避け、深く口を開けた大海に、キュルノスよ、
切り立った岩場から身を投げるべきだ」。

（テオグニス、一七五以下）

4 さらには、喜劇詩人のアンティファネスもこう述べている。「富は、より裕福な他人を見る者をとりこにし、彼を盲目にする」（アンティファネス、断片二五九、コック編）。**二四** 1 実に詩人たちによっては、生まれな
2 がらの盲目というものが告げられている。

「彼女は彼のために、日の光を見ることのない男児を産んだ」

（エウフォリオン、断片七四）

とカルキスの人エウフォリオンは言っている。

3 「富やあまりの贅沢は、人間どもにとって、
見目良さに通ずる悪しき教え」

（エウリピデス『アレクサンドロス』断片五四）

と詩人エウリピデスは『アレクサンドロス』の中で歌っている。[4]というのも

「貧困は、同族性を通じて知恵をもたらす」。

（エウリピデス『ポリュイドス』断片六四一・三）

[5]金銭愛は、スパルタのみならず、すべてのポリスを捕らえるのであろう。

[6]「白い銀貨や金貨は、貨幣であるだけでなく、
人間どもにとっては卓越性でもある」

（エウリピデス『オイディプス』断片五四二）

とソフォクレスは言っている。

第六章
至福の数々についての説明

二五 [1]さて、聖なるわれわれの救い主は、霊的な事どもおよび感覚的な事どもに関して、貧困と富、およびそれに類する事柄を定めている。主は〈義のために迫害される人々は幸いである〉（マタ五・一〇）と述べ、わ

れわれに対し、いかなる状況にあっても、証し人を目指すべきことを教えている。2 正義のために貧しくなる
ことがあれば、主が愛した正義とは善きものであるということを証しすることになる。また正義のために飢え
ようと渇こうと、正義が最良のものであるということを証しすることになる。二六 1 同様に、正義のために泣い
たり嘆いたりする人々も、最良の法が美しいものであるということを証ししている。2 かくして迫害される
人々と同様、正義のために餓えたり渇いたりする人々についてもまた、主は「幸いな人々」と呼ぶ。この主と
は、飢餓も打ち砕くことのできない真正なる飲み物を受け取った方である。3 この正義に餓えるとしても、彼
らは幸いなる人々なのである。〈貧しき人々は幸いである〉（マタ五・三）。それはすなわち、霊においてであ
れ、正義のための能力に関してであれ、当てはまる。4 したがって、単に貧しき人々というのではなく、正義
のために貧しくありたいと望む人々、その人々をも、主は「幸いなる者たち」と言って祝福しているのであ
る。彼らは、この世における名声を、善の余剰物として軽蔑する人々である。5 同様に、倫理性と身体に関し
て浄らかであることによって麗しくなった人々、気品に溢れ敬意を払われる人々、また義を通じて「子である
こと」へと招かれた人々、それを通じて〈神の子となる権能〉（ヨハ一・一二）、あるいは〈蛇やマムシを踏み
つけて歩く権能〉（ルカ一〇・一九）、また悪魔や神と対立する力に勝る権能を獲得した人々を、主は祝福す
る。二七 1 総じて主の鍛錬は、霊魂を肉体から感謝をもって引き離し、霊魂も自らを置き換えによって離脱させ
る。2〈自らの霊魂を見出す者はそれを失い、霊魂を失う者はそれを見出すであろう〉（マタ一〇・三九）か
らである。ただこれは、われわれが自らの被死性を、神の不滅性に与かるものとして委ねた場合である。神の
望みとは神に対する認識であり、それは不滅性の共有に他ならない。3 したがって、回心の論理によって罪深
き霊魂を認識するとき、人は罪に引きずられていた霊魂を罪から解き放つことになる。そして自らを、失いつ
つも、罪に死に信仰に生きるという従順によって見出すのである。これこそ霊魂を発見するということであ

り、自らを知るということなのである。二八 [1]しかるに神的なものへの向き変えについて、ストア派の人々は、霊魂が知恵に転ずるという転化によってこれが生ずるのだと主張する（クリュシッポス、断片二二一、アルニム編）。[2]一方プラトンは、霊魂がより善きものに向けての転回と、いわば夜から昼への転換を獲得するのだと主張する（プラトン『国家』五二一C）。[3]哲学者たちも、真摯なる人間には、ロゴスに適った導きを認めている。ただしそれは、もし彼が、行動に関わる希望がもはや何も残されていないほどに、行為することから切り離された場合である。[4]しかるにわたしには、われらの愛する方を否定するよう、われらに強《し》い、誰が神に親しい者か、誰がそうでないのかを吟味しているように思える。[5]この世にあってはもはや、人が何故、人間の破滅かあるいは神の愛か、そのどちらを選ぶべきなのか、という選択の余地はもう残されていない。[6]悪しき行為からの離反や、より悪しき行為の減退や消滅といったことは、それらの諸悪の力が、無活動によって滅ぼされてしまったならば、どのように見出されるのだろうか。これこそ〈あなたがたの財産を売り払い、貧しき人々に売り払うがよい。それからわたしについて来るがよい〉（マタ一九・二一）、すなわち主によって語られた言葉に従って来るがよい、という句の意味するところである。二九 [1]しかるに「財産」という語彙に関してある人々は、主はこれを霊魂のうちにある異質なものを指すのだ、と言う。したがって彼らは、それをどのようにして貧しき人々に分かち与えるのか、述べることができずにいる。むしろ神は、経綸の正しさに基づき、すべてのものをすべての人々に、相応しい分に応じて分かち与えている。[2]だから主は、神が分かち与えた財産については、あなたの寛容さをもって軽んじて、わたしによって語られた言葉に従い、霊の上昇に努めよ、諸悪からの離脱によって義化されるだけでなく、主にならっての善行によって完徳の域に達するがよい、と言うのである。[3]律法の規定を完全に守ってきたと言って誇る若者に対して、主は「隣人を愛していない」と反駁した（マコ一〇・二〇）。愛は安息日をも支配するものとして、覚知を伴った上昇によって親切な行為を告げ知らせる。[4] したがってわたしが思うに、懲罰を恐れるためでも、何らか贈り物が約束されるためでもなく、善そのものの故に救いの言葉に近づくべきなのである。三〇 [1] そのような人々は、聖性の右の座に立つことになる。それに対して、朽ち行くものの寄贈によって不腐敗性を獲得できると考えている者たちは、二人の兄弟の譬喩のなかで「雇われ人」と呼ばれている方である（ルカ一五・一七）。彼らに関しては、この世では何ら「像また似姿」（創一・二六）性が輝き出ることはない。その結果彼らの一方は救い主への似姿性のもとに生活するが、もう一方は左手に留まり、この人々の像となるのである。[2] ところで真理には三種類があり、一つは根、後の二つは基体である。それらに関して、選択意志は等しくない。むしろ選択に際しての相違が等しくないのである。[3] わたしが思うに、それは覚知によって選び取ることと、その模倣によって選択することの相違である。ちょうど、燃えるもの・照らされるものが、火や光と異なるのと同様である。したがってイスラエルは、書面における類似性の光であるのに対して、もう一方は似像である。[4] ラザロの譬喩は、主における富める者と貧しき者の像を示すものであるが、これは何を意味しているのであろうか。なぜ〈誰も、二人の主人すなわち神とマモンに仕えることはできない〉（マタ六・二四）のであろうか。ここで主は、金銭欲のことをこのように名づけているのであるが。三一 [1] 饗宴への招きに関して、財産欲のたぎる者たちは招かれてもやって来ない。それは彼らが財を獲得したためではなく、情動と共に獲得したためである。[2] 〈狐には、ねぐらの穴がある〉（以下マタ八・二〇）。富を掘り掘削することに尽力する者たちは、悪しき品性の土質的人間として「狐」と呼ばれている。[3] 同様にヘロデに関してもこう言われている。〈あなたがたは行って、あの狐に、「今日も明日も、悪霊を追い出し、病気を癒し、三日目にすべてを終える」とわたしが言ったと伝えよ〉（ルカ一三・三二）。[4] 〈天の飛ぶものたち〉は、天における他の鳥からは区別されていて、真に浄らかであり、天上的なロゴスの覚知に向けて飛び立つ者たちとされている。[5] 富や栄誉や結婚ばかりでなく、貧困に関して

も、耐えることのできない者には幾多の思い煩いがある。それらの思い煩いに関して主は、四つに分類した種
子の譬えでほのめかしているのではないだろうか。主は御言葉の種子の話をしつつ、茨や垣根の間に落ちた種
は、それらの障害物のために窒息し、実りをもたらすに至らないと述べているからである（マタ一三・七）。
三一 1 したがって、突発する出来事の各々に対して、いかに対処すべきかを学ばねばならない。それは、覚知を
伴った善き生き方によって、永遠の生命の習性に向けて鍛錬するためである（以下ローマのクレメンス(2)『第一
コリント書簡』一四・五、一五・二―一六・一）。2 というのも、詩人は言う。〈不敬なる者が横暴を極め、レ
バノンの杉のように高くそびえるのをわたしは見た〉（以下、詩三六・三五―三七）。聖書は続ける。〈しかし
彼は、時が経てば過ぎ去り、見よ、消え失せる。彼を探そうとも、その場所は見出されえないだろう。悪のな
い状態を守り、廉直さに眼差しを注げ。平和な人間には未来がある〉。3 彼は、心のすべてで偽りなく信じ、
霊魂のすべてにおいて穏やかな人であろう。4 〈というのも彼以外の民は、唇では尊ぶが、その心は主から遠
く離れている〉（イザ二九・一三）。〈彼らは口では祝福するが、心では呪っている〉（詩六一・五）。5 〈彼ら
は口では彼のことを愛したが、舌では彼のことを欺いた。なぜなら彼らの心は彼とともに真直ぐあることをせ
ず、彼の契約に忠実ではなかったからだ〉（詩七七・三六以下）。三二 1 それゆえ、〈偽りを語る口は封じられ
よ。それは義に反して不法を語る唇〉（詩三〇・一九）。さらにはこう述べられる。〈主よ、滅ぼしたまえ。す
べて偽りを語る唇と、大言壮語する舌を。彼らはこう言う。2 「われらは自らの舌を誇ろう。自らの唇は自分
のためにある。われらの主とは誰か」。主はこう語る。「わたしはいま立ち上がる。貧しき者たちの虐げと、虐
げに苦しむ者たちの呻きに応えて。わたしは彼らがあえぎ望む救いを提示しよう」〉（詩一一・四―六）。3 キ
リストはへりくだる者たちの友であり、自らの群れに対して傲岸にふるまう方ではない。4 〈あなたがたは地
上に宝を積むことのないようにせよ。そこではシミやウジが宝を台無しにし、盗人たちが掘り起こしては持ち

去るのだから〉（マタ六・一九）。おそらく主は、財に貪欲な人々を難詰してこう語るのであろうが、おそらくは単に思い煩ったり、心配性だったり、はたまた体のことに気を遣い過ぎる人々をも非難しているのであろう。5 愛欲や病、あるいは悪しき詮索は、思惟とその人の人間性すべてを〈掘り起こす〉からである。しかるにわれわれの真なる宝物庫は、この世にあっては理性との同起源性である。6 さらに主は、正義に与かる事柄をも伝え、いにしえに為された回心の習慣に、その回心によってわれわれが獲得したものを委ね、神に向かって憐れみを求めて馳せ参じるべきことを強調する。7 この神こそ真に〈擦り切れることのない財布〉（ルカ一二・三三）であり、永遠の生命の路銀であり、〈天にあって尽きることのない宝庫〉である。なぜなら〈わたしは、自分が憐れもうとする者を大いに憐れむ〉（出三三・一九）と主は述べているからである。二四 1 さらに主は、義のために貧しくあることを望む人々に対して次のことを述べる。なぜなら彼らは、律法を通じて〈滅びに通じる門は広く、その道も広々として、その道を通って行く人も数多いからである〉（マタ七・一三）。2 これは他でもなく、浪費、女好き、名誉心、権力欲、その他同様の情動に関して述べたものである。主はこう述べる。〈愚か者よ、今宵、お前の生命は取り去られる。お前が用意したものは、いったい誰のものになるのだろうか〉（ルカ一二・二〇）。3 掟は、文面どおりには次のようになっている。〈あらゆる貪欲さから遠ざかるがよい。自分の生命は、財産を増やすことのできる能力のうちには置かれていない〉（ルカ一二・一五）。4 〈人がもし全世界を手に入れたとしても、自分の霊魂を失ってしまったなら、いったい何の利があろうか。自分の生命を買い戻すのに、どんな代価を支払えばよいのか〉（マタ一六・二六）。5 〈だから言っておく。あなたがたの霊魂のうちで、何を食べようかとか、何を身にまとおうかとか、思い悩まないことだ。霊魂は食物よりも尊く、肉体は衣服よりも尊いからだ〉（ルカ一二・二二以下）。6 さらにはこうも語られる。〈あなたがたの父は、これらの物がすべて必要であることをご存知である。だからまず、天の王国とその義を求めよ。これ

らのものは大きいが、先のものは小さい〉（マタ六・三三以下、ルカ一二・三〇以下）。すなわち、生活に関わ
る事物は小さく、それらは〈あなたがたに添えて与えられる〉というのである。**三五** [1] いったい、主はわれわれ
に対して覚知の生を追い求めるように命じ、業と言葉によって真理を探究するように勧告しているのではない
だろうか。したがって霊魂を教育するキリストは、富めるものとして、贈り物ではなく選択意志を考えている
のである。[2] かくして徴税人のザアカイ（ある人々はマッティアスだと言う(3)）は、主が自らの許を訪れること
を良しとしたということを耳にして、〈主よ、わたしは自分の財産の半分を施しとします〉と言い、〈また、誰
かから何かだまし取っていたなら、それを四倍にして返済します〉と述べた。この彼に対して救い主は言っ
た。〈人の子はやって来て、今日、失われたものを見出した〉（ルカ一九・八―一〇）。[3] また主は、富める者
がその収入に応じて賽銭箱に献金を投ずるのを見ていたが、あるやもめが銅貨二枚を入れるのを見て、〈この
やもめは誰よりも多くを献金した〉と言った（ルカ二一・三）。なぜなら他の人々はあり余るものから投じた
が、彼女は乏しい中から残額をすべて投じたからである。**三六** [1] すべては霊魂の教育のために寄与するというこ
とを告げるために、主はこう述べる。〈柔和な人は幸いである。彼らは地を受け継ぐからである〉（マタ五・
五）。[2] ここで「柔和な人」といわれるのは、霊魂のうちに起こる、憤怒、欲情、あるいはそれらに服属する
事どもをめぐる宥めがたき闘いを終わりにしてしまった人々のことである。主が「柔和な人」と言って称揚し
ているのは、自由意志に従ってそうした人々のことであり、不可避な状況に置かれてそうなってしまった人々
のことではない。[3] 主の許には、人生からの類比により、より多くの報酬と住まいがある（ヨハ一四・二）。
[4] 主はこう述べる。〈預言者を預言者の名のもとに受け入れる人は、預言者の報いを受け取るであろう。義な
る者を義なる者の名のもとに受け入れる人は、義なる者の報いを受け取るであろう。これらの小さき弟子たち
の一人を受け入れる者は、その報いを失うことはないであろう〉（マタ一〇・四一以下）。[5] あるいはまた、価

値に関する相違、すなわち徳の本質的な取り分について、主は数に関して同じでない時間をもって告げる。だがさらには、各々の働き手に対して、同じ報酬が与えられるということが告げられる（ここで報酬とは救いという報いの意味である。それをデナリオン銀貨が象徴的に表している）。すなわち、異なった時間分だけ働いても、みな等しく義に与かるということが告げられるのである（マタ二〇・一－一六）。三七 1 つまり、老人に相応しいとされる住まいに見合う働き手たちは、語りつくせぬ経綸と秘儀の協働者となるのである。2「一方、とりわけ敬虔に生きることに相応しいと判断されようと決意する者たちは」、プラトンは言う。「この地上の事柄、すなわち牢獄のようなものから自由にされ、解放されて、天上界すなわち浄らかな住まいへと至るのである」（プラトン『ファイドン』一一四ＢＣ）。3 これと同じ事柄は、いっそう明確な言葉遣いによって次のように述べられる。「彼らの中で、哲学において十分に浄められた人々は、肉体を摂らずに未来永劫に生きるであろう」。そして彼らに対し、ある者には大気の、ある者には火の衣をまとわせる。4「さらに彼らは、これよりもさらに美しい住まいへと至る。この住まいは、今この世では、明らかにするのは容易なことではないし、時間も充分ではない[4]」。5 次には相応しくも、〈泣く者は幸いである。彼らは慰めを受けるであろう〉と語られる（マタ五・四）。6 というのも、かつて悪しき生き方をした事柄に関して回心する者は、招かれるに至るからである。これこそ「慰めを受ける」ということである。7 ところで回心を経る際に二通りの道がある。一方は、行った事柄に関する一般的な恐れであり、もう一方はより固有のあり方に基づくもので、良心に基づいての霊魂の自らに対する羞恥である。それがこの世であるのか、あるいはどこか他の場所であるのかは明白でない。なぜなら神の善行にとって明確な場所というものは存在しないのだから。三八 1 さらに主はこう語る。〈憐れみ深い人々は幸いである。彼らは憐れみを受けるであろう〉（マタ五・七）。しかるに憐れみとは、ある哲学者たちが考えているように、他の人の災いに接しての苦難ではなく、むしろ何か非常に気品に溢れることであり、それは預言者たちが語っているとおりである。〈わたしが望むのは憐れみであって献げ物ではない〉（ホセ六・六）。[2]したがって主は、憐れみの行為を行う者たちばかりでなく、たとえ可能でなくとも、憐れみ深くあろうと望む人々をも、憐れみ深い人々であるとする意向である。彼らにあっても、その選択意志において、そう行為しようという意志があるからである。[3]というのもわれわれは時に、銀の布施によって、あるいは身体的な尽力によって憐れみの行為を行いたいと望む。それは、事欠く人を喜ばせたい、病める人に奉仕したい、困難な状況にある人に援助したいといった意向であろう。だが貧困・病・老齢（これも本性的な病である）などの理由により、われわれは自分の駆られている選択意志をまっとうすることができず、望んでいた事柄を最後まで遂行することができないという場合がある。[4]したがって、その意向を持つ者は、それが可能な者たちと同一の名誉に与かることができる。両者にあって、たとえその一方が富の余剰において勝っていたとしても、その選択意志は等しいのである。

三九 [1]さて、救いの完成に向けて遡ろうとする者の道は二つ見出される。それは業と覚知である。したがって主は、心において浄らかな者たちを〈幸いなる者〉と呼ぶ。なぜなら彼らは神を見るであろうから、と（マタ五・八）。[2]だがもしわれわれが真に真実に目を注ぐなら、覚知は霊魂の支配的部分の浄めであり、また善きエネルゲイアでもある。[3]したがって実に、善それ自体はそれそのものとして善であるが、一方善に与かっているものも善である。ここでわれわれが考えているのは、たとえば善き行為などの場合である。ところで質料の座を占める事物が中間になければ、行為は善きものとも悪しきものともなりえない。たとえば生命・健康、その他の必須の事柄、また状況に左右される事柄がそうである。[4]そこで主は、神の認識に至る理性的判断が、身体的な情動に関して浄らかかつ聖なるものであることを望む。それは、霊魂の支配的な座が、自らの力を覆い隠すような病を何ら有しないようにとの意向から出るものである。**四〇** [1]かくして人は、観想に時を費やすとき、神性との浄らかなる語らいあいのうちに、覚知者として聖性に与かる者となり、習慣性のうちに無情動の同一性に専心する者となる。それはもはや、知識を得たり覚知を獲得したりするためではなく、知識そのもの・覚知そのものになるプロセスである。

[2]さて〈平和をもたらす者は幸いである〉（マタ五・九）と語られる。われわれは、理性の思慮（phronēma）に対立する掟や、憤怒の脅迫、欲情の罠やその他の情動など、理性的思考（logismos）に戦いを挑むすべてのものに対して、これを馴らし、改めようとする。そして、善き業と真なる言葉に関する知識に従って生きることにより、もっとも望ましい「子たること」にまで遡る（apokatastathēnai）。[3]生起するあらゆる事柄に対して、変わることなく平和的なあり方を守り抜くことこそ、完全な平和のもたらしであろう。心の内的な統合を聖にして美しきものと呼び、神的また人間的な事柄の知識のうちに身を置き、宇宙にある諸々の対立を、創造の最も麗しき調和と見なせるようになるからである。[4]しかるに彼らは、この世にあって、罪の支配に対し敢然と戦いを挑む者たちに平和をもたらし、信仰と平和に赴くことを教える。

四一[1]わたしが思うに、肝要なのは、すべての徳の主がわれわれに対し、神への愛を通じて死を軽んじ、より覚知に満ちた者となるべきであるということを教えているという点であろう。[2]主はこう語る。〈正義のために迫害される者たちは幸いである。彼らは神の子と呼ばれるであろう〉（マタ五・一〇）。あるいは、福音を改変する者たちのある者はこう述べる。〈正義のために迫害される者たちは幸いである。なぜなら彼らは完全な者となるであろうから。[3]そしてわたしのために迫害される者たちは幸いである。彼らは迫害されることのない場所を持つであろうから〉。〈人々があなたがたを憎み、追放し、人の子のためにあなたがたの名を悪しきものとして除外するとき、あなたがたは幸いである〉（ルカ六・二二）。[4]すなわち、もしわれわれが迫害者たちを忌み嫌うことなく、彼らからの処罰を耐え忍び、彼らを憎まないならば、それはわれわれが試みに遭うこと

を考えて予期していたよりも過酷なものであるだろうが、いかなる試みであれ、それは証しのための端緒とな
るのだということを認識できよう。

第七章
神のために血を流す人々は幸いであること

四二 1その後、偽証をし、自らが不信心であることを証しし、ある悪事に関して悪魔の陣営に転ずる人が存在
するであろうか。2彼は主を欺くが、それよりもむしろ自らの希望を欺くことになるであろう。なぜなら彼は
神を信じていないのだから。命じられた事柄を実行しない者は、信じていないのである。3ではどうなのだろ
うか。主を否む者は自らを否むことにならないだろうか。つまり彼は、主の家から主人を取り去ることにな
り、それは自らを、主との自由な関係から自らを奪い去ることにならないだろうか。従って救い主を否む者は
生命を否むことになる。なぜなら〈光は生命である〉（ヨハ一・四）からである。4主はこれらの人々を「信
薄き者」ではなく、「不信心なる者」「偽善者」と呼ぶ。それは、名を借りているだけの存在であり、信ずる者
であることを否定しているからである。しかるに信ずる者は僕また友である。5したがってもしある人が自ら
を愛するなら、主を愛し、救いに同意することになり、その結果霊魂を救うことになる。四三 1そして、たとえ
あなたが愛ゆえに隣人のために死んだとしても、その隣人とはわれわれの救い主であると受け取るならば（と
いうのも救う人は、救われる者の近くにいる神であると言われているのだから〔エレ二三・二三〕）、あなたは
生命のために死を選ぶことによって死に、他者のためよりもむしろ自らのために苦しみを被ったということに
なろう。そしてこの故に〈兄弟〉と言われているのではないだろうか（マタ一二・四八）。2なぜなら神への

愛のために苦しみを被る者は、自らの救いのために苦しみ、さらに自らの救いのために死ぬ者は主への愛の故に忍耐するのだから。というのも、そのために苦しみを被った当の相手のために苦しむことを望むのは、他ならぬ生命だからであり、それはその方の苦しみを通してわれわれが生きるためだからである。3〈あなたがたはわたしを何者だと言うのか。「主よ、主よ」と言いながら、あなたがたはわたしが言うことを行っていないではないか〉（ルカ六・四六）。つまり民には、唇では愛しながら、その心において主から遠く離れている者もあれば、他の者を信じ、その者に自らを進んで売り飛ばした者もあるからである。4救い主の掟を完遂する者は、そのそれぞれの行いにおいて証しを立て、救い主が望む事柄を行い、したがって主の名を告げ知らせ、その行いによって、自らが付き随う方が存在することを証しし、肉を、欲情および情動とともに十字架に懸けているのである。5〈われわれは、もし霊において生きるなら、霊において歩むことにしよう〉（ガラ五・二四―二五）、こう使徒は語っている。〈自らの肉に蒔く者は、肉から腐敗を刈り取るが、霊に蒔く者は、霊から永遠の生命を刈り取る〉（ガラ六・八）。

四四 1憐れむべき人々にとっては、死こそが最も強靭なものであって、これが血による主の証しであると思われている。しかし彼らは、そのような死は扉に過ぎず、それは真なる生命の端緒なのだということを理解していない。また彼らは、敬虔に生き抜いた人々の死後の栄誉や、不正にまた放蕩にまみれて生活してきた人々の懲らしめについて理解することを望まない。彼らのあり方は、われわれの書物に耳を貸そうとしないのみならず（ほとんどすべての掟がこのことを告げているのだから）、彼ら自身の言説にも聴き従おうとはしないというものである。2ピュタゴラス派のテアノはこう記している。「悪事の限りを尽くして終焉を迎えた悪人どもにとっては、もし霊魂が不滅でなかったなら、生とは真に饗宴である」（テアノ、断片五、ムラッハ編）。3プラトンも『ファイドン』の中で述べている。それは「もし死が万物からの解放であるなら、死とは僥倖なのだが」（プラトン『ファイドン』一〇七C）以下の部分である。四五 [1]したがって、アイスキュロスのテレフォスとともに「冥土に向かう道はたやすい」（アイスキュロス『テレフォス』断片二三九）と考えることはできない。逸れる道は多いし、過ちは欺瞞に満ちているからである。[2]おそらく、アリストファネスはこれらの不信なる者どもを風刺化しているのであろう。

「（彼は言う）、さあ、闇に住む者ども、木の葉の種族に似た者どもよ、
力なき者ども、蠟の産物、陰みたいな輩、か弱き者ども、
翼なき者ども、一日限りの者ども」。

（アリストファネス『鳥』六八四―六八六）

[3]またエピカルモスが次のように言うのも同様の意であろう。「膨れた鞄、それが人間の本性」（エピカルモス、断片一〇、ディールス・クランツ編）。[4]だがわれわれに対して救い主はこう語る。〈霊は燃えても、肉は弱い〉（マタ二六・四一）。それゆえ、使徒は次のように説明する。〈肉の思いは神に敵対する。なぜなら神の法に従わないためであるが、もとよりそれは不可能である。肉のうちにある者どもが神を喜ばせることはできない〉（ロマ八・七以下）。[5]さらに説明を加え付言するが、〈もしあなたがたのうちにキリストがいるなら、体は罪のために死したものとなっていても、霊は正義によって生命となっている〉（ロマ八・一〇）。[6]さらにはまた〈あなたがたがもし肉に従って生きるなら、死ぬであろう。なぜなら、現在の苦しみは、将来われわれに現わされるはずの栄光に比べれば、取るに足りないと思うからである。もしわれわれが、キリストとともに、嗣業

に与かる者として苦しみを被るなら、それはわれわれもともに栄光に与かるためである〉。四六 1〈われわれは、神を愛する者たち、すなわち神の計画に従って召された者たちには、すべてが益となるように協働するということを知っている。神は、前もって知っていた者たちを、御子の姿に似たものにしようと予め定めた。それは、御子が多くの兄弟たちのなかで、長子となるためである。神は予め定めておいた者たちを召し出し、召し出した者たちを義とし、義とされた者たちに栄光を与えた〉（ロマ八・二八―三〇）。愛によって殉教が教えられるということが理解できるであろう。2たとえ、諸々の善との引き換えのために殉教しようと望んだとしても、さらに次のような言葉を耳にするであろう。〈われわれは希望によって救われている。目に見えるものへの希望は希望ではない。現に目にしているものを誰がなお望むであろうか。ただ、もし目にしていないものを望むとすれば、忍耐とともにそれを受け取るのである〉（ロマ八・二四以下）。3ペトロはこう述べる。〈われわれは、もし義のために苦しみを受けるのであれば、幸いである。だが人々に対して恐れを抱いたり、取り乱したりしてはならない。あなたがたの心のなかで主なるキリストを聖なるものとせよ。そしてあなたがたの抱いている希望について説明を要求する人には、いつでも弁明できるように備えよ。それも穏やかに、敬意をもって、正しい良心で弁明するようにせよ。そうすれば、キリストに結ばれたあなたがたの善い生活を罵る者どもは、悪口を言ったことで恥じ入ることになる。もし神の意向が望むのであれば、善を行って苦しむほうが、悪を行って苦しむよりも良い〉（Ｉペト三・一四―一七）。

四七 1人は、軽口をたたいてこう言うかも知れない。弱き肉体がいかにして、権力者たちの力と霊に対して抵抗しうるというのか、と。2だがその人は、次のことを知るがよい。われわれは全能者と主を後ろ盾にし、勇気を奮って、この世の闇の権力および死に対して抵抗しているのだ。3〈あなたが語っているときも〉、と述べられる。〈主は言う、見よ、わたしがここにいるのだ〉（イザ五八・九）。負けることのない助力者、われわれのために覆いを掛けてくれる方を見よ。
4 そこでペトロは言う。〈あなたがたを試みるために身に降りかか
る火のような試練を、何か思いがけないことが生じたかのように、驚き怪しんではならない。むしろ、キリス
トの苦しみに与かれれば与かるほど、喜べ。それは、キリストの栄光が現れるときにも、喜びに満ち溢れるた
めである。あなたがたはキリストの名のために非難されるなら、幸いである。栄光の霊、すなわち神の霊が、
あなたがたの上に留まるからである〉（Ⅰペト四・一二―一四）。
5 〈「あなたのためにわれわれは一日中死ん
でおり、ほふられる羊の群れのように見なされている」（詩四三・二三）と記されているとおりである。だが
そのようないかなる境遇にあっても、われわれを愛してくださる方の力によって、われわれは勝利を収めるの
だ〉（ロマ八・三六以下）。

四八 1

「わたしの心のうちにあるものを知りたいとあなたが望んだところで、
たとえ炎に投じようとも、頭のてっぺんから足の先まで、
恐ろしい鋸を力いっぱい挽こうとも、あるいはどんな縛めを
投げかけようとも、それは無理だろう」

（作者不詳断片一一四、ナウク編）

と、ある女性が悲劇作品の中で恐れることなく雄々しく叫んでいる。
2 あるいはアンティゴネもまた、クレオ
ンによる布告を軽んじ、勇気をもって次のように述べる。

「これをわたしに語ったのは、決してゼウスではない」。

（ソフォクレス『アンティゴネ』四五〇）

つまり、われわれに告げ知らせるのは神であり、神にこそ従うべきなのである。3〈なぜなら、心で信じて義とされ、口で告白して救われるのだから。聖書にもこう記されている。「すべて主に信を置く者、その人は辱められることがない」（イザ二八・一六）〉（ロマ一〇・一〇以下）。4シモニデスが次のように述べているのももっともである。

「ことわざには、徳の女神はよじ登るのも難しい岩の上に住み、
素早きニンフの浄らかな群れがその女神を取り巻くと言われる。
彼女はどんな人間の目にも見えるというわけではない。
心を噛む汗がその人の内面を浸し、
その人が勇気もて頂にまで登らない限り」。

（シモニデス、断片五八、ディール編）

四九 1ピンダロスもこう言っている。

「若者たちの思い煩いは、労苦してめぐり、
栄誉を見出す。その業は時とともに、

澄み渡る天に輝きわたる」。

（ピンダロス、断片二二七、シュレーダー編）

2 このような考えは、アイスキュロスも抱いていて、次のように歌う。

「労苦する者には、神々より
労の実りとしての名誉が備えられる」。

（アイスキュロス、典拠不詳断片三一五）

3 ヘラクレイトスによれば、「より大いなる運勢は、より大いなる運命を勝ち取る」（ヘラクレイトス、断片二五、ディールス・クランツ編）と言われる。

4
「しかし、思慮なきまま死すことの奴隷となるのは誰か」。

（エウリピデス、典拠不詳断片九五八）

5 〈なぜなら神はわれわれに、恐れに至る隷属の霊ではなく、力と愛と思慮分別の霊を賜った。だから、われわれの主による証しも、主の囚人であるわたしのことも恥じないで欲しい〉（Ⅱテモ一・七）と使徒はテモテに宛てて記している。6 けれどももしその人が、使徒に従い、善から離脱することのない人間であるならば、彼は悪を退け、偽ることのない愛を得ることであろう。〈なぜなら他者を愛する者は、律法をまっとうするからである〉（ロマ一三・八）。[7]だがもし〈希望の神〉、すなわちわれわれが証ししている方が、そのとおりであるならば、われわれはこの希望に向けて馳せ参じることで、自らの希望を証しする。しかるに使徒は言う、〈善性に満たされた人々は、あらゆる覚知にも満たされる〉（ロマ一五・一三以下）。

五〇 [1]インド人たちの中で、哲学者たちは、マケドニア人のアレクサンドロスに向かってこう言っている。「あなたは身体を、ある場所からある場所へと移動させるであろう。しかしわれわれの霊魂に対してあなたは、われわれの望まぬ事柄を強いることはできないであろう。人間にとって最大の懲らしめは火である。われわれはこの火を軽んじているのだから」。[2]この点に関してはヘラクレイトスもまた、自らはすべてに先んじて一つの名誉を選び取ったが、「多くの家畜どもに満たされるかのように」（ヘラクレイトス、断片二八、ディールス・クランツ編）、多くの者に妥協せざるを得ない、と告白している。

「多くの労苦は身体のためのもの、
そのためにわれわれは、屋根を葺いた家を見つけ出し、
白い銀を掘っては大地に蒔く。
それ以外にも、われわれが名を知っている限りのものを」。

（ギリシア悲劇詩人断片集ＴＧＦ、作者不詳一一五）

五一 [1]かくしてこの種の虚しき労は、多くの人々にとって、選択せねばならないものとなる。一方、われわれに対しては、使徒が次のように述べている。〈われわれの古い人間性がキリストと共に十字架に付けられたの

は、罪の肉体が滅ぼされ、もう二度とわれわれが罪に隷属しないようになるためだということをわれわれは知っている〉（ロマ六・六）。2 しかるに使徒は、多くの人々における信仰の恥ずかしさをも明らかにして、次のように暗に付言しているではないか。〈わたしに思われるに、神はわれわれを使徒として、あたかも死刑囚であるかのように、最後に引き出される者とした。われわれは世に対し、天使にも人々にも、見世物となったからである。今の今まで、われわれは餓え、渇き、裸で、虐待され、身を寄せるところもなく、苦労して自らの手で稼いでいる。侮辱されては祝福し、迫害されては耐え忍び、罵られては優しい言葉を返している。われわれは、世の屑となっているのだ〉（Ⅰコリ四・九、一一―一三）。五二 1 これと同様の事柄は、プラトンの『国家』篇のうちにも記されている。それによれば、義人はたとえ拷問に遭おうとも、両眼をえぐられようとも、幸いであるという。2 覚知者は、究極の目的を偶然のうちに置かれたものとして有しているのではない。彼にとって、幸いであるとは覚知者であること、そして幸いにも、神の王的な友だということのうちにあるのである。3 たとえ誰かがこの人を不名誉で攻撃し、あるいは追放や財産没収、何にもまして死罪を課すとしても、この人が自由そして神に対する揺らぐことのない愛から引き離されることはない。この愛こそ〈すべてを覆いすべてに耐える〉（Ⅰコリ一三・七）ものである。4 愛は、すべてに関して麗しくも神的な先慮を働かせてくれると信じられるものである。そこで使徒はこう述べている。〈あなたがたに勧告する、わたしに倣う者となれ〉（Ⅰコリ四・一六）。五三 1 したがって、救いのための最初の階梯は、恐れを伴った教えであり、これを通じてわれわれは不正から離れ去る。第二に希望があり、これを通してわれわれは最良のものを追い求める。そして最後を画すのが愛であり、これは相応しくも、すでに覚知をもって教育するものである。

2 実際ギリシア人たちは、詳しくは不明であるが、不可抗力に屈し、ロゴスによらずに生起する事柄に対して不本意ながらこれに従った、と認めることがある。3 実際、エウリピデスは次のように述べている。

「婦人よ、わたしが勧める事柄を、受け入れなさい。
人間には誰一人として、生まれながらにして労苦せぬ者はいない。
子供たちを埋葬し、他の若者たちの骨を撒き、
自らも死んでゆくのだ。人が苦しむのはこういった事柄」。

4 詩人はさらに続けてこう述べる。

「本性からして通り抜けねばならない事柄は、経験せねばならない。
必然的な事柄で、人間にとって恐ろしくないものは何一つ存在しない」。

（エウリピデス『ヒュプシプレ』断片七五七）

五四 1 しかるに完全性に向けて専心する人々にとって、論理的な覚知は先立つものであり、その礎石となるのは聖なる三位、すなわち〈信仰、希望、愛である。このうち最大のものは愛である〉（Ⅰコリ一三・一三）。2 もちろん〈すべてのことが許されている。しかし、すべてのことが有益というわけではない。すべてのことが許されている。しかし、すべてのことがわれわれを作り上げるわけではない〉（Ⅰコリ一〇・二三）と使徒は述べている。そして〈誰であれ、自分のことだけではなく、他人のことも考えよ〉（Ⅰコリ一〇・二四）。これは、家を建てまたその上に建て増す者が、行いと同時に教えることも可能となるためである。3 というのも使徒は、〈大地と大地に満ちるものは主のもの〉（詩二三・一）ということに同意するものの、弱者に対する良心

が優先されるからである。4〈わたしが良心と言うのは、自分に対する良心ではなく、他人に対する良心のことである。なぜなら、何のためにわたしの自由が、他人の良心によって裁かれる必要があるだろうか。もしわたしが感謝して与かっているのであれば、わたしが感謝しているものに関して、なぜわたしが誹謗されねばならないのか。あなたがたは、食べるにせよ飲むにせよ、何かを行うにせよ、すべてを神の栄光のために行え〉（Ⅰコリ一〇・二九―三一）。5〈なぜならわれわれは、肉において歩んでいるものの、肉にしたがって戦うのではない。われわれが戦うための武具は、肉によるものではなく、神によるものであり、要塞を殲滅する力をも有する。われわれは理屈を打ち破り、主の知に逆らって思い上がるあらゆる高慢をなきものとしよう〉（Ⅱコリ一〇・三―五）。**五五** 1 覚知者はこれらの武具によって武装し、次のように言う。「主よ、そのような場面を与えたまえ、そして証しを受け取りたまえ。このような危難よ、近づき来るがよい。わたしはあなたに向けての愛により、軽蔑をもってこの危難に立ち向かおう」と。

2「人のうちにあるものの中で、ただ徳だけが、いかなる場合でも、
扉の外にあるものからは報いを受けることがない。
徳は自らを、労の褒賞として持つのだ」。

（作者不詳断片一一六、ナウク編）

3〈だからあなたがたは、神に選ばれた聖なる愛された者として、憐れみの心、慈愛、謙遜、柔和、謙遜、寛容を身に付けよ。これらすべてに加え、愛をまとうがよい。愛は完徳のきずななのだから。4そしてキリストの平和があなたがたの心を支配するようにせよ。あなたがたはこの平和に向けて、一つの体のうちに招かれ

たのだ。そして常に感謝を忘れないように〉（コロ三・一二、一四以下）。つまりこれは、なお肉の身のうちにあっても、いにしえの義人たちが霊魂における不受動性と不動揺性を獲得していたように、との意味である。

第八章

教会にあっては、男性に劣らず女性も、隷僕も、また子供たちも等しく殉教を希求すること

兲 1 アゾトスの人々（ヘロドトス『歴史』二・一五七、「アゾトスは世界で最も長く籠城に耐えた町である」）やマケドニア人、ラコニアの人々は、責め苦に遭いながらも苦痛に耐えたが、これはエラトステネスが『善と悪について』の中で述べていることである。だがそればかりでなく、エレア派のゼノンもまた、語ってはならない事柄を話すように強要されたにもかかわらず、一切告白することなく拷問に耐えた。彼は死ぬときにも、舌を嚙み切って僭主に向かって吐きつけた。この僭主とは、ネアルコスだとも、デミュロスだとも言われている。2 同様の行為は、ピュタゴラス派のテオドトスやラキュデスの弟子であるプラウロスも行っている。それはペルガモンのティモテオスが『哲学者たちの勇敢さについて』において、またアカイコスが『倫理学』において述べていることである。3 だがそればかりでなく、ペウケティオーンによって捕えられたローマ人ポストゥモスも、隠していた事柄については一切明らかにしないばかりか、手を青銅の如く火にくべ、手が溶け去っても、まったく変わることのない顔つきでいたという（プルタルコス『プブリコラ』一七）。4 アナクサルコスのことについては沈黙しよう。彼は僭主の許で、鉄の杵で殴打された際、こう叫んだという。「アナクサルコスの鞄を叩け。それならお前はアナクサルコスを叩いたことにならないからだ」。

五七 [1]さて、幸福への希求も、神へと向かう愛も、偶発的出来事のために弱められることはなく、自由なままに留まる。それは極めて野卑な獣の前にさらされようと、燃え盛る火に陥れられようと、暴君の拷問によって命を奪われようと変わることがない。神的な愛に支えられ、非奴隷的なあり方で上界を経巡り、ただその世界を維持することのできる諸力にのみ肉体を委ねるのである。[2]異邦人のゲタイ族は、哲学を知らぬことのない民族であったが、半神ザモルクシスの許に送る使者を年ごとに選出していた（ヘロドトス『歴史』四・九三―九四）。このザモルクシスとは、ピュタゴラスの弟子であった。五八 [1]最も適任であると判断された者が喉を掻き切られるのであるが、哲学を修めた者たちは、これを憂うることはあっても、そのために選出されることはない。それは彼らが、幸いなる奉仕の務めには不適任とされているからである。[2]そういうわけで、教会全体には、一生をかけてキリストに向けた生命をもたらす死のことを思い巡らす人々に満ち満ちている。それは、男性に限らず思慮を備えた女性に関しても言えることである。[3]なぜならわれわれに倣った生き方をしている者であれば、無学な者であれ、そして異邦人であれギリシア人であれ、奴隷であれ老人であれ子供であれ婦人であれ、愛智に励むことは可能だからである。というのも思慮は、すべての人間にとって、それを選び取る人でありさえするなら、共通のものだからである。われわれの間では、この本性はどの種族であっても同一であり、かつ同じ力を有するものと同意されている。五九 [1]したがって、人間性に関して女性と男性が異なった本性を有しているとは思われないだけでなく、むしろ同一の本性、すなわち同一の徳を有しているということになる。[2]そしてもし、男性の徳が、結局のところ節制（sōphrosynē）、正義（dikaiosynē）、さらにはこれらに伴う限りのものであると考えられるとすれば、一体全体、男性だけが有徳であり、女性は自制心を欠き正義に悖《もと》ると言うのは適切なことであろうか。むしろそのようなことを述べるだけでも不適切である。[3]であるから節制、正義、さらにはそれ以外のすべての徳について、女性も男性も、自由人も奴隷も異なることなく涵養に努めるべきである。なぜなら一にして同じ徳が同一の本性に属しているのであるから。4 だからといって、女性の本性が、女性である限りにおいて、男性のものに照らして同一であるとはわれわれは言わない。というのも女性・男性のそれぞれについて、まったくもって何らかの相違点が存在してしかるべきだからである。その相違のゆえに両者の一方は女性であり、一方は男性なのであるから。5 実際、妊娠し出産するのは女性に固有のことであるとわれわれは言う。それは人間だからではなく、女性だから為せる業なのである。もし男性と女性とにまったく相違点が存在しないとすれば、両者の各々がまったく同じことを行為し被ることであろう。

六〇 1 したがって、霊魂に関して両者に同一のものが認められるのと同じように、両者は同一の徳へと至る。しかるにその相違点というのは、身体上の特性によるものであって、妊娠と家事に関わる事柄である。2 使徒は述べる。〈あなたがたには次のことを知っておいていただきたい。すべての男性の頭はキリスト、女性の頭は男性である。男性が女性から出たのではなく、女性が男性から出たからである。主にあっては、男性なしの女性もなければ、女性なしの男性もない〉（Ｉコリ一一・三、八、一一）。3 なぜならわれわれは、男性は思慮深くあり快楽に打ち克つべきだと言うのと同様に、女性に対しても、思慮深くある者、また快楽と戦うことを心がける者を高く評価するからである。4 使徒の勧告は次のように述べている。〈わたしは言いたい。霊に従って歩み、肉の欲情を決して満たそうとすべきではない。なぜなら肉は霊に逆らって欲情を起こし、霊は肉に反するからである〉。つまり〈これらは対立しあうものである〉（ガラ五・一六以下）が、それは悪が善に対立するような形でではなく、互いに益しあうようなかたちで戦っているという意味である。六一 1 さらに使徒はこう付言する。〈あなたがたは望むことを、できないでいるのである〉。〈肉の業は明らかである。それは姦淫、わいせつ、好色、偶像崇拝、魔術、敵意、争い、そねみ、怒り、利己心、不和、仲間争い、妬み、泥酔、酒宴、その他この類のものである。以前言っておいたように、ここでも前もって述べるが、このようなことを行う者

は、神の国を受け継ぐことができない。それに対して霊の実は愛、喜び、平和、寛容、親切、善意、信
仰、柔和である〉（ガラ五・一九―二三）。思うに、ここで「肉」とは罪深い人々のことであり、「霊」とは正
しき人々を言っているのであろう。2 実に、勇気に関わる事柄は、度胸および忍耐に加えて受け取られるべき
である。それは、片方の頬を打つ者にはもう一方の頬を差し出し、外衣を剝ぎ取る者には下衣をも提供すべき
であり（ルカ六・二九）、このように雄々しく怒りに打ち勝つことが必要なのである。3 というのもわれわれ
は、アマゾン族のような、戦事に関して勇敢である女性たちを尊んでいるのではなく、むしろ男性に関しても
平和的であることを望むからである。**六二** 1 わたしが耳にしていることには、サウロマタイ族の女性たちは、男
性たちに劣ることなく、戦争において活躍するという。サカス族の女性たちもそうであると言われ、彼女たち
は男性たちと同様、逃げると見せかけて後ろ向きに弓矢を射る。2 わたしはまた、隣国のイベリアの女性たち
も、男性顔負けの業と労働に従事することを知っている。彼女たちは、出産を間近に控えていても、為すべき
事柄をなおざりにすることがなく、しばしば労働の格闘の中で、臨月の女性が胎児を産み落とし、家に抱えて
帰ると言われている。3 実に、彼女たちは雌犬が雄犬に何ら劣ることがないように、家事に勤しみ、狩りを
し、群れを守るのである。

「クレタ島の犬は、ゴルゴの如く、鹿の足跡を追って駆ける」。
（アンティパトロス『ギリシア詩歌集』九・二六八・一）

4 したがって女性もまた、男性と同様に、哲学の業に励むべきである。それはたとえ、男性のほうが優れた
結果を出し、女性的にならない限り、すべてにおいて結果的に第一位を占めるということになってもである。

六三 1 実に、人間の種全体にとって、もしも幸福を希求するのでさえあれば、教養と徳とは必須のものである。
2 したがって、エウリピデスもこのことを多様な仕方で書き記している。たとえば、

「妻というものは、どうしたって夫よりも劣るもの、
たとえ最悪の男が誉れ高き女性を娶ろうとも」。

（エウリピデス『オイディプス』断片五四六）

3 またこうも述べている。

「思慮深い妻も結局は夫のはしため、
とも棲みの夫を差し置くのは、思慮なき女が無思慮からすること。
4 なぜなら、夫と妻とが心を一つにし、
ともに家庭を治めるなら、これに勝る優れたことは
何一つないのだから」。

（エウリピデス『オイディプス』断片五四五）

つまり、肝心なのは頭《かしら》となる存在なのである。5 しかるにもし〈夫の頭は主であり、妻の頭は夫である〉（Ⅰコリ一一・三）ならば、夫は妻の頭であり〈神の似像また栄光である〉（Ⅰコリ一一・七）。六四 1 それゆえ

使徒はエフェソスの人々に宛てて次のようにも記している。〈神への畏れのうちに、互いに仕えあえ。妻たち
は、夫たちに、主に仕えるように仕えよ。キリストは体の救い主として、教会の頭であるように、夫は妻の頭
であるから。教会がキリストに仕えるように、妻たちはすべてにおいて夫に仕えよ。2 夫たちよ、妻たちを愛
せ。キリストが教会を愛したように。夫たちは、自分の体を愛するように、自分の妻たちを愛すべきである。
自らの妻を愛する者は、自分自身を愛するのである。自分の肉体を憎む者は一人としていない〉（エフェ五・
二一―二五、二八以下）。**六五** 1 さらに使徒は『コロサイの教会への書簡』においても次のように述べている。
〈妻たちは、夫たちに従え。それは主において相応しいことなのだ。夫たちよ、妻たちを愛し、彼女たちに辛
く当たってはならない。子たちよ、すべてにおいて両親に従え。それは主に喜ばれることなのだ。父親たち
よ、子供たちを苛立たせてはならない。いじけるといけないから。2 奴隷たちよ、すべてにおいて、肉におけ
る主人に従え。人にへつらおうとしてうわべだけで仕えるようなことはせず、心の廉直さをもって主を恐れ
よ。何をするにしても、人に対してではなく、主に対して仕えるように、心から行え。あなたがたは、御国を
受け継ぐという報いを主から受けることを知っている。あなたがたは主であるキリストに仕えているのだ。不
義を行う者は、その不義の報いを受けるであろう。そこに人の分け隔てはない。3 主人たち、奴隷を正しく、
公平に扱え。あなたがたの主は、天におられるからだ〉（コロ三・一八―四・一）。4 〈そこにはもう、ギリシ
ア人とユダヤ人、割礼と無割礼、未開人、スキタイ人、奴隷、自由人たちの差はない。すべてにおいてキリス
トがすべてなのである〉（コロ三・一一）。**六六** 1 地上の教会は天の教会の像である。実際われわれは、神の意向
が天におけるごとく地上にも実現されるように、と祈っている（マタ六・一〇）。2 〈あなたがたは、憐れみ
の心、親切、謙遜さ、温順さ、寛容さを身にまとうがよい。互いに耐え忍び、もし誰かが誰かに対して非難の
思いを持っていたとしても、互いに赦し合え。キリストがわれわれを赦してくださったように、われわれもま

た、互いに赦し合え。[3]これらすべての上に愛が置かれる。これは、完全性をもたらす絆である。そしてキリストの平和が、あなたがたの心のうちで支配しているようにせよ。その平和に向け、あなたがたは一つの体のうちに招かれているのである。そしてあなたがたは感謝を忘れないようにするがよい〉（コロ三・一二－一五）。[4]もしマルキオンが、この句を幾分変改して信じているとすれば、彼の恥となるように、この聖句をしばしば引くことを何事も妨げない。彼は、われわれを招き、肉体のうちに福音を継げた創造者たる神を信じ、感謝すべきであるということを学ぶべきなのだから。

六七 [1]これらの事どもを通じて、信仰が一なるものであることと、「まったき人」がどのような存在であるのかということについて、われわれに明らかとなったと考える。かくして、誰か不本意かつほとんど抵抗する人々があったとして、たとえ彼らが夫によるあるいは主人による懲罰に懸かったとしても、その人は、召使とは何者か、妻とは何者かという問題について哲学するであろう。[2]たとえその人に、僭主から死をもって威嚇がなされたとしても、その人は自由であり、たとえ裁判所に連行され、最大の危難に引かれようと、全財産没収の危機に立たされようと、その人は何をもってしても敬神の念から引き離されることはないであろう。[3]妻は、悪しき夫と共棲していようと、子は悪しき父を持とうと、召使は邪悪な主人を持っていようと、彼らはその状況を否むことなく、真摯に徳に留まるであろう。[4]ただもし夫にとって、死ぬことが徳や自由や自分自身のために美であるということであれば、それは妻にとっても同じことであろう。というのもこれは男性の本性に固有の事柄というわけではなく、善き人すべてに固有の事柄なのであるから。六八 [1]したがって、年長者であれ若者であれ召使であれ、掟に従うならば信をもって、生きることも、もし必要であるならば死ぬこともできるであろう。それは、死をもって命を得ることができるためである。[2]実にわれわれは、子供たちや召使たち、妻たちがしばしば、父や主人や夫たちが望まぬのに、彼らよりも優れた者となることを知っている。[3]敬神の念をもって生きようとする者たちは、もしいやしくも、彼らが何かを実行しようと決断したのであれば、決して目標を小ぶりにする必要はなく、むしろそれに際立って尽力し、果敢に闘いを挑むことのほうが、はるかに適切であると考える。それは、打ち破れて最上のかつ必要不可欠な意図から脱落することのないようにするためである。4 というのもわたしは、全能者の優れた崇拝者になるか、悪霊の闇を選ぶかという選択を受け入れるべきではないと思うからである。他の人々のためにわれわれが為す事柄は、時に、彼らのためになるようにと決断したその人々に目を注ごうと試みて実行するものである。その判断は、彼らに喜ばれるためということであろう。しかるに誰か他の人々のためよりもむしろ、自ら自身のために行う事柄は、たとえ誰かに喜ばれるにせよ喜ばれないにせよ、われわれにとっては同じ熱心さで実行されることであろう。**六九** 1 ただもし、善悪無記なるもののうちのいくつかが、気の進まぬ人であっても選択すべきものだと思われるほどの誉れをかち得るのであれば、徳はそれよりもはるかに優って獲得せねばならないと考えるべきである。それは何か別の事柄に目を逸らすことなく、ただ麗しく行われうるというそのことだけのためなのであり、ある人にはよいと思われるが別の人にとってはそうではないという場合であってもそうなのである。2 したがって、エピクロスがメノイケウスに宛てて次のように記しているのも相応しいことである。「人は、たとえ若くなくとも哲学すべきであるし、たとえ老いていなくとも哲学することで疲弊すべきである。というのも霊魂に関して健康であるために、人が時機を逸するということはないからである。3 しかるに〈自分はまだ哲学すべきときではない〉とか〈自分にとって哲学すべきときはすでに過ぎ去った〉などと言う者は、〈幸福であるために、格好の時機はまだ来ていない〉と言う人に似ている。4 したがって、若者によっても老人によっても哲学すべきなのであって、後者にとっては、老いつつも、すでに起こった出来事への感謝によって、諸善によって若返るためであるし、前者にとっては、将来の事柄への恐怖のなさによって、若いと同時に老いることができるためなのである」（エピクロス『メノイケウスへの書簡』三、冒頭）。

第九章

キリストが殉教のもつ恵みについて語ったことを、ここに列挙し、例示する

七〇 1 ところで、殉教については主が明らかに語っており、様々なかたちで記された事どもをまとめたい。〈わたしはあなたがたに言う。人々の前で、わたしのうちにいると表明する者はすべて、人の子も神の天使たちの前で、その人のうちにいると表明する。しかるに人々の前でわたしを否む者に対し、わたしは天使たちの前でその人を否む〉（ルカ一二・八以下）。2 〈不義にして罪深いこの時代に、わたしやわたしの言葉を恥じる者に対し、人の子は、天使たちとともに父の栄光のうちにやって来るとき、その人を恥じるであろう〉（マコ八・三八）。3 〈すべて、人々の前で、わたしのうちにいると表明する者に対し、わたしもまた、天におられるわたしの父の前でその人のうちにいると表明するであろう〉（マタ一〇・三二）。4 〈あなたがたは、会堂や役人、権力者のところに連れて行かれたときには、どのように弁明しようかとか、何を話そうかなどと思い悩んではならない。そのようなときには、聖霊があなたがたに対して、何を話すべきかを教えてくれるであろうから〉（ルカ一二・一一以下）。

七一 1 ヴァレンティノス学派の中で最も名声を博すヘラクレオン[5]は、この一節を解釈し、同意の表明（homologia）とは、一方では信仰と生き方のうちにあり、他方では発語のうちにあると述べている。2 「まず、発語のうちにある同意は、たしかに有力なものではあり、多くの者どもは、これだけが同意であると考えているが、その解釈は健全ではない。この同意に関しては、偽善者でも同意しうるからである。3 またその際

の言葉は、普遍的に語られるのが見出されるものでもない。救われる者すべてが、発語による同意に合意し、マタイやフィリポ、トマス、レビまた他の多くの者たちがそこから旅立った共同体から旅立ったわけではない。[4]しかも、発語による同意は全面的なものではなく、個別的なものである。ここで〈全面的な〉と述べられているのは、主に対する信仰に相応しい業と行為のうちなる同意である。このような同意の後に、力を持った個別の合意が伴う。それは言葉が必要とされ、また理性がそれを選択した場合である。理性は発語をもってしても合意するからであるが、それは、それ以前に意向（diathesis）において合意した場合である。七三[1]そこで、適切に合意する者に関して〈わたしのうちに〉と主は述べるのに対し、これを否む者に関して〈わたしを〉という句を付加している。というのも後者の者どもは、たとえ発語において主に合意したとしても、行為において合意していないために、主を否むことになるからである。[2]主に対する合意と行為のうちに生きる人々だけが〈主において〉合意している。それらの合意と行為のうちに自ら合意し、それらを受け容れそれらによって支えられて初めてそう言えるのである。それ故このような人々は、決して主を否むことができない。主のうちにない者どもが主を否むのである。[3]というのも主は〈わたしにおいて否む〉とは言わず、〈わたしを否む〉と述べているからである。[4]しかるに〈人々の前で〉とは、救われる者・異邦人に関して等しく〈その前で〉と語られているのであり、彼らの前で、生き方と発語において等しく合意する者、の意なのである」（ヘラクレオン、断片五〇、ブルック編）。

七三[1]以上はヘラクレオンの弁である。彼には、当該の一節について、他の点でもわれわれと見解を同じくしているように思える箇所があるが、次のことに関しては注目していない。すなわち彼は、もしある人が行為と生き方において、人々の前でキリストへの信を表明していないように見えたとしても、陪審院において言葉でキリストへの信を表明し、死に至るまでの拷問に苛まれた人々は、その意向において、信仰していたということを否定していないように思われるという問題については何ら着目していない。2その意向とは、キリストへの信を表明するものであり、とりわけ肉体の欲望によって生じるすべての情動のうちの一つによることもなく死に向かうものであり、それらを処断するものである。3というのもその回心とは、いわば人生の終焉に際し、行為によって集中的に為されるものであり、キリストへの真なる信の表明であって、言葉とはそれを証しするものだからである。4しかるにわれわれに内在する「父の霊」が証しするのだとすれば、言葉だけで証しを立てると言われている偽善者たちはどうなのであろうか。5ある人々には、もし適切であれば、弁明する機会が与えられるであろうが、それはすべての人々がその証しと弁明によって益されるためである。つまり教会に属す人々は力づけられる一方、異邦の者で救いを希求する人々は賛嘆を通じて信へと導かれ、さらにそれ以外の人々は、驚きに捕えられるためである。**七四**1かくして証しを立てることはすべての場合において不可欠である。なぜならそれはわれわれの能力のうちにあるから。しかし弁明をすることが、すべての場合において不可欠であるとは限らない。それはわれわれの能力の外にあるからである。〈最後まで忍耐する者、彼は救われるであろう〉（マタ一〇・二二、二四・一三、マコ一三・一三）。2だが、人が熟慮してみた場合、神にあって僕となることではなく、王となることの方を選択する者が誰かあるだろうか。3使徒によれば、〈それらの者たちは、神を知っていると公言しながら、実はその行いにおいて神を否定しているのだ。彼らは嫌悪すべき人間で、不従順であり、あらゆる善き行いに照らして失格者である〉（テト一・一六）。たとえ彼らがこのことだけに関しては証しを立てたにせよ、それは善き業の一つだけを完遂したことにしかならないのだ。したがって、殉教とは過ちの、栄光を伴う浄めであるように思われる。4かの「牧者」もこう述べている。〈もしあなたがたの心が浄らかで咎なきものとなるならば、野獣の力に対してであれ、これを逃れることができるだろう〉（『ヘルマスの牧者』幻四・二・五）。それればかりでなく主は自らこう述べている。〈サタンはあなたがたを篩にかけることを願い、聞き届けられた。だがわたしはあなたがたの信仰がなくならないように祈った〉（ルカ二二・三一以下）。**七五**[1]したがって主はまず、自らに対してたくらみをなす人間ども、および不信心なる者どもの浄めのために杯を飲み干した。この主に倣い、使徒たちは、いわば真なる覚知者またまったき人として、自らが据えた教会のために苦難を被った。[2]かくして、使徒的な足跡に従って歩む人々は、覚知者また過つことのなき者とならねばならない。さらに主に対する愛をもって隣人をも愛さねばならない。それは、もし状況がそう招くのであれば、教会のために躓くことなく迫害に忍耐し杯を飲まんがためである。[3]しかるに生涯のうちにあっては業をもって、また裁きの場にあっては言葉をもって証しを立てる者は、希望を受け入れるにせよ恐れを払拭するにせよ、単に口先だけでもって救いを証しする者たちよりも優れている。[4]ただもし誰か、さらに愛へと前進する者があれば、彼こそ真に幸いにして正真正銘の殉教者である。彼は主に従って掟と神に対し、完全な形で証しを立てる者である。主は彼のことを愛し、兄弟として認める。彼こそは、自らのすべてを神に対する愛のゆえに奉献する者であり、人間としてのあり方の返還を要求されたとき、これを言わば預かり金として、感謝と愛をもって返納する者である。

第一〇章

自ら裁判官たちに訴える者たちを厳しく批判する

七六[1]こうも語られている。〈ある町で迫害されたときには、他の町へ逃げよ〉（マタ一〇・二三）。これは、迫害されることが悪であるがゆえに逃げることを勧めているのでも、彼らが死を恐れるがゆえに逃亡によって死を避けよと勧めているのでもない。[2]御言葉はわれわれに、誰に対してであれ――われわれ自身にであれ、迫害者にであれ、殺害者にであれ――何か悪の原因や遠因にならないようにと望んでいるのである。すなわち御言葉は、ある意味で危機を回避するようにと命じているのである。したがってこの教えに聞き従わない者は、不遜であり向こう見ずである。**七七** 1 もし〈神の人〉（Iテモ六・一一）を殺害する者があれば、その者は神に対して罪を犯すことになる。また自ら法廷へと出廷する者は、彼を殺害する者に対して罪を犯すことになる。これは、迫害を回避しない者、また尊大にも自らを捕らわれ人として差し出す者の場合である。この人はおそらく、迫害の場にあって擁護を行わない人なのであり、自らを傲岸さに囚われやすい者として差し出すことになろう。この人物は、自らになしうる限りにおいて、迫害者の悪辣さに協調する者なのであり、もしさらに焚きつければ、完全な原因となり、獣と化す者なのである。2 同様に、戦争あるいは罰あるいは敵意あるいは裁きに対し、もし原因が供されれば、彼は迫害の端緒となることであろう。3 それゆえ、御言葉はわれわれに対して、この世にある者の誰に対しても刃向かうなと命じるだけでなく、上着を奪い取る者には下着をも提供せよと命じているのである（マタ五・四〇）。それは、我々が情念に縛られないでいるためだけでなく、我々を訴え出る者どもに逆らって怒気をあおらないためであり、我々のために神の御名に対する誹謗を煽動しないためである。

第一一章

「もし神があなたがたを顧みているのなら、なぜあなたがたは苦難を被るのか？」という異議に対する回答

七八 1 彼らは言う。「いったい、もし神があなたがたを気遣っているのなら、何故あなたがたは迫害され殺害

されるのか？　あるいは神自らあなたがたをそのような目に遭わせているのではないのか？」。だがわれわれはそのようには考えない。すなわち、主がわれわれに対して、危難の状況下に志操を崩すことを望んでいるとは思わない。むしろ、神は生起するであろう事どもを預言者的に前もって語っていると考える。すなわち、われわれは主の名ゆえに迫害され、殺され、串刺しに遭うのだ、と。2 その結果、われわれが迫害されることを望んでいるのではなく、われわれが信じている事柄自らが語り出し、生起するであろうと公言されているがゆえに、堪忍すべきだということが明らかにされるのであって、それによってわれわれの嗣業が告げ知らされる。従ってわれわれのみではなく、われわれは多くの人々とともに懲らしめに遭うのである。だが彼らは、悪事を働く者たちこそ、処罰を被って正当である、と言う。**七九** 1 したがって彼らは、われわれが正義のために不当に処罰される場合、そのわれわれのために証しすることに反対する。だがこれは逆で、裁判官の不義が先慮を基にしているわけではない。というのも裁判官は、自らの見解の主であるべきであり、霊魂を伴わぬ楽器の如くに、他からのみ原因を端緒として得て楽器を奏でようとするのは間違っている。2 実に裁判官は、裁く事柄に関して、ちょうどわれわれが宗派各々の選択や忍耐に照らして判断するように、判決を下す。ところが、たとえわれわれが不正を犯していなくとも、裁判官は、あたかもわれわれが不正を働いているかのように、処罰を課し、外界の事柄に原因を求めるのである。[6] というのも彼は、われわれに関わる事柄を知らず、知ることを望みもせず、先入観に囚われ虚しく誘導され、裁きを下すからである。3 かくして彼らはわれわれを弾圧するが、それは彼らが、われわれを不義であると判断しているためではなく、単にキリスト教徒であるという理由のみにより生命に対して不正を働いていると思い込んでいるからである。彼らのこの考えは、同じように生活している人々、および似た生活を選択している他の人々に対しても向けられている。

八〇 1「あなたがたは、迫害されていながらなぜ助けを得られないのか？」と彼らは言う。だが、どうしてわれわれは、不正を被ることになるのだろうか。死によって主の許へと解放され、あたかも時代と年齢を改められるかのように、生命の変容を経られるというのに。だからわれわれがよく考えてみるならば、この世からの速やかなる退去の端緒を与えてくれる人々に、感謝をすることになるだろう、もし愛をもって殉教するならば。2従って、もしわれわれが、多くの人々の目に、何か悪しき人々であるかのように思われるのでないとすれば、彼ら自身も真理を知ることができ、すべての人々が道の始まりに立つことができ、異端も存在しなくなるであろう。3というのもわれわれの信仰は〈世の光〉であり（マタ五・一四）、不信仰を暴くものだからである。4「たとえアニュトスとメレトスがわたしを殺したとしても、わたしはまったく害されることはない。なぜならわたしは、優れたものが劣ったものによって害されるということは許されることではないと考えるからである」（プラトン『ソクラテスの弁明』三〇CD）。5したがって、われわれは各人、雄々しく次のように述べるべきである。〈主はわが助け、わたしは恐れることはない。人がわたしに何を為し得ようというのか〉（詩一一七・六）。〈義しき人々の霊魂は神のうちにあり、拷問も彼らには何の影響も及ぼさない〉（知三・一）。

第一二章

「殉教とは嘆願の一種だ」と考えるバシレイデスの見解に対する論駁

八一 1一方バシレイデスは、『釈義』の第二三巻において(7)、殉教によって懲罰を受ける人々に関して次のような表現で記している。2「わたしが言うのは、艱難と呼ばれている事柄を陥る人々は誰であれ、たとえ知らずに他の異端に陥って罪を犯したとしても、この善に導かれれば、これをもたらした人の善意によって、なかんずく次のような刑罰に処せられることになる。それは、悪だとして見解の一致を見る事柄に断罪されて苦難を被るのでも、姦通者とか殺人者とかいった蔑称で呼ばれるのでもなく、本性上キリスト教徒であるという理由で弾劾されるのである。このことは彼らを、苦難を被っているように見えないという点で慰める。3またたとえ、彼らがまったく罪を犯していないのに苦難を被ることになるとして、これは実に稀有なことであるが、その人は何か権力者の陰謀にはまったのではなく、罪を犯したこともないように思える幼児が苦難を被っているのだと納得されるであろう」。八二1さらに少しく後でこう付言している。「それまで罪を犯したことのなかった、ないし行為においてまったく何も罪を犯したことのなかった幼児でも、自らのうちには罪を犯す芽を有している。なぜならこの子が苦難を被る場に置かれれば、善い行為を行い、多くの悩ましき行いは避けるようになるからである。まさしくちょうどこれと同じように、たまたま行為においてそれまで何も罪を犯したことのないまったき人であっても、苦難を被る場面に置かれれば、先の幼児と同じような経験をする。それは自らのうちに罪を犯す芽を有しているからである。それまで罪を犯さなかったのは、この罪を犯す端緒を得ることがなかったために過ぎない。だから彼が罪を犯さないと考えるべきではない。2というのも、たとえ姦通しないにしても、姦通したいと欲する者は姦通者であり、また実際には殺害することができないにしても、殺人を犯したいと欲する人間は殺人者である。ちょうどそれと同じように、わたしが〈罪なき人〉と呼ぶ人間であっても、彼がもし苦難に陥るのをわたしが目にしたならば、たとえそれまで何ら悪を行っていなかったにせよ、罪を犯すことを望んでいたのだとして、わたしは悪人と呼ぼう。なぜならわたしは、悪に備えるよりもむしろ、すべてに備えるべきだと言いたいからである」。八三1しかる後、彼は主に関する話題に移るが、あたかも人間に関してであるかのようにこう語る。「これらの推論をすべて省略し、あなたはかれこれの人の例を挙げてわたしを当惑させ、こう言うかもしれない。〈こんな人は、だから罪を犯したのだ。実際、彼は苦しんでいるのだ〉。ならば、もし許してもらえるなら、わたしはあなたにこう答えよう。〈彼は罪を犯していない。苦しむ幼児に似ているだけだ〉と。さらにもし論旨を捻じ曲げるのであれば、わたしはこう答えよう。〈誰であれ、あなたが名を挙げる人は人間であるが、神は義なる方である〉と。誰かが言ったように、人は誰も穢れから浄らかではありえない」。2 実のところ、バシレイデスによる仮説は、次のように述べられる。霊魂は、以前の生において先に罪を犯したため、今この世において懲罰に遭っている。すなわち選ばれた霊魂は殉教によって誉れある姿で、それ以外の霊魂は地上の懲罰により浄めを受けているのだ、と。だがどうして、われわれにとってこれが正しいと言えるのだろうか、懲罰を受けているのかそうでないのかを同意するかしないかという問いを課せられて。というのもバシレイデスによる先慮は、それを否定する者にあって破綻するからである。八四 1 そこでわたしとしては、彼に対し、捕えられた証聖者に関して尋ねてみたい。この証聖者は、先慮によって殉教するから懲罰を受けることになるのか、それともそうではないのか、と。否定をすれば、彼は懲罰を受けないことになるだろう。2 だがもし、その場を逃れることでこの男は懲罰を受けるべきではないと言うのであれば、否定するであろう人々の破滅を、自らの意志ではなく先慮によってさらに証しするであろう。3 けれどもなお、天における最も栄光ある報いは、殉教することによって証しする者に、どのような形で置かれるのであろうか。しかるに先慮が、罪ある者に対しては罪を犯すことに赴くことを許さぬとすれば、双方のために彼は不義となる。そして、義のために懲罰へと引かれた者を先慮は救い取らず、不正を犯そうと望んだ者を救い取るのである。この際、そのために彼が望んだ事柄を行ったのである。しかるに先慮は、この業を阻み、罪びとを正しくは扱っていない。八五 1 だが、悪魔を神格化し、罪深き人間を敢えて主と言う者が、どうして神をも畏れぬ人間でないことがあろうか。というのも悪魔は、われわれが何者であるかを知っていて、かつわれわれが耐え抜きうるかどうかは知らずに試みに遭わせるからである。むしろ悪魔は、われわれを信仰から揺さぶり離し、自らに屈服するように試みる。悪魔に唯一許されているのは、われわれが、掟から端緒を得て、われわれ

自身から救われねばならないということを通じ、試みに遭わせながら失敗に終わる者の不名誉を通して、さら
には教会に関わる事どもの強化を通じ、また忍耐のさまに驚嘆する者たちの良識を通じて行われることに過ぎ
ない。2 だが殉教が、懲罰を通じての報いであるならば、それによって殉教が成立するところの信仰や教えも
報いである。であるから、これらも懲罰の協働者たちであろう。これ以上に何か他の矛盾が起こりうるだろう
か。3 ただこれらの教説に加えて、霊魂が輪廻転生するのかどうかという問題、あるいは悪魔の問題について
は、しかるべき時機がおとずれた折に述べることにしよう。いまは上述の事柄に次のことをも付言しておこ
う。以前に罪を犯した事どものつぐないとして、殉教が行われたならば、これ以上のさらなる信仰がありえよ
うか。真理のために迫害され、それを耐え抜くような神への愛がありえようか。信仰告白する者への賞賛、否
む者への非難はどこにあるだろうか。正しき生き方、すなわち情動を亡きものとし、被造物の何物をも憎むこ
とをしないような廉直な生き方は、さらに何にとって有益であろうか。**八六** 1 ただ、かのバシレイデス自身が述
べているように、われわれも、すべてを愛することが、神の意向と呼ばれるものの一部分だとしよう。それは
万物に対するあらゆる関係性を彼らが認めているためである。次に何に対しても情動を抱かないということが
第二の部分であり、第三には何物にも憎しみを抱かないということだとしよう。そして懲罰もまた、神の意向
として受け止めよう。だが、これは想念するだけでも不敬なことである。2 なぜなら主も、父の意向によって
受難を被ったのではなく、迫害される者たちも神の望みに従って迫害されているのではないからである。次の
二つの事柄のうち、いずれかである。すなわち、神の望みによる迫害が何か美しいことであるのか、もしくは
迫害し圧迫を加える者たちが、神を信じない者であるのかである。3 しかしながら、万物のうち何一つとし
て、主の意向によらぬものはない。要するに残るのは、そのような事柄は、神が阻止しないために起こるのだ
と言うことのみである。というのもこう述べることだけが、神の先慮と善性を救うあり方だからである。**八七** 1

したがって、神が迫害をおこなっているのだと考えるべきではない。そのようなことは思うだけでも許されない。むしろ、神は迫害をおこなう者たちに対してそれを阻むことはせず、敵対者たちの蛮行を美に向けて用いているのだ、と納得するのが相応しい。2〈実に、神はこう述べている、〈壁を取り崩し、崩れ去るに任せよう〉〔イザ五・五〕。〉その種の先慮は教育的技巧に属すものであって、自ら固有の過ちを通して他に働きかけ、われわれの過ちを通して主と使徒たちに働きかけるのである。3神的な使徒がまさしく次のように述べている。〈神の意向とは次のことである。すなわち、あなたがたの聖化、あなたがたが姦淫から離れ去ること、あなたがた各々が聖化と尊敬のうちに自らの器を形成すること、主を知らぬ異邦人のように欲情の情動に陥らぬこと、この件で自分の兄弟を蔑ろにしたり辛く当たったりしないこと、である。なぜなら主はこれらの事どもすべてについて罰を与えるからである。このことは以前にもわたしがあなたがたに告げ、かつ証しした。4というのも神はわれわれを不浄に向けてではなく、聖化の内にあるように招いたためである。したがって、神を否定する者は人間を否定するのではなく、自らの聖なる霊をあなたがたに向けて与えた神を否定することになるのだ〉（Ｉテサ四・三―八）。われわれのこの聖化のために、主は苦難を被ることを拒まなかったのである。八八 1したがってもし、彼らのうちの誰かが弁明して、殉教者は霊魂が肉体をまとう（ensōmatōsis）以前の罪の故に懲罰を受けるが、この世での生き方の実りはいずれ改めて受けることになるであろう、なぜならこのように神による管轄が取り決められているのであるから、と言うとすれば、われわれはこの人間に尋ねたいと思う、「報いは先慮によって生じるのであるか」と。2というのももし、報いが神の管轄に属さないものであるとすれば、浄めの経綸は潰え、彼らの仮説は瓦解することになるからである。一方もし浄めが先慮によって為されるのであれば、懲罰も先慮によって為されることになる。3しかるに先慮も「第一の者」（Archōn）から来たるとすれば、彼らが主張するように、先慮は運動を始め、万物の神の手になる本質の誕生とともに、諸実体のうちに蒔かれることになろう。[4]このような次第を考えれば、彼らは、懲罰は不正なものではないということを認めるか（つまり殉教者たちを弾劾し迫害する者たちは、義を行っていることになる）、もしくは迫害もまた神の意向によって行われているということを認めざるを得なくなる。[5]そうなるともはや、彼らが言っているように、労苦も恐怖も、事柄に付随して生じるものではなく、そのあり方はちょうど、サビが鉄に付随しないように、個々の望みに従って霊魂に到来するということになるだろう。

第一三章

「死の根絶」を謳うヴァレンティノスの戯言に対する反駁

八九 [1]さて、これらの事どもについては叙述が長きに及んだ。この問題については、後ほど時機が適した折に取り上げて検討することにしたい。一方ヴァレンティノスはある説教の中で、およそ次のような措辞でこう記している。[2]「当初あなたがたは不死であり、永遠の生命の子らであったので、死を自らに分かち持ちたいと欲した。それは死を滅ぼし消尽するためであり、あなたがたのうちであなたがたによって死が滅びるためであった。[3]というのもあなたがたが世を解き、しかもあなたがたが滅びないときにこそ、すべての被造物と腐敗とを支配することができるからである」(8)。[4]というのも彼は、バシレイデスと同様、本性的に救われた種族を仮定しているからである。しかるに天上界より、この世にいるわれわれの許に、死を滅ぼすためにこの特異な種族が来たったが、その一方で死の起源はこの世の創造者の業であるとした。[5]それゆえかの聖書の詩句についても、彼は次のように受け取るのである。〈だれ一人、神の顔を見て生きている者はいない〉（出三二・二〇）。これは、神が死の原因であることを物語る。[6]この神については、ヴァレンティノスが、次のような措辞でほのめかしつつこう語っている。「似像が生ける人物よりも小さいように、その分だけ世は、生けるアイオーンよりも小さい。**九〇** 1 像の起源とは何であるのか。画家に対象を提供する人物の偉大さであり、それはその人の名を通じて敬意を表されるものとなる。というのも姿とは、権威のもとに発見されるものではなく、創造の際には欠けていた部分を、その名が充たすからである。神の見えざる部分も、作られるものの信仰に向けて協働するのだ」[9]。2 ここで神また父としての存在は「デミウルゴス」（創造者）と呼ばれているが、これを彼は真なる神の似像また預言者と呼んでいる。しかるに画家とは「知恵」であり、似像はその知恵の製作になるものである。これは見えざる存在の栄光に資する。なぜなら共なる絆から現れ出でるものは充溢であり、一なるものから出でるものは像だからである。3 ところで中庸からなる霊魂に関しては、その現れ出でたる部分ではなく、相違分が現れる。これは異なった息吹の膨出であり、これが、息吹の像である霊魂に吹きつける一方、総じて〈像に従って〉（創一・二六）成ったデミウルゴスに関して語られる部分、これが知覚される像の部分のうちに置かれ、『創世記』における人間創造の部分で語り出されているのだ、と彼らは主張するのである。4 実に、彼らは自らの上にも似姿性を帯びていて、卓越した霊の付与が、創造者には知られざるままに生起したのだと教えている。**九一** 1 しかしてわれわれが、律法と預言者、それに福音によって宣べ伝えられた神とは一者であると受け取る際、われわれはこの神に添って議論をし（ロゴスは原初であるから）、さらには刻印部も現れずにはいない。2 もし死を滅ぼすために、この異なった種が到来したのだとすれば、キリストがこれらと同質（homoousios）なものとして語られるのでない限り、死を滅ぼしたのはキリストではないということになる。しかるにキリストが、異なった種に触れぬよう、これを廃するために到来したのであれば、創造者のライバルであるこれらの者どもが死を滅ぼしたのではないことになる。これらの者どもとは、中庸よりの霊魂、すなわち自らの似像に、異端の教説によれば天上界の生命を吹き込んだという者どもである。ただし、彼

らが言うように、これは母を通して生起した場合の話である。3だがもし彼らが、死を滅ぼすためにキリスト
と協力していると言うのであれば、次の隠された教説にも同意せねばなるまい。それは彼らが、創造者の神的
な力を敢えて追求しようとするために生ずることである。彼らは、神による創造をより優れたものであると主
張し、魂的な像を救い取ろうと試みる。神自身には、その像を腐敗から救い取る力はないというのである。4
すると、主は創造者たる神よりも優れたものとなるだろう。だが父が子と競合したり、これらが神々のうちで
競合したりということはありえまい。九二 1ところで、この方が子の父であり、万物の創造者であり、全能の主
であるということのゆえに、われわれは次の考察へと進むことになったが、この考察によって、われわれは諸
異端との対話に挑んだ。われわれは、この主によって告げ知れされた方だけが存在することを示す。2一方わ
れわれに対し、使徒は苦難への忍耐に向かうよう、次のように書き記す。〈これは神によることであるが、あ
なたがたには、キリストのためなることが、恵みとして与えられているのである。すなわち、キリストを信じ
ることだけでなく、キリストのために苦しむことも恵みなのである。あなたがたは、わたしの戦いをかつて
見、今またそれについて聞いている。その同じ闘いをあなたがたはいま闘っているのである。3従って、もし
キリストのうちに何か励ましがあり、愛の慰めがあり、霊の交わりがあり、慈しみや憐れみがあるならば、わ
たしを喜びで満たして欲しい。それは、あなたがたが同じことを思い、同じ愛を抱き、心を合わせ、一つのこ
とを考えるようになるためである〉（フィリ一・二八―二・二）。4だがもしあなたがたが感謝と共なる喜びの
うちに、〈いけにえをささげ、礼拝を行う際に〉、血が注がれるならば、この使徒の言葉が向けられている人々
すなわちフィリピの教会の人々のことを、恵みに与かる人々と呼んでいるのであるから、どうして使徒は、彼
らを共なる心・魂の人々と述べているのであろうか。5同様に使徒は、テモテと自分についてこう記してい
る。〈わたしには、あなたがたのことを親身になって心にかけている、自分と同じ心の者は、テモテ以外には

一人もいない。なぜならどの人もみな、自分のことを求め、イエス・キリストのことを心に掛けないからだ〉（フィリ二・二〇以下）。

九三 1 上述の人々ばかりでなく、フリュギアの人々も、非難を込めてわれわれのことを「魂的な者ども」と呼ぶことはしないでもらいたい。というのもこの人々はすでに、新たな預言に耳を傾けない人々のことを「魂的な人々」と呼んでいるのである。この人々について、われわれは『預言について』において論じた。2 したがって「まったき人々」は愛の実践に励まねばならない。またこの世にあっても神的な友情に励まねばならない。愛によって掟を全うするためである。しかるに主は、敵を愛することは悪を愛することではないし、ましてや不敬や姦淫や窃盗を愛することでもなく、むしろ盗人・不敬なる者・姦通者を愛することだと述べる。それは、その者が罪を犯しいかなる働きにおいてであれ人間という名称を汚す限りにおいてではなく、人間であり神の業である限りにおいて彼を愛するように、との命なのである。もちろん罪を犯すことはエネルゲイア〔働き〕のうちに置かれることであって、本質に関わることではない。それゆえそれは神の業ではない。九四 1 しかるに罪を犯す者は神の敵であると言われる（ロマ八・七、ヤコ四・四）。これは、彼らが随順しない掟に対する敵となるという意味である。これはちょうど、掟に忠実な者たちは神の友であるのに相対する。その一方は神への親近性により、もう一方は異端説からの離反によりこう呼ばれるのである。2 というのも敵意や罪というものは、敵や罪を犯す者の存在なしにはありえないからである。そして何物にも情動を有さないように、そして情動を抱く対象が他者のものであるとして、これに望みを抱かないように教えるのである。彼らはちょうど、第一の神とは別の創造者があると考えているのと同様、誕生が嫌悪されるべきものだ、あるいは悪しきものだとは教説化しない。なぜならそのような教説は神なきものだからである。3 これに対してわれわれは、世にあるものは異質でも場違いでもなく、万物の主なる神の手になると言う。むしろそれらのうちにあって、われわれは全ての時間を生き抜くことができないために、所有に関しては他者のものであり、後に続く世代のものであるが、使用に関してはわれわれの各々に固有のものであり、それらと共にあらねばならぬ限りにおいて、それらはわれわれのために成ったと考える。4 したがって本性的な欲求に従い、あらゆる超過や共感性を避けつつ、禁じられていない事物は麗しく用いるべきであるとするのである。

第一四章

すべての者を、敵をさえも愛すべきことについて

九五 1 さて、善き思いとはどれほど大きいのであろうか。聖書は語る。〈あなたがたの敵を愛せ。あなたがた
に呪いをかける者どもを祝福し、あなたがたを侮辱する者どものために祈れ〉（ルカ六・二七―二八）などな
ど。さらにこう付け加えられている。〈あなたがたは天におられる父の子となれ〉（マタ五・四五）。これは、
神との似像性をほのめかした言葉である。2 さらにこう語られる。〈あなたの敵とは早く和解するようにせ
よ。彼とともに道を行く間に〉（マタ五・二五）。ここで「敵」とは、ある人々が考えているように肉体上の敵
ではなく、悪魔と悪魔の手先どものことである。悪魔とは、この世の生において悪魔の業を真似ようとする者
どもの姿をとってわれわれに付きまとう者のことである。したがって、自らはキリストのものであると公言し
ながら、悪魔の業と関わりを持つような者どもは、最も苛烈な報いを被らずには済まない。なぜなら〈彼があ
なたを裁判官に引き渡し、裁判官は下役に引き渡すことがないように〉（マタ五・二五）とあり、ここで「下
役」とは悪魔の権能の僕の意味だからである。**九六** 1 〈死〉すなわち迫害する者どもの攻撃ゆえの死も、〈命〉
つまりこの世の生命も、〈天使〉つまり変節者も、〈諸々の支配〉すなわちサタンの支配、彼が選択した生の意

味――なぜならそのような支配とは実に、闇の支配であり権能であるから――も、〈現在のもの〉すなわち生ける間、われわれがそのうちにあるもの――たとえば兵士なら希望、証人なら利得――も、〈高みにあるものも低きにあるものも、他のいかなる被造物〉も、それらが信仰に反する行動を選択する人間に固有の働きをもってしても（この「被造物」とはわれわれの業の意味であり、同じ意味で「働き」とも言われる）、〈われらの主であるイエス・キリストのうちなる愛、神の愛からわれわれを切り離すことはできない〉（ロマ八・三八以下）のである。以上が、覚知をともなう殉教者に関しての総括である。

第一五章

躓きを避けるべきこと

九七 1 〈われわれは、みなが認識・覚知を有している、ということを知っている〉（Ｉコリ八・一）。この覚知とは、一般的な事柄における一般的なものであり、唯一なる神を認める認識である。なぜなら主は、信篤き者たちに対してそのように命じているからである。続いて使徒はこう付言する。〈だがすべての人々に覚知が備わっているわけではない〉（Ｉコリ八・七以下）。すなわち覚知とは、少数者のうちに伝承されるものである。しかるに〈偶像に捧げられた供え物〉に関する覚知は、すべての人に備わっているわけではないと言う人々がある。彼らが主張するには、使徒がさらにこう付言しているというのである。〈われわれの権威が、弱い人々にとって躓きの石とならないように。なぜなら弱い人は、あなたの覚知のうちに滅ぼされかねないからである〉。2 たとえ彼らが〈すべて、市場に売られているものは買って食べられると判断すべきである〉（Ｉコリ一〇・二五）と主張し、詮索に関しても同様に、いろいろと判別しようとする者たちに対して〈何も判別するな〉と記されていると言おうとも、これは笑止千万な解釈を提示していると考えるべきであろう。[3]というのも使徒は、〈他のものに関してはすべて、市場から何も判別せずに買ってくるがよい〉と言っており、ここで明らかにされた事柄に関する留保事項については、すべての使徒たちに宛てられた普遍的書簡の中で語られているからである。これは聖霊の合意とともに、『使徒言行録』の中に記されていて、パウロ自らが仕え、信徒たちの許に伝えられたことである（使一五・二八以下）。つまり、次のように明らかにされている。〈偶像に捧げられたものと、血と、絞め殺した動物の肉、淫らな行いを避けねばならない。以上を慎めばよい〉。[4]また別の形では、使徒によって次のように語られている。〈われわれは、食べたり、飲んだりする権利を持たないというのだろうか。われわれは、他の使徒たちや主の兄弟たちやケファのように、信者である妻を連れて歩く権利を持たないというのだろうか。否むしろ、われわれはそのような権利を有している〉（Ｉコリ九・四以下）。使徒はこう述べる。〈だが、われわれはすべてを耐え忍んでいる。それはキリストの福音に、少しも障害を与えないためである〉。[5]これは、すべての人々に対して身軽に接する必要があり、重荷を耐え忍んでいるということであろう。あるいは、克己に励もうとする人々にとっての規範となろうということであろう。それはまた、われわれに提供されたものを恐れることなく食し、必要があれば女性とも親しく話をすべく、教会を打ちたてようということであろう。とりわけ、このような〈経綸を信じている人々〉（Ｉコリ九・一七）であれば、学ぼうとする人々に、汚れのない規範となることが適切だからである。**九八**[1]〈わたしは、誰に対しても自由な身であるが、すべての人々に対して自分を隷属させた〉（Ｉコリ九・一九）と使徒は言う。〈それは、すべての人々を獲得するためであり〉、そして〈競技をする者はみな、すべてにおいて節制する〉（Ｉコリ九・二五）。〈だが大地とそこに満ちているものは、主のものである〉（Ｉコリ一〇・二六）。[2]したがって、そこから遠ざかるべき事柄に関しては〈良心をもって〉（Ｉコリ一〇・二七以下）遠ざからねばならない。〈ここでわたしが良心と言っているのは、自らの良心ではなく〉、つまり覚知的なものであり、〈むしろ他者の良心である〉。それは、覚知に至っていない者が模倣だけによって、無学のうちに建てられ、度量大きな者ではなく軽侮する者とならないようにするためである。3〈なぜなら、一体何のために、わたしの自由は他者の良心によって裁かれねばならないのだろうか。もしわたしが恵みに与かっているのなら、なぜわたしが感謝している事柄をめぐって誹謗されねばならないのだろうか。だから、あなたがたが為す事柄はすべて、神の栄光のために為すようにせよ〉。つまりこれは、どれだけの事柄が、信仰の規範にしたがって為すべく勧められるか、という問題である。

第一六章

殉教者たちの持つ貞節、忍耐、愛に関して、聖書のいくつかの箇所が例示される

九九 1〈心に信じて義とされ、口で告白して救いを得る。実に聖書にはこう記されている。「すべて彼に信を置く者は恥を受けることがない」〉(ロマ一〇・一〇以下)。〈われわれが告げ知らせているのはすべて、信の言葉である。すなわちあなたは、自らの口で「イエスは主である」という言葉を告白し、自らの心のうちに「神は主を死者たちの中から復活させた」と信じるなら、救いを得る〉(ロマ一〇・八以下)。2すなわち使徒は、まったき義が、行いと観想によって満たされるということを如実に描き出しているのである。〈迫害する者たちを祝福しなさい。祝福するのであって、呪ってはならない〉(ロマ一二・一四)。3〈われわれの誇りとするのは次のことであり、それはわれわれの良心の証しなのである。すなわちそれは、われわれは聖性と誠実さのうちに〉(Ⅱコリ一・一二)神を知っているということであり、われわれはこのわずかな表明を通して愛の業

を示している。つまり〈われわれは、肉のうちなる智慧ではなく、神の恵みのうちに、世に住まっているのだ〉（同）。一〇〇 1 これは使徒による覚知についての教えである。しかるに信仰をめぐる一般的な教えのことを、使徒は『コリントの教会に宛てた第二書簡』のなかで〈覚知の香り〉と述べている（Ⅱコリ二・一四）。2 というのも、〈今日に至るまで、旧い契約が読まれる際、多くの人々にとって、この覆いは除かれずに掛かったままである〉（Ⅱコリ三・一四）。すなわちこれは、主に向かう回心なしに、の意である。3 それゆえ彼は、腹部を這いまわる生命から（創三・一四）、なお肉のうちにありながらの復活を、見抜く力のある者たちに示したのである。そこから主は、そのような者どものことを〈マムシの子ら〉（マタ三・七ほか）と呼んだ。それは、快楽に惑溺する者ども、腹や陰部に隷属する者ども、その他、互いの頭部を〈世の情動ゆえに〉（テト二・一二）切り落とす者どものことである。4 〈子らよ、われわれは言葉や口先だけでではなく〉、使徒ヨハネは完全な人のことを教え諭してこう言っている、〈むしろ、行いと真理において愛し合おう。このことのうちに、われわれは真理から生まれた者たちだということが示されるのだ〉。5 しかるにもし〈神は愛である〉とすれば（Ⅰヨハ三・一八以下）、敬神の念もまた愛である。〈愛のうちに恐れはなく、むしろ完全な愛は恐れを取り除く〉（Ⅰヨハ四・一八）。〈われわれが、神の掟を守るということ、このことこそ神の愛なのである〉（Ⅰヨハ五・三）。6 あるいはまた、覚知者となる望みを抱く者に対してはこう記されている。〈言葉、行動、愛、信仰、純潔の点で、信ずる者たちの規範となるがよい〉（Ⅰテモ四・一二）。というのも思うに、信仰の完全性とは、共通の信仰のために規定されているからである。一〇一 1 そして実に、神的な使徒は覚知者の軌範をこれらの言葉でもって提示しつつ、それを次のように記している。〈わたしは、自分の置かれた境遇に満足することを習い覚えた。貧しく暮らすことも、豊かに暮らすすべも心得ている。満腹していても空腹であっても、物が有り余っていても不足していても、いついかなる場合にも対処する秘訣を授かっている。わたしを強めてくださる方のお陰で、わたしにはすべてが可能である〉（フィリ四・一一－一三）。さらに他の人々に対しては、謙遜を教える意味で次のようなことを語るのを憚らない。[2]〈あなたがたは、光に照らされた後、苦しく大きな戦いによく耐えた初めのころのことを、思い出すがよい。嘲られ、苦しめられて、見世物にされたこともあり、このような目に遭った人々の仲間となったこともあった。実際、捕えられた人々と苦しみを共にしたし、また、自分がもっと素晴らしく、永続するものを有していると知っていたため、財産を奪われても、喜んで耐え忍んだのである。[3]だから、自らの確信を棄ててはならない。この確信には大きな報いがある。神の御心を行って約束されたものを獲得するには、忍耐が必要なのである。「もう少しすると、来たるべき方が来る。遅れることはない。わたしの正しき者は信仰によって生きる。もしひるむようなことがあれば、その者はわたしの心には適わない」。否むしろわれわれは、ひるんで滅びる者ではなく、信仰によって霊魂・生命を確保する者である〉（ヘブ一〇・三二－三九）。

一〇二[1] しかる後、使徒はあなたに神的な規範の宝庫を提示する。というのも〈嘲弄と鞭打ちの試みを受け〉（ヘブ一一・三六）、忍耐によって正しき者とされた人々が、信仰によらずにあったはずがあろうか。彼らは〈さらに鎖と投獄をも味わったのだ。また石で撃ち殺され、拷問に遭い、剣で切り殺され、羊や山羊の皮を着て放浪し、暮らしに逼迫し、迫害され、虐待された。世は彼らに値しなかったため、彼らは荒れ野をさまよい、山々、洞穴、地の割れ目に住んだ。[2]彼らはすべて、信仰によって証しを立てながら、神の約束を手放すことはしなかった〉。ここでは暗黙のうちに、「彼らだけが」と述べられていることに想いを致すべきである。

一〇三[1] 使徒は次のように付言する。〈われわれに関して、神はより優れたものを先慮している〉（ヘブ一一・四〇）。これは神が善き方であるためだが、〈その結果、われわれ以外には、まったき状態にされた人はいない。そういうわけでわれわれも、われわれを取り巻くおびただしい数の証人の雲に囲まれ〉、この雲とは聖にして光り輝くものであるが、〈あらゆる重荷と、まとわりついて来る罪と

をかなぐり捨て、忍耐をもって、われわれに課せられた競争を走り抜こうではないか。信仰の創始者にして完
成者であるイエスを見つめながら〉（ヘブ一二・一以下）。2 すなわち使徒は、義人たちとわれわれをめぐる、
キリストのうちなる唯一の救いについて述べており、そのことを彼はこれに先立って明瞭に語っていたのであ
る。さらにモーセについても、これに劣らず述べて次のように付言する。〈モーセは、エジプト人たちの財宝
よりも、キリストのためなる罵詈雑言をより大いなる富と考えた。つまり彼は、与えられる報いに目を向けて
いたのだ。彼は信仰のうちにエジプトを後にし、王の怒りを恐れることはなかった。目に見えない方を目にし
て、力を得ていたのだ〉（ヘブ一一・二六以下）。神の智慧は証し人たちについて次のように語っている（知
三・二―四）。3 〈思慮なき者どもの目に彼らは死んだように映り、彼らの旅立ちは災い、われわれの許から
の離別は破滅に見えた。ところが彼らは平和のうちにいる。彼らは、人間の目には懲らしめを受けているよう
に見えても、不死性への希望が彼らを満たす〉。**一〇四** 1 だがその後付言して、殉教が栄光に満ちた浄めであるこ
とを教える（知三・五―八）。〈彼らはわずかな試練を受けた後に、豊かな恵みを得る。それは神が彼らを試
み〉、つまり、神が彼らに対し、試みる者どもの名誉心と不名誉のために試みられることを容認したという意
であり、〈自らに相応しい者〉、すなわち「子」と呼ばれるに相応しい者と判断したためである。2 〈あたかも
神は、るつぼの中で金を試すように彼らを選り分け、焼き尽くすいけにえの献げ物として受け入れた。そして
主の訪れのとき、彼らは輝き渡り、わらを焼く火のように燃え広がる。彼らは国々を裁き、人々を治め、主は
永遠に彼らの王となる〉。

第一七章

ローマの聖クレメンスがコリントの人々に宛てた書簡から、前章の論拠に係わる箇所

の引用がおこなわれる

一〇五 1 実に『コリントの人々に宛てた書簡』のなかで、使徒のクレメンス[10]は自ら、われわれに覚智者の範例をこう述べて描き出している。2 それは〈君たちの許に滞在した者で、徳に満ちまた堅固な君たちの信仰を確認しなかった者が誰かいただろうか。キリストにおける節度に富み品位ある敬神の念に驚嘆しなかった者があっただろうか。君たちが客人をもてなす際、その度量の大きなやり方を宣べ伝えなかった者があるだろうか。君たちの完全にして落ち度のない知識を、祝しなかった者があるだろうか。というのも君たちは、分け隔てなくすべてを行い、神の掟のうちに歩んできたからだ〉以下の部分である（ローマのクレメンス『第一コリント書簡』一・二以下）。3 あるいはさらに明確にこう記している。〈われわれの眼差しを、主の素晴らしき栄光に完全なかたちで仕えた人々に注ぐことにしよう。エノクを取り上げてみよう。彼はその従順のうちに、義たる者と見なされ、天に移された。またノアは、信じたがゆえに救われた。アブラハムは、その信仰ともてなしの心ゆえに神の友となり、イサクの父と呼ばれることとなった（ローマのクレメンス『第一コリント書簡』九・二－四、一〇・一、七、一七・一）。4 ロトは、もてなしの心と敬神の念ゆえにソドムから救われた。遊女ラハブは、信仰ともてなしの心のゆえに救われた。エリヤ、エリシャ、エゼキエル、それにヨハネ、預言者たちは、忍耐と信仰を通じ、山羊と羊の毛皮を身にまとい、ラクダの体の毛でできた帽子をかぶって徘徊し、キリストの王国を宣べ伝えた〉（同一一・一、一二・一、一七・一）。一〇六 1 自由意志に根ざす信仰によって神の友と呼ばれたアブラハムは、名声によって高ぶることなく、謙遜にもこう述べた。〈わたしは塵・あくたに過ぎない〉（創一八・二七、以下ローマのクレメンス『第一コリント書簡』一七・二以下）。2〈ヨブに関してはこう記されている。「ヨブは義しく、咎められるところなく、真実で神を敬い、あらゆる悪から遠ざかっていた」

（ヨブ一・一）〉。3この人は忍耐によって、彼を試みる者に打ち克ち、神を証しすると同時に、謙遜を尊ぶ神
によってその正しさを証明された。彼はこう述べている。〈だれ一人として、汚れから浄い者はいない。その
人の生命は、一日たりとも己が意のままにはならない〉（ヨブ一四・四以下）。4モーセは〈その屋敷のすべて
において、忠実な家僕であった〉が、芝の中から神の声を告げる者に対してこう述べている。〈あなたがわた
しを遣わすとは、いったいわたしは何者でしょうか。わたしは声のか細い、言葉の鈍い者です〉（出三・一
一、四・一〇）。彼は人間の言葉をもって、神の声に仕えることになった。またこうも述べられている。〈わた
しは壺から立ち昇る霧に過ぎません〉。〈なぜなら神は思い上がる者どもを軽蔑し、謙遜な者たちには恵みを与
える〉（箴三・三四）。一〇七 1実に、ダビデもまたそうであり、彼に対しては主が証しをして述べる（以下ロー
マのクレメンス『第一コリント書簡』一八・一－四）。〈わたしはわが心に適う男を見つけた。エッサイの子ダ
ビデだ。わたしは彼に、聖なる油を注いだ〉（詩八八・二一）。2そればかりでなくダビデは自ら、神に向かっ
てこう述べる。〈神よ、あなたの大いなる憐れみによって、わたしを憐れみたまえ。あなたの豊かな慈しみに
よって、わたしの不法を拭い去りたまえ。3十二分にわたしの不法からわたしを拭い去りたまえ。そしてわが
罪からわたしを浄めたまえ。わたしは自分の罪を知り、わが罪は変わることなくわが前にある〉（詩五〇・三
－六）。4その後、律法に関わることのない罪をほのめかしながら、覚知をもって穏やかにこう付言する。〈わ
たしはあなたにのみ罪を犯し、あなたの前に悪を行った〉。5というのも聖書にはこう記されているからであ
る（以下ローマのクレメンス『第一コリント書簡』二一・二－四、六－九）。〈主の霊は、はらわたの思いを究
める灯〉（箴二〇・二一）。6そして高潔な行いを為し覚知により満ちると、この人には、光の霊がより近きも
のとなる。7かくして主は義なる人々に近づき、〈われわれが為す思いや考えは、何一つ主であるイエスの目
を免れない〉。ここで主とは、全能者の意向に従ってわれわれの心を見そなわす方である。〈この方の血は、わ

れわれのために聖とされたものである。一〇八 1 であるから、われわれは自分たちの主だった人々を畏れ敬おうではないか。われわれよりも年長の人々を尊敬し、若者たちに対して、神の教育を授けようではないか〉。2 というのも、主に関する事どもを相応しく教えまた行う人は幸いだからである。彼は寛厚な考えの持ち主で、観想的真理に属す。3〈われわれの妻たちを、善に向けて立てようではないか〉。彼は言う。〈浄らかさを相応しく愛する性格を示させ、彼女たちの柔和さの意向を公にさせるがよい。彼女たちの舌の温順さを、沈黙によって明らかにさせるがよい。彼女たちの愛を、偏向によるのではなく、神を畏れる者たちすべてに、一様に等しく提供させるがよい。4 われわれの子供たちを、キリストにおける教養に与からせよう。神の許で謙遜さがどれだけ力を持つか、神の許で浄らかな愛に何ができるか、主に対する畏れが以下に美しく偉大なものであるか、学ばせよう。この際その畏れは、神のうちに、浄らかな心でもって敬虔に立ち返る者たちすべてを救う。5 なぜなら神は、想いと望みを究めるものだからである。この神の息吹こそ、われわれのうちに吹いているものであり、神は、望むときにはその息吹を取り去る。一〇九 1 これらすべての事柄を、キリストのうちなる信仰が確固たるものにする（以下ローマのクレメンス『第一コリント書簡』二二・一－八）。「来たれ、子らよ」（詩三三・一二以下）、主は語る。「わたしの言葉に耳を傾けよ。主に対する畏れをあなたがたに教えよう。生命を望み、善き日を見ることを愛する人は誰か？」〉。2 続いて彼は、覚知による「七日目」「八日目」の神秘について付言する。〈あなたの舌を悪から遠ざけ、あなたの舌を、欺瞞を語ることから引き離せ。悪を離れ、善を行い、平和を求めてそれを追求せよ〉。3 と言うのもこれらの表現によって主は、諸悪からの離去と諸善の実行を伴う覚知をほのめかしているのであって、この覚知は行いと言葉によって完遂されるということを教えているのである。〈主の目は義しき人々に注がれ、主の耳はその人々の嘆願に傾けられる。一方主の御顔は悪を為す人々に向けられ、彼らの記憶を地の表から根絶することに向けられる。一一〇 1 だが義しき人と主は叫びを挙げ、すべての艱難のうちから彼を救い出した〉。〈なぜなら罪びとたちに対する鞭は数多いが、主に望みを懸ける人々を憐れみが囲むからである〉。真正なる望みを抱く者を、溢れんばかりの憐れみが覆うことについて、彼はこう述べている。2それは『コリントの人々に宛てた書簡』の中でこう彼（ローマのクレメンス）が記している箇所である。〈イエス・キリストによって、理解なく闇に閉ざされていたわれわれの思惟が光へと芽吹く。それゆえに主たる方は、不死なる覚知をわれわれが味わうように望んだ〉（ローマのクレメンス『第一コリント書簡』三六・二）。3彼はさらに雄弁にかつ覚知の特性を明らかにしつつ、こう付言する。〈かくしてわれわれにこれらの事どもはいとも明らかになったのであるから、神の覚知の深みまでも究め、われわれはすべてを秩序立てて実行せねばならない。それは主たる方が、完遂するように命じた事どもであり、われわれは時に適ってそう定められているのである〉（同四〇・一）。4〈であるから知者は、自らの知恵を明らかに示すべきであるが、その際単に言葉をもってするのみならず、善き業にもよるべきである。謙遜なる者は、自らのために証しを立てるのではなく、むしろ他者によって自らの証しが立てられるようなあり方を求めよ。肉において浄らかな者は欺瞞を用いることなく、他者こそ自らに克己を教えてくれる存在だということをよく知るがよい〉（同三八・二）。〈だから兄弟たちよ、われわれがどれほど豊かな覚知に値する者とされているか、よくわきまえよ。それと同じだけ、われわれは危難にさらされているのだから〉（同四一・四）。

第一八章

愛について。また情欲を抑制すべきことについて

一一 1かくして、われわれによる人間愛を通じての崇高なそして浄らかな生き方というものは、（ローマの）

クレメンスによれば共通善を志向するものである。それは殉教の証しを立てる場合であれ、行いと言葉で教育する場合であれ変わらない。これらは二重構造になっており、書面に拠らぬもの・書面に拠るものの二種である。2 愛とは神と隣人とを愛することであるが、これは語り尽くすことのできない高みへと導き昇る（以下ローマのクレメンス『第一コリント書簡』四九・五）。3 〈「愛は多くの過ちを覆い隠す」（Ⅰペト四・八）。愛はすべてに耐えすべてにおいて寛容である（Ⅰコリ一三・七、四）。愛はわれわれを神につなぎ止め、すべてを和合のうちに成し遂げる。神に属す選ばれた人々は、すべて愛のうちに完成される。愛なくして、神に喜ばれる事柄は何一つ存在しない〉。4 彼は述べる（以下ローマのクレメンス『第一コリント書簡』五〇・一以下）。〈この完徳に関しては、説明を尽くすことができない。誰が、愛において十分であると考えられるだろうか。神自らがそれに相応しいと判断した者を除いては〉。5 まさしく使徒パウロもこう述べている。〈もしわたしが自らの体を献げようとも、愛を有していなければ、わたしは虚しい青銅の響き、やかましいシンバルに過ぎない〉（Ⅰコリ一三・三、一三・一）。使徒がここで言っているのは、たとえ選ばれた状況になくとも、わたしは覚知による愛を通じ、恐れをもって述べる、ということなのである。**一一二** 1 したがって、たとえわたしが、期待される報償を基に唇でもって主の証しのために語り、主を証ししようとも、わたしは普通の人間であって、主を鳴り響かせようとも、覚知をもって主を知っているわけではないのである。というのも、唇では愛する民は存在するし、他にも、焼き尽くされるために身体を捧げる者があるからである。2 〈たとえわたしが、自分の財産をすべて献げようとも〉（Ⅰコリ一三・三）、使徒は言う、それは愛する共同体のロゴスに従って行われることではなく、むしろ報償を期待しての行為、あるいは善行に逸る人の行為、あるいは約束する主に期待しての行為なのである。3 〈たとえわたしが山を動かすほどの信仰を有し〉（Ⅰコリ一三・二）、影を落とす情動を振り払いのけたとしても、愛をもって主を信じているのでなければ、〈わたしは無に等しい〉。それ

は、覚知をもって証しを立てる者の判断に照らした場合に明らかであり、その人は大衆の一人、彼らと何ら変
わることのない者と考えられるのである。4〈アダムから今日まで、あらゆる世代が過ぎ去って行った。だが
愛のうちに完徳を窮めた者たちが、神の恵みのゆえに、敬虔なる者の場を得ている。彼らは、キリストの王国
の勧めにおいてその姿を明らかにするであろう〉（ローマのクレメンス『第一コリント書簡』五〇・三）。
二三 1 愛は、罪を犯すことを赦さない。だがたとえ心ならずも、敵の介入によってそのような状況に陥ったと
しても、彼はダビデを模倣してこう爪弾く（以下、同五一－五二）。2〈「わたしは主に告白しよう。それは、
若く角とひづめを持つ雄牛にも優って主に喜ばれよう。貧しき者たちはこれを見よ、そして喜ぶがよい」。3
なぜならダビデはこう述べているからである。「神に向かって賛美の献げものをせよ。そして主に向かってあ
なたの祈りを献げよ。あなたの苦難の日にわたしを呼び求めよ。わたしはあなたを憐れみ、あなたはわたしに
栄光を帰すだろう」。「打ち砕かれた霊は神への献げもの」（詩五〇・一九）〉。4 かくして神は愛であると語ら
れる（Ｉヨハ四・八）。神は善き方だからである。ここから〈愛は隣人に対して悪しきことをしない〉（Ｉヨハ
四・一六）。愛は不正を働かないし、不正を返したりもしない。すべての人々に対し、端的に神の像にならっ
て善を行う。5〈愛は律法の充溢である〉（ロマ一三・一〇）。それはキリストと同様である。すなわち、われ
われを愛する主の到来、そしてキリストにならっての、われわれのための愛の教えと生き方と同様である。6
したがって「姦淫するな」また「隣人の妻を欲するな」という掟は、愛をもって完遂される。その際、まずも
って恐れによって阻まれる。その際、同じ業でも相違を生むが、それは恐れによって生ずるか、もしくは愛に
よって完成されるか、あるいは信仰によって、また覚知により果たされるかに拠る。**二四** 1 したがって当然、
それらの賞与も異なったものとなる。まず覚知者のために準備されているのは〈目が見たことも、耳が聞いた
こともなく、人の心に浮かんだこともないもの〉（Ｉコリ二・九）である。一方、単に信じた者に対しては、

彼が残したものの一〇〇倍が証しされる。この約束は、人間の理解に入るようになっている。2 さて、ここに至ってわたしは、自らのことを覚知者であると名乗る人のことが思い起こされる。この人物は、〈わたしはこう言おう。女性に対し情欲をもって眼差しを注いだ者は、すでに姦淫をおかしたのである〉（マタ五・二八）という一節を、単に情欲をもってという点のみで判断される事柄ではなく、もしその業が情欲によるとしても、その情欲によって情欲を越えた事柄が、その情欲のうちに為される事なのだ、と理解する人である。というのも夢は、幻影を通じてすでに身体をも行使することになるからである。一二五 1 かくして、義人バッコリスに関する逸話を編んだ人々は、次のような判断を述べている。この男はある遊女を愛し、報酬を与えて説き伏せた。その報酬でもって、その女性に翌日自らの許へ来て欲しいというのである。2 ただしこの夢に先立って情欲が起こっている。そこで、希望を超えて自らの願いが満たされたため、彼が愛した女性が、取り決めたとおりに自分の許にやって来ると、彼女が家の中に入ってくるのを阻止した。すると彼女は、起こったことを理解すると報酬を要求してこう述べたと言う。「このようなかたちで自分は、愛人の情欲を満たしたではないか」と。かくして彼ら二人は裁判官の許に赴いた。3 この裁判官は若者に対して、報酬の入った財布を差し出すことを命じた。つまり、日中にこの遊女の影を抱くように命じた。幻影を思い描けた分だけ、感謝をもって幻影に報酬を払うべきだというのである（プルタルコス『デメトリオス伝』二七参照）。

一二六 1 さて、霊魂が幻影に同意するとき、人は夢を見る。しかるに、白昼に夢を見るのは欲情のもとに物を見ている者である。もし彼が女性の姿とともに想念上彼女と会話を交わすとすれば、それは、かの「自称」覚知者だけが主張することには留まらない（というのもこれは情欲としての情欲の業であるから）。むしろそればかりでなく、御言葉が言うことには、もし人が身体の美に目を向けるならば、そしてその人にとって、欲情に照らして肉が美しいと見えるのであれば、彼は肉に目を注ぎ罪のうちに女性を見ているわけで、彼は賛嘆しているものを通じて裁かれているのである。[2]というのも逆に、浄らかな愛を通じて美に目を注ぐ者は、肉を考えているのではなく、美しき霊魂を考えているからである。その際、思うに、彼は彫像に賛嘆する者と同じように、身体に対しては、その美を通じて技術者と真に美なる方に目を注ぐのであって、彼は自らのことをなおざりにしている。この聖なるしるしは、義の光り輝く印を、戸口に立つ天使たちに示す。それは喜びの恩寵であり、精神状態のあり方であり、聖霊の認可の許に磨かれた霊魂に備わるものである。(11)

一一七 [1]そのような栄光は、モーセの顔から放たれていたものであるが、この栄光に関して、民は見ることができなかった(出三四・二九)。それゆえに彼はこの栄光に覆いを掛けたが、それは肉的な目で見つめる者たちのためであった。[2]というのも世俗的な事柄を持ち込む人々に対して、彼らを阻む人々は、自らの情動のために沈滞している者どもから、いわば税金を取り立てるからである。しかしながら、税金のかかる事柄と無縁の人は、覚知と、業から来たる義に満ち、祈りを通じて善を伝え、その人をその業ともども祝福するのである。[3]〈その葉は萎れることがない〉(詩一・三)。それは、生命の木の葉の意味であり、この木は、〈水の通り道〉に関してよく養われている。[4]しかるに義なる人は実りをもたらす木になぞらえられており、それは高く育つ木の実りによるいけにえに限られるものではない。ところがいけにえの奉納に際しても、律法には、その聖性の監査者がいて、その件に秀でた人々が、情動の衝動をチェックする。さらには快楽と不懲罰に関わる快楽を非理性的であると断ずる一方、本性に基づく必然に関わる衝動を、理性的運動であると判断するのである。

第一九章

男性も女性も等しく完徳に至りうること。これは異邦の卓越した女性たちの例も確証していること一八 1 この完徳には、男性も女性も、等しく与かることができる。2 それはモーセだけではない。まずモーセは神から、次のような言葉を耳にした（以下ローマのクレメンス『第一コリント書簡』五三）。(12)〈わたしはあなたに、一度また二度までも語った。わたしはこの民を見てきたが、実に心頑なな民である。わたしが彼らを滅ぼすのをそのままにしておくがよい。わたしは彼らの名を天の下から拭い去ろう。そしてわたしはあなたを、大いなる民、驚くべき、この民よりもはるかに偉大なものにしよう〉（申九・一三以下）。3 これに対してモーセは、自分の利を考え求めてではなく、民と共通の救いを求めてこう返答する。〈主よ、この民の罪を赦してくださらないのなら、生ける者たちの書からわたしを消し去ってください〉。自分一人が救われるよりも、民と共に死ぬことのほうを望むとは、何と大きな完徳であろうか。4 だがモーセばかりではなく、ユディトは女性たちの中で完徳の域に達し、町が攻囲にさらされたときに、長老たちに嘆願して他の民族の陣営に赴いた（以下ローマのクレメンス『第一コリント書簡』五五・四以下）。あらゆる危難を省みず、信仰のうちに、祖国のため自らを敵の手に委ねたのである。直ちに彼女は信仰の報いを得た。すなわち彼女は敵方に対して信仰をもって雄々しく振る舞い、ホロフェルネスの首を取って凱旋したのである（ユディ八以下）。一九 1 さらにはまた、まったき女性エステルは、信仰によってイスラエルを僭主的な権力と地方総督の残忍さから解放した（エス七以下）。彼女は、断食によって一人心を砕きつつ、幾多の武装された右の手に対峙し、僭主の思いを信仰によって打ち砕いたのである。2 そしてある者を手なずけ、ハマンを取り除き、イスラエルに対しては、神に対するまったき嘆願によってこれを無受苦のまま守り抜いたのである。3 わたしはスザンナや、モーセの姉妹についてここでは語らない。後者は、ユダヤ人たちの間で知恵において品位の高い女性たちすべてを統率し、預言者モーセとともに出征した（出一五・二〇以下）。前者は、あり余る崇高さをもって、また死をも恐れることなく、凝らしめを知らない長老たちに裁かれながら、揺らぐことのない浄らかさの証し人として留まったのである（スザ一―六四）。

三〇 1 さらに哲学者ティオンは、ある女性のことを語っている。彼女は大いなる羞恥の心から、衣を身にとったまま水浴したという。一方フィロテラという女性は、浴槽に浸かろうとする際に、裸身の部分を水が覆うのに応じて、その分だけ衣を少しずつたくし上げ、その後浴槽から上がる際には、再び少しずつ身にまとったと言う。2 あるいはアッティカの女性レアイナは、雄々しく拷問に耐えなかっただろうか。この女性は、ハルモディオスとアリストゲイトンの一味とともに、ヒッパルコスに抗しての反乱計画に加わっていたが、極度のさいなみに遭ってもなお、一言も口を割らなかったという（プルタルコス『倫理論集』五〇五ＤＥ）。3 さらにはまた、女性詩人のテレスィッラ率いるアルゴス女性たちが姿を現すと、戦事に長けたスパルタ人男性たちは、いち早く逃走し、彼女たちは死をまったく恐れないということが実証されたのではなかったか（プルタルコス『倫理論集』二四五Ｃ以下）。4 同様の事柄は、ダナオス王の娘たちをめぐって劇作品『ダナオスの娘』を作った詩人がこう述べている。それは

「そのときにも、ダナオスの娘たちはいち早く武装した、
流れの速い主、ナイルの川の傍らで」

（『ダナイス』断片一、キンケル編）

以下である。三一 1 他の詩人たちは、狩猟におけるアタランテーの素早さ、アンティクレイアの愛情、アルケスティスの夫に対する愛、マカリアやヒュアキンティスの勇敢さを歌い上げる。2 さらには、ピュタゴラス派

の女弟子テアノは、非常に高い哲学の域にまで達しており、彼女の外見を見て「腕が美しい」と言う男性に対して「並ではない」と答えるほどであったという。3 これと同じ崇高さに数え上げられるのは、次のような警句である。すなわち彼女は「いったいどんな日に、妻は夫から離れてテスモフォリアの祭りを見に来るのか」と問われて、「自分の夫から離れて直ちに」、だが付け加えて「他人の夫からは決して」と答えたと言う。4 そればかりでなく、ゾイロスの娘でランプサコスの女性であり、ランプサコスの男性レオンテスの妻でもあるテミストは、エピクロス派の哲学を奉じたと言われる。同様にテアノの娘のミュイアはピュタゴラス派の哲学を奉じ、またアリグノテはディオニュソスに関する著書を遺したという。5 なぜならクロノスと呼ばれたディオドロスの娘たちは、全員弁証家となったということを、弁証家のフィロンが『メネクセノス』のなかで述べているからであり（ディオゲネス・ラエルティオス『ギリシア哲学者列伝』七・一六）、彼女たちの名を次のように挙げている。メネクセネ、アルゲイア、テオグニス、アルテミスィア、パンタクレイア。6 キュニコス派の女性も挙げておこう。それはヒッパルキアと呼ばれる女性であり、マロニスの娘で、クラテスの妻であったという。この妻と、クラテスは「犬姦」（キュノガミア）をしたと『ポイキレ』の中で語っている（同六・九七）。**三** 1 一方アリスティッポスの娘でキュレネの女性アレテは、「母の教えを授かった」という異名を持つアリスティッポスを教育した。2 またアルカディアの女性ラステネイアとフリエの女性アクスィオテアはプラトンの許で哲学を修めた。3 ミレトスの女性アスパスィアについては、喜劇詩人たちが大いに記しているが、ソクラテスが哲学に、ペリクレスが弁論術に導いた。4 記述が長きにわたるので、他の女性に関しては省略し、また女流詩人たちについても列挙することはしないが、詩人としてはコリンナ、テレスィッラ、ミュイア、サッフォがいる。また画家としては、クラテイノスの娘エイレネやネアルコスの娘アナクサンドラがいて、彼女たちについてはディデュモスが『饗宴』のなかで記している（プルタルコス『倫理論集』一四八C

D）。一三 1 またソフィストで、リンディオスの人々を単独で統治したクレオブロスの娘は、父親の客人たちの足を洗うのを恥ずかしがることはなかった。アブラハムの妻で幸いなる者サラも、自ら天使たちのためにパン菓子を準備した（創一八・六）。また王家の娘たちは、ヘブライ人たちのために羊の群れを放牧した（出二・一六）。ここから、ホメロスに登場するナウスィカァも、洗濯のために赴いたのである（ホメロス『オデュッセイア』六・八六）。

2 したがって、賢慮ある女性はまず、夫に対し、自らとともに、幸福にいたる人々の一員となるよう説得することを選択するであろう。だがもしこれが不可能であるならば、単独でも徳に赴くのがよい。ただその場合、すべてに関して夫に従い、徳と救いとに関わると判断される場合以外には、彼が納得しないうちに何かを実行することのないようにするのがよい。3 だがそればかりでなく、もし、妻であれあるいは女従僕であれ、そのような状況に偽りなく積極的である女性に対し、誰かがそれを阻むようなことがあるならば、そのようなことをする者は、正義や節制から逸らせようという選択をする者に他ならず、自らの家を、不義にして懲らしめのないものに仕立てることを選択する男であるように思われる。一四 1 つまり、男性でも女性でも、いかなる事柄に際してであれ、学び・注意深さ・鍛錬においてよく訓練されていなければ、敬意を払われる者とはなりえないということである。しかるに徳をめぐっては、われわれ以外のひとびとのすべてに備わっているわけではないとわれわれは述べている。2 したがって、もし誰か、戦争をも阻止することのできる者がいたとしても、われわれに備わる事柄については、たとえ誰かが介在しようとも、決してそうは為しえない。この賜物は神から与えられたものであり、誰をも欺くことがないからである。3 そこから、向こう見ず（akolasia）ということは、他ならぬ向こう見ずの人間にあってこそ最大の災いなのであり、逆に節制は、節制することのできる人間においてこそ善なのである。

第二〇章

善き品性を持つ女性の務めについて記述される

一三五 1 さて、慎みをもって夫を愛する妻を称賛しつつ、エウリピデスはそういう女性をこう描き出している。

「口を開くときには賞賛を述べるように決意しなさい。あるいは何も言わないときでも、共に暮らす夫のために、どんな良いことを言おうかと骨折るべきです」。

（以下エウリピデス、典拠不詳断片九〇九）

2 あるいはまた、これに類したことを次のように述べている。

「夫が不幸に遭ったときには、妻も夫と同じく悲しむのは甘美なこと、苦しみも、喜びもともに分かち合う意味で」。

3 さらに、たとえ災難に遭おうとも、妻は柔和さと豊かな愛を秘めたあり方を保つよう勧めて、次のように述べている。

「わたしは、たとえあなたが病気のときにも、ともに病に伏すことにします。

そしてあなたの不幸に共に耐えましょう。わたしには何の辛いことでもありません」。
なぜなら愛する者と共にいることは、
「幸福のときにも、不幸のときにも不可欠だからです。
愛とは、それ以外の一体何だと言うのでしょう」。

三六 1 実に、御言葉にしたがって遂行される婚姻は聖化される。これは、その共なる絆が神に従い神に献げ
られる場合である。それは〈信仰のまったき実りのうちなる真実の心とともに、心は誤った良心から清めら
れ、体は浄らかな水によって洗われ、希望の告白を有したあり方である。約束を下したのは信実な方なのだか
ら〉（ヘブ一〇・二二以下）。2 婚姻は、富によってでも、美によってでも幸せだと判断されるものではなく、
むしろ徳によってそう判断される。3 悲劇ではこう語られる。

「美はまったく益にならない、いかなる配偶の女性にとっても。
だが徳は多くの女性を益する。なぜなら、夫に尽くす妻とは、
善の極み、彼女は節度を知っている」。

4 それに続き、いわば勧告を与えるかたちで次のように付言される。それは

「まずは次のことが肝要だ。たとえ夫が容姿に恵まれていなくとも、
伴った妻に素晴らしいと思われることが。
なぜなら判断するのは目ではなく、理性が見るのだから」

以下の箇所である。[5]というのも聖書は、まったく正しく、妻は夫に助け手として神から与えられたと述べているからである（創二・一八）。一二七[1]したがってわたしとしては、思うに、家事の数々、あるいは夫のために降りかかってくる苦悩の各々は、御言葉に仕えるものとして、明らかに、納得とともに選び取られるべきだと考える。[2]だがもし夫に従わない場合、そのときにはすでに、彼女は人間本性に可能な限りにおいて、過ちのない生活を送ることを試みられていることになる。この点については、たとえ御言葉とともに死のうと、あるいは生きようと、変わりはない。そのような実践に際して、この女性は、神を、助力者また協働者と考え、現在に対しても未来に対しても、真なる同伴者また救い主と見なし、あらゆる行為の将軍また指導者として立て、節制と正義とを為すべき業と認識し、神に愛されることを究極目的としたのである。一二八[1]実に使徒は、『テトスに宛てた書簡』の中で、〈年老いた女たち〉が、感謝をもって生活すべきことを教えている。〈彼女たちは、聖なる務めを果たす者として、中傷せず、大酒の虜にならず、若い女性たちを諭し、夫を愛し、子供を愛し、節度があり、浄らかで、家事に勤しみ、善良で、自分の夫に仕える者となるように。それは、神の御言葉が侮辱されないようにするためである〉（テト二・三－五）。[2]使徒は言う。〈すべての人々と共に、平和と聖性を追求せよ。この聖性なしでは、誰も主を見ることはできない。また一杯の食物のために長子権を譲り渡したエサウのように、淫らで俗悪な者とならないように気をつけるべきである。また、苦い根が現れてあなたがたを悩まし、それによって多くの人々が汚されることのないようにせよ〉（ヘブ一二・一四－一六、一五）。

二三九 [1]しかる後、結婚をめぐる問題にいわば頂点を加える格好で、使徒はこう付言する。〈結婚はすべての人々に尊ばれるべきであり、夫婦の閨は汚してはならない。姦淫をする者・姦通を犯す者には神が裁きを下す〉（ヘブ一三・四）。[2]夫にも妻にも、目標と目的は一つであることが示された後、ペトロは書簡の中で、何が究極的であるかを述べている。[3]〈今しばらくの間、いろいろな試練に苦しまねばならないにせよ、それはあなたがたの信仰の確かさが、火で精錬されながらも朽ちるほかない黄金よりもはるかに尊く、イエス・キリストが現れるときには賞賛と光栄と誉れを見出すようになるためである。[4]あなたがたは、このキリストを見たこともないのに愛し、今見ていなくても信じ、言葉では言い尽くせないほどの喜びに満ち溢れている。それはあなたがたが、信仰の実りとして霊魂の救いを受けているためである〉（Iペト一・六－九）。[5]それゆえにパウロも、キリストのために、〈苦労したことはずっと多く、鞭打たれたことも比較できないほど多く、死ぬような目に遭ったこともしばしばであった〉（IIコリ一一・二三）ことを誇っているのである。

第二一章

「まったき人」ないし「真なる覚知者」について記述される

二三〇 [1]この点でわたしは、「まったき人」というものが、各々の徳に専心する人によって、多様な仕方で受け取られるということを理解する。なぜなら人は、敬神の念に満ちていても、忍耐に優れていても、克己心に溢れていても、業に秀でていても、証聖者であっても覚知者であっても、「まったき人」と呼ばれるに値するからである。[2]しかしながらわたしは、われわれのために人間性をまとった方ただ一人を除いて、いやしくも人間である限り、誰かがすべての点において同様に「まったき人」でありうるとは思わない。たとえある人が、諸悪から遠ざかることを告げ知らせていても、その人は単に律法の面から「まったき人」であるということに過ぎないであろう。しかるにこの道は福音と善行に向かう道である。[3]もっとも律法的な事柄の完遂は、覚知に基づく福音の受諾であり、それは人が律法にしたがって「まったき人」となるための道である。なぜなら律法にしたがった人モーセが、このように理解して聞かねばならないと告げ知らせたためであり、それはわれわれが、使徒にしたがってキリストを律法の充溢と受け取らんがためなのである。[4]ところで覚知者はすでに福音のうちに歩みを進めており、それは律法のみを礎として用いるのではなく、律法に関して次のように理解し受け取る方法に拠る。すなわち、主は掟を、定めたとおりに使徒たちに伝えたとする理解である。[5]だがもし正しき生活態度を採る者は（悪しき業のうちに覚知の道に従うのは不可能であるのと同じように）、証聖者として、愛をもってそれらの事どものうちに正しさを証しする者となる。その際に彼は、人間界におけるよりもむしろ大いなる価値を獲得するのであり、その様は、肉の身にあって「まったき人」と呼ばれる者が、先駆けてそうであるのとは異なった様においてである。人生に限界があるということが、このような呼び方を予め獲得しているのであるが、覚知に満ちた証聖者はすでに先んじて、覚知に満ちた愛を通じ、いとも優れた仕方で霊の注ぎを受け、まったき業を証しし提示する。〔三〕[1]彼はこの世の裁きの場において、幸いなる者またまったき者と呼ばれるであろう。〈この並外れた偉大な力が神のものであって、われわれから出たものでないことが明らかになるために〉（Ⅱコリ四・七）と使徒は述べている。われわれはただ、選択意志に適うものと愛だけを保とう。〈われわれは、四方から苦しめられても行き詰まらず、途方に暮れても失望せず、虐げられても見捨てられず、打ち倒されても滅ぼされない〉（Ⅱコリ四・八―九）。[2]というのもこの同じ使徒によれば、完徳を目指して専念する者は、〈どんな事にも、いかなる罪の機会をも与えてはならない〉（Ⅱコリ六・三以下）からである。むしろ〈あらゆる事柄において〉、自らを人間にではなく、神に仕えるものとして備えていなければならない。[3]そしてその結果として、人間にも従うべきである。というのも人間に仕えることで、侮蔑の誹謗にも耐えることができるからである。[4]しかるに使徒の賛辞は続く。〈大いなる忍耐をもって、苦難、欠乏、行き詰まり、鞭打ち、監禁、暴動、労苦、不眠、飢餓においても、純真、知識、寛容、親切、聖霊、偽りのない愛、真理の言葉、神の力のうちにそうしている〉(Ⅱコリ六・四―七)。それはわれわれが神の神殿として、〈肉と霊のすべてのけがれから〉(Ⅱコリ六・一六)清められるためである。[5]使徒は言う。〈そうすればわたしはあなたがたを受け入れ、父となり、あなたがたはわたしの息子また娘となる、と全能の主は述べる〉(Ⅱコリ六・一七以下)。[6]〈かくして〉、使徒は〈われわれは神に対する恐れのうちに聖性を極めよう〉(Ⅱコリ七・一)と言う。たとえもし恐れが苦痛を生むとしても、使徒は言う、〈わたしは、あなたがたが悲しんだためではなく、悲しんで悔い改めたために喜ぶ。なぜならあなたがたは、神にしたがって悲しんだからである。つまりわれわれのうちの誰からも害を受けずに済んだ。というのも神の御心に適う悲しみは、悔いなき救いに向けての回心を働きかけるからである。しかるに世の悲しみは死をもたらす。[7]というのもこのようにして、神の御心に適ってあなたがたが悲しむことは、あなたがたに対してどれほど大きな専心を生み出すことだろうか。もっともそこには弁明、煩い、恐れ、望み、ねたみ、裁きも伴う。だがこれらすべてにおいて、あなたがたはその件に関して自らを浄らかなるものとして整えることができたのである〉(Ⅱコリ七・九―一一)。

[三][1]これらは、覚知のための神の修行の前鍛錬である。しかるに全能なる神は自ら、〈使徒、預言者、福音記者、牧者また教師を与えた。こうして聖なる者たちは奉仕の業に適した者とされたが、それはキリストの体を建設するためであった。われわれはみな、遂には、神の子に対する信仰と認識(epignōsis)の一性において一致し、「まったき人」に至り、キリストの充溢の域にまで成長するのである〉(エフェ四・一一―一三)。したがってわれわれが尽力すべきなのは、覚知の面において成熟の域に達し、なお肉の身に留まってはいても完

成の域に至るということである。さらにこの世にあってまったき一つの思いから、神の意向に合致して共に走ることを心がけるべきである。そしてついには、「存在者」である神とのまったき生まれの一致と共通性の完遂（apokatastasis）へ、最終的には完全なる和合（katartismos）に支えられたキリストの充溢に至らねばならない。2 すでにわれわれは、どのような理由でまたどのように、あるいは何時、神的な使徒が「まったき人」という表現を用い、またどのようにまったき人々の相違点を明らかにしているかを検討した。3 次のようにも述べられている。〈一人一人に「霊」の働きが現れるのは、全体の益となるためである。ある人には「霊」によって知恵の言葉、ある人には同じ「霊」によって知識の言葉が与えられ、ある人にはその同じ「霊」によって信仰、ある人にはこの唯一の「霊」のうちに癒しの権能、他の者には奇跡を発現させる力、またある者には預言、ある者には霊を判別する力、ある者には異言の才、ある者には異言を解する力が与えられている。だがこれらはすべて、一にして同じ「霊」の働きなのであり、「霊」は望むがままに、個々の者一人一人にそれを分かち与えるのである〉（Ｉコリ一二・七―一一）。[三] 1 このような次第であるので、預言者たちは預言において、義人は正義において、殉教者は証聖（homologia）において本来の働きをなす。また他の者たちは、一般的な徳を備えていないわけではないが、宣教の業において、自らが召されている本分を達成する。よく考えてみるならば、預言者が義人ではないと一体誰が主張するだろうか。なぜなら、アブラハムのような義人も、預言しないことがあるだろうか。

2 「神は、ある者には戦のわざを与え、
ある者には踊りの術を、他の者にはキタラや歌の才を与えた」

〈ホメロス『イリアス』一三・七三〇以下〉

とホメロスは歌っている。3〈だが各々の者は、固有の賜物を神より受けている。ある者はこのように、またある者は異なったふうに、と〉（Ｉコリ七・七）。もっとも使徒たちは、すべてにおいて恵みに満ちていた。

一三四 1 あなたは、もし望むのであれば、彼らの言行録や書き物の類から、覚知・生き方・宣教・正義・潔さ・預言の賜物を見出すであろう。2 したがって知るべきなのは、パウロの場合なら、たとえ彼が当初は若さの域にあり、ちょうど主の昇天の後に盛期を迎えたにしても、彼の書き物は旧約聖書に基づいており、彼はそこから息吹を得て語っているということである。3 なぜならキリストへの信、福音をめぐる覚知は、律法の解釈と充溢だからである。4 このようなわけで、ユダヤ人たちに対してはこう語られている。〈あなたがたはもし信じなければ、理解することもないだろう〉（イザ七・九）。つまりこれは、あなたがたは、もし律法を通じて預言し律法に基づいて予言する者に信を置かなければ、旧い契約をも理解することはできないだろう、なぜなら主自らが、自らの顕現の際にその契約を説き明かすからだ、ということなのである。

第二二章

「完徳者」また「真なる覚智者」が務めを果たすとき、それは罰を恐れてでも、報奨を期待してでもなく、ただ善と美のみを目指してなすのであること

一三五 1 さて、理解しまた洞察力を備えた者、その彼こそ覚知者である。彼のなす務めは、諸悪から離れ去ることでも（これは最大なる進捗のための基盤であるから）、2 何か善き事柄を恐れのゆえに行うのでも（次の

ように記されている。〈わたしはどこに逃れ、どこにあなたの御顔を避けようか。たとえわたしが天に昇ろうとも、あなたはそこにおられる。たとえわたしが海の彼方に遠ざかろうとも、あなたの右の手はそこにある。たとえわたしが深淵に下ろうとも、あなたの息吹はそこにある〉（詩一三八・七―一〇、ローマのクレメンス『第一コリント書簡』二八・三））、3 あるいは何か公示された栄誉への希望ゆえに行うのでもない（次のように記されている。〈見よ、主がおられる。主の応報は、その御顔より来たる。それは人の業に応じて各々に報いられるもの〉（同三四・三）。〈目が見ず、耳が聞かず、人の心に昇りもしなかったもの、神はそれを、神を愛する者たちに備える〉（Ｉコリ二・九、ローマのクレメンス『第一コリント書簡』三四・八））[13]。4 ただ愛による善行、これこそ美そのもののために、覚知者によって選択されるものである。**一三六** 1 すでに神の御顔から主によってこう語られている。〈わたしに求めよ。わたしはあなたにあなたの嗣業として諸国の民を与えよう〉（詩二・八）。これは、最も王に相応しい願いであり、すなわち報償を期待せずに人々の救いを求めよということを教えるものである。それはわれわれ自らが嗣業となり、主を有するためである。2 これとは逆に自分に対して、あることは生ずるがあることは生じないように、といった要求から、神をめぐる知識を望むというのは、覚知者のなす業ではない。ただ彼にとっては、覚知そのものが観想の原因となればそれで十分である。3 というのもわたしは敢えて、神に関する知識そのもののために覚知を追求する者は、救われたいがために覚知を選びとるのではないのだと言いたいからである。4 すなわち、想念（noein）は鍛練（synaskēsis）によって常なる想念（aeinoein）へと進展する。常なる想念は、絶えざる魂神一致（anakrasis）によって知者（ginōskōn）の本質（ousia）、さらには永遠の観想（aidiostheōria）となり、生ける実体（hypostasis）として留まる。5 実際もし、ある人が覚知者に対し仮定として、神をめぐる覚知と永遠の救いをめぐり――いかなる場合でもこれらは同一であろうが、それが分かちえたとして――、そのどちらを選ぶことを望むかと問うたならば、まったくためらうことなく、彼は神をめぐる覚知を選ぶであろう。それは彼が、愛を通じて覚知へと昇り行く信仰の特性それ自体のゆえに、覚知をこそ選択すべきだと判断するためである。**一三七** [1] これこそ、「まったき人」の第一の善行であって、それは、彼を取り巻く事どもの中で、何らか有益なことのために行われることではない、という際に成立する。それでも、善を為すことは麗しきことだと判断し、それゆえあらゆる行為に全力で振り向けられる彼の労は善化される。これは、ある事柄に関してはそうだが別の事柄についてはそうでないといったものではなく、むしろ習慣化した善行のうちに為されるものであって、哲学者たちが言うように名誉や名声のためではなく、また人間からであれ神からであれ、何か報酬のために行われるものでもない。彼は主の〈像また似姿に従って〉（創一・二六）、生涯をまっとうする。[2] たとえどのような具合にであれ、善行をなす彼に対して何か相反する状況が生起したとしても、恨みを遺すことなく、報復をすすんで放棄する。〈正しき者にも不正なる者にも〉（マタ五・四五）、正しき者・善き者となるのである。[3] そのような人々に対して主はこう述べる。〈あなたがたの父がそうであるように、完全な者となれ〉（マタ五・四八）。このような者において肉は死し、ただ主のみが生きる。墓場は聖化され、主にあって聖なる神殿となり、いにしえの罪深き霊魂は神に向かうものとされる。**一三八** [1] この人間は、もはや克己者ではなく、むしろ不受動性の習慣のうちにあり、一貫して神的な相貌を帯びている。[2] 彼は言う、「もしあなたが施しをなすのであれば、誰にも知られないようにせよ。もしあなたが断食をするのであれば、頭に油を塗るがよい。それはただ神だけがそれを知り、人は一人としてそれを知らないようにするためである」。あるいはむしろ、憐れみをかける者本人ですら、自らが憐れみをかけているということを知るべきではない。というのもそのような仕方であれば、あるときは憐れみ深いが、またあるときはそうではないということになるだろう。[3] だがもし彼が、施しを習慣のうちに為すようになれば、善の本性そのものを模倣することになるだろう。そして状態というものは、本性さらには鍛錬と化すであろう。4けれども高められたものは移し変えてはならず、進み行く者は目的地まで到達せねばならない。いかに細い道であっても、あらゆる小道を通らねばならないのである。というのもこれこそ、父によって引き寄せられるということであり、神からの恵みの力を獲得するに値し、妨げなく走りぬくということなのである。5たとえ誰かが、選び抜かれた人を憎もうとも、この人は彼らの無知を知っている。その際に彼らが考えに関して無学であることを憐れむ。一三九1したがって、似つかわしくもこの覚知は、無知なる者どもにも愛を向け、彼らに対して、全能である神のすべての被造物を尊ぶように教え諭す。2もし彼が神を愛することを学んだなら、徳を、白昼夢とも夢とも何か幻影であるとも考えず、決して打ち棄てられるべきものとはしないだろう。徳自らの習慣性は、習慣であることから脱落したりすることは決してない。たとえ覚知が、習慣であれ状態であれ、いかように呼ばれようとも。3というのも、様々な想念が、変化を被らないままで霊魂の主導的部分のうちに入り込むことがなければ、その人間は、日中の運動から生じる幻影を夢見たまま、幻影の変質をも受け入れることがないだろうからである。4それゆえ、主は目覚めているようにと勧告する（マタ二四・四二）。それはわれわれの夢が、霊魂を情動で動かすことのないようにするためであり、むしろ昼の間に充分に発揮された生き方を、夜の間にも浄らかで染みのないものに守るよう命じるからである。5これこのような、力の限り神に似ることとは、理性を、それ自体に従ったあり方のうちに守ることである。5これこそ理性の、理性としてのあり方（schesis）であり、多様な状態は、質料的なものへの執着によって生じるものである。一四〇1わたしには、夜が「善き時間」（euphronē）と呼ばれるのはこの故であろうと思われる。というのもこの時間帯に霊魂は諸感覚から閉ざされ、自らに向かい、いっそう賢慮を分かち持つようになるからである。2このために、秘儀の儀礼もとりわけ夜に行われるが、これは夜間における霊魂の肉体からの離去を意味するものであろう。3〈われわれは、他の人々のように眠っていないで、目覚めて身を慎んでいよう。

眠る者は夜間に眠り、酩酊に陥る者は夜間に酩酊に陥る。だがわれわれは昼に属しているのだから、身を慎んでいよう。信仰と愛の武具、それに救いの希望という兜を身に付けて〉（Ⅰテサ五・六－八）。**四一** [1] 眠りについて語られている限りの事どもは、同じく死についても当てはまると取るべきである。というのもこれらの双方とも、霊魂の離脱を明らかにするからである。一つはより多く、もう一つはより少なくであるが。このことはヘラクレイトスの言葉から理解することができる。[2]「人間は夜のうちに光を捉えて自らに死し、視覚を失う。つまり生きながらにして、眠りのうちに死者に触れ、視覚を失うのである。目覚めるときに眠れる者に触れる」（ヘラクレイトス、断片二六、ディールス・クランツ編）。[3] というのも、使徒によれば〈好機を見る者は幸いである〉（以下、ロマ一三・一一以下）。〈なぜならあなたがたはもう眠りから目覚めるべき時だからである。いまやわれわれの救いは、われわれが信仰に入った頃よりも近づいている。夜は遠ざかり、昼は近づいた。だから、闇の行いを棄て、光の武具を身に付けよう〉。[4] 使徒は、昼という表現でもって子また光を比喩的に表している。一方光の武具という言い回しで、福音の教えを暗に意味している。このように身を洗うことで、浄らかかつ輝ける身となり、聖職と祈りに赴かねばならないとされる。**四二** [1] そしてこのように、外面を飾り浄めるということは、象徴性のために行われることであって、「浄らかさとは、敬虔なる事柄を考えることだ」と言われる。そして洗礼の象りも、モーセから詩人たちに、次のように伝えられたのであろう。

[2] 「水浴びを終えると、肌に浄らかな衣をまとって」

（ホメロス『オデュッセイア』四・七五〇）

ペネロペイアは祈りに赴く。一方テレマコスは、

「灰色の海の水で両の手を洗い、アテネに祈りを捧げた」。

（ホメロス『オデュッセイア』二・二六一）

3 ユダヤ人の習慣としては、しばしば寝台の上で洗礼を受けることがよく行われている。このことは、次の歌によく歌われている。

「洗いによってではなく、むしろ想いにおいて浄らかであると知れ」。

4 というのも思うに、浄らかさがまったきものとなるのは、理性・行い・考えの浄らかさが備わったときであって、言葉に関しては、夢の中での罪のなさが、純粋さとまったきあり方につながるのである。

一四三 1 さて思うに、人間にとっての浄めとしては、正確にして確固たる回心で充分であると考える。いやしくも自らに関して、それまでに行った行為に則って省察し、先に進むのであれば。その後考えを致して理性を、感覚的な嗜好や以前の過ちから解き放つのである。2 そしてもし、知識の源を探ることが不可欠で、一旦静止してその知識に対し、いったい何のためにわれわれの霊魂を諸問題に関わらせているのか、と反駁を加えてみることが必要であれば、その時々に応じて以前のあり方に立ち戻ることができる。3 ちょうど同じように、信仰に照らしても、存在者をめぐるわれわれの霊魂のあり方の根源を探ることが不可欠である。4 然るにわれわれは、常にまたすべてにおいて義なる方を学び取ることを切望する。この方は律法に照らして懲罰を加

えるのではなく、罪を犯した人々に対して攻撃を加えず、弾劾を行う者どもの悪を憎む心を嘉することもない。また不正を被った人々の危難を、義なる者として超然と高みから傍観する方でもない。5というのもこのようなやり方で、何か不正を働くことから身を遠ざける人は、自ら進んで善良な人というのではなく、恐れから善人ぶっているだけなのであるから。6実にエピクロスは、それ自体としての賢者は、何か利得に基づいて不正を働くと言うことを望まない人であると述べている（エピクロス、断片五八二）。なぜなら目につかない事柄に関して証言をかちえるのは不可能だと言うのである。したがって、知らなかったと言って納得するようであれば、それは自ら進んで不正を働いたことになる。一四1そしてこのような事柄は、闇に満ちた教説である。だがもし、義なる人々に神より与えられる返報への希望から、人が不正を働くことから離れるとしても、この人が本性的に善人であるということにはならないであろう。なぜなら先の人を義としているのが恐れであったのと同様に、この人を義としているのは、否むしろこの人が義なる人であると見えるようにしているのは報償だからである。2しかるに死後の希望に関しては、異邦人の智慧を追究した人々ばかりでなく、ピュタゴラス派の人々もまた、善人にとっては美しきものだが悪人にとっては逆であるということを知っていた。というのもかの人々もまた、哲学者たちにとって、希望こそ究極の目的であるということを仄めかしているからである。それは実に、ソクラテスが『ファイドン』篇の中で、「善き希望とともに」（プラトン『ファイドン』六七C）美しき霊魂はこの世を去る、と言う一方、それとは逆に、それに悪しき人々の霊魂を対置させ批判して「悪しき者どもの霊魂は悪しき希望とともに生きる」と言っていることから明らかである。3彼に対してはヘラクレイトスも同意しているように思われるが、それは彼が人間について次のように議論している箇所である。「希望も期待もしなければ、人間は死したものに留まる」（ヘラクレイトス、断片二七、ディールス・クランツ編）。

一四五 1 かくしてパウロはローマ人たちに宛てて神的にこう命じる。〈苦難は忍耐を産み出し、忍耐は練達を、練達は希望を産み、希望は決して欺かない〉（ロマ五・三―五）。というのも忍耐は、将来への希望によるからである。しかるに希望とは、希望の返還・回復ということと同義である。希望は〈決して欺かない〉ばかりか、決して難詰しない。2 一方、ただ一度の召命により呼ばれるや随順する者は、恐怖も快楽も伴わずに覚知に至る。なぜなら彼は、何か外的な利得が伴うのかとか、享受がありうるのかといった詮索はせず、真なる存在である愛する方への愛によって引き寄せられ、然るべく導かれて敬神に至るからである。一四六 1 それゆえ仮定として、禁じられている事柄を罰せられぬままに実行する権限を神から得たとしてもそれは無理、さらには報酬として幸いなる者たちの財を受け、その人々への約束を重ねて受けるとしてもそれは無理であって、むしろ、神が行っていることであるのに神に知られることなくできる、あるいは正しき道理に反して、およそ何かを行おうと欲し（それは不可能であるが）、真に美しく、自らの故に選ばれるべき方、それゆえに愛される方を、ただ選択するというあり方だけが残されているのである。

「というのも腹の食物のうちには、
有益なものは何もないのだ」
（エウリピデス『嘆願する女たち』八六五以下）

とわれわれは受け取っている。2 しかるに使徒は〈食物がわれわれを神の許に導くのではない〉（Ⅰコリ八・八）と聞いている。婚姻もまた然りである。ただ無知ゆえに婚姻を回避するのもまた然りであり、ただ神の許に導くのは、徳にしたがった覚知の業である。なぜなら犬は理性を伴わない動物であるが、棍棒を取り上げた人を恐れ、それ故その人の出す餌を恐れるという理由で、克己心のある動物と言われるのは相応しいからである。3だが犬どもとて、為されていた前提が取り除かれ、差し掛かっていた恐怖が除去され、差し迫る危難が排除されたならば、差し出されたものをよく吟味するものだということをよく知る必要がある。

第一二三章

いかなる理由の故に、完徳の人は、感覚にとって快き事どもをできるかぎり避け、よりすぐれた事柄をめざすべきであるか

一四七 1さて、われわれの用途のために創造されたすべての事物は美しい、と真に覚知をもって受け取ることが、この問題の本性そのものに適わしいというわけではない。それはたとえば、婚姻であるとか、節度を伴った子作りであるとかを考えてみればよい。むしろ、神に向かう似像性のゆえに情動を越え徳を備えることこそが、美に優ることなのである。2しかるに、外面的に有用なもの、あるいは有用でないものに遭遇した場合、そのあるものは遠ざけられるが、あるものはそうではない。だがそればかりではなく、遠ざける事物に関しても、それらが嫌悪を与えるものだと映ったならば、創造や創造者を排斥する者がある。それはたとえ、敬虔に回心したように思える者にあっても、不敬な判断を下す場合である。3ところで〈欲情を抱いてはならない〉（出二〇・一七）という事は、恐怖ゆえの必然性から要求されるのではない。快楽のうちで強いられる事柄から遠ざかることが必要なのであって、衝動を撃退することは、約束を通じて説得する報償に属するものではないのである。4約束を通じて神に従う人々は、律法によってではなく約束を通じて従順を選択するのであるが、その際快楽の罠に絡め取られてしまうのである。一四八 1その際、感覚される事物の離反は、思惟される事物に

対する親近性というものを、経綸にしたがって形成することはない。逆に思惟される事物に対する親近性が、本性的に、覚知者にあって、感覚される事物からの転回となり、美を選び取ることになる。その際彼は覚知をもって善を選択し、誕生に賛嘆するとともに創造者を聖なる者とし、神に対する似姿性を聖なるものとするのである。2「だがわたしは」、欲情から「自らを解放する」（ホメロス『イリアス』一〇・三七八）と言われる。それは、主よ、あなたに対する親近性の故である。なぜなら創造に関わる経綸は美しきものであり、すべては善く管轄されていて、全能者よ、何事も原因なしに成立してはおらず、わたしもあなたによる被造物にうちに含まれてしかるべきである。たとえこの世にあっても、わたしはあなたの傍らにある。わたしは自分が恐れなくあることを欲する。それはわたしが、あなたに近づくことができるためである。そしてわずかなもので満足し、似たものからの、善きものの正しきあなたの選択に思いを馳せるためである。**一四九** 1 使徒は、いとも神秘的かついとも敬虔なるかたちでわれわれに対し、真に感謝すべき選びについて教えている。それは、他のものを悪しきものとして排斥するやり方ではなく、美しきものどもの中で、さらにより美しきものを作ることを告げるあり方である。使徒の弁はこうである。2〈相手の娘と結婚する人は美しきやり方を取るわけだが、結婚しない者はさらに優れたやり方を取るのである。それは、主のことを煩いなく品位ある形で常に待つためである〉（Ｉコリ七・三八、七・三五）。3 われわれは、獲得の難しいものは必須のものではないが、必須のものは獲得が容易であるということを、善を愛する神からの賜物として知っている。4 それゆえにデモクリトスも、相応しくも次のように述べている。「本性と教えとは隣り合わせ」（デモクリトス、断片三三、ディールス・クランツ編）。そしてその理由について、彼は簡潔に提示している。「教えは、人間を善き調和の取れたものに再形成する。それは本性がその調和を取る働きをするからである」。つまり彼によれば、本性的に斯く斯くしかじかに形成されているということと、時間とともにあるいは学びを通してこう再形成されたということとは、何ら違いはない、というのである。5むしろその両者とも主が提供する事柄であり、一方は創造の際の事柄、もう一方は掟に従っての再創造と刷新なのである。6ただしこのうちで、より肝心な事柄に寄与する事柄をより選択すべきであり、思惟こそすべての中でもっとも肝要なものである。7したがって真に美しきものが最も快あるものと思われるのであれば、そこから望まれる実りが提供されるはずであり、それは霊魂の善き状況ということである。8聖書にはこう語られている。〈わたしの声を聞く者は、平安に信を置き休らうであろう。そしてあらゆる悪から離れて恐れなく安心を得るであろう〉（箴一・三三）。〈見よ、あなたの心のすべてにおいて、あなたの思いのすべてにおいて、神に信頼せよ〉（箴三・五）。このあり方によれば、すでに覚知者が神となることが可能である。〈わたしは言う。あなたがたは神々であり、いと高き方の子らである〉（詩八一・六）。**一五〇** 1かのエンペドクレスもまた、賢者の霊魂は神々となるということを主張し、およそ次のように書き記している。

「結局彼らは、預言者、詩人、医師、
そして地上の人間を指揮する人々となる。
彼らから、敬意において最上の神々が芽吹く」。
（エンペドクレス、断片一四六、ディールス・クランツ編）

2かくして人間は端的に、本性を同じくする霊の範型に倣って形成される。というのも人間は、本性の工房において範型なく形作られるのでも、かたちなく形成されるのでもないからである。ここから人間の誕生は神秘的に完遂される。その技術と実体は共通であるが、「ある人」という形では、霊魂に内在する範例に倣い、どのような人へと選び取られるかにしたがって特徴づけられるからである。3 そのようなわけで、われわれはアダムのことを、その形成に際しては完全な者として創られたと言う。なぜなら特徴づける要因のうちの何一つとして、彼には人間のイデアや形状が欠けてはいなかったからである。4 しかるに完成が行われる際に彼が取り込んだ事柄が、従順によって義化され、これが彼のうちにあるものを成就させる役割を果たした。彼はその端緒に関して選び取り、さらには禁じられているものを選び取ったのであるから、神にその責はない。誕生は二重だったのである。［五一］1 そして彼らが言うには、人間は情動のうちにあるのだから、その人間の勇気というものは、その本質のゆえに、その勇気に与かる人を、恐怖を知らず打ち負かされることのない者とする。そして憤怒が、忍耐と堪忍、その他同様のもののうちに、理性の護衛役となる。また欲求の上に、節制と救いの賢慮が配される。しかるに神は情動を知らず、怒りを知らず、欲求に駆られることもない。2 そして危険を回避しないという意味において大胆であるわけではなく、欲求に打ち勝つという意味で賢慮に溢れるというわけでもない。というのも、神の本性はいかなる危険にも陥り得ないし、神は怯惰を避けることもしない。それはちょうど、誰も、欲情に打ち勝つために欲求するということがないのと同様である。3 かくして神秘的な意味において、ピュタゴラス派の格言「人間も、一人にならなければならない」は、われわれに関しても当てはまる。なぜなら万物の創始者その方は一者、善なるものどもは、その習性において常に駆けて（thein）いなければならないという不変のあり方により、神（theos）は一者だからである。[14] ［五二］1 実際救い主は、欲情とともに怒りをも滅ぼしてしまった。怒りとは、処罰に対する欲情だからである。というのも総じて、情動に関わる事どもというのは、欲情のあらゆる種類に関して、互いに生まれを同じくするからである。しかるに無情動に向けて駆ける人は、汚されることなく唯一者となって行く。2 それはしたがって、ちょうど海にいて碇に引き留められている人々が、碇を引き離そうとしても、それを自らの許に手繰り寄せることができないばかりか、むしろその碇のほうへと引き寄せられてしまうのに似ている。それと同じように、覚知の生活を送る者たちが、神を引き寄せようとして知らず知らずのうちに、神の方へと引き寄せられることになる。というのも、神に奉仕する者は、自らにも奉仕しているからである。3したがって、もし人が観想的生活において自らに気遣い、神を崇拝しようとすれば、その自らの熱意ある浄めを通して聖なる神を聖なるかたちで見ることになる。賢慮は、すくなくともその存在するうちは、間断なく自らを見守り観想することにより、可能な限り、神に似るからである。[15]

第二四章
神によって課せられた処罰の理由と目的について

一五三 1さて、われわれの能力の範囲内にあるものは、われわれがその主導権を握りうること、およびその逆のことすべてである。たとえば哲学すること・しないこと、あるいは信ずること・信じないことがそうである。その結果、われわれは二つの対立する行為の各々に関して等しく自由意志を持つことになり、われわれに懸かっている選択が力を有するということになる。2とりわけ律法に関して、われわれによって実行されうるのかそうでないのかということは、それによって賞賛と叱責のどちらが伴うかという結果を伴う。つまり、それによって過ちが生じた場合、処罰される人はその過ちだけのために処罰されるということになる。なぜならそれによって過ちが生じた場合、処罰される人はその過ちだけのために処罰されるということになる。なぜなら実現してしまった事柄は、すでに過ぎ去っており、すでに生起した事柄として、起こっていない事柄には後戻りできないからである。3というわけで、信仰を抱く前に犯した罪は、主によって、犯されることがないようにという目的で赦されるのではなく、すでに犯されてしまったが、あたかも犯されていないかのように赦されるのである。4ただ、バシレイデスによれば、そのすべてが赦されるわけではなく、ただ不随意的に、かつ無知により犯してしまった罪だけが赦されるという。これでは、これほどまでに大きな恵みを提供するのが人間であって神ではないと言うかのようである。この男に対して聖書は述べている。〈不法者よ、わたしがお前に似た人間だとでも思うのか〉（詩四九・二一）。5だがもし、随意的な罪に関してまでもわれわれが処罰されるとすれば、犯されたものが犯されなかったことになるようにではなく、それらが犯されたという理由によりわれわれは罰せられるのである。6しかるに処罰と言うものは、罪を犯した者にとって、すでに為されてしまったものに関しては益することがなく、もう二度と罪を犯さないために、そして他の誰も、同様の罪に陥らないようにするために有効なのである。一五四 1したがってこの点で善き神は、次の三つの端緒を通して教育をする。まずは教育される者自身が、その彼自身よりも優れた者となるためである。ついで範例によって救われうる人々が、勧告を受けることで動じなくなるためである。そして三番目には、不正を犯された者が、軽蔑されることのないように、また不正を働かれることに慣れてしまわないようにするためである。2ところで矯正の方法としては二通りがある。まず一つは教育であり、もう一つは懲らしめであるが、われわれは後者を教育的であるとも言っている。3さて、浄めの後に罪に陥った者どもが、教育を受けた者であるということを確認せねばならない。というのもかつて働いていた力が削がれ、加わっていたものが取り去られたのであるから。4不信なる者どもについては、〈彼らは籾殻のように見なされる。風は地の表から奪い去り、彼らは壺からしたたるしずくのようなものなのだから〉（詩一・四、イザ四〇・一五）と語られている。

第二五章

真の完徳は、神の認識と神への愛のうちに存すること

一五五 [1]

「誰であれ、歴史の学びを有する者は幸い、
市民たちを災いへと導かず、また不正な行為へと駆り立てず、
古びることのない不死なる本性の秩序に目を注ぎ、〔それが〕
どのようにして、またどのような形で成り立っているのかを
知る者は幸い。そのような人々には、
恥ずべき業の実践が近づくことは決してない」。

（エウリピデス、典拠不詳断片九一〇）

[2]したがって、プラトンが、イデアを観想する者は、人間の中で神として生きるであろうと述べているのも相応しいことである（プラトン『ソフィスト』参照）。理性とはイデアの場であるし、理性こそ神である。目に見えない神を観想する者は、人間の中に生きる神であるとプラトンは言う。[3]すなわち『ソフィスト』の中で、異邦のエレア人で弁証家の男を、ソクラテスは「神」と名づけている。いわば彼らは、諸国の町々に出没する「異国の客人たちにも似た」（ホメロス『オデュッセイア』一七・四八五）神々であるというのである。

4 というのも霊魂が誕生へと逃れ、自ら単独でであれイデアと共にであれ、ちょうど『テアイテトス』篇における合唱首席歌手のごとくに（プラトン『テアイテトス』一七三C）、ちょうどもうキリストと共なる天使の如くになって、観想に生きる者となれば、常に神の意志を目にし、真に「彼一人智者であり、他の者どもは影のごとくに漂うのみ」（ホメロス『オデュッセイア』一〇・四九五）ということになるだろう。なぜなら、自分の亡骸を葬るのは死者（マタ八・二二）だからである。5 ここからエレミヤはこう述べている。〈わたしは大地を、大地より生まれた死者たちで満たそう。わが怒りが彼らを撃った〉（エレ三三・五）。**一五六** 1 というわけで、立証を受け付けない方である神は、われわれが知り尽くすことのできない方である。ところが子は、智慧・知識・真理であり、その他これと同質の事柄すべてである。それゆえ実証と記述を受け入れる。しかるに霊のすべての力は、究極的には一なる同一のものに収斂する。それは子である。もっとも子のもつ力の内包に関しては、規定しえない。2 ただ一なるものが一なるものであるのは訳のないことではなく、また子は部分として多者であるということでもない。むしろすべてであるがゆえに一なのである。そこから全体でもある。というのも子は、一なるものに向けて引き寄せられ一化するすべての力の循環だからである（プロティノス『エンネアデス』五・一・七）。**一五七** 1 それゆえに御言葉は〈アルファでありオメガである〉（黙一・八、二一・六、二二・一三）と語られる。すなわち、終わりは御言葉においてのみ始まりとなり、天上界における始まりに向けて再度終わりを迎える。それは決して途絶えることがない。2 それゆえこの御言葉に向け、この御言葉を通じて唯一なるものが生成すると信ずることができる。この唯一なるものは、散乱することなくこの御言葉のうちに一化されているが、この御言葉に信を置かないことは、ここから乖離し切り離され分断されることを意味する。3 〈それゆえに、主はこう語る。「心に割礼を受けず、身に割礼を受けていない異邦の子はすべて」、すなわち肉と霊において浄らかでない者はみな、「イスラエルの家の中にいる外国人はみな、すなわちレビ族を除いて、聖所に入ってはならない」〉(エゼ四四・九以下)。預言者がここで述べている「外国人」とは、信じようとせず、信じないことを望む人々のことである。**一五八** 1 したがって、ただ浄らかに生ける者たちのみが、神の真なる祭司なのであり、割礼を受けたすべての種族よりもむしろ、大祭司や王、預言者たちのために塗油をおこなう種族の方が、より聖性に満ちていると考えられた。2 ここから彼らに対しては、亡骸に触れたり、死者のいる家に入ったりすることが禁じられた。それはその死体が穢れているためではなく、罪や不従順が、肉的なもの・肉体のうちにあるもの、したがって死したもの・忌むべきものと考えられたためである。3 祭司はただ、父、母、息子、娘が亡くなった場合にのみ、その許に赴くことが許された。それは彼らが、単に肉と種における親族であって、祭司もまた、生命に関わる伝承の連続的原因を彼らから受け取っているためである。4 この祭司たちは、七日間の期間でもって浄められるが(エゼ四四・二六)、それは創世が完成する期間に等しい。なぜなら安らいは七日目に尊ばれ、八日目に祭司は贖罪の品をもって聖所に入るからであり(エゼ四四・二五)、これはエゼキエルが書き記しているとおりである。このエゼキエルによれば、こうして贖いが得られると告げられている。**一五九** 1 思うに完全なる浄めとは、律法と預言者たちを通じて福音に至る信仰のことである。しかるに償いとは、完全なる従順を通じての浄らかさが、世俗的な事どもの滅却をも伴い、霊魂の解放を通じて肉体を感謝のうちに返納するに至ることを意味する。2 これは、時間というものが、数えられる七つの周期を通って最果ての安らいにまで復元されるものであれ、あるいはある人々が登攀によって数えた七つの天を指すものであれ(IIコリ一二・二)、はたまた思惟界によってその数を増し、惑いのない域が「オグドアス」(第八界)と呼ばれるのであれ、使徒が、覚知者とは誕生と罪とを脱しなければならないと述べているのでない限り、当てはまる。3 実に七日の間、献納物は罪のために奉納されるが、それは敬神の信心というものが、なお回心と、七日ごとの循環に関わるからである。

一六〇 [1] 一方義人のヨブは、〈自ら〉こう述べている。〈わたしは裸で母の胎を出た。裸で再びそこへ帰ろう〉（ヨブ一・二一）。これは彼が、財産に関して何も有することなくという意味ではない（それはごくわずかな、しかも一般的なものであった）。むしろ、義人に相応しく、悪や罪、さらには不正な生き方をする者どもに従う実体のない偶像などとは無縁でという意味である。[2] なぜなら次のように語られているからである。〈あなたがたは、もし回心して子供のようにならなければ〉（マタ一八・三）。これはすなわち肉体に関しては浄らかで、霊魂においては、諸悪を離れることによって聖なる者となるという意味であって、われわれが、言わば母の胎水から生まれ落ちた子供のような者となることを神が望んでいる、ということを明らかにしているのである。[3] 誕生は誕生を受け継ぎつつ、さらに進捗して不死なるものになることを望む。しかるに〈不敬なる者どもの灯火は消し去られる〉（ヨブ二一・一七）。一六一 [1] 実に、肉体に関しておよび霊魂に関しての貞節さは、覚知者が追求するものであるが、かの智慧に満ちたモーセが、相応しくも「繰り返し法」を用いてこう告げている。つまり肉体と霊魂との非腐敗性をリベカをめぐって次のように記しているのである。〈処女は美しい、（彼女は処女であった、）男が彼女を知ったことはなかった〉（創二四・一六）。[2] ここで、リベカとは「神の栄光」と解される。神の栄光とは不腐敗性である。真なる正義は、まさに不腐敗的であり、他の者の物に対して貪欲を向けたりせず、その全体が主の神殿として聖とされているのである。かくして正義とは生の平和と静穏さであり、これに向けて主はこう述べ遣わしている。〈平和のうちに行きなさい〉（マコ五・三四）。[3] しかるにサレムは平和と解され、われわれの救い主はその〈王〉と称される。この王については、モーセが〈平和の王、いと高き神の祭司、メルキセデク〉（創一四・一八）と述べている。彼はブドウ酒とパンを、聖化された食物として献げ、これを恩寵の祭典（eucharistia）の予型とした。〈メルキセデク〉とは〈義なる王〉と解されるため、彼は〈正義と平和〉の調和体（symphōnia）である。一六二 [1] しかるにバシレイデスは正義と、その娘としての平和を仮定し、それらが「オグドアス」（八帯）のうちに配され留まっていると考えている。[2]しかしながら、自然学により近い部分から、より明晰な倫理学の問題へと移行せねばならない。というのも、倫理学に関わる問題は、われわれがより手近に有している問題の取り扱いの後に続くべきものだからである。[3]そこで救い主自らが、奇を衒うことなく、悲劇を通じてわれわれを神秘へと導いている。

「彼は、傍観する者たちを見て、秘儀を授ける」。（エウリピデス『バッカイ』四七〇）

そして、こう自問する。

「秘儀とは何か。あなたによれば、それはどんな姿をしているのか」。（同四七一）

新たに次のように答えがある。

「口外できません。儀礼を受けていない者に、それを見ることはできません」。（同四七二）

[4]もし誰か、それがどんなものであるのか、さらに問い質す者があれば、改めて次のように耳にするがよか

ろう。

「あなたにはそれを耳にすることは許されていません。一見する価値のあるものですが。
神の秘儀は、不敬を働く者を嫌悪するのです」。

（同四七四、四七六）

5 神とは、始まりのない方であり、万物の完全な始まりであり、創造的な始まりである。したがってこの方は、実体である限りにおいて、自然的な学（トポス）の始まりでもある。またこの方は、善である限りにおいて、倫理性の始まりでもある。理性である限りにおいて、論理的また裁きの学の始まりでもある。そこから、教師である方というのはただロゴスのみ、この方は至高にして聖なる父の子であって、人間の教育者である(16)。

第二六章

真の完徳者は、いかにして肉体と世の事物を用いるべきであるか

一六三 1 したがって、人間の形成を侮蔑し身体を悪し様に言う者どもは、まったくロゴスに適っていない。彼らは人間の構造を正しく見ていない。その構造は直立したものになっているが、それは天に眼差しを注ぐことができるようにそうなっているのであり、また感覚器官の作りが覚知に伸びるためにそうなっているのである。手足と四肢は美を志向するものであって、快楽に調和する目的で作られているのではない。2 ここからこの住まいが、神に最も尊ばれる霊魂に属し、また霊魂と肉体の聖化によって、聖霊に適うものとなるであるこ

とが示されることになる。救い主の贖いによって、その聖化が完遂されたのである。3 そして実に、人間に関
して、三つの徳の相互経綸により、人間が、倫理学的・自然学的・論理学的に神的な事どもを探究する覚知的
存在であるということが明らかになる。4 まず智慧は、神的ならびに人間的な事どもの知識であり、正義は霊
魂の諸部分の調和であり、敬虔さは神に仕えることである。5 だがもし誰かが、肉は排斥され、さらには肉を
通じて誕生もまた排斥されると言うとしよう。その際の典拠は次のように語るイザヤであろう。〈肉たる者は
みな、草に等しい。人間の栄光とはみな、草花のようなもの。草は枯れ、花は萎れる。しかし主の言葉は永遠
に留まる〉（イザ四〇・六―八）。ならば、この問題に関し、霊がエレミヤを通じて述べているのを聞くがよ
い。**一六四** 1 それは〈わたしは彼らを散らす。荒れ野の風に吹き飛ばされる籾殻のように。これがお前の運命、
わたしが定めたお前の分である、と主は言われる。お前がわたしを忘れ、虚しいものにより頼んだからだ。わ
たし自身がお前の着物の裾を顔まで上げ、お前の恥は顕わになった。お前の姦淫と、お前の淫行だ〉（エレ一
三・二四―二七）以下の部分である。2 というのもここで〈草花〉とは、使徒が述べるところの〈肉にしたが
って歩み〉（Ⅱコリ一〇・二）、〈肉的であり〉（Ⅰコリ三・三）、罪のうちにある者どもの意味であるから。3
霊魂は、人間のうちでより優れた部分であると一致して解される。一方肉体はより劣った部分であるものの、
本性的に霊魂が善であるわけではなく、また肉体が本性的に悪であるわけでもなく、存在せぬものが善である
わけでもない。ただそれはまさしく悪である。4 というのも中庸とでも言うべきものがあり、その中庸の中で
も先立つもの・後回しになるものが存在する。5 したがって、感覚器官のうちになる人間の形成は、さまざま
なものから成るのが必然なのであるが、相異なったものから成るのではない。それが肉体と霊魂なのである。
一六五 1 しかして常に、善き行為は、より力ある霊的存在に対して、より優れたかたちで付随するが、快楽を愛
し罪深い行為は、より劣った罪深き霊的存在に付着する。2 したがって知者そして覚知者の霊魂は、いわば身

体から異化されたかたちで、身体に対して荘厳にかつ畏敬をもったかたちで相伴い、それは執着をともなったものではない。そして離脱のときが招いたならば、もはや可能な限りにおいて早急に、幕屋たる身体をあとにするのである。3 聖書は述べている。〈わたしは地上における客人、そしてあなたがたと共なる居留者〉(詩三八・一三)。そしてここからバシレイデスは、この世の選びを「他者的」であると語る端緒を得た。彼によれば、それは本性的にこの世を越えるものだというのである。4 だがそうではない。というのも万物は一なる神の手になるものであり、誰一人として本性的にこの世と異縁な者はいないからである。それは一なる実体による、一なる神のものなのである。ただ選ばれた者は異邦人として、すべてが獲得されまた手放されるべきものと考えてこの世を生きるのである。

一六六 1 さて、彼はペリパトス派の人々が主張する三種類の善(アリストテレス『ニコマコス倫理学』一〇九八b一二など参照)を、すべて活用するが、そればかりでなく身体をも用いる。それはちょうど、長旅をしてきた人が、宿や途上で見つけた避難所を使うのと同様である。彼はこの世を気遣い、場所として相応しくしようとするものの、その住まいや財産から離れるときには、その使用に関しても情動のないように努める。すなわちむしろ、この生命から取り去る方に喜んで従う。すなわち、いかなる理由によっても後ろを振り返ることなく、滞在したことを感謝するとともに退去することを称え、天にある住まいに挨拶するのである。2 〈われわれの地上の住まいである幕屋が滅びようとも、神によって建物が備えられていることをわれわれは知っている。人の手で作られたものではない天にある永遠の住処である。われわれは、天から与えられる住処を上に着たいと切に願って、この地上の幕屋にあって苦しみ悶えている。それを脱いでも、われわれは裸のままではいない。なぜならわれわれは、目に見えるものにはよらず、信仰によって歩んでいるからである〉(Ⅱコリ五・一―三、五・七)と使徒は述べる。3 〈むしろわれわれは、身体を離れ、神の許に住みたいと望んでいる〉

(Ⅱコリ五・八)。「むしろ」という語彙は比較の際に用いられるものであるが、比較とは、類似性のうちにある者どうしについて行われるものである。たとえば、勇敢な人々よりもさらに勇敢な者は「より勇敢な者」と呼ばれる。ところが怯惰な者どもに対しては「極めて勇敢な」と表現されるのである。**一六七** 1 そこから、彼はこう付言する。〈それゆえわれわれは、体を離れていようと、体を住みかとしていようと、彼に喜ばれる者であることを誉れとしている〉(Ⅱコリ五・九)。この彼とは言うまでもなく、一なる神である。万物すなわち世界と世界を超えたところのものは、この神の業であり創造物である。2 わたしは、次のように明確に述べているエピカルモスが好きである。

「心において敬虔に生まれついていれば、たとえ死んでも、
何ら災いを被ることはなかろう。上界すなわち天にあっても、
霊が留まっているのだから」。

(エピカルモス、断片二二、ディールス・クランツ編)

3 また次のように歌う抒情詩人も好みである。

「不敬なる者どもの霊魂は、天より低く、地上をさまよい巡る。
殺戮的な苦しみの中で、避けがたい災いの連鎖によって。
しかるに敬虔なる者たちは天上界に羽ばたく。
妙なる調べに大いなる幸いを讃歌で歌い上げながら」。

（ピンダロス、断片一三二、シュレーダー編）

4 霊魂は決して、天から地上へと劣ったかたちで遣わされるのではない。なぜなら神は、すべてを選りすぐれた方向へと為し遂げるのだから。むしろ霊魂は、最善の生を神から選び取り、大地と天の間で正義を交換したのである。

一六八 1 さて、覚知の的を射抜いた人としてヨブを挙げるのが適当であろう。彼は言う。〈いまやわたしは、あなたが万能の方であるということを理解した。あなたには、不可能なことは何もない。いったい誰がわたしに、主の知らぬ事柄を告げるだろうか。わたしの知らない事柄の大きさ・驚くべきことと言ったら。ところがわたしは自分を卑下し、自分は土また塵に過ぎないと考えている〉（ヨブ四二・二以下、四二・六）。2 というのも無知のうちにある者は、罪に陥っていて土また塵だからである。しかるに覚知のうちに置かれるとき、人は可能な限り神に似た者とされ、すでに霊的であり、それゆえに選び抜かれた人となっている。3 これに対して聖書は、思慮に欠けた者ども・不従順な者どもを「大地」と呼んでいる。預言者エレミヤがこのことを明らかにしてくれるであろう。彼はヨアキムとその兄弟に対してこう述べている。〈大地よ、大地よ。主の言葉を聴け。この男のことを「打ち棄てられた人間」と記せ〉（エレ二二・二九以下）。**一六九** 1 また別の預言者はこう述べている。〈天よ聞け、大地よ、耳を傾けよ〉（イザ一・二）。ここで預言者は、理解のことを聴覚と解している。そして覚知者の霊魂を「天」としている。この霊魂とは、天上と神的な事柄の観想をおのが任とし、それゆえにイスラエル人のものとなった霊魂である。2 というのも預言者は再び、無学と心の頑なさを選び取った者を「大地」と呼ぶ。さらに彼は「耳を傾けよ」と言うが、これは、聴覚器官としての耳にことかけてこう呼んだものである。こうして肉的な事柄を、彼は諸感覚器官に専念する人々に帰している。3 これらの人々こそ、預言者のミカが次のように述べている人々である。〈あなたがた民は主の言葉を聞くがよい。苦悩のうちに住む者どもよ〉（ミカ一・一以下、一・一二）。4 またアブラハムも〈決して〉、〈主よ、大地を裁かないでください〉と述べる（創一八・二五）。なぜなら〈離反した者は〉、救いの声によって〈すでに裁かれている〉からである。**一七〇** 1『列王記』にも、主の裁きと宣告が次のように行われることが記されている。〈義人たちの願いを神は聞き届けるが、不敬なる者どもは救わない。彼らが神を知ることを望まないためである。全能の神は、不適切な事柄を成就させることがない〉（ヨブ三六・一〇、一二）。2 異端者たちは何故、この言葉に対してさらに叫びを挙げようとするのか。聖書は全能者である神を善き方として告げ、悪や不正の原因は神のうちにはないことを明らかにしているのに。もし万一無知が、認識しないことによって生まれるとしても、神は場違いなことは何ら為さないのではないだろうか。3 聖書にはこう記される。〈この方こそわれらの神、彼を措いて救い主はいない〉（イザ四五・二一）。なぜなら使徒によれば、〈不正は神より来たれるものではない〉（ロマ九・一四）からである。4 預言者はさらに明らかに、神の意図と、覚知による進捗とを次のような言葉によって教えている。〈イスラエルよ、いま主であるあなたの神があなたに求めていることは何か。それはあなたの神である主を恐れ、つねに主の道にしたがって歩み、主を愛し、ただ主のみに仕えることではないのか〉（申一〇・一二）。彼は、あなたに対してこのことを求めているのである。あなたは、救いを選び取る力を持っているのだから。

一七一 1 では一体、ピュタゴラス派の徒が声を出して祈るようにと命じているのは、何を意図してのことなのであろうか。わたしに思われるに、これは、神性というものが、沈黙のうちに語られている事柄については聞き届けることができないと彼らが考えているためではなく、祈りが正しきものとなることを彼らが望んでいるためであろう。これに関しては、良識ある人々の多くは、そのような祈りをなすことを恥とすることのないものである。[2] しかるにわれわれは、祈りに関して、それは然るべきときに、自ずと言葉がほとばしり出るものだと受け取るであろう。行いについてもわれわれは〈あたかも昼に歩き回る者の如くに〉（ロマ一三・一三）、叫びを上げるような業を有するべきである。[3] なぜなら〈あなたの行いを輝かせよ〉（マタ五・一六）。〈見よ、その人だ。その人の行いは彼の眼前にある。なぜなら見よ、神と神の業がそこにあるからだ〉（イザ四〇・一〇、六二・一一、黙二二・一二）。[4] 覚知者にあっては、力の許す限りにおいて神を模倣することが必須である。しかるにわたしには、詩人たちもまた、彼らの許で選ばれた人々は「神にも似る」と呼んでいるように思われる。あるいはその名は「神々しい」「神にもまごう」「知恵において神にも等しい」、あるいは「神々に似た想いを持った」（ホメロス『オデュッセイア』一三・八九）、また「神々にも似た」とされる場合もある[17]。これらは〈（神の）像また似姿として〉（創一・二六）という句を借用したものであろう。【七三】[1] 実に、エウリピデスもこう言っている。

「わたしには、背中には黄金の翼、
それに愛らしいセイレーンのサンダルが似つかわしい。
わたしは高く舞い上がって空中に赴き、
ゼウスと語らいあいましょう」。

（エウリピデス、作品不詳断片九一一）

[2] しかしわたしは、キリストの霊が翼を与え、わたしをわがエルサレムへと飛翔させてくれるように祈る。ストア派の人々は、天とは他でもなく都市であり、この世にあって地上にあるのは、もはや都市ではないと言

う。つまり「都市」と呼ばれてはいるが、そうではないと言うのである。都市とは厳粛なものであり、民とは町に相応しき組織であり法によって支配された多数の人間である。それはちょうど、ロゴスの許なる教会が、包囲されず僭主もいない地上の都市の如く、地上にあってあたかも天国にある神の意向そのものなのと同様である。[3]詩人たちは、この都市の似像を作り、作品に残している。つまりヒュペルボレオイやアリマスペイオイの町々、またエリュシオンの野は義人たちの住む都市である。プラトンの描く都市も、範例として天に置かれているのを、われわれは知っている（プラトン『国家』五九二B）。

アレクサンドリアのクレメンス『ストロマテイス』訳注

古典の引照箇所については、ピーニの伊訳や新しいスペイン語訳などを参照すると、実に細部に至るまでの詳細な考証が行われているのであるが、これを忠実に本書の注に反映させるのは、あまりに紙幅を必要とするために割愛した。

第一巻

1　『ヘルマスの牧者』は、クレメンスのほか、エイレナイオスやオリゲネスといった二世紀後半から三世紀初頭に位置づけられる教父たちが、正典に相当する地位を与えた文書である。この作品は、その全体が黙示文学の筆致をもって記され、五つの「まぼろし」、一二の「いましめ」、一〇の「たとえ」から成る三つの部分によって構成されている。以下本訳では、『ヘルマスの牧者』から引用される場合、この書名を記した後に「幻」「戒」「譬」のいずれの部分であるかを記し、各々の章節番号を付した。『ストロマテイス』残存部の冒頭に当たるこの箇所は、牧者の姿を取った天使からヘルマスが受け取る「第五のまぼろし」の記述のうちに含まれる語句をクレメンスが引用しつつ述べた一節である。

2　コイレー・シリア。シリア南部。ユダヤ民族の住むパレスティナを含む。

3　ローマのクレメンスによる書簡。使徒教父文書の一つ。ローマのクレメンス（一世）は、初代ペトロ、第二代リノス、第三代アナクレトスを継いで第四代のローマ教皇（司教）を務めた人物である（在位八八―九七？）。ローマに生まれ、ペトロおよびパウロに師事し、トラヤヌス帝（在位九八―一一七）の頃に殉教したとされる。いくつかの著作が彼の手に帰せられ、多くはその信憑性に関して疑わしいものの、『第一コリント書簡』は確実にクレメンス自身の手になる。この作品は九六年頃にコリントの教会に宛てて記された書簡であり、旧約・新約聖書を含む五世紀成立のアレクサンドリア写本末尾に「第二クレメンス書簡」とともに収められている。『第一書簡』は、『ストロマテイス』第四巻を中心に、アレクサンドリアのクレメンスによって頻繁に引用されるため、アレクサンドリアのクレメンスはこの書に対し、聖書と同等の権威を置いていたものと思われる。

4 フィロン『予備教育』二〇・三四—三七。フィロンは前二〇—後五〇年頃、アレクサンドリアに生きたユダヤ人哲学者。ユダヤ思想、すなわち旧約聖書の神学をめぐり、プラトンあるいはストア派を基調とするギリシア哲学によって説明し、ストア派による「ロゴス」を、超越的絶対者である神と、被造物である世界とを媒介するものとして立て、キリスト教神学に大きな影響を及ぼした。クレメンスの著作、とくに本編『ストロマテイス』には、随所にフィロンからの引用が認められる。

5 ローマのクレメンスについては、前述注3を参照。

6 タレスが予言した日食は、前五八五年五月二五日のこととされる。

7 古代における占いの一種、腸占術の根拠がここに記されている。

8 この箇所は、キリスト教文献の中でもっとも早く仏教に言及した箇所として知られる。

9 前三〇四年、パタリプトラに派遣される。ニカトルとはセレウコス一世のこと（在位　前三〇五—二八一）。

10 韻律の一種。音節の長さが「長」「短」「短」型のものを言う。

11 この部分は、旧約聖書偽典の『第一エノク書』（六—八）を念頭に置いていると思われる。『聖書外典偽典』四・旧約偽典Ⅱ（教文館、一九七五年）に「エチオピア語エノク書」として知られるものが収録されており、これが『第一エノク書』として伝えられるものである。ユダヤ教の黙示思想が認められるほか、エッセネ派の影響が指摘されている。なお『第二エノク書』は「スラブ語エノク書」として知られるものに等しく、ヘレニズム的性格の強い文書で、古代スラブ語訳によって伝えられる。『聖書外典偽典』三・旧約偽典Ⅰ（教文館、一九七五年）に載る。

12 『一二使徒の教え』（ディダケー）は、一〇〇年ないしそれより少し後に記された、教訓・教会生活規定を内容とする使徒教父文書の一つ。第一部（一—六章）および第二部（七—一六章）に分かれる。引用されている箇所は、ユダヤ教の知恵文学を主の言葉と結合させ、キリスト教の洗礼準備のための訓告文とした部分に含まれる。

13 タティアノスは一二〇年ごろ生まれたシリア人。護教家・殉教者ユスティノス（一〇〇—一六五）の弟子となり、ローマで回心したが、一七二年ごろ東方に戻り「克己派」と呼ばれる禁欲主義セクトの首領となった。総説九11を参照。

14　カッシアノスは、一二〇年ごろ生まれた。護教家・殉教者ユスティノス（一〇〇―一六五）の弟子として知られる。総説九10を参照。

15　以下一〇七・六まで、ほぼこのままの文でエウセビオス『福音の準備』一〇・一二・一―三〇に引用されている。エウセビオスは、二六〇年頃に生まれ、三三九年に没した最初のキリスト教教会史家。パレスティナのカイサリアの司教。古代教会史にとって必須の史料である『教会史』（全一〇巻、三二五年成立）をはじめ、『コンスタンティノス伝』や『年代記』などを著した。

16　アピオンは、一世紀に生きたアレクサンドリアの学者。フラウィウス・ヨセフス（三七―一〇〇）がこのアピオンに対して『アピオンを駁す』を記している。後述注45をも参照。

17　エウセビオスから補う。

18　アルゴスでの月の名。

19　アルゴ号の遠征隊にはヘラクレスも加わっていた。アポロニオス・ロディオス『アルゴナウティカ』一・一二二参照。

20　ルペルカル祭は、豊穣を促進し災いを避けるための祝祭で、ルペルキ祭司たちにより、二月一五日にパラティウムの丘で行われた祭り（リウィウス『ローマ建国史』一・五・一）。パラティウムの丘の麓にある洞穴もルペルカルと呼ばれ、ここでは祝祭の前にいけにえが捧げられた（ウェルギリウス『アエネイス』八・三四三）。エウアンドロスは、ウェルギリウス『アエネイス』にはエウアンデルとして登場し、アルカディア出身の王でイタリアに移住し、パッランテウムを創設したとされている（『アエネイス』八・五二、リウィウス『ローマ建国史』一・五・二、オウィディウス『祭暦』一・四七一）。もとよりパンはアルカディアの牧神であるとされるので、クレメンスの記述は的確である。

21　ギリシア語聖書では『サムエル記』（上・下）『列王記』（上・下）の計四巻をあわせて『列王記』の名で呼ぶため、クレメンスの本文上では、ここは『列王記』の第一巻と呼ばれている。以下同様である。

22　ヨヤダ（王下一一）であるのかどうかは不明である。

23　ホシェアは北王国イスラエルの王であり、ここでクレメンスが思い違いをしているか、もしくはテキストに誤って挿入がなされたか、両者の可能性が指摘されている。
24 旧約聖書本文にこうは記されていない。ヨシヤ王によるいわゆる「申命記改革」の際の大祭司はヒルキヤであった（王下二二・八）。一方エレミヤの父親の名も確かにヒルキヤであるが（エレ一・一）、アナトトの下級祭司であった。
25 マソラ本では語末の子音がmとnで異なる。
26 旧約聖書本文では、「五年目」なのは「ヨヤキン王が捕囚になってから」である（エゼ一・二）。
27 アレクサンドロス・ヘリオスとクレオパトラ・セレネを指す。
28 テバイ攻めの「後継者」（エピゴノイ）と呼ばれる人々の中に、トロイア戦争に出征している英雄たちがいること（ディオメデス、ステネロス、エウリュアロス。ホメロス『イリアス』二・五六三—五六五）から、この指摘は的確であり、クレメンスによる神話理解の妥当性が立証される。
29 この部分に、テキストの欠落が想定されている。欠落を仮定する場合、後続とのつながりから推して「エリサベト、そしてキリストを産んだマリア」を補う読みが考えられる。
30 前五八一年、コリントスの神話的な開祖シシュフォスが、甥にあたるメリケルテス・パライモンの水死を弔うべく始めた祭りで、ポセイドン海神に捧げられる。
31 オリュンピア競技祭の創設は前七七六年のことである。
32 スパルタの国政改革者。「レトラ」と呼ばれるプランに沿っておこなわれた。その年代に関して、諸説あるものの、現在では前七世紀前半説が有力である。
33 スパルタに対し、エパメイノンダス率いるテバイ軍が勝利を収める。
34 この箇所、「王政の廃止」をミーニュ版のラテン訳はバビロン王政の廃止と取るが、年号の関係から明らかにローマ王政の廃止である。
35 シュテーリンの修正読みに従う。
36 アレクサンドロスが東征に出発したのは前三三四年のことである。
37 アレクサンドロスの没年は前三二三年である。
38 第四代皇帝クラウディウス（在位四一—五四）を指す。ここで言われているのはクラウディウスの登位の年のことであろう。

39　クレメンスに対して、年数計算の正確さは求めるべくもないが、興味深いのは、クレオパトラひいてはその夫アントニウスまで、マケドニア王朝（ギリシア系）が存続したと考える発想である。これは、クレメンスがアレクサンドリアに居住していたことと何らか関連がありそうである。アントニウスの死没をもってアウグストゥスの単独支配が確立し、ローマが帝政に移行することを考えれば、ペルシア→マケドニア→ローマという支配者の推移が、アレクサンドリアからは帝政（王政）において間断なく捉えられることになる。

40　捕囚からの帰還として、前三五九―三三八年在位のアルタクセルクセス三世当時を想定しているようである。現在では『エズラ記』に見られる帰還と神殿再建の記事（エズラ七参照）を、アルタクセルクセス一世（前四六四―四二四）ないしアルタクセルクセス二世（前四〇四―三五九）のどちらの時代のものと解するかで説が分かれている。

41　明らかな誤認もしくは計算間違いとなるため、テキストの修正が必要かもしれない。

42　マケドニア王デメトリオス（前三三六―二八三）は前二九四年に、エジプト王プトレマイオス一世（前三六七―二八三）は前三〇四年に、それぞれ王位に就いた。

43　コンモドゥスの在位期間が一八〇年から一九二年であるから、この数字が正しいとするとカエサルの皇帝即位は前四四年に置かれることになる。カエサルの没年が前四四年であることはよく知られているが、ここではカエサルの皇帝在位年代も算定されているわけで、若干の誤差が生まれることになる。

44　「パコンの月」とは、エジプトの太陽暦による第九月であり、五月二〇日より始まる。以下エジプトの月名がつづく。

45　フラウィウス・ヨセフス（三七―一〇〇）は『ユダヤ古代誌』および『ユダヤ戦記』の著者。ウェスパシアヌス帝の第二年とは七〇年にあたり、この年、第一次ユダヤ戦争のためにエルサレムは陥落する。

46　『第四エズラ書』とは、『エズラ記』（ラテン語）として『新共同訳』その他にも収録されているものに等しい。第二正典のうちにも含まれないが、邦訳は「旧約聖書続編」の中に収められている。

47　ここには『モーセの昇天（ギリシア語断片）』として知られる作品からの引用がある。ここに載るものが断片c、同じく一・二三・一五四・一に載るものが断片d、六・一五・一三二・二―三に載るものが断片fである。

日本聖書学研究所編『聖書外典偽典』（教文館、全七巻別巻三冊）別巻補遺Ⅰ〔旧約聖書編、一九七九年〕所収「モーセの昇天（ギリシア語断片）」を参照。

48 トラシュブロス（前四四八?–三八八）は、ペロポネソス戦争（前四三一–四〇四）による敗戦国アテナイに跋扈した三〇人政治体制、すなわち専制的恐怖政権を打倒し、アテナイに民主政を復活させた立役者（パウサニアス『ギリシア案内記』一・二九・三参照）。

49 ムニキアは、ペイライエウス半島の東南岸。

50 この句は、われわれの用いている聖書には載っていない。レッシュ編『アグラファ』四三参照。

51 新約聖書外典の一つとされる『ペトロの宣教』の一部である。『聖書外典偽典』別巻補遺Ⅱ〔新約聖書編、一九八二年〕九九頁以下の青野太潮氏による解説を参照。本文中にはドプシュッツの断片番号（1）を注記したが、これは青野氏のナンバリングでは一aに相当する。クレメンスは『ストロマテイス』および『預言書撰文集』において、計九回にわたってこの『ペトロの宣教』を引用し、そのうち六回は『ストロマテイス』第六巻に集中する。クレメンスはこれをペトロによる真正な文書と見なしていた。なおこの断片（1）は『ストロマテイス』二・一五・六八・二および『預言書撰文集』五八にも引用されている。

第二巻

1 『ヘルマスの牧者』については、第一巻注1を参照。

2 テオドレトス『ギリシア人の病の治療』一・九一を参照。テオドレトス（三九三–四五八）は、アンティオキアに生まれ、シリア・キュロスの司教となった。モプスエスティアのテオドロス（三五〇–四二八）の弟子。主著は『ギリシア人の病の治療、もしくはギリシア哲学から福音の真理を知ること』（四二九–四三七頃）。哲学は信仰に対立するものではなく、むしろ信仰のうちに最良の確証を見出すものである、というのがその主旨である。

3 アリストテレスの現存作品のうちには、この内容に正確に対応する一節は見当たらない。なおこの一節に関しては、キュロスのテオドレトスが『ギリシア人の病の治療』（一・九〇）においてクレメンスの文から引用している。

4　テオドレトス『ギリシア人の病の治療』一・五六を参照。

5　『バルナバの書簡』。『バルナバの書簡』は、ギリシア語で執筆された使徒教父文書の一つで、九五―一三五年頃に記されたものと思われる。クレメンスはその著者を、新約聖書に登場するバルナバ（使四・三六、九・二七ほか）と同一視し、『バルナバの書簡』に、新約聖書に収められた他の使徒書と同等の権威を置いている。総説八３を参照。

6　クリトラオス。ファセリスのクリトラオスは前二世紀の人。ストア派の影響を受けつつ、ペリパトス派を主導する立場にあり、同学派に対し、科学的探究の方向性を採るべく導いた。

7　バシレイデスについては、総説九２を参照。バシレイデスにとって、アルコンとは抗う天使たちの首であり、ユダヤ人たちにとっての神である。

8　ウァレンティノスの断片（１）。総説九４を参照。

9　洗礼を受けぬまま他界した嬰児たちを指す。

10　マッティアスの『伝承』については、総説七②４を参照。

11　『ヘブライ人福音書』については、総説七②２を参照。

12　シモン派。『使徒言行録』八・九―二四に登場する魔術師シモンに遡ると自称するグノーシス主義の一派。彼らの説によれば、最高の力とは「エンノイア」という神の意図であり、このエンノイアは女性のうちに閉じ込められている。その解放のため、人間の姿を仮現論的に取ったのがイエスである、とされる。

13　アッティカの王テセウスの妻。先妻の子に当たるヒッポリュトスに懸想した。

14　アルゴスの王プロイトスの妻。ベレロフォンに懸想したが、思いを遂げられずに夫に訴え、それがもとでベレロフォンはリュキアのイオバテス王の許に遣わされ、キマイラ退治を命じられる。

15　テバイを攻める七将のうち、アンフィアラオスの妻。ポリュネイケスによりハルモニアの首飾りを約束されて、夫で預言者のアンフィアラオスが、遠征を望まずに隠れている場所を明かした。

16　ローマのクレメンスについては、総説八４を参照。

17　青野氏による『ペトロの宣教』断片１ｂに相当する部分である。第一巻注51をも参照。

18　この部分、伝存する唯一の写本に欠損があり、シュテーリンによる補充読みに従う。

19 ピュタゴラスのこと。
20 フィロン『アブラハムの移住』一七を参照。
21 フィロン『モーセの生涯』一・二九五、『徳論』三四以下を参照。
22 『バルナバの書簡』については、総説八3を参照。
23 ローマのクレメンス『第一コリント書簡』については、総説八4を参照。
24 フィロン『徳論』一四五を参照。
25 同一六五―七を参照。
26 同一四八を参照。
27 同一七一を参照。
28 仏教〔密教〕において、「身・口・意」における如来への似姿への志向が説かれることを想起させる。
29 フィロン『徳論』二〇七―二〇九。
30 テオドレトス『ギリシア人の病の治療』一二・七七を参照。テオドレトスについては、この第二巻の注2を参照。
31 ウァレンティノスの断片（2）に相当する。ウァレンティノスについては、総説九4を参照。
32 ニコライ派。『使徒言行録』（六・五）に登場する、最初の七人の助祭の一人ニコラオスに遡ると自称する一派。『ヨハネの黙示録』二・六および二・一五に関連づけられる場合もある。その信者たちは、奢侈と放蕩を実践した。
33 引用箇所に記したとおり、これはソフォクレスではなく、アイスキュロスの作品中に見出される台詞である。

第三巻

1 一四五―一六〇年ごろに活動したグノーシス主義者。総説九4を参照。
2 一二〇―一四五年ごろに活動したグノーシス主義者。総説九2を参照。
3 イシドロス（「グノーシス派のイシドロス」）は二世紀後半にエジプトで活動した人物。バシレイデスの息子にして弟子（ヒッポリュトス『異端論駁』七・二〇参照）。『倫理学』のほか、著作として『預言者パルコルの解説』、『不定の霊魂について』を遺す。総説九3を参照。

4　カルポクラテスおよびエピファネスは、いずれもグノーシス派に属す二世紀頃の人物。エピファネスはカルポクラテスの弟子。総説九7および九8を参照。

5　クサントス。クサントスは歴史家ヘロドトスよりも年長の同時代人で、サルディス出身のヘレニズム化されたリュディア人。四巻より成る『リュディア誌』の著者であるが、『魔術について』に関しては、クレメンスによるこの『ストロマテイス』第三巻のこの部分にしか言及がなく、真にこれがクサントスの手になる著作であるかどうかについては大いに疑わしい。ヤコビの断片七六五・三一に載る。

6　グノーシス主義者で、八五—一六〇年ごろ生きた。総説九9を参照。

7　この内実あるいは著作については不詳である。

8　シビュラ。この箇所は『シビュラの託宣』一・一の引用である。クレメンスはシビュラの巫女の実在を信じ、彼女について敬意をもって語り、ヘブライの預言者たちに適う者としている。総説七②5を参照。

9　マルキオンについては、総説九9を参照。

10　この一節は、そのままの形で、エウセビオス（『教会史』三・二九・一—四）がクレメンスの記述として引用している箇所である。エウセビオスによると、ここに登場するニコラオスは『使徒言行録』（六・五）に登場するのと同一人物であり、またニコラオス派とは『ヨハネの黙示録』（二・六）に登場する同名の一派であることになる。

11　サロメの伝説に関しては『エジプト人福音書』による。総説七②3参照。これは、ギリシア語で伝承された、遁世主義的・グノーシス主義的な特徴を示す外典福音書である。『聖書外典偽典』六・新約外典I（教文館、一九七六年）七三頁以下、および三七三頁に解説がある。クレメンスは、小品『テオドトスからの抜粋』六七にも『エジプト人福音書』を引用する。これを併せ、クレメンスにより保存されている同書からの断片は計六箇であり、そのうち第五までがこの『ストロマテイス』第三巻のうちに収められ、克己派に対する論駁のために引用される。

12　エウセビオス『教会史』三・三〇・一を参照。

13　この一節およびこれに続く一節は、そのままの形で、エウセビオス（『教会史』三・三〇・一）がクレメンスの記述として引用している箇所である。ただパウロが妻帯していたとする伝承は一部の説に過ぎず、参照箇所として引いた『フィリピの信徒への手紙』や『コリントの信徒への手紙Ⅰ』についても、本文のものとは別の解釈が可能である。

14 この発言には、クレメンスによる別の著作『救われる富者は誰であるか』における主張との共通性が認められる。

15 ヴァレンティノスの断片（3）に当たる箇所。総説九4を参照。

16 スィルブルグの提唱読みによる。

17 『インド誌』。アレクサンドロス・ポリュヒストルの作。ポリュヒストルは前一世紀の人。ミレトスに生まれ、戦争捕虜としてローマに送られたあと、スッラによって解放された。

18 仏舎利信仰との関連が想起されよう。

19 『エジプト人福音書』六二―六六。総説七②3を参照。

20 この記述に関しては、クレメンスの思い違いか、もしくはユダヤ教の伝承からの引用である可能性が指摘されている。

21 タティアノスについては、第一巻注13および総説九11を参照。

22 シュテーリンのテキストでは「サタンのために」διὰ τὸν σατανᾶν となっているが、文意および『コリントの信徒への手紙Ⅰ』七章の原文から推察し、テキストを διὰ τὴν ἀκρασίαν と変改する試みを提唱したい。

23 快楽狂、金銭欲、偶像崇拝である。参照箇所は、いずれにしても『ストロマテイス』にあって現行の第三巻よりも後出の巻であるので、クレメンスが無意識のうちにこう述べたとすれば、『ストロマテイス』の成立過程を示唆する箇所として注目できるかもしれない。

24 第一巻注14および総説九10を参照。

25 第一巻注13および総説九11を参照。

26 『エジプト人福音書』については、総説七②3を参照。

27 この詳細に関しては不詳である。

28 次の句はパウロのものであるから、クレメンスの筆がすべったのであろうか。

29　『第四エズラ書』とは、『エズラ記』（ラテン語）として『新共同訳』その他にも収録されているものに等しい。総説七①１を参照。

30　クレメンスが聖母の処女性を表明した箇所として注目される。

第四巻

1　『ヒュポテュポセイス』。「概要」といった意味を持つ全一二巻より成っていたであろう聖書注解書。現存しないため、クレメンスがこれを完成させたかどうかは全く分からない。

2　ローマのクレメンスによる書簡については、第一巻注３および総説八４を参照。

3　クレメンスは明らかに、マッティアスではなく、徴税人のマタイを念頭に置いている。

4　テオドレトス『ギリシア人の病の治療』八・四二を参照。

5　ヘラクレオンについては、総説九５を参照。ウァレンティノスの弟子のうち、イタリア学派に属す。『ヨハネによる福音書』への注釈を著したとされ、オリゲネスは自らの『ヨハネ福音書』注解のなかで、この注釈から少なくとも四八箇所、引用を行っている。クレメンスも二箇所でヘラクレオンの引用を行っているが（この箇所以外のもう一箇所は『預言書撰文集』）、これがヘラクレオンの『ヨハネ福音書』注解からのものであるかどうかについては明記していない。

6　ヴィラモヴィッツの提唱する読み方に従う。

7　ここでバシレイデスの著作として挙げられている『釈義』に関しては、すでにこのようなジャンルの著作がヘレニズム期より存在していることが知られている。エウセビオスも『教会史』（七・三二・六）において、プトレマイオス二世フィラデルフォスの時代（在位　前二八五―二四六）に、ユダヤ人によるこの名の律法解釈書が存在したことを記している。クレメンスも、禁欲家カッシアノス（『ストロマテイス』一・二一・一〇一・二）や、バシレイデスの子もしくは弟子イシドロス（同六・六・五三・二）にこの名の著作があったことを記す。古代キリスト教著作家において、このタイプの著作は広まりを見せ、オリゲネスも律法および預言書、それに新約諸書に対してこの名の書物を遺している。ここに記されているバシレイデスの同名の著作についての詳細は不明。総説九２をも参照。

8 ウァレンティノスの断片（4）に当たる。総説九4を参照。
9 同じくウァレンティノスの断片（5）に当たる。
10 ローマのクレメンスによる書簡については、この第四巻の注2を参照。
11 プラトン『饗宴』（二〇一d―二一二c）におけるソクラテスとディオティマ間の、愛をめぐる対話を、終末論的な意味においてキリスト教的に再解釈したもの。
12 ローマのクレメンスについては、総説八4を参照。
13 ローマのクレメンスによる書簡については、この第四巻注2を参照。
14 テオスの語源をテインという動詞から派生させるのは、プラトン『クラテュロス』三九七cdの説。
15 キリスト・ロゴスへの模倣を通じて無情動を達成した人は、神の思惟界ないしモナスに一致し、モナディコスとなる。
16 ファン・デン・ヘックの提唱する読みに従う。
17 聖書テーマのホメロス風言説による解説。

総　説――アレクサンドリアのクレメンス

一、生涯

アレクサンドリアのクレメンス（一五〇―二一五）はオリゲネス（一八五―二五三）とならんで、いわゆる「アレクサンドリア学派」を代表する神学者である。

クレメンスの生涯については、エウセビオス（二六〇―三三九）の著した『教会史』が典拠となり、そこに記述された事柄、およびクレメンスの著作そのものから読み取れる事柄以外には、詳しいことはまったく知られていない。全一〇巻より成る『教会史』のうち、アレクサンドリアのクレメンスに関する記事が見られるのは、第五巻第一一章と第六巻第六章（生涯について）、および第六巻第一三―一四章（著作について）である。クレメンスはおそらく非キリスト教徒の両親の許に、アテナイで生まれたものと思われる。キリスト教徒となってから学問に志し、師を求めて南イタリア、シリア、パレスティナなど数々の地を巡り歩いたことは、『ストロマテイス』第一巻の記述（一・一・一一・二）に仄めかされている。彼はついに、当時ギリシア文化圏の中心であったエジプトのアレクサンドリアに居を定める。これは、当時アレクサンドリアで教理学校（「ディダスカレイオン」）を主宰していたパンタイノスと出会ったことによるものと思われるが、これはパンタイノスがエウセビオスの記述にあって、クレメンスにより「師」（didaskalos）と呼ばれた人物とされることによる（エウセビオス『教会史』五・一一・二、六・一三・二）。パンタイノスについては、同じく『教会史』第五巻第一〇章を参照）。おそらくクレメンスはこのパンタイノスの講莚に連なった後、助手を経て後継者となり、ディダスカレイオンの運営を引き継いだと想像される（『教会史』六・六・一）。われわれに遺されたクレメンスの作品は、おそらくこのディダスカレイオンにおける教育研究活動と並行して著されたものであろう。この間、二〇〇年頃にクレメンスは司祭に叙階されたと思われる。彼がおそらく司祭であったであろうことについては、「断片集」（『キリスト教教父著作集』第5巻に収録予定）に収録予定の断片二八を参照されたい。また『パイダゴーゴス』第一巻（六・三七・三）、あるいはエウセビオス『教会史』第六巻（一一・六）に引用されたエルサレムの司教アレクサンドロスによる書簡から、このことはほぼ間違いがないと言えよう。その書簡の末尾には「（この書簡を）司祭クレメンスを介してアンティオキアの教会に送る」とあるためである。クレメンスは二〇二年以降、アレクサンドリアでもセプティミウス・セウェルス帝（在位一九三―二一一）によるキリスト教徒迫害が激化したため、それを避けて小アジア・カッパドキアに逃れ、その後二一五年頃、同地で没したものと思われる。一方、上述のアレクサンドロスによる書簡から、二一一年頃にアンティオキアまで旅行をすることが可能であったと推測されるため、当時六〇歳くらいであったものと思われ、クレメンスの生年の推定にもつながる（秦剛平訳『エウセビオス「教会史」』（下）講談社、二〇一〇年、三一五頁参照）。また『ストロマテイス』第一巻における古代世界年代誌のなかで、コンモドゥス帝（在位一八〇―一九二）の時代までが扱われていることからも、クレメンスの晩年についての示唆が得られる（一・二一・一三九・二一一四七・四）。そのような推測も、上掲のエウセビオス（『教会史』六・六・一）に由来している。

二、著作

著作としては、本巻（二分冊）に収録される主著『ストロマテイス』（「綴織」。原題「真なる哲学による覚知に基づいた覚書」全八巻。ただし第八巻は偽作の疑いあり）のほか、本叢書「キリスト教教父著作集」に収録される予定の『プロトレプティコス』（「ギリシア人への勧告」全一巻）、『パイダゴーゴス』（「訓導者」全三巻）、小品として『救われる富者とは誰であるか』（『マルコ福音書』第一〇章一七―三一節をめぐる講話）、『テオドトスからの抜粋』（グノーシス主義者反駁のための資料集。テオドトスは後一七〇年頃に活動したグノーシス主義者）、『預言書撰文集』（クレメンスの終末観を知りうる資料）、それに「断片集」がクレメンスの手になるものとして遺されている。本叢書「キリスト教教父著作集」には、このように「断片集」も含め、現在伝えられているクレメンスの著作すべてが収録される予定であるが、これは欧米諸国と比較しても稀有の試みである。「断片集」には、現在では失われ、題名のみ知られている作品が多く含まれているが、その中で重要なものとしては、全一二巻より成っていたであろう聖書注解書『ヒュポテュポセイス』（「概要」の意。「断片集」の中に「断片」一―二四として残存、『ストロマテイス』第四巻一・二・一への注1をも参照）、あるいは「一四日派」（小アジアに三世紀ごろまで残存し、使徒ヨハネの神学伝承を伝えていたと思われる一派）に対するクレメンスの態度を仄めかす『過越について』（「断片」二五―三五）などが挙げられよう。「生涯」の項に記したのと同様、クレメンスの著作に関しても上掲のエウセビオス『教会史』第六巻第一三―一四章の記述が詳しい。エウセビオスの記述は、後出の項目「クレメンスにおける聖書の正典（「カノン」）」にも関連する。

三、全般的特徴

クレメンスは、冒頭に述べた「アレクサンドリア学派」に属す神学者として、ロゴス（御言葉）＝キリストに関わる信仰を、確実な「覚知」（グノーシス）にまで高めることを目標とする正統グノーシス主義を唱えた。この面においてクレメンスの神学はまず、「ロゴス・子なる神」と「父なる神」との一致を主張する『ヨハネ福音書』に連なる。たとえば『ストロマテイス』には、「覚知の恵みは子を通して来たる」という趣旨の句がたびたび見られるが、これは「覚知」と「ロゴス・子なる神」との関係を正確に示した表現であろう。またクレメンスによる「正統グノーシス主義」は、以下の解説にも記すような同時代のいわゆる「グノーシス主義」キリスト教諸派との論争の中で、彼の中に蓄積されていった神学論であった。そして彼の著作には、ギリシア哲学者や詩人たちの作品からおびただしい数の章句が引用される。彼の著作、特に『ストロマテイス』は、彼が幼少の頃より親しんだであろうギリシア的教養の根幹をなす、ギリシアの哲学者（プラトンおよびストア派など）、詩人や劇作家（ホメロスや悲劇・喜劇詩人たち）、史家たちからの引用で占められており、その中には初期ギリシア哲学者や古典期詩人たちの断片を編集するうえで唯一の典拠となるものも数多い。したがってクレメンスは、哲学の学説史や秘義宗教の研究の上でも重要な源泉資料となっている。

このように類まれなギリシア的教養を背景に、クレメンスは異教ギリシア文化の中にもキリスト教の真理が先んじて輝いたと喝破し「律法がヘブライ人をキリストに向けて導いたと同様に、愛智はギリシアを教育した」（『ストロマテイス』第一巻五・二八・三ほか）と考える。クレメンスはキリスト教著作家の中で、仏教ないしブッダに初めて言及した人物として知られるが（『ストロマテイス』第一巻一五・七一・六）、これも上述のような彼の神学と無関係ではあるまい。こうしてクレメンスは、旧約聖書のみならずギリシア哲学などの文化的遺産をも、福音のための準備として積極的に評価する姿勢を明らかにする。このことは例えば、『ストロマテイス』七・二・六・五―六「主は、各々の者が有している必要性に応じて、自らの慈しみを、ギリシア人・異邦人に、そして彼らのうちの予め定められている人々、個々固有の時機に招かれた信徒・選ばれた人々に、分かち与えた」、あるいは同じく六・五・四一・七「思うに、唯一の神がギリシア人によっては民族的に、ユダヤ人によってはユダヤ人らしく、そしてわれわれによっては新たにまた霊的に覚知されている」（ほか多数）に示されている。そして彼は、自らのギリシア的教養をキリスト教信仰の正当性を示すための論拠として用い、キリスト教神学の論理的基盤を固める上で大きな貢献をなした。そこにはギリシア人をキリスト教信仰へと導く教育的意図がうかがわれ、また哲学的遍歴を経てキリスト教に出会ったという彼自身の体験がよく表れている。現代において彼の神学は、第二ヴァティカン公会議（一九六二―六五）以降、異文化への福音の告知（インカルチュレーション）の際の指針として高く評価されている。

クレメンスが抱くこのような確信の根拠は、『ヨハネ福音書』冒頭の句〈すべてのものは彼によって成った。彼によらずして成ったものは一つもない〉（ヨハ一・三）によって根拠づけられている。この引用は『ストロマテイス』では計一二例、『パイダゴーゴス』には計四例現れ、クレメンスの著作にあって、聖書から最も頻繁に行われる引用の一つである。

以下、クレメンスの思想的特徴、ないしその教説・学説の各論について、いくつかの観点から記述することを試みたい。

四、ギリシア哲学

哲学史ないしキリスト教思想史において、クレメンスは「初期教父たち」のうちに分類され、ギリシア教父の一人として、ユスティノス（一六五年殉教）の後、オリゲネス（一八五―二五三）の前に位置づけられるのが慣例である。またクレメンスは西方の初期教父、たとえばテルトゥリアヌス（一六〇―二二二）とほぼ同時期に生きたことになるが、テルトゥリアヌスが「不合理なるがゆえにわれ信ず」と述べたのとは対照的に、哲学すなわち世俗の豊かさに関しては、これを積極的に受容すべきであるとする立場に立つ。この立場は「出エジプトの原則」と呼ばれる指針を意味し、イスラエルの子らがエジプトから脱出する時、その地の金・銀製の器具を持ち出したように、信仰もまた世俗の学問と哲学を自らのものとせねばならない、とする考え方の中に位置づけられよう。その意味では先に「全般的特徴」の項に記した、クレメンスの基本方針と合致する。この見識は『ストロマテイス』全編にわたって顕著であるが、特に第六巻（一七・一五三・一）、さらには第七巻全体に至り、「覚知者」が到達する精神的・霊的地平が叙述される際まで維持される。こうして『ストロマテイス』には、ギリシア哲学のなかでストア派の引用は二四〇箇所、プラトンの引用は一一五箇所、アリストテレスからの引用は一五箇所ほど見出される。

また、イオニアの自然哲学者たちを中心とする、ヘラクレイトスやクセノファネス、エンペドクレスやパルメニデス、デモクリトスといったいわゆる「ソクラテス以前の哲学者たち」の断片については、ストア派哲学者の著作断片からの場合と同様、現存断片の典拠として、唯一クレメンスが挙げられるというケースも少なくない。クレメンスの『ストロマテイス』が「古代哲学史研究に必須の資料」とされるゆえんである。その一々について、ここに解説を尽くすことはできないが、詳細については内山勝利編『ソクラテス以前哲学者断片集』（全五巻＋別冊、岩波書店、一九九六―一九九八年）、ないし中川純男訳編『初期ストア派断片集』（全五巻、京都大学学術出版会、二〇〇〇―二〇〇六年）を参照されたい。本訳では、前者については「ディールス・クランツ編」、後者については「アルニム編」と略記した。

その一方で、クレメンスにはもう一つの原則「ギリシア哲学ユダヤ起源説」が認められる。これは他の初期ギリシア教父たち（アンティオキアのテオフィロスなど）にも顕著な考え方であるが、ギリシア哲学が旧約聖書をはじめとするユダヤ思想に淵源を有し、そこから着想を「借りた」ないし「盗んだ」とする、現代からすれば極端な発想である。つまり「〜起源説」に留まることなく「〜借用説」さらには「〜盗用説」へと極まってゆく。この考え方は『ストロマテイス』第五巻ないし第六巻に著しく、ギリシア詩人やギリシア哲学者たちから逐一引用が行われ、その各々について、旧約聖書等に見出される（と解される）原典が示され、「論証」が行われてゆくことになる。クレメンスが引用ないし参照した古代文献（ギリシア、ユダヤ双方）はおびただしい数に上る。その引照箇所をすべてにわたって注記することは訳者の手に余る。したがって本文を参照願うとともに、上掲した種々の既刊資料集で確認いただきたい。

なおクレメンスは、中期プラトニズムの代表者としても知られるプルタルコス（後四六―一二〇）に関しても、その『倫理論集』ないし『対比列伝』を日常的に読破していたものと思われる。「ストロマテイス」（綴織）というその形式については、歓談風のプルタルコスの文体から影響を受けたことが想定されよう。

五、ギリシア文学

クレメンスは初期教父たちの中で、ギリシア古典文学に関して最も博識な一人である。彼はキリスト教への改宗者であるが、一貫してギリシア文学への関心を抱き続けた。『ストロマテイス』は特に、残存状況の思わしくない古典ギリシアの抒情詩、悲劇、喜劇作品に関して、その貴重な典拠となっているケースが少なくない。本訳ではその詳細を尽くすことは適わなかったが、詳しくは松平千秋・久保正彰・岡道男編『ギリシア悲劇全集』(全一三巻+別巻、岩波書店、一九九〇―一九九三年。特に第一〇巻「アイスキュロス断片」、第一一巻「ソポクレース断片」、第一二巻「エウリーピデース断片」、および第一三巻「群小詩人断片・作者不詳断片」)、および久保田忠利・中務哲郎編『ギリシア喜劇全集』(全九巻+別巻、岩波書店、二〇〇八―二〇一二年)を参照されたい。

またクレメンスの著作は、古代文学史の末尾に載ることがある。英米系の古典叢書「ロエブ叢書」にはクレメンスの『プロトレプティコス』(「ギリシア人への勧告」、本著作集第5巻に収録予定)が収められている。そればかりでなく、古典文学史の類、特に大陸系のものには『ストロマテイス』『パイダゴーゴス』をも含め、古代末期の文学史において紹介解説されることが多い。

なお『ストロマテイス』は「雑録」とも訳されるが、本訳では、ギリシア語の原語彙が「ベッド・カバー」の意味をも有し、ベッド・カバーには綴れ織りが用いられることも多いことから、「雑録」ではなく『綴織』の表題訳を用いることにした。

プルタルコスによる歓談風の論述方式については先述したが、ハドリアヌス帝(在位一一七―一三八年)以降に盛期を迎えたいわゆる「第二ソフィスト時代」の文筆家たち、たとえばディオン・クリュソストモス（四〇－一一二）やルキアノス（一二〇－一八〇）らによる執筆活動についても、クレメンスの時代の文学的背景を知る上で、また直接・間接的にクレメンスの修辞的文体を知る上で、大いに示唆を与えることと思われる。ただ本解説でその方面までを詳述することはできない。

六、ユダヤ教思想

クレメンスはアレクサンドリアに生きた人でもあり、とりわけ同地に開花した古代後期におけるユダヤ教へレニズム文化から多大な影響を受けている。この点については、後述するアレクサンドリアのフィロンからの影響に関して、特にプラトン主義的な（旧約）聖書解釈の方法、ないしプラトニズムにストア派をも加えた倫理学思想をめぐって特に著しい。本訳では、可能な範囲でフィロンの著作からの引用について注記したが、直接的・間接的な影響関係を指摘することに努めるならば、極めて膨大な量にのぼり、かつはなはだ煩雑なものとならざるを得ない。以下には、フィロン、アリストブロス、それにヨセフスという三人のユダヤ人著作家に関しての極めて簡便な解説を行うことにしたい。

1．フィロン。前二五／二〇－後四五／五〇頃に生きたアレクサンドリアのユダヤ教哲学者。ギリシア哲学的思考を通じて、ユダヤ教を理性的に基礎づけることに尽力した。クレメンス、そしてのちのオリゲネスに及ぼした影響は多大である。詳細に関しては、平石善司『フィロン研究』（創文社、一九九一年）などの研究書を参照されたい。同書にはクレメンスへの影響関係についても記述がある。外国語によるものとしては、フィロンとクレメンス（特に『ストロマテイス』）の関係に特化した、ファン・デン・ヘックによる研究書 A. van den Hoek, *Clement of Alexandria and his use of Philo in the Stromateis: an early Christian reshaping of a Jewish model*, Leiden, 1988がある。また野町啓・田子多津子訳『アレクサンドリアのフィロン　世界の創造』（教文館、二〇〇七年）をはじめとするフィロンによる著作の邦訳も進んでおり、同書からも大いに示唆を得ることができるはずである。実際、シュテーリンによる、あるいは新しいスペイン語訳に付された『ストロマテイス』のインデックスには、『アブラハム』『世界の不滅性』『農耕』『ケルビム』『言語の混乱』『予備教育』『十戒総論』『酩酊』『逃亡と発見』『巨人族』『ヨセフ』『アブラハムの移住』『改名』『世界の創造』『栽培』『カインの子孫』『賞罰』『アベルとカインの供え物』『覚醒』『夢』『律法詳論』『徳論』『観想的生活』『モーセの生涯』『神の不動性』『律法の寓意的解釈』『出エジプト記問答』『創世記問答』『神のものの相続人』『自由論』ほか、およそフィロンの全著作からクレメンスが引用を行っていることが知られる。このように『ストロマテイス』にあっては、フィロンへの直接・間接的な引照が膨大な数に上ることから、訳注中でのフィロンの著作への言及は、極めて限られるものとなった。

2．アリストブロス。前一六〇年頃、アレクサンドリアの王子付き教師兼枢密顧問官であったユダヤ人。『マカバイ記下』一・一〇に言及がある。伝説によると、この人物は、モーセの律法の哲学的解釈を行いフィロンの先駆者とされている人物と同一視される。これはアレクサンドリアのクレメンス自身およびエウセビオスの証言に基づく。クレメンスは『ストロマテイス』第一巻において、二度にわたりアリストブロスの名に言及している。以下には、ウォルターによる断片番号を記しておく。

『ストロマテイス』一・二二・一五〇・一：断片七三七・三。『ストロマテイス』一・一五・七二・四：断片七三七・九。

3．ヨセフス。三七／三八年生まれ（没年は不詳）。六六年に第一次ユダヤ戦争が始まるとガリラヤ地方の長官となったが、六七年にガリラヤがローマ軍に落ち、ヨセフスもヨタパタの決戦に敗れて捕虜となる。しかしウェスパシアヌスとティトゥスがローマ皇帝になることを予言し、六九年にウェスパシアヌスが皇帝になると釈放された。七〇年以降にはローマに居住し、七五—七九年に成立した『ユダヤ戦記』は第一次ユダヤ戦争を中心とした前二世紀以降のユダヤ史、九三／四年に成立した『ユダヤ古代誌』は天地創造から第一次ユダヤ戦争勃発までの歴史記述である。クレメンスの『ストロマテイス』にあっては、この第一巻（一・二一・一四七・二）に史家としてのヨセフスへの言及があり、第六巻（六・一五・一三二・二）でも参照されたものと推測される。フィロンと同様、クレメンスはヨセフスの著作を基礎的文献として用いていたと思われるため、本訳にあっては、引用箇所を逐一指摘することはしていない。

七、クレメンスにおける聖書の正典（「カノン」）

上述のように、エウセビオスの『教会史』（六・一四）は、クレメンスが聖書に関していかなる書物を「正典」と見なしていたかに関しても重要な資料を提供する。シェルクレによれば、「エジプトの教会における正典の発展の歴史について重要な資料を提供しているのは、まず、アレクサンドリアのクレメンスである。クレメンスは四福音書、使徒言行録、パウロの一四の書簡、ペトロの第一の書簡、ヨハネの第一・第二の書簡、ユダ書、ヨハネ黙示録を新約聖書として認めている。しかし、この他にクレメンスはなお多くの書に上述の書と同等の価値を認めながら、それらを引用している。それは『一二使徒の教え』（「ディダケー」）、ローマの司教クレメンスの書簡、『バルナバの書簡』、『ヘルマスの牧者』、『ペトロの黙示録』（ただし『ストロマテイス』には含まれない）、『エジプト人の福音書』、『ヘブライ人の福音書』などである。したがってクレメンスの新約聖書正典は、現在偽書に数えられている書物とまだはっきり区別されてはいない。クレメンスは哲学者であったから、あらゆる書物に興味があったのである」(シェルクレ『新約聖書とは何か』南窓社、一九六七年、四九七―四九八頁)。

クレメンスにあっては、当然のことながら、いわゆる「旧約聖書第二正典」(「旧約聖書続編」)は正典に含まれている。一方新約聖書の正典(カノン)の規準はいまだに教会によって定められていなかったため、「新約聖書」の範疇には、現在の新約聖書正典文書のほか、(現在の呼称に従えば)「新約聖書外典」および「使徒教父文書」が含められることになる。以下の記述では、聖書正典(カノン)の問題に関して、①「旧約聖書偽典」、②「新約聖書外典」の二分類をもってその解説を行いたい。なお「使徒教父文書」については、節を改めて解説を施す。

①旧約聖書偽典

1. 『第四エズラ書』。『第四エズラ書』とは、「エズラ記(ラテン語)」として『新共同訳』その他にも収録されているものに等しい。第二正典のうちにも含まれないが、邦訳は「旧約聖書続編」の中に収められている。『ストロマテイス』において、『第四エズラ書』から「エズラ」の名とともに二度にわたって引用される。クレメンスによる引用が、『第四エズラ書』のギリシア語テキストに基づいてなされたものだとすると、『第四エズラ書』のギリシア語テキストが当時存在したことを実証する典拠となろう。

『ストロマテイス』三・一六・一〇〇・三:『第四エズラ書』五・三五。一・二一・一四九・三:『第四エズラ書』一四・一八―二二、三七―四七。

2. 『第一エノク書』。『聖書外典偽典』四・旧約偽典Ⅱに「エチオピア語エノク書」として知られるものが収録されている。これが『第一エノク書』として伝えられるものである。この『第一エノク書』の全体は、エチオピア語写本（五〇〇年ごろ）によって知られている。そのほかに、このクレメンスによる場合などのように、ギリシア語による引用があり、そのほかクムラン洞穴から発掘されたアラム語写本のうちにも断片的なものが見出された。ユダヤ教の黙示思想が認められるほか、エッセネ派の影響が指摘されている。なお『第二エノク書』は「スラブ語エノク書」として知られるものに等しく、ヘレニズム的性格の強い文書で、古代スラブ語訳によって伝えられる。『聖書外典偽典』三・旧約偽典Ｉに載る。

『ストロマテイス』一・一七・八一・四：『第一エノク書』六－八。五・一・一〇・二：『第一エノク書』一六・三。

3．『モーセの昇天』。邦訳は、『聖書外典偽典』別巻補遺Ｉ（旧約聖書編）に「モーセの昇天（ギリシア語断片）」として載る。元来『モーセの遺訓』および『モーセの昇天』の二部構成で成り立っていたと思われ、おそらく六－三〇年ごろに成立したものと考えられる。この『聖書外典偽典』の分類番号に従うなら、『ストロマテイス』一・二三・一五三・一に載るものが断片c、同じく一・二三・一五四・一に載るものが断片d、そして六・一五・一三二・二－三に載るものが断片fということになる。新約聖書正典のうちにも『ユダの手紙』九節に、同じく断片hに相当するものが見出される。

『ストロマテイス』一・二三・一五三・一：『モーセの昇天』断片c。一・二三・一五四・一：『モーセの昇天』断片d。六・一五・一三二・二－三：断片f。

4．『ゼファニアの黙示録』。

現在のところ、断片でしか発見されていない旧約聖書外典書の一つ。クレメンスによるこの『ストロマテイス』第五巻（五・一一・七七・二）以外には、五世紀のコプト語断片からもその存在が知られている。義人、および断罪された罪人が、死後各々に定められた居留地に赴くさまを描くことで、霊魂の宿命的な彷徨を黙示的に表現する。

『ストロマテイス』五・一一・七七・二：『ゼファニアの黙示録』断片（1）。

②新約聖書外典

1．『ペトロの宣教』。『聖書外典偽典』別巻補遺Ⅱ〈新約聖書編〉九九頁以下の解説を参照。クレメンスは『ストロマテイス』および『預言書撰文集』において、計九回にわたって『ペトロの宣教』という作品の内容に言及している。そのうち六回は『ストロマテイス』第六巻に集中する。オリゲネス（一八五―二五四）も『ヨハネ福音書注解』の中で、二世紀中葉のグノーシス主義者ヘラクレオンが引用する『ペトロの宣教』からの言葉を一度引用する。もっともクレメンスはこれをペトロによる真正な文書と見なしていたと思われるのに対して、オリゲネスはそうは思われず、両者の間に温度差がある。本訳では、従来のドプシュッツらによるナンバリングを踏襲しているため、『聖書外典偽典』別巻補遺Ⅱ〈新約聖書編〉一〇一頁に載る青野太潮説とは異なるものになっている。

『ペトロの宣教』佐藤・青野編による断片番号によるならば、

『ストロマテイス』一・二九・一八二・三：『ペトロの宣教』一a。二・一五・六八・二：『ペトロの宣教』一b（、『預言書撰文集』五八：一c）。六・五・三九―四一：『ペトロの宣教』二a。六・七・五八・一：『ペトロの宣教』二b。六・五・四三・三：『ペトロの宣教』三。六・六・四八・二：『ペトロの宣教』四。六・六・四八・六：『ペトロの宣教』五。六・一五・一二八・一―三：『ペトロの宣教』六。

2．『ヘブライ人福音書』。外典福音書の一つ。『聖書外典偽典』六・新約外典Ⅰ五七頁以下、および三六七頁以下に解説がある。クレメンスの『ストロマテイス』では、第二巻（二・九・四五・五）に断片三が、第五巻（五・一四・九六・三）に断片一六が収められている（クロスターマンによる断片編纂番号に基づく。E. Klostermann (hrsg.), Evangelien, 2. Aufl., Bonn 1910）。キリストの先在と誕生、洗礼、誘惑物語、ヤコブの物語、いくつかの主の言葉などに関する断片が残存している。ヤコブが特別な役割を有している点が特色。成立地はエジプトと思われる。

『ストロマテイス』二・九・四五・五：『ヘブライ人福音書』断片三。五・一四・九六・三：『ヘブライ人福音書』断片一六。

3.『エジプト人福音書』。ギリシア語で伝承された、遁世主義的・グノーシス主義的な特徴を示す外典福音書。『聖書外典偽典』六・新約外典I七三頁以下、および三七三頁に解説がある。クレメンスは、小品『テオドトスからの抜粋』六七にも『エジプト人福音書』を引用する（断片六）。これを併せ、クレメンスにより保存されている同書からの断片は計六箇であり、そのうち第五までがこの『ストロマテイス』第三巻のうちに収められ、克己派に対する論駁のために引用される。おそらく後二世紀初めに成立したもので、対話部分では、サロメがある役割を果たしている点が特徴である。以下『聖書外典偽典』に載る川村版番号に従う。

『ストロマテイス』三・六・四五・三：『エジプト人福音書』断片一。三・九・六三・一：『エジプト人福音書』断片二。三・九・六四・一：『エジプト人福音書』断片三。三・九・六六・一：『エジプト人福音書』断片四。三・一三・九一・一―二：『エジプト人福音書』断片五。

4.『マッティアスの伝承』（『マッティアスによる福音書』）。これは邦語による叢書『聖書外典偽典』のうちには言及がないが、クァステンによれば『マッティアスによる福音書』として挙がる。オリゲネスがこの題名で言及している著作が、クレメンスが『ストロマテイス』の三箇所（二・九・四五、三・四・二六、七・一三・八二、以上が順に断片一、断片二、断片三）において言及する『マッティアスの伝承』という書名の作品と同一であろう、というのがジェームズおよびバルデンホイヤーの説、異なるものであろうとするのがシュテーリンおよびティクスロンの説である。

『ストロマテイス』二・九・四五・四：『伝承』断片一。三・四・二六・三：『伝承』断片二。七・一三・八二・一：『伝承』断片三。

5．『シビュラの託宣』。事後予言のかたちで歴史を語る書。『聖書外典偽典』三〔旧約偽典Ｉ〕一四三頁以下、三三七頁以下の解説、および同六〔新約外典Ｉ〕三二一頁以下、四六一頁以下の解説を参照。現在伝わる『シビュラの託宣』は一二巻より成り、一～八巻および一一巻～一四巻で構成される。第六、七、八、一三巻はキリスト教のものであり、それ以外はユダヤ教的である。第三巻は前二世紀の作とされ、ウェルギリウスはこれを通じてイザヤ書一一・六の預言を知り、それを『牧歌』四に取り入れたのであろうと推測される。以下はゲフケン編による『シビュラの託宣』の章節番号である。

『ストロマテイス』三・三・一四・二：『託宣』一・一。五・一四・一〇八・六：『託宣』一・一〇―一三。五・一四・一二五・六：『託宣』一・二八。五・一四・一二五・二―三：『託宣』八・四三〇―四三六。

6．『ペトロの黙示録』。『ペトロの黙示録』については、クレメンス『預言書撰文集』四一、四八に引用があるが『ストロマテイス』に同書からの引用は見られない。『聖書外典偽典』別巻補遺Ⅱ二〇八頁および四七〇―四七一頁を参照。最良写本はエチオピア語。二世紀成立。成立地不明。使徒ペトロに対して、キリストが終末におけるその再臨、またそれに伴う死者の復活について啓示したことを伝える、ペトロによる天国と陰府の旅の記録である。

八、使徒教父文書

いわゆる「使徒教父文書」については、上述の旧新約聖書外典・偽典類とは性格を異にする。なぜなら各々の作品全体が一つの著作として扱われ、写本伝承が豊かなためである。それ故、欧米では西洋古典叢書の類にも収録され、わが国においても『使徒教父文書』（荒井献編、講談社文芸文庫、一九九八年）として文庫本の形で一般に流布している。以下では、アレクサンドリアのクレメンスの著作において引用される「使徒教父文書」四点を順に挙げ、簡単な解説を施したい。

1．『一二使徒の教え』（ディダケー）。前掲『使徒教父文書』二七頁以下、四五六頁参照。正式な表題は「一二使徒によって諸民族に語られた主の教訓」。一〇〇年ないしそれより少し後に記された、教訓・教会生活規定を内容とする使徒教父文書の一つ。第一部（一―六章）および第二部（七―一六章）に分かれ、前者はユダヤ教の知恵文学を主の言葉と結合させ、キリスト教の洗礼準備のための訓告文としたもの、後者は初期キリスト教の教会生活規定であり、霊の賜物と教役者の役割について述べる。末尾の第一六章は終末論適教訓で締めくくられる。

『ストロマテイス』一・二〇・一〇〇・四：『一二使徒の教え』三・五。

2．『ヘルマスの牧者』。前掲『使徒教父文書』二七八頁以下、四七九頁参照。この『ヘルマスの牧者』は、アレクサンドリアのクレメンスのほか、エイレナイオスやオリゲネスといった二世紀後半から三世紀初頭に位置づけられる教父たちが、正典に相当する地位を与えた文書である。この作品は、その全体が黙示文学の筆致をもって記され、五つの「まぼろし」、一二の「いましめ」、一〇の「たとえ」から成る三つの部分によって構成されている（『使徒教父文書』四七九―四八五頁「解説」参照）。本訳では、『ヘルマスの牧者』から引用される場合、この書名を記した後に「幻」「戒」「譬」のいずれの部分であるかを記し、各々の章節番号を付した。

『ヘルマスの牧者』（まぼろし一―五、いましめ一―一二、たとえ一―一〇）

・まぼろし（「幻」）

『ストロマテイス』一・一・一・一：幻五・五。一・一七・八五・四：幻五・七。一・二九・一八一・一：幻三・四・三。二・一・三・五：幻三・三・四。二・一二・五五・三：幻三・八・三―五、三・八・七。四・九・七四・四：幻四・二・五。六・一五・一三一・二：幻二・一・三以下。

・いましめ（「戒」）

『ストロマテイス』一・一七・八五・四：戒一一・三。二・一二・五五・四―五：戒七・一―四。二・一二・五五・六：戒四・二・二。二・一二・五五・六―五七・一：戒四・三・一―六。

・たとえ二／四（「譬」）

『ストロマテイス』二・九・四三・五―四四・三：譬九・一六・五―七。六・六・四六・五：譬九・一六・六。

3.『バルナバの書簡』。前掲『使徒教父文書』四一頁以下、四五七頁参照。『バルナバの書簡』は、使徒教父文書の一つで九五―一三五年頃にギリシア語で執筆された。クレメンスはその著者を、新約聖書に登場するバルナバ（使四・三六、九・二七ほか）と同一視し、『バルナバの書簡』に、新約聖書に収められた他の使徒書と同等の権威を置いている。

『ストロマテイス』二・六・三一・二：バルナバ一・五、二・二以下。二・一八・八四・三：バルナバ二一・五―六。五・八・五一・四―五：バルナバ一〇・一一。六・八・六五・二：バルナバ六・一〇。二・七・三五・五：バルナバ四・一一。五・一〇・六三・一：バルナバ六・五。五・一〇・六三・二―六：バルナバ六・八―一〇。六・八・六五・二：バルナバ六・一〇。六・一一・八四・三：バルナバ九・八。二・一五・六七・三：バルナバ一〇・一。二・一五・六七・二：バルナバ一〇・三。五・八・五二・一：バルナバ一〇・四。五・八・五一・四：バルナバ一〇・一一―一二。二・二〇・一一六・四―一一七・四：バルナバ一六・七―九。三・一二・八六・一：バルナバ一一・九。

4．ローマの司教クレメンスの書簡。前掲『使徒教父文書』八二頁（I）、四六〇頁参照。ローマのクレメンスによる書簡。ローマのクレメンス（一世）は、初代ペトロ、第二代リノス、第三代アナクレトスを継いで第四代のローマ教皇を務めた人物である（在位八八―九七？）。ローマに生まれ、ペトロおよびパウロに師事し、トラヤヌス帝（在位九八―一一七）の頃に殉教したとされる。いくつかの著作が彼の手に帰せられ、多くはその信憑性に関して疑わしいものの、『コリントの人々に宛てた書簡』は確実にクレメンス自身の手になる。この作品は旧約聖書・新約聖書を含む五世紀成立のアレクサンドリア写本末尾に、「第二クレメンス書簡」とともに収められている（『使徒教父文書』四六〇―四六四頁「解説」〔小河陽〕参照）。本訳では、この『コリントの人々に宛てた書簡』を『第一コリント書簡』とし、引用箇所について本文中に注記した。この書簡は、『ストロマテイス』第四巻（六、一七、一八、一九、二二章）でとりわけ頻繁に引用される。本訳では、直接・間接に参照されている頻度が高いことに鑑み、訳文中に引照箇所を指摘した一節についてのみ以下に注記する。以下から明らかなように、全六五章ある同書簡の、ほぼ全体にわたってアレクサンドリアのクレメンスが引用を行っていることが判る。

『ストロマテイス』一・一・一五・二：『第一コリント書簡』（以下「同」）七・二。一・七・三八・八：同

四八・五。二・一五・六五・二：同　五〇・六以下。二・一八・九一・二：同一三・二。四・六・三二・一：同一四・五、一五・二―一六・一。四・一七・一〇五・二―一一三：同一・二以下、九・二―四、一〇・一、一〇・七、一七・一、一七・二以下、一八・一―四、二一・二―四、二一・六―九、二二・一―八、三六・二、四〇・一、三八・二、四一・四、四九・五、五〇・一以下、五〇・三、五一―五二。四・一九・一一八―一一九：同五三、五五・四以下。四・二二・一三五・二―三：同二八・三、三四・三。五・八・五二・三：同四六・二―三。五・一二・八〇・一：同二〇・八。六・八・六四・三：同四八・四。

九、グノーシス主義（キリスト教異端）

クレメンスは、近年とみに盛んとなってきた「キリスト教異端学」にとっても重要な原典資料である。キリスト教異端のうち、古代にあって代表的なものは「グノーシス主義」であるため、グノーシス主義研究にとってクレメンスは不可欠の資料である。筆者はキリスト教異端学に関しては門外漢であるが、クレメンスに関わる限りにおいて、以下に簡単な説明を試みたい。

キリスト教以前のグノーシス主義

・シモン派。『使徒言行録』（八・九―二四）に遡ると自称する。『ストロマテイス』では、シモン派の形で第二巻（二・一一・五二・二）ほかに登場する。

キリスト教的異端グノーシス主義

1. ニコラオス（およびニコライ派）。『使徒言行録』（六・五）に登場する、最初の七人の助祭の一人ニコラオスに遡ると自称する。『ヨハネの黙示録』二・六および二・一五に関連づけられる場合もある。その信者たちは、奢侈と放蕩を実践した。『ストロマテイス』二・二〇・一一八・三以下に登場する。

2. バシレイデス。ハドリアヌス帝（在位一一七―一三八）およびアントニヌス・ピウス帝（在位一三八―一六一）の治世下、すなわち一二〇―一四五年頃、アレクサンドリアで活躍した最古のグノーシス主義者。悪の起源と救済論に関心を持ち、独特の宇宙論を展開した。クレメンスは、後述のウァレンティノスとともに、しばしば「バシレイデスとウァレンティノス」という形で言及する。『ストロマテイス』四・一二・八一・一―八八・五ではバシレイデスの『釈義』第二三巻から引用が行われる。以下にはフェルカーの断片番号を記した。

『ストロマテイス』三・一・一・一：断片七。四・一二・八一・一―八三・一：断片二。六・六・五三・五：断片一〇。

3. イシドロス。バシレイデスの息子。宇宙論には無関心で、人間論的分析に専念した。クレメンスは『ストロマテイス』においてイシドロスの著作三箇所から引用している。以下ではヤコビの断片番号を付す。

『ストロマテイス』二・二〇・一一三・四―一一四・一：『不定の霊魂について』断片五。三・一・二・二―二・五：『倫理学』（断片一）。六・六・五三・二：『預言者パルコルの釈義の書』断片八。六・六・五三・四：断片九。六・六・五三・五：断片一〇。

4. ウァレンティノス。古代グノーシス主義の教師の中でもっとも傑出した人物として知られる。エジプトの海岸地方に生まれ、アレクサンドリアにおいてヘレニズム風の教育を受け、グノーシス主義に傾くキリスト教に入信したのち、一三五年頃よりエジプト各地において同信の徒を集め、ローマに上った後、一四〇年頃には異端として排斥されながらも、おそらく一六〇年頃まで自らの教えを広め、活動を展開したと思われる。キプロスで教え同地で没したという説もある。プラトン主義を基調とした二世界説を展開し、独自の宇宙論を構築した。ダニエルーによればセト派に、また荒井献によれば、バルベロ・グノーシス派やオフィス派にその淵源を求め得る。いずれにせよ、エジプトのユダヤ・キリスト教と深く結びついている。彼の思想の特徴は、目に見えない父とその思念（エンノイア）の絶対的超越性。アイオーンによる充満（プレーローマ）の産出。アイオーンの数は三〇で、その最後のものはソフィアと呼ばれること。ソフィアによる父の探索。父を探し求めたい気持ちが下界の原理となるが、下界では霊的なものは幽閉されていること。グノーシスをもたらす主が派遣され、このグノーシスの力で霊的なものが救われること、等である。その門下からは、オリエント派およびイタリア派の二派に分裂した。

クァステン（J. Quasten, *Patrology*, vol.1, 260; 1986, Westminster, Maryland）によれば、クレメンスは『ストロマテイス』のなかで、ウァレンティノスの断片を、書簡から二つ（断片一、断片三）、説教から二つ（断片四、断片六）、出所不明のものを二つ（断片二、断片五）引用している。以下荒井献の解説を交えつつ説明を試みる。

『ストロマテイス』二・八・三六・二―四：断片一（「ある書簡」）。天使たちがアダムを創ったのち、アダムのうちに潜む「天から降る自立体の芽生えを見て驚きのあまり茫然となる」。人間が神の名において作った種々の像に対して、その背後にある「神」のゆえに、聖なる恐れに満たされる例証として、最初の被造物を作った天使たちが、その中に与えられた「種子」（ないし「人間」）のゆえに、恐れを引き起こしたことが挙げられる。

『ストロマテイス』二・二〇・一一四・三―六：断片二（「ある人々に送った」（書簡？））。魂の中に悪魔が住む人間の、ダイモーンからの浄化と救済について述べられる。神は「善き者」と呼ばれている。『ストロマテイス』三・七・五九・三：断片三（「アガトプスに宛てた書簡」）。異常なほどであったとされるイエスの禁欲主義について語られる。『ストロマテイス』四・一三・八九・二―三：断片四（「ある説教」）。人間は初めから不死であった。『ストロマテイス』四・一三・八九・六―九〇・一：断片五（出所不詳）。画像は生きた顔よりも劣っているが、画像が描かれる原因は、画家に、それによって称賛されるように画材を提供した「生きた顔」の名、またはその偉大さにあるとされる。この表象はヴァレンティノス派のテオドトスに近い。画像は至高者の似像としてのデミウルゴスであり、画家は、デミウルゴスを作ったソフィアである。『ストロマテイス』六・六・五二・三―四：断片六（説教『友人たちについて』）。重要なことは、書物の文字ではなく、心からの言葉、心のうちに記された掟であると述べられる。

5．ヘラクレオン。一四五―一八〇年ごろ活躍したヴァレンティノス派の聖書注解者で、『ヨハネ福音書』の注釈者。オリゲネスがその断片を多く引用している。寓意的方法により『ヨハネ福音書』を歪曲して解釈し、ヴァレンティノス派の宇宙論に合致させようとした。ヴァレンティノス一門の中で、イタリア派に属す。『ストロマテイス』には二箇所に引用が見られる。以下フェルカーによる断片番号を付しておく。『ストロマテイス』四・九・七一・二―七二・四：断片五〇。『ストロマテイス』二・八・三六・三：断片一六、三六

6．テオドトス。二世紀の人で、ヴァレンティノス派の中ではオリエント派に位置づけられるグノーシス主義者。聖書の物語をグノーシス派の宇宙論に適合させようとした。クレメンスは単独の著作『テオドトスからの抜粋』を遺しているが、『ストロマテイス』の中では、このテオドトスに関する言及や引用は見られない。

7. カルポクラテス。一三〇―一六〇年頃の人。アレクサンドリアに生まれ、同地で教育活動を展開する。前述したバシレイデスの弟子。ユダヤ教及び旧約に対して憎悪の念を向ける。『ストロマテイス』では、第三巻二・五・一以下において、次のエピファネスとともに、彼の名のみ挙げられている。

8. エピファネス。ペロポネソス半島北西に位置するケファレニアの人で、カルポクラテスの子。一七歳で没す。著作『正義について』において、自由恋愛、財産と女性の共有、あらゆる情念の解放、善と快楽の分配に関する権利の平等を主張している。以下にはフェルカーによる断片番号を記しておく。

『ストロマテイス』三・二・五・一―七・二：断片一。

9. マルキオン。ポントスのシノペの出身。八五―一五〇年頃、小アジアで活動したグノーシス派の一人。最高神たる善神と厳格な旧約の神とを対立させ、旧約を否定する。パウロ主義者で、聖書の正典を『ルカによる福音書』とパウロの書簡のみに限定した。その教会は、メソポタミアで大きな勢力を誇った。『ストロマテイス』には、随所にマルキオンの名が引かれている。

10. ユリオス・カッシアノス。一七〇年頃エジプトで教えたと思われる。その仮現論的傾向のゆえに、クレメンスは彼をウァレンティノスおよびマルキオンと結びつけている。クレメンスは、『ストロマテイス』三・一三・九二・二以下において、カッシアノスによる二つの著作に言及している。まず一つ目は『釈義論』と呼ばれるもので、これは題名のみ『ストロマテイス』一・二一・一〇一・二に見える。もう一つは『克己について』ないし『独身主義について』であり、こちらからクレメンスは二箇所を引用する。三箇所目は『エジプト人福音書』からの引用と重なっているため、明確ではない。以下には、フェルカーによる二つの断片について、その番号を記す。

『ストロマテイス』三・一三・九一・一―二：断片一。三・一三・九二・一：断片二。

11．タティアノス。シリア生まれ。おそらく一五〇年以降にキリスト教に改宗し、ユスティノスに師事したのち、一七〇年頃に『ギリシア人論駁』を著した。その後「エンクラト」（「克己」）説の信奉者となり、一七二年頃ローマを離れ、アンティオキアに亡命したと思われる。『調和福音書』（ディアテッサロン）の編纂も彼に帰せられる。タティアノスは師のユスティノスと異なり、異教の学問には非好意的である。『ギリシア人論駁』の中には、異教徒に対する激しい論駁が見られ、タティアノスによれば、異教徒の宗教は滑稽かつ奇怪であり、その哲学は誤謬と矛盾に満ちている。克己説は、結婚を拒否するという点でグノーシス主義者マルキオンと共通性がある。

以上から、『ギリシア人論駁』は護教家ユスティノスの系譜を継ぐ著作だと判断され、実際「護教家原典集成」にも収められている（M. Saendig (ed.), *Tatiani oratio ad graecos*, Corpus apologetarum Christianorum saeculi secundi 6, Wiesbaden 1969）。クレメンスの『ストロマテイス』では、第一巻（第一四、一六、一七、二一章）を中心に『ギリシア人論駁』からの引用があるが、これは異端的著作ではないと言える。一方第三巻で『救い主による鍛錬について』から断片五、断片六が引用されるが、これはグノーシス主義に分類される。こうしてタティアノスは正統と異端の結節点にあるが、本解説では『救い主による鍛錬について』を異端著作と考え、以下にはこの著作からの引用についてのみ、シュヴァルツによる断片番号を記す。

『ストロマテイス』三・一二・八一・一―二：『救い主による鍛錬について』断片五。三・一二・八二・二：断片六。

一〇、教父たちへの伝承

クレメンス以後の時代に生きた教父たちへの伝承については、上掲したエウセビオス（二六〇―三三九）の『教会史』あるいは『福音の準備』、またキュロスのテオドレトス（三九三―四五八）による『ギリシア人の病の治療』の中に、ある時には（『ストロマテイス』に限らず）クレメンスの記述がそのままの形で引用されることがある。エウセビオスについては第一巻注15を、テオドレトスについては第二巻注2を参照。このうちエウセビオスは、パレスティナのカイサレイアの司教を務めた人物である。その直接の師はパンフィロスであり、パンフィロスを介してオリゲネスの孫弟子にあたる。特にエウセビオスに関して、詳細は秦剛平訳『エウセビオス「教会史」』（上・下、講談社学術文庫、二〇一〇年）を参照されたい。本訳では、訳者の気づいた範囲で注記を施したが、徹底したものではない。

一一、キリスト教神学

「三、全般的特徴」の項でも述べたが、クレメンスの神学の根幹に『ヨハネ福音書』の霊性を認めることが十分に可能である。クレメンスの一つの特徴として、秘義的な表現が頻出するが、これも同福音書との関連で考えることができよう。確実な「覚知」（グノーシス）を獲得する上で、人間には「浄め」が不可欠である（『ストロマテイス』五・一一・七一・二ほか）。この覚知は「顔と顔とを合わせての神の観照」（五・一一・七四・一、Ｉコリ一三・一二）に極まるが、そのための恵みは「子を通して」以外にはあり得ない。こうしてクレメンスの神学にあっては、視覚ないし光のイメージが頻出するが、子なる神＝キリストとは光に他ならない(ヨハ八・一二、九・五、一二・三五―三六、一二・四六)。

クレメンスの神学に関しては、先に「全般的特徴」その他にも述べたことで基本的には尽くされているとも言えよう。以下には、クァステンの記述を参考に（Quasten, op.cit., 21-36)、クレメンスの神学の特徴に関して下記の六点を指摘し、あわせて『ストロマテイス』に見られる関係当該箇所を指示するに留め、本文をご参照いただければ幸いである。

1. ロゴス論。『ストロマテイス』五・一二・八二・一―四。
2. 教会論。『ストロマテイス』七・一七・一〇七・一―六、七・一六・九六・一―五、六・一三・一〇七・一―三。
3. 洗礼論。『ストロマテイス』三・一二・八七・一―四。
4. 聖餐論。『ストロマテイス』七・三・一四・一―一五・四、七・六・三二・一―九。
5. 罪と改悛。『ストロマテイス』二・一三・五六・一―五九・六。
6. 婚姻と処女性。『ストロマテイス』三・一二・八二・一―八四・四、七・一二・七〇・一―八。

一二、後世の教会内での伝承

以下には、クレメンスの聖人としての扱いについて特記しておく。一六～七世紀まで、クレメンスは聖人として一二月四日に記念されていた。しかしながら、ローマ教皇クレメンス八世（在位一五九二―一六〇五）の下で『ローマ殉教者伝』が改訂された際、枢機卿バロニウス（一五三八―一六〇七、一五九六年から没年まで枢機卿）の進言によって聖人の称号を外されてしまった。一説によれば、バロニウスの進言はもっと早く、教皇シクストゥス五世（在位一五八五－一五九〇）の在位期間中（一五八六年）に行われたともされる。更にベネディクト一四世（在位一七四〇－一七五八）も、一七四八年『ローマ殉教者伝』の再改訂に際し、回勅『ポストクァム・インテッレクシムス』を発布し、クレメンス八世の方針を継承している。その理由としては「彼の生涯の多くが不明であり、教会に公的な崇敬の儀礼が見られず、彼の教説のいくつかが、誤りではないにしても、少なくとも怪しい」ためとされた。すなわち、彼の信仰が誰にも記憶されておらず、その信仰を証明する文書が一一世紀以前には存在していないため、ということである。C. Bigg, *The Christian Platonists of Alexandria*, Oxford 1968, 320 およびG・フライーレ／T・ウルダーノス『西洋哲学史　中世Ⅰ』（山根和平／M・アモロス訳、新世社、一九八九年）一四三－一四四頁を参照。

また、第二ヴァティカン公会議以降のカトリック教会における「インカルチュレーション」（「文化内受肉」）の神学にあって、特にクレメンスの示す神学の方向性に光が当てられたことに関しては、それに先立ち、叢書「スルス・クレティエンヌ」の第二巻として、一九四九年にクレメンスの『プロトレプティコス』が刊行されていることを特記しておきたい。

一三、参考文献

秋山学『教父と古典解釈──予型論の射程』創文社、二〇〇一年。

秋山学『ハンガリーのギリシア・カトリック教会──伝承と展望』創文社、二〇一〇年。

荒井献『荒井献著作集6　グノーシス主義』岩波書店、二〇〇一年。

荒井献編『使徒教父文書』（講談社文芸文庫）講談社、一九九八年。

荒井献編『新約聖書外典』（講談社文芸文庫）講談社、一九九七年。

石原謙「アレクサンドリアのクレメンスとギリシア哲学」（『哲学研究』）一九一二年。

同「アレクサンドリアのクレメンスの哲学」（『宗教研究』）一九一七年。

有賀鐵太郎「クレメンス・アレクサンドリヌスにおける信仰と認識」（『有賀鐵太郎著作集』第四巻）創文社、一九八一年。

栗原貞一『アレクサンドリアのクレメンス研究』奇峰社、一九六三年。

谷隆一郎『東方教父における超越と自己——ニュッサのグレゴリオスを中心として』創文社、二〇〇〇年。

日本聖書学研究所編『聖書外典偽典』（全七巻別巻二冊）教文館、一九七五—一九八二年。

野町啓『初期クリスト教とギリシア哲学』創文社、一九七二年。

秦剛平訳『エウセビオス「教会史」』（上・下、講談社学術文庫）講談社、二〇一〇年。

平石善司『フィロン研究』創文社、一九九一年。

水垣渉『宗教的探究の問題——古代キリスト教思想序説』創文社、一九八四年。

「アレクサンドリアのクレメンス」（秋山学記）『岩波キリスト教辞典』（大貫隆他編）岩波書店、二〇〇二年。

上智大学中世思想研究所編訳・監修『中世思想原典集成　第一巻初期ギリシア教父』平凡社、一九九五年。

『旧約新約聖書大事典』（荒井献・石田友雄監修）教文館、一九八九年。

J・ダニエルー『キリスト教史1　初代教会』平凡社、一九九六年。

G・フライーレ／T・ウルダーノス『西洋哲学史I』（山根和平／M・アモロス訳）新世社、一九八九年。

K・H・シェルクレ『新約聖書とは何か――その起源と内容』（上智大学神学部訳）南窓社、一九六七年。
Bigg, C., *The Christian Platonists of Alexandria*, Oxford 1968.
Quasten, J. *Patrology*, vol.1, 2, Westminster, Maryland 1986.

解　説——アレクサンドリアのクレメンス『ストロマテイス』

一、『ストロマテイス』の写本伝承

『ストロマテイス』のテキストは、『テオドトスからの抜粋』および『預言書抜粋注』とともに、フィレンツェのメディチ家図書館に所蔵される一一世紀の「フィレンツェ写本」(Codex Laurentianus V 3: "L") 一本によって伝わっている。これらの著作を収めるもう一つのパリ写本 (Codex Parisinus Suppl. gr. 250) は一六世紀のものであるが、フィレンツェ本のコピーに過ぎない。

二、テキストについて

翻訳に際し、底本として Die griechischen christlichen Schriftsteller der ersten drei Jahrhunderte 15. Clemens Alexandrinus, zweiter Band, Stromata Buch I-VI, herausgegeben von Otto Stählin, neu herausgegeben von Ludwig Früchtel, 4. Auflage mit Nachträgen von Ursula Treu, Akademie Verlag, Berlin 1985. および、Die griechischen christlichen Schriftsteller der ersten drei Jahrhunderte 172. Clemens Alexandrinus, dritter Band, Stromata Buch VII und VIII, Excerpta ex Theodoto, Eclogae Propheticae, Quis dives salvetur, Fragmente; herausgegeben von Otto Stählin, in zweiter Auflage neu herausgegeben von Ludwig Früchtel, zum Druck besorgt von Ursula Treu, Akademie Verlag, Berlin 1970 を用いた。ラテン語訳としては、J. -P. Migne (ed.), Patrologia Graeca t. 9, Paris 1857 を参照した。

以下に、西洋近代語訳を挙げておく。

【伊訳】

Clemente Alessandrino, *Gli stromati: note di vera filosofia,* Introduzione, traduzione e note di Giovanni Pini, Edizioni paoline, Milano 1985.

【西訳】

Clemente de Alejandría, *Stromata* I: Cultura y Religión. Introducción, traducción y notas de Marcelo Merino Rodríguez, Editorial Ciudad Nueva, Madrid 1996.

Clemente de Alejandría, *Stromata* II-III: Conocimiento religioso y continencia auténtica. Introducción, traducción y notas de Marcelo Merino Rodríguez, Editorial Ciudad Nueva, Madrid 1998.

Clemente de Alejandría, *Stromata* IV-V: Martirio cristiano e investigación sobre Dios. Introducción, traducción y notas de Marcelo Merino Rodríguez, Editorial Ciudad Nueva, Madrid 2003.

Clemente de Alejandría, *Stromata* VI-VIII: Vida intelectual y religiosa del cristiano. Introducción, traducción y notas de Marcelo Merino Rodríguez, Editorial Ciudad Nueva, Madrid 2005.

【仏訳】

Clément d' Alexandrie, *Les Stromates*: Stromate IV. Introduction, texte critique et notes, par Annewies Van den Hoek, Traduction de Claude Mondésert (Sources Chrétiennes 463), Paris 2001.

Clément d' Alexandrie, *Les Stromates*: Stromate V, tome I. Introduction, texte critique et index, par Alain le Boulluec, Traduction de Pierre Voulet (Sources Chrétiennes 278), Paris 1981.

Clément d' Alexandrie, *Les Stromates*: Stromate V, tome II. Commentaire, bibliographie et index, par Alain le Boulluec (Sources Chrétiennes 279), Paris 1981.

Clément d' Alexandrie, *Les Stromates*: Stromate VI. Introduction, texte critique, traduction et notes, par Mgr Patrick Descourtieux (Sources Chrétiennes 446), Paris 1999.

Clément d' Alexandrie, *Les Stromates*: Stromate VII. Introduction, texte critique, traduction et notes, par Alain le Boulluec (Sources Chrétiennes 428), Paris 1997.

【独訳】

Des Clemens von Alexandreia Teppiche. Wissenschaftliche Darlegungen entsprechend der wahren Philosophie (Stromateis), Buch I-III, aus dem Griechischen übersetzt von Otto Stählin (Bibliothek der Kirchenväter, zweite Reihe 17), München 1936.

Des Clemens von Alexandreia Teppiche. Wissenschaftliche Darlegungen entsprechend der wahren Philosophie (Stromateis), Buch IV-VI, aus dem Griechischen übersetzt von Otto Stählin (Bibliothek der Kirchenväter, zweite Reihe 19), München 1937.

Des Clemens von Alexandreia Teppiche. Wissenschaftliche Darlegungen entsprechend der wahren Philosophie (Stromateis), Buch VII & Index, aus dem Griechischen übersetzt von Otto Stählin (Bibliothek der

Kirchenväter, zweite Reihe 20), München 1938.

【英訳】

ANF 2 (1885), 299-567.

F. J. A. Hort & J. B. Mayor, *Clement of Alexandria, Miscellarnies*, Bk. VII, London-New York, 1902.

Clement of Alexandria, *Stromateis*, Book One to Three, Translated by John Ferguson (The Fathers of the Church, A New Translation 85), Washington D. C., 1991.

なおこの『ストロマテイス』では、古典著作家からの引用がきわめて頻繁に行われるため、すでに邦訳のある古典著作家からの引用に際しては、訳者名を特に挙げることなく、既存の訳文を使用させていただいた。訳者の方々に対し、ここに心より御礼を申し上げる次第である。またこの『ストロマテイス』が唯一の引用例となっている断片も多く見られるが、その都度注記することは控えた。詳しくは先に挙げた注解書類を参照されたい。

三、**本翻訳文について**

二〇一〇年三月から二〇一六年三月にかけて、公開日時の上でも六年以上にわたって取り組んできたクレメンス（一五〇―二一五）の全著作の拙訳が、教文館『キリスト教教父著作集』内に収められることになり、二〇一六年夏に初校ゲラが届いた。この邦訳作業に関しては、当初より筑波大学大学院人文社会科学研究科文芸・言語専攻の紀要『文藝言語研究（文藝篇・言語篇）』、および本学古典古代学研究室の紀要『古典古代学』

をペース・メーカーとして進めてきた。

なおこのうち第五巻については、平凡社の『中世思想原典集成』第一巻「初期ギリシア教父」に初出である。その後、筑波大学の紀要『文藝言語研究』に、誤訳・誤記を改め形式を一新したものを「改訂版」として掲載した。この教文館版翻訳は、この「改訂版」を基にしたものである。平凡社版が上梓される際に訳者にクレメンスとの縁を作ってくださったリーゼンフーバー師、小高毅師のお二人に感謝の意を表したい。

このようなかたちで、クレメンスの全訳が拙訳により本叢書に収められることは、まことに感無量である。幾多の誤訳・誤解が見出されるであろうが、読者各位の御寛恕をたまわりたい。監修者の荒井献、水垣渉両先生、教父学の手ほどきを授けてくださった宮本久雄師と大貫隆先生、そして刊行に際し細やかなご配慮に与った教文館の渡部満社長、および同出版部の髙橋真人、奈良部朋子の両氏に、この場を借りて厚く御礼申し上げる。

「アレクサンドリアのクレメンス『ストロマテイス』(『綴織』) ―全訳―」(初出)

第一巻:筑波大学大学院人文社会科学研究科文芸・言語専攻紀要『文藝言語研究 文藝篇』第六三巻、六三―一六三頁、二〇一三年三月。

第二巻:同『言語篇』第六三巻、一四七―二二三頁、二〇一三年三月。

第三巻:筑波大学大学院人文社会科学研究科古典古代学研究室『古典古代学』第五号二七―九三頁、二〇一三年三月。

第四巻:筑波大学大学院人文社会科学研究科文芸・言語専攻紀要『文藝言語研究 文藝篇』第六五巻、七七―一五八頁、二〇一四年三月。

第五巻「改訂版」：同『言語篇』第六六巻、五七—一四八頁、二〇一四年一〇月。
第六巻：同『言語篇』第六五巻、四一—一三六頁、二〇一四年三月。
第七巻：筑波大学大学院人文社会科学研究科古典古代学研究室『古典古代学』第六号三五—一一三頁、二〇一四年三月。
第八巻：筑波大学大学院人文社会科学研究科文芸・言語専攻紀要『文藝言語研究　文藝篇』第六六巻、八七—一一五頁、二〇一四年一〇月。

今回、単行本としての公刊にあたり、巻末解説・総説の類を加えた。

四、『ストロマテイス』各巻内容の概説

さて、教文館刊『キリスト教教父著作集』には、クレメンスの著作は全三巻で収められることとなっており、そのうち『ストロマテイス』の訳がⅠ（第一巻〜第四巻）、Ⅱ（第五巻〜第八巻）計二冊を占め、『プロトレプティコス』『パイダゴーゴス』、その他小品（三篇）および「断片集」を収めた他の一冊で構成される予定である。このうち『ストロマテイス』の拙訳計二冊が最初に刊行されるため、「総説」はこの『ストロマテイス』の各巻解説の冒頭に加えられた。以下『ストロマテイス』各巻の概説に移りたい。

第一巻　哲学とキリスト教真理の関係について
第二巻　信仰と人間的善について
第三巻　婚姻について

第四巻　殉教者と、完全な覚知の域に達したキリスト者について
第五巻　善と象徴に関する知識について
第六巻　真なる覚知の準備としての哲学、および啓示と人間的知識について
第七巻　真なる覚知に至った者とは
第八巻　真理探究の方法について

以下、内容細目に移る。『ストロマテイス』各巻の概要については、各章ごとに標題が付せられているため、その列挙をもってこれに代えたい。さらに各巻における論理のつながりを明確化するため、ピーニによるイタリア語訳に付された梗概を各巻冒頭に掲げる（第八巻についてはピーニが訳出していないため省く）。

第一巻

一—一二　哲学と宗教
一三—一六　真理の一性と普遍性——「異邦」の思想の諸発見
一七—二〇　ギリシア哲学の起源、特質、限界
二一　ギリシア人に対する「異邦」の智慧の古代性をめぐる年代学的証明
二二—二九　ギリシア人の師モーセ

一．著者は本書の目的と、諸著作家が読者にどれほどの有益さをもたらすかを示す（一・一—一八・四）
二．知識への導入としてのギリシア哲学の価値——『ストロマテイス』は意図的に曖昧であること（一九・一

二五．プラトンの『法律』はモーセに負うこと（一六五・一―一六六・五）
二六．モーセの律法と対比してみた場合のギリシア人（一六七・一―一七〇・四）
二七．律法はわれわれを教育するために刑罰を科すこと（一七一・一―一七五・二）
二八．モーセは弁証法においてプラトンよりも好ましいこと（一七六・一―一七九・四）
二九．ギリシア人たちは、エジプト人に比べてみな「子供」であること（一八〇・一―一八二・三）

第二巻

一―二　信仰
三　信仰をめぐるグノーシス主義者たちの誤謬
四―七　信仰と他の諸徳との関係
八　神への畏れをめぐるグノーシス主義者たちの誤謬
九―一一　信仰の極みとしての「愛」と「覚知」
一二―一七　信仰と「覚知」。責任と痛悔
一八　モーセの律法の徳
一九―二〇　キリスト教徒による「神に似ること」と異教徒たちによる知恵
二一―二二　哲学と至高善
二三　殉教について

一．序（一・一―三・五）
二．われわれが神を知ることは信仰のみによって可能となり、それは確固たる基礎に基づいていること（四・一―九・七）
三．バシレイデスやヴァレンティノスの体系では、信仰は自由意志でも随意でもないこと（一〇・一―一一・二）

第三巻

二―六　自由主義的異端と厳格主義的異端に対する反駁
七―一二　キリスト教的貞潔と結婚について
一三―一八　改めて、厳格的克己主義者と倫理的無関心主義の徒に対する論駁

一．ヴァレンティノスとバシレイデスによる結婚に関する見解（一・一―四・三）
二．カルポクラテスおよびエピファネスによる結婚に関する見解（五・一―一一・二）
三．人間は苦難へと生まれたが故に結婚は避けるべきだとする説について（一二・一―二四・三）
四．異端者は放蕩を正当化するために様々な口実を用いること（二五・一―三九・三）
五．異端に二種あること。放蕩と禁欲（四〇・一―四四・五）
六．福音の不敬な理解から節制を実行する異端者について（四五・一―五六・三）
七．節制のキリスト教的イデア（五七・一―六〇・四）
八．異端者によって引用される結婚に関する聖書の箇所（六一・一―六二・三）
九．異端者はサロメに語られた、結婚を難詰する言葉を引くこと（六三・一―六七・二）
一〇．『マタイ福音書』一八・二〇に関する神秘的解釈（六八・一―七〇・四）
一一．欲情に対する律法とキリストの教え（七一・一―七八・五）
一二．結婚に関する聖書の諸節の解説（七九・一―九〇・五）
一三．異端者ユリオス・カッシアノスの論拠に対する回答（九一・一―九三・三）
一四．カッシアノスの論拠に関連する聖書の諸節の解説（九四・一―九五・三）
一五．結婚と独身に関する聖書の諸節の解説（九六・一―九九・四）
一六．誕生を悪あるいは善として難詰する聖書の諸節の解説（一〇〇・一―一〇一・五）
一七．誕生とは悪であると主張することは、創造と福音への誹謗であること（一〇二・一―一〇四・五）
一八．結婚は回避すべきであるとする見解の行き過ぎ（一〇五・一―一一〇・三）

第四巻

一―二　本著作第二部の諸テーマ
三―八　真のキリスト教的殉教者、「覚知者」
九―一三　殉教を前にしての誤れる態度――怯懦と熱狂――に対する反駁
一四―一八　真の「覚知者」と殉教者が、聖書においていかに描き出されているか、その像について
一九―二〇　理想のキリスト教的花嫁
二一―二六　「覚知者」の完徳

一．この巻の内容（一・一―三・四）
二．なぜこの著作が『ストロマテイス』と名づけられているのか（四・一―七・四）
三．人間の真の卓越性は、何において成立するのか（八・一―一二・六）
四．殉教に対する賛辞（一三・一―一八・三）
五．悲しみ、貧困その他の外的な事柄を軽んじることについて（一九・一―二四・六）
六．至福の数々についての説明（二五・一―四一・四）
七．神のために血を流す人々は幸いであること（四二・一―五五・四）
八．教会にあっては、男性に劣らず女性も、隷僕も、また子供たちも等しく殉教を希求すること（五六・一―六九・四）
九．キリストが殉教のもつ恵みについて語ったことを、ここに列挙し、例示する（七〇・一―七五・四）
一〇．自ら裁判官たちに訴える者たちを厳しく批判する（七六・一―七七・三）
一一．「もし神があなたがたを顧みているのなら、なぜあなたがたは苦難を被るのか？」という異議に対する回答（七八・一―八〇・五）
一二．「殉教とは嘆願の一種だ」と考えるバシレイデスの見解に対する論駁（八一・一―八八・五）

一三．「死の根絶」を謳うウァレンティノスの戯言に対する反駁（八九・一―九四・四）
一四．すべての者を、敵をさえも愛すべきことについて（九五・一―九六・一）
一五．躓きを避けるべきこと（九七・一―九八・三）
一六．殉教者たちの持つ貞節、忍耐、愛に関して、聖書のいくつかの箇所が例示される（九九・一―一〇四・二）
一七．ローマの聖クレメンスがコリントの人々に宛てた書簡から、前章の論拠に係わる箇所の引用がおこなわれる（一〇五・一―一一〇・四）
一八．愛について。また情欲を抑制すべきことについて（一一一・一―一一七・四）
一九．男性も女性も等しく完徳に至りうること。これは異邦の卓越した女性たちの例も確証していること（一一八・一―一二四・三）
二〇．善き品性を持つ女性の務めについて記述される（一二五・一―一二九・五）
二一．「まったき人」ないし「真なる覚知者」について記述される（一三〇・一―一三四・四）
二二．「完徳者」また「真なる覚智者」が務めを果たすとき、それは罰を恐れてでも、報奨を期待してでもなく、ただ善と美のみを目指してなすのであること（一三五・一―一四六・三）
二三．いかなる理由の故に、完徳の人は、感覚にとって快き事どもをできるかぎり避け、よりすぐれた事柄をめざすべきであるか（一四七・一―一五二・三）
二四．神によって課せられた処罰の理由と目的について（一五三・一―一五四・四）
二五．真の完徳は、神の認識と神への愛のうちに存すること（一五五・一―一六二・五）
二六．真の完徳者は、いかにして肉体と世の事物を用いるべきであるか（一六三・一―一七二・三）

（以下第二分冊）

第五巻

一―三　信仰と希望をめぐる神学的意味

四―一〇　宗教文献における象徴的言語の使用

一一―一三　神の「発見」

一四　啓示によってギリシア人に到達した諸真理（剽窃：その一）

一．信仰について（一・一―一三・四）
二．希望について（一四・一―一五・五）
三．信仰と希望が目指すものは、知性を通してのみ認識されること（一六・一―一八・八）
四．ギリシア以外の著作家においてもキリスト教の著作家においても、神的な事柄は覆いを通じて伝えられるのが通例であること（一九・一―二六・五）
五．ピュタゴラスの象徴について（二七・一―三一・五）
六．ユダヤ人の幕屋とその装飾品における神秘的な意味（三二・一―四〇・四）
七．エジプト人も同様に、聖なる事柄を象徴と謎を通して表現すること（四一・一―四三・三）
八．キリスト教著作家のみならず、様々な著作家、特に詩人および哲学者たちにあっても、聖なる事柄は象徴的に表現してきたこと（四四・一―五五・四）
九．なぜ真理は象徴的な覆いをもって包まれるのが相応しいか、その理由について（五六・一―五九・六）
一〇．信仰の神秘が隠されることに関しての、使徒による見解（六〇・一―六六・五）
一一．精神を、肉的・地上的な事柄からできる限り遠ざけるならば、真なる神の覚知に到りうること。これは哲学者たちの権威によっても証明されること（六七・一―七七・二）
一二．神は精神によっても、言葉によっても把握しえないこと（七八・一―八二・四）
一三．哲学者たちによれば、神に関する覚知は神的に与えられる賜物であって、特に神的な息吹に相応しい人々に求められるべきこと（八三・一―八八・五）
一四．ギリシア人は、ヘブライ人の本から自分たちの教説を借りたということ（八九・一―一四一・四）

第六巻

第七巻

一〇．信仰から天使的智へ――覚智者は、真の完徳に向けてどのような段階を歩むものであるか（五五・一―五九・七）
一一．覚智者、神の友の完成――真なる覚智者の生が記述される。特に、災厄にあっていかにこの生が力強きものであるか、そしてもし神が命じたならば、死をさえもいかに甘んじて受ける者であるかが示される（六〇・一―六八・五）
一二．覚智による自己放棄と使徒職――真なる覚智者は、善行をなし慎み深きものであって、あらゆる世俗的なものを蔑むこと（六九・一―八〇・八）
一三．寛容から観想へ（八一・一―八三・四）
一四．完徳に関する使徒の教え（八四・一―八八・六）
一五．諸派の間の見解の相違（八九・一―九二・七）
一六．真理の規準（九三・一―一〇五・六）
一七．諸派と教会の歴史（一〇六・一―一〇八・二）
一八．諸派の不純性（一〇九・一―一一一・三）

第八巻

〔※ピーニ版には第八巻は訳出されていないため、梗概もない〕

一．哲学的なあるいは神学的な問題に携わる人々はすべて、真理を発見すべく努めることが肝要であるということ（一・一―二・四）
二．哲学あるいは神学に携わる人々はすべて、真理を発見すべく努めるべきだという前言に関して、それはまず、事柄そして名の明瞭で正確な定義をもって到達可能であるということ（三・一―四・三）
三．論証の定義づけに関して（五・一―八・六）
四．あらゆる問題の説明に際して、まず論じられる事柄の定義がなされるべきであり、それは用語に関してしばしば起こる曖昧さを避けるためであること（九・一―一五・一）

五．ピュロン派に対する駁論。懐疑派のエポケー（判断停止）に対する論証の適用（一五・二一一六・三）
六．探求の推論法と端緒は、何に関してまた何において見出されるのであるか。定義、類および種について（一七・一一二一・六）
七．疑念あるいは同意の原因に関して（二二・一一四）
八．事物と名を分類する方法（二三・一一二四・九）
九．さまざまな原因の種類について（二五・一一三三・九）

訳者紹介
秋山　学（あきやま・まなぶ）
1963年大阪府生。1986年東京大学文学部西洋古典学科卒、1988年同大学院人文科学研究科修士課程修了、1999年同総合文化研究科博士課程修了。博士（学術）。1991年東京大学教養学部助手、1997年筑波大学文芸・言語学系講師、2004年同助教授、2015年より同人文社会系教授、現在に至る。
主要著書　『教父と古典解釈――予型論の射程』（創文社、2001年）、『ハンガリーのギリシア・カトリック教会――伝承と展望』（創文社、2010年）、『慈雲尊者と悉曇学――自筆本『法華陀羅尼略解』と「梵学津梁」の世界』（筑波大学附属図書館特別展図録、2010年）。

キリスト教教父著作集　第4巻Ⅰ

2018年1月30日　初版発行

訳者　秋山　学

発行者　渡部　満

発行所　株式会社　教文館

〒104-0061　東京都中央区銀座4-5-1
電話　03-3561-5549　FAX　03-5250-5107
URL　http://www.kyobunkwan.co.jp/publishing/

印刷所　文唱堂印刷株式会社

製本所　小高製本工業株式会社

配給所　日キ販　東京都新宿区新小川町9-1　電話　03-3260-5670　FAX　03-3260-5637

ISBN978-4-7642-2904-4

キリスト教教父著作集　全22巻

下記は本体価格（税別）です

1　ユスティノス　第一弁明，第二弁明（柴田　有訳）　[オンデマンド版]
ユダヤ人トリュフォンとの対話（三小田敏雄訳）　4,700円
2/Ⅰ　エイレナイオス1　異端反駁Ⅰ（大貫　隆訳）　3,400円
2/Ⅱ　エイレナイオス2　異端反駁Ⅱ（大貫　隆訳）　4,000円
3/Ⅰ　エイレナイオス3　異端反駁Ⅲ（小林　稔訳）　3,800円
3/Ⅱ　エイレナイオス4　異端反駁Ⅳ（小林　稔訳）　4,800円
3/Ⅲ　エイレナイオス5　異端反駁Ⅴ（大貫　隆訳）　4,600円
4/Ⅰ　アレクサンドリアのクレメンス1　ストロマテイスⅠ（秋山　学訳）　8,300円
4/Ⅱ　アレクサンドリアのクレメンス2　ストロマテイスⅡ（秋山　学訳）
5　アレクサンドリアのクレメンス3　パイダゴーゴス（訓導者）　プロトレプティコス（ギリシア人への勧告）　救われる富者とは誰であるか他（秋山　学訳）
6　オリゲネス1　原理論Ⅰ（水垣　渉訳）
7　オリゲネス2　原理論Ⅱ（水垣　渉訳）
8　オリゲネス3　ケルソス駁論Ⅰ（出村みや子訳）[オンデマンド版]　3,500円
9　オリゲネス4　ケルソス駁論Ⅱ（出村みや子訳）　4,700円
10　オリゲネス5　ケルソス駁論Ⅲ（出村みや子訳）
11　ミヌキウス・フェリックス　オクタウィウス（筒井賢治訳）
12　初期護教論集
　メリトン　過越について　諸断片（加納政弘訳）
　アリスティデス　弁証論（井谷嘉男訳）
　アテナゴラス　キリスト教徒のための請願書（井谷嘉男訳）　5,600円
13　テルトゥリアヌス1　プラクセアス反論
　パッリウムについて（土岐正策訳）　2,500円
14　テルトゥリアヌス2　護教論（鈴木一郎訳）　2,700円
15　テルトゥリアヌス3　キリストの肉体について　死者の復活について（井谷嘉男訳）　異端者への抗弁（土井健司訳）
16　テルトゥリアヌス4　倫理論文集――悔い改めについて　妻へ　貞潔の勧めについて　結婚の一回性について　貞節について　兵士の冠について（木寺廉太訳）　5,000円
17　キプリアヌス　ドナートゥスに送る　おとめの身だしなみについてデメトリアーヌスに送る　嫉妬と妬みについて　フォルトゥナトゥスに送る　書簡63，80，81
18　ラクタンティウス　信教提要
　迫害者たちの死（松本宣郎訳）
19　ヒッポリュトス　全異端反駁（大貫　隆訳）
20　エウセビオス1　教会史Ⅰ（戸田　聡訳）
21　エウセビオス2　教会史Ⅱ（戸田　聡訳）
22　殉教者行伝（土岐正策・土岐健治訳）[オンデマンド版]　6,600円